獻給內子梁笑媚

感激你的恩情四十載

聖經研究叢書

大公書信神學

張略 著

基道出版社

▼

聖經研究叢書

大公書信神學

Theology of the Catholic Epistles

作者
張略 Luke L. Cheung

審校
馬榮德

責任編輯
沈靜筠

裝幀設計
奇文雲海・設計顧問

■

出版／發行
基道出版社
香港沙田火炭坳背灣街 26 號富騰工業中心 10 樓 1011 室
LOGOS PUBLISHERS
Unit 1011, 10/F, Fo Tan Ind. Centre, 26 Au Pui Wan St., Shatin, Hong Kong
電話：(852) 2687-0331　傳真：(852) 2687-0281
網址：https://www.logos.com.hk

承印
海洋印務有限公司

●

5/2024 初版
Cat. No. LP1111
ISBN: 978-962-457-648-1

Printed in Hong Kong

刷次	10	9	8	7	6	5	4	3	2	1
年份	2033	2032	2031	2030	2029	2028	2027	2026	2025	2024

葉序

張略教授的新書《大公書信神學》即將在香港基道出版社出版，囑我為之作序，讓我感到非常榮幸；因此，在廣大讀者閱讀這本好書之前，得緣先仔細拜讀，實在太有福氣了。

張略教授不僅是華人教會眾所景仰的神學名師，也是學界矚目尊敬的聖經學者。數十年來，他為教會事奉作育無數敬神愛人的領袖英才，也為學術研究增添許多釋經神學的真知灼見。他在雅各書與彼得書信上的專研與著作，更是手執牛耳，做出了特別重大的貢獻，從深入破題的期刊論文、解說詳盡的註釋專書，到融會貫通的神學論述等身，如今，這本《大公書信神學》可說是他一生鑽研新約聖經的登峯造極之力作。果不負眾望，這本書不但專業又生動地導引讀者進入大公書信這部正典文集的文理脈絡、歷史情境與神學世界，讓人眼界大開，見識經文裏外使徒勸勉的奧妙；字裏行間也充分展現了張略教授治學之嚴謹、論理之清澈，和眼界之淵博，委實讓人欽佩不已，充分領略了敬虔與學術兩者兼備的聖經學者對於福音事奉之重要。

《大公書信神學》讓我們看見，在新約聖經裏，除了四福音書與保羅書信之外，還保存了其他重要使徒（雅各、彼得、約翰、猶大）關於耶穌基督的見證和對於初代教會的勸勉，這些都是形塑基督教會歷代以來之信仰傳承與見證宣揚的基礎與典範。這些書信不只是塵封於過去時空裏的幾卷歷史文件，而是教會認可的正典經文，對於教會的宣講與教導有直接的影響，兩千年來已產生極大的效應。即便如此，在今天的教會和世界裏，要讓這些初代使徒的見證和勸勉，持續不斷發出正面有力的指導與功效，我們必須深入了解它們的神學內容與寫作目的，才能期盼正確地作出每個情境化之詮釋，而在今時此地適切地遵行。那麼，我們該如何研讀這些書信，才能清楚看見它們語境裏的神學與作者的目的呢？

張略教授在本書裏的第一個重要貢獻，就是要回答這個聖經詮釋學的基本問題。他正確地指出，大公書信正典文集裏的眾多神學主題及其背後的基本信念，與舊約聖經裏的律法、先知和文集的主題、第二聖殿猶太教流通的傳統、耶穌基督留下的言行紀錄，以及新約時期其他使徒的教化傳承，具有許多共同的想法和相通的關係，而且這些主題與信念彼此之間條理連貫，互相說明，彼此強化，形成一個圓融的信仰體系，即所謂的「敍事世界」。因此，我們可以（1）從大公書信的作者如何使用舊約的主題、猶太教的傳統、耶穌的資料，和使徒的傳承方式，看出他們衷心所本的信念和前提；（2）然後，探索這些傳統與傳承如何解釋或強化他們所主張的神學主題，來釐清他們對教會提出的教導與勸勉；（3）之後，再來描述他們的信仰底層那個條理連貫、完整圓融的敍事世界。這個敍事世界，也可說是信仰體系或符號世界。社會學家彼得．柏格（Peter Berger）從「知識社會學」的角度曾說明，一個社會羣體內部或次羣體成員之間，藉著「社會化」與「內納化」的逐步過程，凝聚出一個具有高度共識、說服力強的世界觀、價值觀，和倫理觀，藉此來傳授和規範羣體內每一個成員的思想行為，以便維持一個和諧共處的穩定羣體。[1] 一個完整連貫的敍事世界、信仰體系，或符號世界，就好像一座「神聖的帷幕」，能讓一個社會或次社會的成員清楚知道自己的身分、角色與任務、跟其他成員的關係與互動，以及整個羣體存在的價值與目標。[2] 張略教授對於大公書信神學的爬梳與演繹，不是單純地把書信裏的神學主題任意拼湊成幾個我們想知道的教義問題，而是把作者文字論述背後的傳統與傳承，以及他們的神學主題底層互相連貫的敍事世界，層次分明地加以解說，使讀者看到每個教導或勸勉所奠基之神學理由和信仰體系，這種整全式的神學分析，對於正確解釋大公書信的神學以及適切遵行其使徒教導是大有助益的。

本書第二個值得注意的貢獻，是把「聖經神學」的任務視為歷史性和描述性的工作。聖經學者的任務是要仔細分析經文的文意與語境，將其神學信念正確地呈現出來，這與「系統神學」建構性的進路大相逕庭，系統神學家是按某一問題或主題，擷取相關經文，以邏輯和理性，來建構一套圓融自足的神學論述。對於聖經和教會而言，這兩者各有所司，方法確實不同，但可相輔相成，不必衝突。張略教授認同蓋伯勒（J. P. Gabler）和史丹德（K. Stendahl）等學者的看法，把聖經神學的任務定調為歷史性和描述性的。因此，他在本書謹守聖

---

1 Peter Berger and Thomas Luckmann, *The Social Construction of Reality: A Treatise in the Sociology of Knowledge* (Garden City: Anchor, 1966).

2 Peter Berger, *The Sacred Canopy: Elements of a Sociological Theory of Religion* (Garden City: Anchor, 1990).

經學者的特殊任務與專業方法，把大公書信的文意、語境、和神學，深入淺出，鉅細靡遺地解釋出來，讓經文直接向讀者説話，讓神言直接挑戰我們。每位讀者都有神學立場、某些預設，甚或不自知的偏見，但如果謙虛細讀這些使徒書信，在張略教授的導讀之下，對這些經文裏寶貴的見證和殷殷的勸勉，必能深入明白，融會貫通，同時，還能感受到初代使徒們對於耶穌基督的愛戴以及教會肢體的疼惜。

本書第三個重要的貢獻是提供了最新、最好的學術研究，以及批判性的整合。張略教授不但熟悉大公書信的學術文獻和主要學者，對於其他研究課題，例如保羅神學、福音書研究、舊約神學，與聖經詮釋學等，也都游刃有餘。因此，他對大公書信的經文釋義和神學詮釋，不但援引重要學者的看法，也能提出令人驚艷的獨特見解。細讀本書處理不同學派的意見，猶如聆聽一位飽學的教授，娓娓道來各家學説的來龍去脈，引人入勝，卻又能不偏不倚地指出大公書信的神學重點，不讓學生迷失在學術叢林裏。

以上是我初讀《大公書信神學》稿本所發現的三大特色，以此向張略教授提出簡報和致敬，也希望對於其他讀者有些助益。本書的內容豐富，論述精彩，我將會再三重讀，持續吸收張略教授的智慧。我深信本書除了可以帶領聖經學者與教牧領袖更深入了解大公書信的神學美境，所有喜愛聖經的一般讀者也必大受啟發。謹以此序恭喜張教授的成就，也藉此謝謝他在聖經研究的園地上長久辛勤耕耘的貢獻。

葉約翰
美國維吉尼亞神學院茉莉道恩斯新約講座教授

吳序

多年來，聖經神學一直是中國神學研究院必修的學科。張略博士在學院任教四十多年，擁有豐富的教學經驗。他在前著《雅各書註釋》中已經展現出對新約研究的成就。我有幸與張博士共事多年，今天看到他的深耕成果《大公書信神學》出版，我十分肯定這是一本值得推薦的書籍。我不僅為他喝彩，感謝神，也為那些有志於研經和釋經的讀者感到興奮，因為這本書在聖經詮釋的多個層面上提供了寶貴的資源，並作出了精深的論述。

這本書循歷史進路探討各書卷的神學，每章都從歷史背景說起，因此本書是完備的大公書信導論。讀者可從書中了解大公書信的組合和彙集過程，以及各書的成書和歷史處境，這是研經的基礎。接著，書卷的文學分析以經文體裁為起點，帶出寫作目的，並列出全書結構，有助於理解經文的特性和脈絡，對研經十分有用。下一部分是對經文傳統的研究，是本書最突出之處：張博士在正典的框架中審視大公書信的經文，指出書卷對聖經其他經卷的取材和引用，讓讀者認識到書卷如何在用字、概念乃至信息上與別的經卷傳統接軌、相關；此外，那些與大公書信互涉的典外文獻，書中亦有交代，故此，這部分的論述是詳盡而豐富的，以致接下來的神學主題論述不但呼之欲出，更顯得穩固地建立在全本聖經的脈絡之上。

在聖經神學領域中，這本書是難得一見的中文著作，也是一部功力之作。透過對經文傳統的探勘，表明了大公書信與正典其他經卷的相關性和神學上的一致性。作為讀者，我非常佩服，盼望其他讀者於這部著作的不同層面上可以得著益處，一起在研經、釋經上得享豐碩的成果。

吳慧儀
中國神學研究院退休副教授

自序

最近有一位信徒問我的寫作計劃，我告訴他我剛完成了《大公書信神學》的初稿，他一臉茫然的望著我，好像聽不懂我在說甚麼。的確一般信徒都熟知甚麼是四福音和保羅書信，但對「大公書信」作為一組新約正典中的經書，卻不大了了。

我們現在稱為大公書信（Catholic Epistles）的組合，指雅各書、彼得前書、彼得後書、約翰一書、約翰二書、約翰三書及猶大書這七卷書信。這組正典書卷是新約三組書卷中最後形成的組合；最早的是四福音，接著的是保羅的十四卷書信（包括了希伯來書），最後，大公書信這組合可以說是完成了新約的正典。

在早期教會，包括亞他拿修（Athanasius）的《節期書卷》（*Festal Letters*）、《梵蒂岡抄本》（*Codex Vaticanus*）、《西奈抄本》（*Codex Sinaiticus*）、《亞歷山太抄本》（*Codex Alexandrinus*）、敍利亞《別西大譯本》（*Peshitta*）等的正典綱目中，大公書信都是置於保羅書信之前，這排次反映出某種神學觀點，本書為此作出解說。不僅如此，大公書信的內部排次不是隨意的，本書也探討這內部排次所反映的神學觀點，指出大公書信各書卷之間的神學關連。這種正典進路的神學，幫助我們了解新約正典整體及新約三組書卷，以及在大公書信中個別書卷之間的神學關係，並對教會的意義，因為正典是教會的正典，是教會和信徒奉為信仰和生活權威的。本書亦會討論個別書卷的神學，不會只停留於描述性（descriptive），亦會探討它的規範性（prescriptive）。本書的另一個特點，是指出大公書信各書卷都是使徒的見證。他們對神的啟示，包括舊約、耶穌教導及早期教會的教導作出詮釋，並應用於個別書卷所針對的情境。本書在討論個別書卷的神學時，亦會探討個別書卷所關注的主題——不外加一套神學的框架，並將個別書卷背後的敘事（narrative sub-structure）呈現出來，指出這敘事如何主導作者的見證。本書最後一章會將大公書信的神學整合起來，並將這組經書的大敘事呈現出來。

於此衷心多謝為本書賜序的葉約翰博士和吳慧儀博士，他們二人在百忙之中抽出寶貴的時間，為本書撰寫序言，簡介本書的特質，不勝感荷。

本書在新冠疫情爆發的三年間完成，也是我和內子梁笑媚移居昆明後所完成的第一本著作。這幾年在內地生活，內子都照料著我們日常的起居飲食，這種「秤不離砣」的半退休生活，有老伴相隨，實是今生有幸，見證了神的宏恩，謹以此書獻給她，感激她的情深義重。

願榮耀歸給那配得稱讚和敬拜的三一真神！

張略

目錄

第一章

大公書信的神學：導言

CATHOLIC EPISTLES

我們現在稱為「大公書信」(Catholic Epistles)的組合，指雅各書、彼得前書、彼得後書、約翰一書、約翰二書、約翰三書及猶大書這七卷書信；[1] 亦有將這組書信稱為「普通書信」(General Epistles)。而英文 catholic 這個字來自公元十四世紀的拉丁語 *catholicus*，後者原本出自希臘文 *katholikos*，意即「普世」；同字根的希臘文 *katholou* 即「普通」，意謂這組書信是普遍通行，沒有既定地方的羣體作為收信人。這樣稱呼一些教會書信乃源於東方教會。而最早被稱為大公書信的是約翰一書，隨後有其他書卷同被稱為大公書信。[2] 俄利根(Origen)稱約翰一書(《約翰福音註釋》〔*Commentary on the Gospel of John*〕1.22.137，2.23.149)和彼得前書(《約翰福音註釋》6.35.175)為大公書信，認為它們是巡迴書信，有別於訂明收信人所在地的保羅書信。[3]

大公書信用在一組書信的身上，最早見於公元三世紀古基督教歷史學家優西比烏(Eusebius；《教會歷史》〔*Ecclesiastical History*〕2.23.24 ～ 25)；他接納了東方教會的做法，視我們現在正典中這七封書信為大公書信。西方教會稱這組書卷為「正典書信」(*epistulae canonicae*；奧古斯丁

---

1 古教會從來沒有將希伯來書納入為大公書信，反而將它歸為保羅書信，不過近代大部分學者都認為希伯來書並非保羅所寫。

2 一些現在我們列為典外的書信，當代也被視作大公書信，優西比烏就曾稱哥林多主教狄尼修(Dionysius)所寫的書信為大公書信(約寫於公元 170 年)，然而卻未有得到正典的地位(《教會歷史》4.23.1、12)。俄利根亦稱《巴拿巴書信》(*Epistle of Barnabas*)為大公書信(《針對克理索》〔*Against Celsus*〕1.63)，但他並未有提及有一組稱為大公書信的經卷彙集。

3 見 Darian R. Lockett, *Letters from the Pillar Apostles: The Formation of the Catholic Epistles as a Canonical Collection* (Cambridge: James Clarke & Co., 2017), 62–63 所臚列在公元二至六世紀的教父們是這樣理解大公書信。

〔Augustine, 354 ～ 430〕、卡西奧多羅斯〔Cassiodorus, 485 ～ 580〕)。西方教會接受這一組書信為正典的過程比東方教會較遲，但她們無疑一早便接受彼得前書和約翰一書為經書。根據優西比烏，雅各書、彼得後書、猶大書、約翰二書和三書都曾被視為「具爭議性」(*antilegomena*)的書卷。敘利亞教會的《別西大譯本》(*Peshitta*；公元三世紀末)只將雅各書、彼得前書和約翰一書納入為新約的正典。

稱這些書卷為大公書信或普通書信，若只是指它們原沒有既定地方的收信人，是巡迴書信，就難怪近代有學者也將希伯來書歸入普通書信之中。[4] 然而事實上，雖然約翰二書和三書及猶大書沒有明言收信人所在地，仍可視為針對個別地區信徒羣體而寫的書信；甚而彼得前書在信首語也有訂明收信人的所在地，是給小亞細亞各省的信徒而寫的。按地域分佈看，這組書信確是比保羅書信所針對的範圍更廣，但卻不是沒有既定收信地區的。我們的確可以說，它們是為普遍信徒而寫的，但這並不是對這組書信被稱為「普通書信」最準確的解釋；我們必須從這組書卷成典過程及其在正典中所發揮的效用，去理解這組經書被稱為大公書信的神學原因。

莊遜(Luke T. Johnson)指出，過去學者們往往因為以

---

4 將希伯來書歸入大公書信，見如 Bruce M. Metzger, *The New Testament: Its Background, Growth and Content* (Nashville: Abingdon, 1965), 247–51；Andreas J. Köstenberger, L. Scott Kellum and Charles L. Quarles, *The Cradle, the Cross, and the Crown: An Introduction to the New Testament* (2nd ed.; Nashville: B&H Academic, 2016), 759。亦有將希伯來書和大公書信的七卷重新歸類為「其他教會領袖的書卷」，如 J. V. M. Sturdy, *Redrawing the Boundaries: The Date of Early Christian Literature*, ed. Jonathan Knight (London: Equinox, 2007), 72；I. H. Marshall, S. Travis and I. Paul (eds.), *Exploring the New Testament*, vol. 2: *A Guide to the Letters and Revelation* (2nd ed.; Downers Grove: IVP Academic, 2011), 243。

保羅的著作為核心，去重構早期教會的神學和歷史，並發覺在這框架之下處理希伯來書、彼得前後書、猶大書和雅各書時會感到困難，因此這些書卷在學術研究上，經常被忽視。[5] 而且在德國杜平根學派（Tübingen School）新約研究的影響之下，這些書卷被視作較後期的作品，所反映的是公元一世紀後期，甚或是公元二世紀教會的早期大公思想（Early Catholicism）；它們受到基督再臨延遲（delay of *parousia*）的影響，強調教會教制的建立和倫理的教導，因而有別於彌賽亞運動草創時期那種具靈恩及缺乏組織的發展模式。然而，這種以保羅為本位去衡量其他書卷的做法，不只忽視了彌賽亞運動早期的多元性，亦容易將這些書卷硬套入以上所說那種較後期的發展模式中，嚴重扭曲了對這些書卷的理解。

1.1 新約正典與大公書信

上文曾指出，個別的經卷雖有被稱為大公書信，晚至公元三世紀，我們才見優西比烏稱一組經書為大公書信，因此學者一般的共識認為大公書信作為一組經書的彙集，最早也要到公元三世紀末才成形。然而，優西比烏可能只是見證了大公書信已是一組經卷的彙集，即這組經卷彙集在他之前已在教會中間流傳，盛行於東方教會。[6] 晚近學者洛基特

---

5 Luke T. Johnson, *The Writings of the New Testament* (Minneapolis: Fortress, 2010), 403–04；並 Carey C. Newman, "Jude 22, Apostolic Theology, and the Canonical Role of the Catholic Epistles," *Perspectives in Religious Studies* 41 (2014): 367–68。

6 見如 David R. Nienhuis and Robert W. Wall, *Reading the Epistles of James, Peter, John & Jude as Scripture: The Shaping and Shape of a Canonical Collection* (Grand Rapids: Eerdmans, 2013), 29。

（Darian R. Lockett）提出，它們有可能早自亞歷山太的革利免（Clement of Alexandria, 150～215）時已被彙集為一組經書。[7] 可以肯定的是，大公書信中的書卷曾個別獨立地在教會中流傳，個別書卷也往往與其他大公書信中的部分書卷，或是整組一起流傳。有可能早自公元二世紀末、三世紀初，新約正典的主要三組經卷，即新約正典的核心——四福音、保羅書信和大公書信已經成形，即整體新約正典的格局已經出現了。大公書信作為最後一組加進新約正典經卷的重要性，正在於其完成並完整了新約正典。[8]

1.1.1 新約書信與大公書信

新約書信是多元的，它們同享正典的地位，因為它們是同一個福音的見證。這些見證對神的子民提供權威的規範，叫教會能在今世繼續為耶穌基督的福音作見證。這成典的過程，一方面見證了教會承認須依靠這正典的規範，自己的身分才得以持續；另一方面，這正典也同時是在教會身上發揮它權威性的作用。這不只是教會權威所認定的正典，也是教會服在其權威之下的正典，承認它帶有復活主的權柄，並在教會的整體經驗中，體認它是從神而來的默示。[9] 一方面是

7 見 Lockett, *Letters from the Pillar Apostles*, 65–90 詳細的討論，然而他在這方面的結論並不那樣確實。與他類似看法的，見 Denis Farkasfalvy, *A Theology of the Christian Bible: Revelation, Inspiration, Canon* (Washington: The Catholic University of America Press, 2018), 195。

8 Nienhuis and Wall, *Reading the Epistles of James, Peter, John & Jude as Scripture*, 17.

9 Brevard S. Childs, *The Church's Guide for Reading Paul: The Canonical Shaping of*

教會確認這正典的真實性，另一方面是這正典確認真實的教會。正典與教會之間起了一種互動，正典的權威在於它的使徒性，而只有那些繼承耶穌眾使徒的信徒，才有資格確認書卷的使徒性和正典性。[10] 書卷的使徒性並不是建基於歷史學家對某書卷作者的研究，而是當代教會認定這些書卷是根源於使徒的。確認這些書卷是某使徒所寫的，是一個重要考慮的因素，另一重要因素是書卷的內容反映及延續了使徒的信仰。這是使徒教會所作的神學判別，不單純是歷史的判別。[11] 這些書卷都是成書於公元一世紀第一代使徒在世的時候，是多位使徒以他們的使命和宣講所構成的，因此是多元的，然而卻又是為了同一耶穌基督福音的見證。這反映出教會認定她自身的延續需要這種多元及統一。[12]

這些新約的書信，不只是被視作正典綱目中的一卷書信，而是給彙集在「一組」經書內，成為這彙集中的一本。在新約中有兩組書信的彙集，分別為十四卷保羅書信（早期教會將希伯來書包括在內）和七卷大公書信。前者發給七個具名的教會（羅馬、哥林多、帖撒羅尼迦、加拉太、以弗所、腓立比、歌羅西），後者是七卷書信，兩者均與啟示錄二至三章的

the Pauline Corpus (Grand Rapids: Eerdmans, 2008), 16.

10 Robert W. Wall, "The Problem of the Multiple Letter Canon of the New Testament," in *The New Testament as Canon: A Reader in Canonical Criticism*, ed. R. W. Wall and E. E. Lemcio, JSNTSup 76 (Sheffield: Sheffield Academic Press, 1992), 174.

11 有關判別正典所用的原則，可參 Harry Y. Gamble, *The New Testament Canon. Its Making and Meaning* (Philadelphia: Fortress, 1985), 67–70；Gamble 列出四方面：使徒性（可追源至公元一世紀的使徒）、大公性（對整體教會有積極的意義）、正統性（相對於異端）和傳統使用（被古教會廣泛的使用，特別在公開的敬拜中）。Childs, *The Church's Guide for Reading Paul*, 21 將正統性和傳統使用併合為一。

12 Wall, "The Problem of the Multiple Letter Canon of the New Testament," 175.

七教會，具有對應的作用。「七」代表完整或完全，新約正典的各部分正是為著整體的教會而存在。[13] 我們將會探索大公書信作為一組經卷，在整體新約正典中的意義。大公書信作為一個整體，其意義大於這七卷書信彙集的總和。[14]

1.1.2 大公書信在新約正典中的角色

大公書信作為一組經書的彙集過程，即古教會認定及接受它們的權威這過程，可以幫助引導現今教會詮釋和應用這組經書，作為教會的屬靈及道德的規範和指引。[15] 根據聖經「接受史」(reception history)及古抄本的證據，四福音和保羅書信在公元二世紀時已分別成為兩組的經書彙集，大公書信則是最後一組加入而組成現今新約的正典。[16]

---

13 將保羅寫信給七間具名的教會，跟約翰在啟示錄中寫給七間教會相對應，這見解早已見於《莫拉多利經目》(*Canon Muratori*；約公元四世紀)第 47 至 60 行。這種理解同時見於不少教父著作，包括迦太基主教居普良(Cyprian of Carthage)、普圖伊的維多利諾斯(Victorinus of Pettau)、以哥念主教安非羅西(Amphilochius of Iconium)及耶柔米(Jerome)，見 Nienhuis and Wall, *Reading the Epistles of James, Peter, John & Jude as Scripture*, 37–38。

14 "The whole is greater than the sum of its parts." 這是蔡爾茲(Brevard S. Childs)的正典進路的基本假設。(他拒絕「正典批判」〔Canonical Criticism〕的稱謂，認為他的正典進路並不是另一種研究聖經的方法，而是研究聖經的基本假設。)正典並非一本由不同文章所組成的文集而已，正典的整體形態、各經卷在正典中的位置，及它們之間相互的關係，都叫我們認識不同經卷發揮的神學意義。見 Brevard S. Childs, *Introduction to the Old Testament as Scripture* (London: SCM, 1979)；Brevard S. Childs, *The New Testament as Canon: An Introduction* (London: SCM, 1984)。並 Francis Watson 在他的文章 "Gospel and Scripture: Rethinking Canonical Unity," *TynBul* 52 (2001): 161，正確地指出正典不是文集，文集不需要有內容或信息的統一性，聖經正典本身卻蘊含了統一和一貫性。

15 Nienhuis and Wall, *Reading the Epistles of James, Peter, John & Jude as Scripture*, 10–11.

16 有關大公書信較具爭議的兩卷書——猶大書與彼得後書——的接受史，詳見 Wolfgang Grünstäudl and Tobias Nicklas, "Searching for Evidence: The History

現存最早完整大公書信的綱目，見於亞歷山太的主教亞他拿修（Athanasius）的《節期書卷》（*Festal Letters* 39.5；時約公元 367 年），七封書信依次為雅各書、彼得前書、彼得後書、約翰一書、約翰二書、約翰三書和猶大書。這排次亦見於《梵蒂岡抄本》（*Codex Vaticanus*；公元四世紀）、《西奈抄本》（*Codex Sinaiticus*；公元四世紀）、《亞歷山太抄本》（*Codex Alexandrinus*；公元五世紀）、老底嘉議會（Council of Laodicea；公元 363 年）、撒拉米主教伊皮法紐（Epiphanius of Salamis, 315 ～ 403）、耶路撒冷的區利羅（Cyril of Jerusalem；卒於公元 386 年）、拿先斯的貴格利（Gregory of Nyssa, c. 329 ～ 390）和敘利亞《別西大譯本》（公元五世紀）。

在書卷成典的過程中，使徒行傳發揮了一個重要的角色，[17] 它成了大公書信的導言。當各經卷組合（四福音、保羅書信、大公書信）未完全彙集成為一個正典，使徒行傳若

---

of Reception of the Epistles of Jude and 2 Peter," in *Reading 1-2 Peter and Jude: A Resource for Students*, ed. Eric F. Mason and Troy W. Martin, RBS 77 (Atlanta: Society of Biblical Literature , 2014), 215–28。

17 有關使徒行傳在成典過程中所發揮的角色，詳參 Robert W. Wall, "The Acts of the Apostles in the Context of the New Testament Canon," *BTB* 18 (1988): 15–23；David Trobisch, "The Book of Acts as a Narrative Commentary: A Programmatic Essay," in *Rethinking the Unity and Reception of Luke and* Acts, ed. Andrew F. Gregory and C. Kavin Rowe (Columbia: University of South Carolina Press, 2010), 119–27；Jens Schröter, *From Jesus to the New Testament: Early Christian Theology and the Origin of the New Testament Canon*, trans. Wayne Coppins, BMSSEC (Waco: Baylor University Press, 2013), 275–304；Childs, *The Church's Guide for Reading Paul*, 226–34；Nienhuis and Wall, *Reading the Epistles of James, Peter, John & Jude as Scripture*, 60–68；Lockett, *Letters from the Pillar Apostles*, 123–35；Newman, "Jude 22, Apostolic Theology, and the Canonical Role of the Catholic Epistles," 368, 371。有關使徒行傳在不同抄本及正典綱目中位置的意義，一個簡潔的綜合，見 Stanley E. Porter, "The Early Church and Today's Church: Insights from the Book of Acts," *MJTM* 17 (2015 ～ 16): 72–84；針對大公書信的部分，特別見頁 79–80。

與經卷組合連在一起時，從未有和四福音或保羅書信相連，卻經常是與大公書信放在一起，且置於保羅書信之前。在早期教會，包括亞他拿修、《梵蒂岡抄本》、《西奈抄本》、《亞歷山太抄本》、敍利亞《別西大譯本》等的正典綱目中，排列次序都是：福音書—使徒行傳 + 大公書信—保羅書信，反映出一種刻意的設計。這有別於愛任紐（Irenaeus）、特土良（Tertullian）和《莫拉多利經目》（*Canon Muratori*）的排列。[18] 根據四福音和使徒行傳，這些使徒都是耶穌在生時的見證人，而保羅卻不是，這也可能為何早期教會不少正典綱目會將大公書信置於保羅書信之前的原因，縱使保羅也是耶穌復活的見證人（林前十五 8）。使徒行傳見證了外邦宣教是根源於向猶太人的宣教，這排次亦顯示於保羅書信首卷的羅馬書中：「先是猶太人，後是希臘人」（羅一 16），[19] 這是救贖歷史、福音傳播的先後排次。與此相仿的，亦見於四福音首卷的馬太福音，同樣是先向「以色列家迷失的羊那裏去」（太十 6～8），才走向普世宣教（太二十八 18～20）。在大公書信這組經卷的內部排序中，先是給猶太信徒的雅各書，隨著是給外邦信徒的彼得前書，同樣反映出以上所提的神學次序。

我們現在新約正典的排次，將保羅書信置於大公書信之前及使徒行傳之後，反映出西方教會的傳統，其原因可能是因為保羅書信是更早形成的彙集，且在早期教父的著作中，

---

18 有關早期教會正典綱目及其排次，可參 L. M. McDonald, *The Biblical Canon: Its Origin, Transmission, and Authority* (Peabody: Hendrickson, 2007), "Appendix C," 445–51；Edmon L. Gallagher and John D. Meade, *The Biblical Canon Lists from Early Christianity: Texts and Analysis* (Oxford: Oxford University Press, 2017)。

19 Nienhuis and Wall, *Reading the Epistles of James, Peter, John & Jude as Scripture*, 29–31.

很早便成為對抗異端的權威著作；毋庸置疑的，在古教會的眼中，其權威性極為重要。[20]

奧古斯丁在他所著的《信心與行為》（*De fide et operibus* CSEL 41.33～97；約公元413年）的論述中指出，大公書信這些使徒著作，是針對當代有人對基督徒生活中信心與行為之關係存在錯誤的理解。這些錯誤的理解來自幾方面：有些人為保持信徒羣體的道德純潔而合理化分裂教會的罪；另一些人則只注意洗禮之前的信心，而忽略了洗禮之後仍要學習行善；也有一種廣泛流傳的思想，認為信徒經過洗禮之後縱然不斷犯罪，還是可以得救的，即認為可以有一種沒有生命改變為證據的得救信心。對奧古斯丁來説，最後這一種錯誤是最危險的。針對信心與行為的課題，奧古斯丁認為保羅因信稱義的教導，是與雅各、彼得、約翰和猶大對兩者關係的看法相輔相成的，並且他經常引用加拉太書五章6節：「惟獨使人生發仁愛的信心才有功效」，以證明保羅與這些使徒之間的看法是一致的。[21] 從整體正典的角度及初期教會對應不同異端的角度看，奧古斯丁的看法是正確的。教父愛任紐和特土良針對馬吉安（Marcion）的異端思想，以致後來俄利根和奧古斯丁對抗不同異端，都一致地指出保羅的思想必須置於合適的詮釋框架中去理解，不然便有被扭曲的危險。

然而我們不應將「信心與行為」看作是大公書信惟一的課題，大公書信中的每一卷都有其獨特的主題，不應被單一議

20 Nienhuis and Wall, *Reading the Epistles of James, Peter, John & Jude as Scripture*, 33–34.

21 Nienhuis and Wall, *Reading the Epistles of James, Peter, John & Jude as Scripture*, 34–35, 39, 53, 67.

題所壟斷。無論如何，大公書信與保羅書信不存在對比或甚而對立，它們是相得益彰，互相配合的，承襲了不同的使徒傳統，共同顯示耶穌基督福音的見證在教會的生活中發揮效用。這福音帶有很強的適切性和適應性，能幫助神子民的羣體面對不同時勢的衝擊和挑戰。[22]

從整體新約的正典去看，四福音及使徒行傳提供理解書信 —— 大公書信和保羅書信 —— 所需要的歷史敘事。四福音是耶穌行傳，使徒行傳見證了耶穌所差的使徒承接耶穌所達成並開始了的使命。使徒行傳更讓讀者理解使徒們是同屬一個信仰羣體，從而將所有的使徒著作納入同一個敘事之中。保羅、雅各、彼得、約翰和猶大都是在福音書和使徒行傳的敘事中所提及的使徒，這敘事引導讀者閱讀由這些使徒所寫的書信，視之為整體教會信仰和實踐的規模。[23] 於此，除了猶大書，大公書信獨特的地方在於當中各卷書都收錄了豐富的耶穌傳統，首卷的雅各書與馬太福音和路加福音（《Q來源》〔Q Source〕）相關，[24] 彼得前書與馬可福音傳承著彼得的傳統，彼得後書與馬太福音及約翰福音存在著相關性，約翰福音與

22 參 Wall, "The Problem of the Multiple Letter Canon of the New Testament," 161–83。他認為在正典形成的過程中，自由主義者和異端如靈智派都以保羅有關自由的教訓作為他們的支持，而大公書信於此發揮了平衡的作用，避免保羅思想被扭曲，見頁 172 並註 20。亦見 Robert W. Wall, "Ecumenicity and Ecclesiology: The Promise of the Multiple Letter Canon of the New Testament," in *The New Testament as Canon*, 184–207 esp. 184–85。然而，他過分強調了一兩個議題的關鍵性。

23 Karl-Wilhelm Niebuhr, "James in the Minds of His Recipients," in *The Catholic Epistles and Apostolic Tradition: A New Perspective on James to Jude*, ed. Karl-Wilhelm Niebuhr and Robert W. Wall (Waco: Baylor University Press, 2009), 51.

24 大公書信首卷雅各書與四福音首卷馬太福音，在主題的關係上特別密切，見 Jürgen Zangenberg, "Matthew and James," in *Matthew and His Christian Contemporaries*, ed. David C. Sim and Boris Repschinski, LNRS 333 (London: T&T Clark International, 2008), 104–22。

約翰書信的關係更是異常密切。猶大書雖然沒有明顯的耶穌傳統，但猶大作為耶穌的兄弟，確有耶穌傳統的支持。

大公書信這組經卷彙集被納入為正典，反映出當代教會認為它們不單有值得保留的價值，並稱之為「大公」，顯示當時教會認為，整體大公教會當面對著社會及信仰上的衝擊時，這組書信能發揮指導性的作用，整體教會應服在它們的權威之下。這成典的過程（即它們的「接受史」）是不容忽視的，因為這告訴我們古教會如何分辨聖靈指引她確認正典的權威，體認這組經書能在信仰羣體對自身的救恩及在世的行事見證上發揮功效，最終達成神救贖這世界的意旨。[25] 大公書信在成典的過程中，顯示它們作為正典的權威，是受古代教會認定它們為正典這歷史所影響（history-affected），但同時這組經書也在影響著歷史（history-affecting）；這正是作為正典所發揮的效用，叫身處不同處境、文化和時代的基督教會，基於這不斷形塑教會的正典，對所要應對的問題作適當的透析、判斷及回應。正典與教會歷史之間的關係，從教會歷史的角色去看，是正典如何被教會接受，即所謂「接受史」；從正典的角度去看，教會歷史如何受正典所影響，是謂「效應史」（effective history）。

1.1.3 大公書信的經卷組合

不只是整組書卷在正典中的位置，個別書卷在整組中的

25 Nienhuis and Wall, *Reading the Epistles of James, Peter, John & Jude as Scripture*, 12, 15–16, 42–43.

位置也能幫助我們理解這卷書的效用，並對現今教會的意義。[26] 保羅書信基本上分為兩組，給教會和給個人——給七個具名的地方教會，並三個個人（腓利門、提摩太、提多）；每組都是按篇幅的長短，由長至短排序。然而，大公書信的排序：雅各—彼得—約翰—猶大，並不是按每卷字數多寡排列，雅各書（1749 字）比彼得前書略長（1678 字），但約翰一書則比它們都長（2137 字）；排列最後的猶大書（461 字），則比約翰二書（245 字）和約翰三書（219 字）都要長。雖然彼得前書與彼得後書加起來（共 3099 字），比約翰書信字數總和要多，但若以此辯解彼得書信排在約翰書信之前，卻解釋不了為何雅各書排於首位。這些書卷也不是按寫作日期的先後或地點編排，亦不是按書卷標題希臘文字母排列的先後。當然，它們更不是一組互不相關、零散任意的組合。這些書卷是以作者名字命名，指向其大公性，同時其排序可以幫助我們閱讀和理解這組經書及它們個別的角色。

雅各書排於大公書信的首位，可能是受加拉太書二章 9 節的影響：「又知道所賜給我的恩典，那稱為教會柱石的雅各、磯法、約翰，就向我和巴拿巴用右手行相交之禮，叫我們往外邦人那裏去，他們往受割禮的人那裏去。」不過，保羅的說法也有可能只反映當代信徒對這些教會領袖的一般看法，加拉太書的描述成了重要的見證。雅各、彼得和約翰同被稱為教會的柱石，「柱石」是象徵性的表達，指他們三位在

---

26 Porter, "The Early Church and Today's Church," 76。有關聖經正典作為統一大敍事的重要性，見 Richard Bauckham, "Reading Scripture as a Coherent Story," in *The Art of Reading Scripture*, ed. Ellen E. Davies and Richard R. Hays (Grand Rapids: Eerdmans, 2003), 38–52。

教會中的重要性，猶如聖殿的柱子，地位重要和顯赫。早期教會理解自己為神的殿(見如徒十五16～18；林前三16；弗二21～22；彼前二5)，因此以這方式形容這三位使徒，是非常合適的。雅各在排名上位居於首，反映他在初期教會中崇高的地位。

這位雅各，不是耶穌十二門徒之一的雅各；使徒行傳十二章1至2節記載門徒雅各是最早殉道的使徒。寫雅各書的雅各，是耶穌的兄弟。根據使徒行傳記載，當使徒雅各被害後，彼得繫獄，後來天使救彼得出監，他在離開耶路撒冷之前，往信徒聚會的樓房，囑咐他們將這事告訴雅各和眾弟兄(徒十二17)，可見雅各是時在他們中間已是領袖。使徒行傳記載保羅第一次宣教旅程的成功，有大批非猶太裔的人信主，帶來有關外邦信徒應否遵守摩西規條才可以得救的問題(徒十三1～十五5)，耶路撒冷會議為此召開，最後由雅各總結發言，並將會議的決定(徒十五1～21)以書信方式傳予眾教會(徒十五23、30)，這書信也曾被稱為「大公書信」。[27] 雅各書正是身處於耶路撒冷的教會領袖雅各，寫給在散居地的信徒(雅一1)，這和上述耶路撒冷教會所發送的「大公書信」不無相似的地方。雖然在公元一世紀末葉以後，明顯地外邦宣教比猶太宣教成效更大，然而外邦教會決不能忘記她們源自猶太正典的遺傳，包括猶太的經書和實踐。[28] 因此，將雅各

27 有關耶路撒冷會議的意義，可參張略：《雅各書註釋》(香港：基道，2006)，頁346–49。禾爾(Robert W. Wall)認為雅各在耶路撒冷會議中角色的重要性，是雅各書作為大公書信首卷的主因。參其兩篇文章“A Unifying Theology of the Catholic Epistles: A Canonical Approach”及“The Priority of James”，分別收於 *The Catholic Epistles and Apostolic Tradition,* 44–45, 153–60。

28 Robert W. Wall, “Acts and James,” in *The Catholic Epistles and Apostolic Tradition*,

書置於大公書信之首，是適合不過的了。我們會在討論雅各書的神學時，再更深入探討雅各書在大公書信中的角色。

猶大書作為大公書信的最後一卷，亦有其特定的原因。猶大是雅各的兄弟，他們同時是耶穌的兄弟，這反映出在早期教會，耶穌家庭的成員在猶太裔信徒和教會中獨特而重要的角色，他們對當代猶大地的教會影響深遠。[29] 猶大書的開始：「耶穌基督的僕人，雅各的弟兄猶大」（猶 1 節），對應了雅各書作為大公書信這組經書的開始：「作神和主耶穌基督僕人的雅各」（雅一 1）。此外，它們的總結也是彼此對應的。雅各書在總結的勸勉，說明了這書的寫作目的：「我的弟兄們，你們中間若有失迷真道的，有人使他回轉，這人該知道：叫一個罪人從迷路上轉回便是救一個靈魂不死，並且遮蓋許多的罪。」（雅五 19～20）而猶大書的總結最後勸勉：「有些人你們要從火中搶出來，搭救他們；有些人你們要存懼怕的心憐憫他們，連那被情慾沾染的衣服也當厭惡。」（猶 23 節）這兩個勸勉正顯示大公書信這七卷書信的作用：糾正那些因不同的原因而偏離真道的人，引領信徒活在神的救恩之中，等候基督的復臨。

---

113 及 Nienhuis and Walls, *Reading the Epistles of James, Peter, John & Jude as Scripture*, 67 同時認為這可避免教會在異教的壓力之下被同化。但這是否代表保羅沒有意識到被異教同化的危險呢？筆者認為問題不在異教的壓力，而是來自教會如何理解自己的身分，特別是與其猶太根源的關係。

29 有關此點，特別見 Richard Bauckham, *Jude and the Relatives of Jesus in the Early Church* (Edinburgh: T&T Clark, 1990)，這專著在此方面具權威的研究。

1.2 聖經神學的任務

近代有關聖經神學研究的取向，十八世紀德國聖經學者蓋伯勒（J. P. Gabler）在一七八七年於德國艾多扶大學（University of Altdorf）就任時所發表的演詞，正好作具體說明。該演詞名為〈有關聖經和教義神學的適當分別及其個別特定目的的演說〉（"An Oration on the Proper Distinction between Biblical and Dogmatic Theology and the Specific Objectives of Each"），[30] 簡要地總結了自十八世紀初聖經歷史鑑別研究的興起，關注聖經神學要從教義神學中分別出來，強調要了解聖經不同書卷原本寫作時的目的，必須透過歷史研究。他認為聖經神學應該純粹是歷史和描述性的，追溯以色列人宗教思想的發展，描述聖經作者如何表達有關神聖的事；教義神學則是神學家如何將這些神聖的事哲學化，作當代教會教導之用，同時因應時代的不同、當代的思潮、教會的需要而變化出不同的教義神學。

蓋伯勒認為聖經神學是為教義神學效力，聖經神學可以說是一個中途階段，將聖經中不同的信息轉化成一種教義神學可以使用的格式。蓋伯勒將聖經神學分為兩種：「真聖經神學」和「純聖經神學」，代表著兩個階段。第一階段是舊約和新約歷史神學的研究，個別作者寫於不同的時期，所關注的是釋經的問題，以語言—文法—歷史的方法研究這些經

---

30 全文英譯及註釋，見 John Sandys-Wunsch and Laurence Eldredge, "J. P. Gabler and the Distinction between Biblical and Dogmatic Theology: Translation, Commentary, and Discussion of His Originality," *SJT* 33 (1980): 133–44。

卷，這屬於歷史研究的範圍。第二個階段，則是透過理性小心仔細的比較和分析，將那些只適用於聖經時代和那些永恆不變的、統一的聖經原則分別出來；這系統化的綜合、淨化（distillation）或提煉的過程是神學／哲學性的，因此也帶有規範性。這種見解反映出自啟蒙時期起強調理性是判定所有神學建構的權威。經過這步驟之後的成果，便可以為教義神學及倫理學所用。蓋伯勒所關注的有兩方面，一方面是將聖經從教會那種教條式的「捆鎖」中釋放出來，返回聖經原本的意思，透過歷史文法釋經，企圖叫聖經擺脫教義神學的操控，拒絕將聖經套入教義神學的框架（即神觀、基督論、末世論等）之內。另一方面，他亦關注神學如何可以直接影響教會及信徒的實踐。

可惜，蓋伯勒將建構聖經神學分成真聖經神學和純聖經神學這兩個階段，現實上是不可能的。歷史研究不可能不使用理性，不能沒有哲學或神學的前設；歷史研究所得出的成果也不是絕對客觀的。蓋伯勒這種理性主義的方法，試圖將聖經轉化為一些普遍和永恆的原則，而忘記了啟示的本質就是具歷史性的。

史丹德（K. Stendahl）亦依循這種理解，視聖經神學所處理的是聖經經文的「意思」（what it meant），而教義神學則是說明聖經經文對現今教會的意義（what it means）。[31] 用艾伯林（G. Ebeling）的說法，聖經神學是「在聖經中所蘊含的神學，就是聖經本身的神學」，這是一個「歷史的觀念」；這有

31 K. Stendahl, "Biblical Theology, Contemporary," *IDB*, 1:418–32.

別於「與聖經一致的神學，以聖經為本的神學」，[32] 後者是一個「規範性的觀念」。究竟聖經神學的任務是歷史性、描述性的（descriptive），還是神學規範性（prescriptive）的呢？並且在建構聖經神學時，歷史與神學兩者的互動關係，是往後不同的學者爭拗不休的問題。前者是學術界的聖經學者所特別關注的，後者則是神學和教會界更為關心的。[33]

1.2.1 聖經神學是描述性的

我們可循兩方面去理解聖經神學的描述性。第一方面，聖經神學屬於歷史的研究，因此是描述性的，目的是要說明經文對原讀者的神學意義。歷史鑑別的研究是非常重要的，即我們要理解這些書卷，就必須了解它們的歷史背景、作者、寫作日期和目的，注意經文背後（behind the text）的世界，展示經文所帶出的神學主題及呈現的敘事世界。各書卷因應不同的寫作目的，會有不同的重點，強調不同的神學主題，因此不應預設一個既定的神學架構，而是讓環繞其寫作目的的神學主題呈現出來。歷史的鑑別研究也包括以社會科

32 G. Ebeling, *Word and Faith*, trans. James W. Leitch (Philadelphia: Fortress, 1963), 79.

33 有關過去聖經神學及新約神學各門派學說研究方法晚近的分析及評論，見 Steve Motyer, "Two Testaments, One Biblical Theology," in *Between Two Horizons: Spanning New Testament Studies and Systematic Theology*, ed. Joel B. Green and Max Turner (Grand Rapids: Eerdmans, 2000), 143–64；Christine Helmer, "Biblical Theology: Bridge Over Many Waters," *CBR* 3 (2005): 169–96；Frank J. Matera, "New Testament Theology: History, Method, and Identity," *CBQ* 67 (2005): 1–21；Childs, *The Church's Guide for Reading Paul*, 25–63；Edward W. Klink III and Darian R. Lockett, *Understanding Biblical Theology: A Comparison of Theory and Practice* (Grand Rapids: Zondervan, 2012)。

學及人類學角度分析當代的社會動力和文化根本等，透過當代基督教源起時的歷史及社會背景，去探索經文對當代讀者的意義。[34]

聖經神學雖然是建基於歷史的鑑別研究，但它不是宗教歷史（Religionsgeschichte）的研究。宗教歷史的研究與聖經神學之間最大的分別，是聖經神學假設了聖經文本的權威性，並所言說的是關乎真理。宗教歷史的研究則不一定有此假設，有些更是基於某種宗教進化的前設，例如視宗教發展軌迹是由多神發展至一神；或是由低層基督論（早期以基督的人性為重）至高層基督論（基督的神性是教會後期才發展出來的）。它們都使用歷史研究的方法，在內容上亦有重叠的地方，但因它們的假設不同，便往往引向不同的結論。聖經歷史研究所得出的結論也並不是完全客觀的，歷史研究也不能脱離詮釋者既定的前設。

第二方面，透過聖經的文學特質去探索它們的神學。從經文的文本中（in the text）去探究它的神學意義。透過它的文學體裁、風格特式、整體結構、論述分析、修辭技巧等去理解，注意經文的內在世界，及經文如何引導讀者理解它的神學意義。這種共時性的研究（synchronic studies）與歷時性的研究（diachronic studies）同樣重要。於此，我們假設大公書信中各卷書信都有其統一性，會以其正典的最終文本去理解它們。

34 大公書信中各書卷，不論在作者、讀者及寫作背景上，都有不少爭議的地方。本書不會就這些問題作詳細的討論，只會作簡單的介紹。

1.2.1.1 大公書信作為書信

在大公書信中，除了約翰一書之外，其餘各卷都具清楚的書信格式。我們會在討論約翰一書時，指出它也是一封信函。[35] 當我們收到任何信件(或電子郵件)時，我們必定會嘗試理解傳信息的作者的目的是甚麼。信件的作用是透過這溝通的媒介，將未能面對面與讀者在一起的作者所要說的話，向讀者陳明。在新約書信來說，往往帶出作者要求讀者看完那書信後，會以某種的表現(performance)作為回應。因此當我們談論這書信的寫作目的時，指的正是作者透過他所寫的文本，向讀者展示他溝通的意圖，亦即其論述的意思(discourse meaning)。[36] 然而，因為在作者和讀者之間存在著很多沒有明言的共通假設，例如他們身處相同的社會文化特質，包括所用的語言及修辭的常規，並作者與讀者之間曾獨特地分享的共同經驗；因此我們必須要理解經文背後的世界，進而了解作者與讀者之間共通的地方。[37]

1.2.1.2 書信所呈現的敘事世界

所有人對其身處的世界，都有某種的想像和理解，學者

---

35 嚴格來說，信件可分為兩類，一類是真實的信函，由作者發給讀者的；另一類是文學的信函，是借書信的格式去表達作者的思想，其作者和讀者都可以是虛構出來的。然而，無論是哪一種，都有作者所意想的讀者(即「暗示讀者」〔implied reader〕)，即他希望誰讀到他所寫的，並明白他的用意。

36 見 M. M. B. Turner, "Historical Criticism and Theological Hermeneutics of the New Testament," in *Between Two Horizons*, 47–51。

37 閱讀書信有些時候就好像旁觀他人接聽電話的經驗一樣，只聽到其中一方的談話，從中猜想他未聽到的另一方的談話內容。學者稱這種閱讀方式為「對鏡反讀」(mirror reading)，要從文本去猜測作者所要對應的情境；不過，在使用這種歷史重構時要格外的小心。有關此點，特別參 John M. G. Barclay, "Mirror-Reading a Polemical Letter: Galatians as a Test Case," *JSNT* 31 (1987): 73–93。

稱這種建構為「符號的世界」(symbolic universe)或「世界觀」。這符號世界為個人及羣體提供基本的框架去理解現實世界，塑造當事人對自己的身分認知、價值取向及存在目標。這符號世界是在社會化的過程中被建立起來的，告訴我們這世界是怎樣的、它如何運作，並我們在其中的角色是甚麼。故事是在符號世界中重要的元素。這些故事告訴我們：我們是誰？我們生活在一個怎樣的世界？我們所生活的世界為何會是這樣的？我們所身處的環境會有哪種未來的可能性？[38] 故事可以透過不同的方式表達，可以是敍事形式，[39] 也可從書信作者的講論去理解這些論述是根據怎樣的敍事，這包括信中所提及或暗指(implied)的事件、人物及場景：事件發生的次序(時序或優次序)、人物刻劃及他們之間的交往(可以是作者與讀者之間的關係、當中講論的人物所扮演的角色等)、所發生事件的場景及其意義(包括過去、現在及將來)。透過作者所展示的敍事世界，我們可以對作者所論述的內容及為何這樣論述，有更深的體會和認識。[40]

38 賴特(N. T. Wright)：《新約與神的子民》，左心泰譯，基督教起源與上帝議題(卷一)(新北市：校園書房，2013)，頁 164–192；James Miller, "Paul and Hebrews: A Comparison of Narrative Worlds," in *Hebrews: Contemporary Methods – New Insights*, ed. Gabriella I. Gelardini, BIS 75 (Leiden: Brill, 2005), 246–47。

39 嚴格來説，故事與敍事是有分別的。敍事是透過某人將故事呈現出來，但故事是可以有不同的敍述，例如四福音對同一有關耶穌的故事有不同的敍述，沒有任何一卷福音書可以獨攬有關耶穌的故事，正如沒有任何的摘要可以取代它所要撮要的。同一故事的不同敍事都不能涵蓋整個故事，也不可能被完全撮要。敍事可採取不同的策略，例如倒敍法等；因此，雖是同一個故事，但可以有很多不同的敍事。見 Bauckham, "Reading Scripture as a Coherent Story," 43–44。

40 這種敍事研究背後的神哲觀念及聖經研究發展的因素，可參 Bruce W. Longenecker, "The Narrative Approach to Paul: An Early Retrospective," *CBR* 1 (2002): 94–107。這種方法的不同進路，見 Klink and Lockett, *Understanding Biblical Theology*, 91–122。有關敍事的聖經神學與其他建構聖經神學進路的關係，可參 David J. H.

在新約研究中，最先指出在研究保羅書信時要留意作者背後的敍事世界，並作出較全面和詳細的討論的學者是希斯（Richard Hays）。[41] 希斯認為我們可透過兩個步驟去理解保羅敍事的底層結構（substructures）：（1）從作者言論中所指涉的故事，繪劃出這故事的輪廓；（2）這故事如何塑造議論中的論述。[42]

大公書信的個別作者，並未有將他們的符號世界鉅細靡遺地向讀者陳述，在書信中所呈現的只可能是他們的符號世界其中一部分，以致我們對作者的思維沒有一幅全面的圖畫，因此我們也不能確定他們沒有明言的部分，是他們所相信的還是所否定的。特別是大公書信中有一些極短的書信（如猶大書），且是針對一些特定的問題而寫，作者並未有意圖將自己的符號世界全面地揭示。書信的符號或敍事世界可以包括作者與讀者之間交往時曾發生的故事，也可以指作者自己所經歷的故事。[43] 大公書信都是指向神與世界之間這故事的大敍事，這敍事是從舊約開始講述，透過基督事件，到書信所寫成的年代，最後引向這故事所預期的終局，就是終末的審

Beldman and Jonathan Swales, "Biblical Theology and Theological Interpretation," in *A Manifesto for Theological Interpretation*, ed. Craig G. Bartholomew and Heath A. Thomas (Grand Rapids: Baker Academic, 2016), 149–70。

41 Richard Hays, *The Faith of Jesus Christ: An Investigation of the Narrative Substructure of Galatians 3:1 ~ 4:11* (2nd ed.; Grand Rapids: Eerdmans, 2002).

42 Hays, *The Faith of Jesus Christ*, 28。對保羅敍事世界全面的建構，見 Ben Witherington III, *Paul's Narrative Thought World: The Tapestry of Tragedy and Triumph* (Louisville: WJK, 1994)；N. T. Wright, *Paul and the Faithfulness of God*, Part II: *The Mindset of the Apostle* (Minneapolis: Fortress, 2013), 351–571。循這方法研究保羅神學的，亦見 Bruce W. Longenecker, ed., *Narrative Dynamics in Paul: A Critical Assessment* (Louisville: WJK, 2002)；A. Andrew Das, *Paul and the Stories of Israel: Grand Thematic Narrative in Galatians* (Minneapolis: Fortress, 2016)。

43 參賴特：《新約與神的子民》，頁 518–25。

判及新天新地。[44]

1.2.2 聖經神學的正典性和規範性

我們所謂的「聖經」是指基督教正典，而正典是一個神學的觀念，代表著教會是以正典作為她的信仰和生活的規範，因此聖經神學必然發揮其規範性。基督教的聖經神學是局限於正典的神學，這正典是基督教教會的正典。[45] 這正典是整體的，即舊約和新約。希伯來的正典依次為妥拉—前先知書—後先知書—寫作，其重點在於妥拉，以神拯救以色列出埃及作為神啟示的核心；[46] 基督教正典依次為妥拉—歷史—寫作—先知—福音書—歷史—書信—啟示錄，其重點在於福音書，以耶穌作為拯救者的來臨為神啟示的核心；之前的書卷是朝向基督的來臨，之後的書卷則是回溯基督的來臨，[47] 並前瞻基督的復臨。作為曾經經歷耶穌基督救恩的信徒和教會

---

44 書信敘事世界這方面研究的例子，除了以上曾提及的，另見 Kenneth Schenck, *Understanding the Book of Hebrews: The Story behind the Sermon* (Louisville: WJK, 2003)；J. de Waal Dryden, *Theology and Ethics in 1 Peter*, WUNT 2/209 (Tübingen: Mohr Siebeck, 2006)；Joel B. Green, "Narrating the Gospel in 1 and 2 Peter," *Int* 60 (2006): 262–77；M. E. Boring, "Narrative Dynamics in 1 Peter: The Function of Narrative World," in *Reading First Peter with New Eyes: Methodical Reassessments of the Letter of First Peter*, ed. R. L. Webb and B. Bauman-Martin, LNTS 364 (London: T&T Clark, 2007), 7–40 等。

45 於此，我們接受蔡爾茲的正典進路。他拒絕使用「正典鑑別學」(canonical criticism) 這用詞，因為他認為自己所提出的，不是眾多聖經鑑別學中的一種，而是作為教會或信徒的研究者應有的基本定位和態度，認定所研究的對象是基督教教會的正典，而聖經神學應返回正典這神學觀點——正典是教會奉為權威這神學的理解之中。上文【本章 1.1】已採取了這進路理解大公書信作為正典的一部分。

46 亦即構成希伯來聖經基本的組成敘事 (constitutive narrative)。

47 參 C. H. H. Scobie, "New Directions in Biblical Theology," *Themelios* 17/2 (1992): 6。

來說，在解釋聖經時，無論是舊約還是新約，都不必也不能迴避從基督福音的角度去理解這些經書。

正典有其統一性，不同的部分有它們的連續性和共通性。各書卷有共同的核心關注，就是神的子民對神在基督耶穌裏救恩的見證。然而，我們也不應忽視它們中間的多元性。這多元並不代表不一致或甚而矛盾，而是它們在不同的年代，以不同的方式去展示同一個見證。

大公書信作為一組的彙集，同樣有其統一性和多元性，以不同的方式為基督耶穌作共同的見證。我們不應將個別書卷如何被納為大公書信及正典的歷史過程，取代各書卷本身的歷史性。這兩者對我們理解大公書信的個別書卷上，都有其獨特的地位和角色。後者強調我們要理解個別經卷，不能不從它本身的原作者、原讀者（即公元一世紀的背景）及文化背景等去理解它的歷史原意。這屬於歷史研究的範疇。前者強調個別書卷的作者如何令書卷發揮正典的作用，並個別書卷與大公書信整體的關連和統合。對個別書卷的歷史研究，可讓我們更透徹地了解這些書卷在大公書信這整體中發揮的神學意義和貢獻。接受大公書信為正典的古教會，是因為這些書卷個別地帶著見證耶穌基督福音的權柄，而認定它們為正典。然而，因著它們成為正典的一部分，被大公教會認定為對過去、現在和將來的教會，在信仰和實踐上都具權威性，以致其意義超越它們個別原來所針對的具體歷史狀況。[48] 於此，聖靈的工作不只是引導接受這些書卷的教會，認定大

48 Darian R. Lockett, "Not Whether, but What Kind of Canonical Approach: A Review Essay," *JSTOR* 9 (2015): 130–31.

公書信的使徒性及權威性，同樣是個別書卷反映出聖靈的默示，顯示這書卷的使徒性及權威性。[49] 聖靈同時繼續透過個別書卷、整個大公書信、全部新約，及聖經正典作為一個整體，引導和形塑這面向聖經經文（in front of the text）的不同年代的大公教會，為耶穌基督作見證，面對今世不同的挑戰。信徒和教會身處的環境、不同年代所出現的新議題，都可以挑起信徒和教會對正典有新的領會，引發並引導他們在信仰和實踐上有新的反思及行動。

於此，本書除了探討每卷書內裏的神學，也會探討各書卷在大公書信中的位置，進而了解大公書信各卷之間的關係。它們被納為大公書信，成為新約正典的一個組成部分，與它們個別原來的寫作目的，絕不是互不相干，倒是密切關連的。[50] 我們會探討個別書卷在大公書信中的意義，並最後論述大公書信在新約正典中的意義，特別是它們所展示的使徒教導。根據使徒行傳二章 42 節，早期的信徒留意遵守使徒的教訓。

新約明顯地不可能自立於整本聖經，「新」約假設了「舊」約的存在。新約是神在舊約之後對祂子民進一步的啟示。福音是對妥拉新的演繹：包括了部分取代、吸收，和見證律法

---

49 Lockett, "Not Whether, but What Kind of Canonical Approach," 132; Schröter, *From Jesus to the New Testament*, 338.

50 Childs, *The New Testament as Canon*, 49。於此，我們同意 Lockett, *Letters from the Pillar Apostles*, 19–27 對 Nienhuis and Wall, *Reading the Epistles of James, Peter, John & Jude as Scripture*, 10 的批評，後者認為正典形成的背景才是首要的。類似的批評，亦見 Gregory Goswell, "The Early Readership of the Catholic Epistles," *JGRChJ* 13 (2017): 129–51。但這並不代表正典形成的歷史全不重要，那是書卷效應/接受史的一部分。

的權威，既有超越性，也有延續性。我們將於下文探索個別大公書信的書卷如何使用舊約（釋經神學）、猶太傳統、耶穌傳統和教會傳統所呈現的敍事，去形塑它們的使徒教訓，並探討大公書信個別書卷及整體的使徒教訓對現今教會的意義。最後我們以敍事方式呈現大公書信的綜合神學。

第二章

雅各書的神學

雅各書可以說是新約其中一卷甚容易被誤解的書卷，過往不少學者受到馬丁．路德（Martin Luther）對雅各書訂下的討論議題所影響。馬丁．路德曾稱雅各書為「草木禾稭」，質疑它沒有保羅著作那樣的權威，因為雅各書沒有那種強調「因信稱義」的教義，反而說亞伯拉罕是因行為稱義。自路德以後，讀者往往仍循此方向，透過保羅的思想去詮釋雅各，將焦點放在討論保羅「因信稱義」與雅各「因行為稱義」的對比。公元十九世紀時德國杜平根學派更宣稱雅各與保羅是彼此對立的，並且認為雅各堅持所有男性信徒必須行割禮。不過，這種推測與使徒行傳和託革利免著作《接受書信的明證》（*Pseudo-Clementine Recognitions*）的看法完全相反。

對華人信徒來說，因為華人文化對倫理的注重，所以在研讀雅各書時，將重點放在信心必須有善行這主題上。雖然研究保羅和雅各的異同，或善行在信仰中的重要這些主題，本身並非不適當，然而這些議題容易使讀者有了先設的關注，以致忽視了雅各書本身的中心信息。可幸的是，晚近學者愈來愈覺察到雅各書自身的獨特性，從這書本身去了解它。

2.1 歷史問題

雅各書無論在作者、讀者、寫作日期及寫作地點等問題上，在學術界中都存在極大的爭議。

2.1.1 作者、寫作日期及地點

雅各書開始時，作者自稱為「神和主耶穌基督僕人的雅

各」(雅一1)。新約記載了四位稱為雅各的人物,除了耶穌的兄弟雅各外,還有西庇太的兒子、約翰的兄弟雅各,但他約於公元四十三至四十四年間英年殉道(徒十二1~2),在耶穌復活後只活了八至十年,時間短促,使他不大可能是雅各書的作者。此外,亞勒腓的兒子雅各(太十3;參可十五40),及十二門徒之一猶大的父親雅各(徒一13),他們的知名度太低,不大可能是這封如此富權威語氣的書信之作者。本書卷首語所指的雅各,最大可能仍是耶穌的兄弟雅各。

福音書曾記載耶穌有四個兄弟,其中一位是雅各(可六3 // 太十三55;參路八19;約二12,七3~4)。根據符類福音的記載,耶穌的家人對耶穌的態度是負面的,然而馬可福音和馬太福音的重點,只在對比耶穌的原生家庭與那以神為父的另類家庭,而不一定是負面的。約翰福音在描述耶穌與他的母親(約二1~12)和他的兄弟時(約七3~8),都指出他的家人在耶穌生前並不明白他的使命,他們的「不信」(約七5)正在於此。根據約翰福音,「不相信」很多時候是因為對耶穌的身分和使命的誤解,並不代表耶穌的兄弟完全拒絕耶穌,就是耶穌的門徒也有顯出不信的時候(約十四8~10,十六30~31)。反之,根據約翰的描述,耶穌的家人不時與耶穌在一起,並且可能是他的支持者。[1] 福音書對耶穌生前與家人的關係,在親疏上有不同的描繪,有可能在耶穌事奉的晚期,他的家人,包括他的兄弟雅各,也加入了耶穌所發起

1 John Painter, *Just James: The Brother of Jesus in History and Tradition* (Columbia: University of South Carolina Press, 1997), 16–18.

的彌賽亞運動，[2] 這可以解釋為何沒有任何傳統記載雅各的信道，只有記載他見過復活的主。

據使徒行傳的記載，在教會初期，大概十二使徒都留駐在耶路撒冷（徒八 1），雅各作為耶穌的兄弟，在此時（約公元 44 年起）亦漸漸冒起。路加在使徒行傳十二章 17 節首次提及雅各，天使救了彼得出監後，彼得到了馬可家，然後叫人通知「雅各和眾弟兄」。那裏沒有對雅各作任何的介紹，顯示雅各是教會中所熟悉的人物，是教會中的領袖，因此要向他匯報。期後，雅各的地位日漸崇高，可能是因為他與耶路撒冷較保守的信徒有緊密的關係，加上十二使徒在耶路撒冷的影響力漸漸下降，彼得和多馬等都遠赴他方宣教。耶路撒冷的教會由一班長老與雅各一起領導（徒十五 2、4、6、22、23，十六 4），然而當巴拿巴和保羅將從安提阿教會所收集得到的捐獻帶到耶路撒冷，他們是送到眾長老那裏（徒十一 30）。使徒行傳二十一章 18 節同樣也記載只有雅各和長老們還逗留在耶路撒冷，那時雅各可能已是耶路撒冷十二位長老中為首的了。

雅各在耶路撒冷教會中地位的舉足輕重，可見於他在耶路撒冷大會（徒十五 1～20）中的角色。會議結束時，雅各作了總結陳辭（徒十五 19～20）。所謂「使徒教令」，很可能大部分是雅各的見解（徒十五 19：「所以據我的意見」），使徒、長老們及耶路撒冷教會基本上是同意雅各的看法，所以會議後向各地發出的信件，是以使徒和長老的名義。在保羅書信

---

2 Richard Bauckham, *Jude and the Relatives of Jesus in the Early Church* (Edinburgh: T&T Clark, 1990), 46–57.

中，雅各被稱為「主的兄弟」（加一 19；參徒一 14；林前九 5），被列為使徒之一，並且根據保羅的見證，他曾見過復活的主（林前十五 7）。加拉太書二章 9 節保羅亦支持雅各作為當時教會顯赫領袖，雅各的地位甚至似乎淩駕彼得之上。那裏稱「雅各、磯法、約翰」為教會的柱石，保羅將雅各排名於首，反映出雅各在當時教會中的領導地位。

根據公元三世紀的基督教歷史學家優西比烏（Eusebius；《教會歷史》〔*Ecclesiastical History*〕4.5.3 ～ 4，5.12.1 ～ 2）和公元四世紀撒拉米主教伊皮法紐（Epiphanius of Salamis；《藥庫》〔*Panarion*〕66.21 ～ 22）的記載，雅各是耶路撒冷的首位主教。雖然在公元一世紀中葉，耶路撒冷教會大概還未使用「主教」這頭銜，但他在耶路撒冷教會為首的地位，可能是取材於早期的教會傳統。根據教會的傳統記載，雅各在耶路撒冷殉道（優西比烏《教會歷史》2.23.3 ～ 23），時約為公元六十二年。[3]

然而，不少西方聖經學者對雅各書的作者是耶穌的兄弟雅各多表懷疑。這書卷的作者和寫作日期及地點息息相關。歷來的取向主要分為兩大路線：（1）認為作者是耶穌的兄弟雅各，他身處耶路撒冷寫信給散居在猶大地以外的猶太裔信徒，寫作日期約公元四十六至六十二年間；（2）認為作者並非耶穌的兄弟雅各，是後人假託他的名義寫成的，其中一個目的是要針對保羅或保羅被歪曲了的教訓，是公元一世紀較後期，甚而是公元二世紀的作品。[4]

---

3 有關雅各詳細的生平，參張略：《雅各書註釋》（香港：基道，2006），頁 334–52。

4 見如 David R. Nienhuis, *Not by Paul Alone: The Formation of the Catholic Epistle*

否定此書是耶穌兄弟雅各所寫的，主要理據有三方面：[5]（1）雅各不可能以這樣高水平的希臘文撰寫此書。然而，我們並不知道雅各受過哪種程度的教育，且他作為耶路撒冷教會的領袖，使用代筆人或祕書也是很可能的。[6]（2）雅各書沒有提及禮儀上的關注，顯示有關外邦宣教所引起的爭論已過。這同樣可用作説明雅各書可能是在外邦宣教引起矛盾之前已經寫成，因此雅各書未有處理這類問題，那不是此書要針對的議題。（3）雅各書有關信心、行為和稱義的討論，包括引用創世記亞伯拉罕的稱義為例證，似乎是對應羅馬書和加拉太書引用亞伯拉罕作為支持因信稱義的論據，因此認為雅各書的寫作目的是針對保羅或被扭曲了的保羅教導。然而，若雅各書是針對保羅的教導，為何只是在二章 21 至 22 節這麼少的部分針對保羅，而沒有在此信中的其他地方，就共同關注的議題，如猶太教的禮儀律例（「律法的行為」）提出爭論？若雅各書所針對的是「只憑信心」這思想被扭曲，又為何雅各書仍使用「存著信心」作為基督徒的特徵（雅二 1）？若雅各書真的是針對保羅或是他的教導，但卻表達得如此含糊不清，實是敗筆之作！筆者認為雅各和保羅是針對不同的議題，卻不約而同地引用創世記中亞伯拉罕因信稱義的例子，去證明自己的論述（見本章【2.4.4.2】）。雅各和保羅是針對截然不同的問題，從不同的角度引用亞伯拉罕的事例。

Collection and the Christian Canon (Waco: Baylor University Press, 2011)。

5 詳細的討論，見張略：《雅各書註釋》，頁 4–6。

6 有關公元一世紀使用祕書的做法，見 E. Randolph Richards, *Paul and First-Century Letter Writing: Secretaries, Composition and Collection* (Downers Grove: IVP, 2004), 57–80。

保羅所針對的是外邦信徒被要求遵守猶太人的約才可以成為神子民的問題，指出任何人得救不是因著遵守律法的行為，而是單靠主耶穌基督所完成的救恩；雅各所關注的是信心與行動必須兩者兼備，才是完整的信仰，是救恩所要達成的效果。[7]

雅各書作者自稱為「神和主耶穌基督僕人的雅各」，他必定是讀者所熟悉的耶路撒冷的領袖、主的兄弟雅各。雅各書的內容正切合他如此重要地位的領袖，寫信向散居地的信徒說明這以基督為榮耀的主（雅二1）的信仰所應有的特質。雅各書對全律法（雅一25，二8～12，四11～12）的注重，與在歷史上被稱為義者、忠於猶太律例、注重猶太傳統的雅各吻合。書中提及的教會組織較為簡單：「教師／師傅」（雅三1）和「長老」（雅五14），亦沒有複雜的基督論建構（如雅二1），都反映出雅各書是教會早期的作品。

若《革利免一書》（*The First Epistle of Clement*；公元一世紀末至二世紀初）曾引用此書，則此書必定成書於公元九十六年之前；若《黑馬牧人書》（*The Shepherd of Hermas*；公元70～150年之間）曾引用此書，則雅各書很可能成書於公元七十年之前。雅各於公元六十二年殉道，若這卷書是雅各所寫，則必定是在此之前成書。雅各書沒有討論任何有關猶太信徒與外邦信徒的關係，特別是針對禮儀的律法，因此雅各書極可能是撰於保羅寫加拉太書之前（約公元52～54年間）。雅各書也有可能是在耶路撒冷會議（徒十五章；約公元51年〔？〕），外邦宣教引起猶太信徒與外邦信徒的關係出

7 詳參張略：《雅各書註釋》，頁183–85。

現問題之前，估計大概在公元四十六至五十一年間。若是如此，雅各書可能是新約中最早寫成的書卷！

2.1.2 讀者

雅各書在卷首語中稱讀者為「在散居地的十二支派」（根據原文直譯），在新約的書信中，這是惟一一卷以此稱呼受書人的。「散居地」指以色列地之外的地方（參申二十八 25，三十 4；賽四十九 6；詩一四七 2）。當北國以色列在公元前七二一／七二二年被亞述國所滅及南國猶大在公元前五八六年被巴比倫所滅後，不少遺民被遷徙離開原居地，有些是被擄的、有些是被征入伍，有些因為生活環境惡劣而遷徙，也有因為經商的原因，猶太人流散於不同的地方，北至北美索不達美亞和米底亞、東至東巴比倫、西至地中海周圍各地、南至埃及和埃塞俄比亞等地方。在公元一世紀的時候，我們雖未能確定在散居地猶太人的數目，但為數可能比在以色列地居住的猶太人還要多。[8]

歷來對「在散居地的十二支派」有三種不同的看法：[9]（1）有認為是象徵性地泛指所有基督徒，如彼得前書一章 1 節「分

---

8 有關猶太人自公元前八世紀之後到公元一世紀移居外地的一般情況及原因，可參黃錫木、孫寶玲及張略：《新約歷史與宗教文化導論》，聖經導論叢書（香港：基道，2002），頁 142–63。

9 詳細討論，見 Richard Bauckham, "Messianic Jewish Identity in James," in *Muted Voices of the New Testament: Readings in the Catholic Epistles and Hebrews*, ed. K. M. Hockey, M. N. Pierce and F. Watson (London/New York: Bloomsbury T&T Clark, 2017), 101–20。亦參張略：《雅各書註釋》，頁 10–12。

散在……寄居的」所指的一樣。[10] 然而根據彼得前書的內容（彼前一 14、18，二 9～10，四 3～4），其讀者主要是外邦信徒，因此認為那裏是象徵性用法是合理的。但雅各書則完全沒有針對外邦信徒的內容，因此這裏應是字面的用法。況且這裏有別於彼得前書的卷首語，使用了「十二支派」，也只是對猶太人有意義。（2）有認為讀者是所有猶太人，包括基督徒和非基督徒在內。[11] 然而，這裏一些內容並不是非基督徒的猶太人可以接受的，最明顯的是二章 1 節指他們所信的是「榮耀的主耶穌基督」。（3）這裏是指猶太裔的基督徒羣體。[12] 彌賽亞運動的初期，特別是猶太裔的信徒並不視自己為有別於猶太教的另一新興教派或宗教，卻視凡承認耶穌是彌賽亞的猶太人（參雅二 1），都是屬於由這位彌賽亞所召聚的十二支派的成員，亦是整個彌賽亞運動的核心代表。他們期望這運動會席捲全以色列民，因此雅各在這裏向那些宣認耶穌為彌賽亞的猶太人的教導，理論上亦是針對全以色列民的。[13]「散居地的十二支派」是字面地指僑居於散居地、由彌賽亞所呼召屬於十二支派的猶太人。當然這樣稱呼這個信仰社羣，必然會引發末世的聯想：彌賽亞來臨時，重新召聚十二支派

10 如 Martin Dibelius, *James*, trans. M. A. Williams, Hermeneia (Philadelphia: Fortress, 1976), 66–67；Joel Marcus, "The Twelve Tribes in the Diaspora (James 1.1)," *NTS* 60 (2014): 433–87。

11 Dale C. Allison, *James: A Critical and Exegetical Commentary,* ICC (London: T&T Clark, 2013), 32–50.

12 Luke T. Johnson, *The Letter of James: A New Translation with Introduction and Commentary*, AB 37A (New York: Doubleday, 1995), 169–72；Patrick J. Hartin, *James*, Sacra Pagina 14 (Collegeville: Liturgical Press, 2003) 50–51 等。

13 Richard Bauckham, *James*, New Testament Readings (London: Routledge, 1999), 154.

的子民，帶來彌賽亞的國度，帶動以色列的復興，外邦人會陸續加入這信仰的羣體，成為一個更新的神子民羣體。

我們無從確定讀者是處於哪個社會階層，特別在古代以農業為主的世界中，有錢人屬於極少數。況且受書人是在散居地僑居的猶太信徒，作為客旅和寄居的，他們在社會中所有的權利，會大大少於本土的居民，甚至要面對種族的歧視，他們一般經濟狀況都在社會平均水平之下。[14] 雅各書對富足人多次負面的批評（雅一 10 ～ 11，二 6 ～ 7，五 1 ～ 6），並不一定表示作者的對象主要是富足人，而是要警告讀者不要受這世界價值觀影響，採納了一般富足人那種價值取態及行事方式。作者也不是全然針對社會中最底層的信徒，因為他鼓勵他們中間有能力的，應盡力幫助有需要的人（雅二 14 ～ 16）；強調他們應有貧窮人那種謙卑和倚靠，這才是屬神國子民應有的態度（雅二 5）。

2.2 體裁

過去曾有學者認為雅各書是講章，[15] 然而雅各書缺乏如希伯來書和《革利免二書》（*The Second Epistle of Clement*）猶太

---

14 有關希羅社會整體經濟階層結構，見 Bruce W. Longenecker, "Exposing the Economic Middle: A Revised Economy Scale for the Study of Early Urban Christianity," *JSNT* 31 (2009): 243–78 精湛的分析，並 Bruce W. Longenecker, *Remember the Poor: Paul, Poverty, and the Greco-Roman World* (Grand Rapids: Eerdmans, 2010)。亦參 Dennis C. Duling and Norman Perrin, *The New Testament, An Introduction: Proclamation and Parenesis, Myth and History* (3rd ed.; Fort Worth: Harcourt Brace College Publishers, 1994), 56。

15 如梁康民：《雅各書》，天道聖經註釋（香港：天道書樓，1995），頁 5。

講章的格式：有正式的引論，援引舊約經文作釋經或主題的闡釋及應用。亦有不少學者認為雅各書屬於希臘式的道德訓誡文體（paraenesis），也有認為雅各書是屬於猶太式的智慧體裁（wisdom instruction）。根據甘米（John G. Gammie）的分析，[16] 它們兩者同屬於勸導文體（paraenetic literature）。勸導文體有五種重要的特質：(1)使用命令和勸勉、格言和諺語；(2)引用傳統的資料；(3)一般性的應用；(4)使用古人作為榜樣；(5)作者一般是一位有道德權威的人士，讀者是那些受教者。雅各書所使用的命令語動詞，在比例上比新約任何書卷還要多，共用了五十五個命令語態動詞（包括第二和第三身稱），並四個將來式命令語，且平均分佈於全書之中。[17] 雅各書亦建基於利未記十九章的律例，使用先知和智慧的傳統資料，並大量旁索（allusions）耶穌的言訓。雅各書雖然並非如一些猶太智慧文學如箴言般，在內容上那麼包羅萬有，卻是較具體地針對當個時代普遍存在的幾個重要的課題。作者更使用了亞伯拉罕、喇合、約伯作為榜樣。因此雅各書反映出勸導文體的特性。希臘道德訓誡文體與猶太智慧體裁兩者的分別，在於它們是取材於希臘的傳統還是猶太傳統，於此雅各書明顯不過的是取材於猶太傳統。因此我們可以確定雅各書是新約的智慧文獻，也是惟一的一卷。雅各書的作者雅各作為耶路撒冷教會的領袖，是當時公認教會中的權威，這也符合智慧文獻的特質。

---

16 John G. Gammie, "Paraenetic Literature: Toward the Morphology of a Secondary Genre," *Semeia* 50 (1990): 48–51.

17 見 William Varner, *James*, EEC (Bellingham: Lexham, 2014), 51–53 詳細的分析列表。

雅各書明顯是一封書信，有清楚的書信卷首語(雅一 1)，也反映書信卷末的格式(雅五 12～20)，中間為書信的本體。當代希羅的信件確可用作承載各類型的文獻。[18] 晚近不少學者認為雅各書是一封「散居地書信」(Diaspora Letter)，[19] 仿似上文已提及的耶路撒冷領袖寫給散居地猶太僑民的信件。[20] 從功能的角度去看，雅各書確實有散居地書信的特性。從格式的角度去看，智慧文獻的引論及總結，與書信的卷首及卷末相對應。同時這兩種文獻都是由具權威的領袖，寫給他所要勸勉的猶太羣體；兩者都不是叫人轉變信仰，而是確立作者和讀者的共同信仰；兩者都是以妥拉(Torah)作為勸勉的基礎。它們兩者極多相似的地方，因此可以將兩者合併起來，以致我們可以說雅各書是散居地書信，也是智慧文獻。[21]

2.3 寫作目的及全書結構

作者的寫作目的與他如何鋪排其中的內容，兩者關係密切，即作者如何組織自己的作品，以期達到他的寫作目的。

---

18 見如 John L. White, "New Testament Epistolary Literature in the Framework of Ancient Epistolography," *ANRW* II 25.2: 200–201。

19 見如 John S. Kloppenborg, "Diaspora Discourse: The Construction of Ethos in James," *NTS* 53 (2007): 242–70。

20 有關這些書信較詳細的討論，見 Lutz Doering, "First Peter as Early Christian Diaspora Letter," in *The Catholic Epistles and Apostolic Tradition*, ed. Karl-Wilhelm Niebuhr and Robert W. Wall (Waco: Baylor University Press, 2009), 215–26。Allison, *James*, 74 指出這些散居地書信有十種特質，都見於雅各書。

21 Luke L. Cheung and Kelvin C. L. Yu, "The Genre of James: Diaspora Letter, Wisdom Instruction, or Both?" in *Reading the Epistle of James: A Resource for Students*, ed. Eric F. Mason and Darian R. Lockett, RBS 94 (Atlanta: SBL, 2019), 87–98.

這書起首便聲明這封信有關信徒如何邁向完全（雅一 2）；在總結時也關注羣體如何可以得著完全（雅五 12 ～ 20）。[22]

若正如上文【2.1.1】所論，雅各書是耶路撒冷教會的領袖、耶穌的兄弟雅各所寫，讀者是散居於各處的猶太基督徒，他們是彌賽亞運動初熟的果子（雅一 18）。雅各勸勉他們要逆流而上，不要為世俗所同化（參雅一 26 ～ 27，四 1 ～ 6），在面對眾多的試煉的挑戰時（雅一 2、12），要堅守耶穌所教導雙重愛的命令：愛神和愛鄰舍，憑著純一的信心，走上更臻完全的路（雅一 1 ～ 4）。他們一方面要愛神（雅 7 一 12，二 2），親近神（雅四 7），要對祂付上忠義和誠實，好像亞伯拉罕一樣，成為神的朋友（參雅二 23），不要三心兩意（雅一 6 ～ 8，四 8），且抗拒被自己的私慾所引誘（雅一 13 ～ 15，四 1 ～ 2），拒絕世界的標準，不與世俗為友（雅四 4）；這世俗的標誌是驕横自大，與神為敵（雅四 4）。另一方面，要透過「愛你的鄰舍」這準則，去實踐那使人完全的律法，作為他們一切言語行為、待人處事的基礎（雅一 21 ～ 25，二 9 ～ 13，三 13 ～ 18，四 11 ～ 12）。從天上來的智慧帶有七種特質是人得以完全所必備的（雅三 17；參一 5），也是屬神的子民所要切慕的。這神子民的羣體若要成為一個完整的羣體，就要謙卑地來到主面前（雅四 6、10），並要彼此認罪、互相代求（雅五 13 ～ 18），將那些迷途的人，從罪惡死亡的路上挽回過來

---

22 認為「完全」是雅各書的主要關注的，見 Bauckham, *James*, 177–85；Patrick J. Hartin, *A Spirituality of Perfection: Faith in Action in the Letter of James* (Collegeville: Liturgical Press, 1999), 9–10；Darian R. Lockett, "Wholeness in Intertextual Perspective: James' Use of Scripture in Developing a Theme," *Midwestern Journal of Theology* 15 (2016): 92–106。

（雅五 19～20），並要存心堅忍，等候救主的再臨，帶來終極的審判（雅一 12，五 7～11）。在神救贖的能力之下（雅一 18），祂有足夠的恩典（雅一 17，四 6，五 11），叫相信那位榮耀的主耶穌基督的人（雅二 1），最終得以完全，被招聚進到神的面前，領受那所應許的「生命為冠冕」（雅一 12）。

以下的結構是根據上文所論雅各書的重點是信徒要如何更臻完全為主線而作的分析：[23]

A. 卷首問安語（雅一 1～2）〔書信開始〕

B. 前言——得以「完全」的重要（雅一 3～27）〔書信本體開始〕

  B1. 完全與全然愛神（雅一 3～18）

  B2. 完全與實行使人自由的律法（雅一 19～27）

C. 得以完全的表現（雅二 1～五 11）〔書信本體中段〕

  C1. 要有完全的信心：實行王者的律法（雅二 1～26）

    C1.1. 完全的信心與偏待人是互不相容的（雅二 1～7）

    C1.2. 偏待人和沒有憐憫的行為是有違王者之律（雅二 8～13）

    C1.3. 完全的信心必定有行為的表現（雅二 14～26）

  C2. 要有從上而來的智慧（雅三 1～四 10）

    C2.1. 謹慎言語（雅三 1～12）

---

23 詳細的討論，見 Luke L. Cheung, *The Genre, Composition, and Hermeneutics of the Epistle of James* (Carlisle: Paternoster Press, 2003), 53–85。晚近有關雅各書結構的討論甚多，可參 Mark E. Taylor, "Recent Scholarship on the Structure of James," *CBR* 3 (2004): 86–115，並他的博士論文 *A Text-Linguistic Investigation into the Discourse Structure of James*, LNTS 311 (London: T&T Clark, 2006)。

C2.2. 天上與屬地智慧的對比（雅三 13 ～ 18）

C2.3. 慎防嫉妒（雅四 1 ～ 10）

C3. 神末世審判的來臨（雅四 11 ～ 五 11）

C3.1. 針對惡意批評者（雅四 11 ～ 12）

C3.2. 針對高傲和不義的富有人（雅四 13 ～ 五 6）

C3.3. 勸告讀者要堅忍（雅五 7 ～ 8）

C3.4. 針對彼此埋怨（雅五 9）

C3.5. 總結的榜樣：先知們和約伯（雅五 10 ～ 11）

D. 得以「完全」的關注（雅五 12 ～ 18）〔書信本體結束〕

E. 總結：雅各書的寫作目的（雅五 19 ～ 20）〔書信結束〕

2.4 雅各書、大公書信與正典

雅各書不只在大公書信中地位特殊，排於這組正典書卷之首，且是惟一一卷新約的智慧文獻，有認為它是對應舊約正典的智慧文獻。[24] 智慧文獻的特質之一，是作者吸納各種的思想，收為己用。雅各書取材於大量猶太傳統的思想，包括律法、先知和智慧的傳統。更重要的是雅各不只引用耶穌的言詞，且透過耶穌對律法的解釋，重新演繹摩西的律法，並將耶穌的教訓作出引申和擴充。這亦顯示「福音」對早期教會的信徒來說，不只是對基督救贖的扼要講解，而且是包括了整個有關耶穌言行的傳統。

24 參 Gregory Goswell, "Two Testaments in Parallel: The Influence of the Old Testament on the Structuring of the New Testament Canon," *JETS* 56 (2013): 472。

2.4.1 雅各書：大公書信的首卷

第一章（參本書【1.1.3】）已指出，雅各書在大公書信中排首位，正反映雅各在當代教會中的領導地位，加拉太書二章9節是明確的見證。使徒行傳於此發揮了獨特的重要性。根據使徒行傳十五章，在耶路撒冷會議之後，教會將使徒教令以書信的方式傳送給各地的教會，所載書信的問安語（*chairein*；使十五23），和雅各書的問安語是一樣的。這雖然都是當時一般書信所用的問安語（如徒二十三26），但在新約書信中就只見於雅各書，也與使徒行傳所載傳予各教會的書信吻合。使徒行傳也清楚地刻劃了雅各在早期教會中舉足輕重的角色。

早期不少抄本將大公書信排於使徒行傳之後、保羅書信之前，表明雖然雅各書的原讀者大部分是猶太信徒，它不只是對猶太裔信徒有意義，對曾經閱讀過使徒行傳的讀者來說也是一種清晰的提醒：這日漸興旺的非猶太裔信徒的教會，不可忘記這由耶穌所開啟的彌賽亞運動是根源於猶太信仰。因此，神在猶太傳統中對祂自己子民在聖潔和虔誠上的要求，不只是對猶太信徒有意義，對外邦的信徒來說，也是同樣合適的。[25]

---

25 Robert W. Wall, "Acts and James," in *The Catholic Epistles and Apostolic Tradition*, 133, 136–38.

2.4.2 耶穌傳統及釋經神學

雅各書不論在用字或觀念上，有不少與耶穌言訓相似的地方；它是在新約中，對耶穌言訓作出最多呼應的書信，特別是馬太福音中登山寶訓的言詞（太五～七章）。不少學者認為雅各是使用了以耶穌言訓為主的一份假設性文獻《Q 來源》（Q Source），特別是馬太福音版的《Q 來源》（Q^{MT}）；[26] 不過，也可能是雅各從不同的渠道收集耶穌的教訓，除了那些已記錄下來成為教會傳統教訓的耶穌言訓外，還有當時仍在坊間流傳的口頭傳統。

根據迪皮（Dean B. Deppe）的研究，[27] 由一八三三至一九八五年間有六十位研究雅各書的作者共列出了一百八十四處此書與福音書平行的句子，例如米亞（J. B. Mayor）就列出了六十五處。[28] 迪皮個人仔細精密的研究所得的結論是，只有八處是作者刻意旁索符類福音中耶穌的言訓：[29]

---

26 見如 Patrick J. Hartin, *James and the Q Sayings of Jesus*, JSNTSup 47 (Sheffield: JSOT Press, 1991)。Hartin進一步認為雅各書與《Q來源》有共通關切的主旨「完整」（wholeness），見他的文章 "Wholeness in James and the Q Source," in *James, 1 & 2 Peter, and Early Jesus Traditions*, ed. Alicia J. Batten and John S. Kloppenborg, LNTS 478 (London: Bloomsburg T&T Clark, 2014), 35–57。類同的看法，見 John S. Kloppenborg, "The Reception of the Jesus Tradition in James," in *The Catholic Epistles and Apostolic Tradition*, 71–99。

27 Dean B. Deppe, *The Sayings of Jesus in the Epistle of James* (Chelsea: Bookcrafters, 1989), 231–38.

28 J. B. Mayor, *The Epistle of St. James* (3rd ed.; New York: Macmillan, 1913), lxxiv–vi.

29 Deppe, *The Sayings of Jesus in the Epistle of James*, 219–23.

雅各書經文	符類福音經文	相關議題
一5	太七7；路十一9	求便得著
二5	太五3；路六20下	國度是屬於貧窮人的
四2～3	太七7；路十一9	求便得著
四9	路六21、25下	那些喜笑的要哭泣
四10	太二十三12；路十四11，十八14下	謙卑的升高
五1	路六24	富足人有禍了
五2～3上	太六19～20，路十二33下	不要積財於地
五12	太五33～37	不可起誓

除了以上經文之外，也應加上雅各書四章4至6節，取材自馬太福音六章24節和路加福音十六章13節，對比神與世界。[30]

包衡（Richard Bauckham）指出猶太的智者賢士，不只是收集、重複或旁索舊的諺語格言，而是將這些教訓，作引申和擴充。撰寫《便西拉智訓》（*The Wisdom of Sirach* 或 *Ecclesiasticus*）的文士便西拉（公元前二世紀）就是很典型的例子，不只旁索舊約經文，特別是箴言，而是將讀者本來耳熟能詳的教訓發揚光大；熟練的讀者不只知道當中的教導是基於舊約經文，同時明白作者是針對讀者身處的環境，作出

30 John S. Kloppenborg, "The Emulation of the Jesus Tradition in the Letter of James," in *Reading James with New Eyes: Methodological Reassessments of the Letter of James*, ed. John S. Kloppenborg and Robert L. Webb (London: T&T Clark, 2007), 136–37.

發揮和演繹。[31] 同樣，雅各作為一位智慧教師，也並非只是搬字過紙的將耶穌的教訓抄過來，而是透過他個人的反省，針對他所理解讀者身處的環境，將耶穌的教訓以自己的方式表達出來。這能解釋為何雅各沒有直接説明他是引述耶穌的言訓，因為熟悉耶穌言訓的人，便會知道他是引申耶穌的教導；雅各好像天國的文士一樣，使用舊約聖經和耶穌的教訓教導他的讀者（太十三50；參雅三1）。哥坪博（John S. Kloppenborg）指出這種模仿前人的書寫方法亦見於希羅時期，當時的學生受訓如何模仿、意譯、加插理據、撮要、擴充等不同的技巧，將前人所述的收為己用，並以另一方式表達出來，使其符合當前的需要。[32]

耶穌將全律法歸結為兩條命令（可十二28～34；太二十二34～40；路十25～37），雅各深受這教導所影響，認定那完全的律法要透過「愛鄰／人如己」這命令去理解和實踐（雅二8）；真正的完全是完全地愛神，而達致完全的途徑就是要在忠於神這前題之下，遵守愛鄰舍這命令（見本章【2.5.2.2】、【2.5.2.4】）。雅各繼承了耶穌的教導，[33] 強調對貧窮人的關注、對富足人貪戀錢財的批評、言行要一致及要禱告依靠神等教訓。雅各的智慧是建基於耶穌基督的福音，這

31 Bauckham, *James*, 74–91; Richard Bauckham, "The Wisdom of James and the Wisdom of Jesus," in *The Catholic Epistles and the Tradition*, ed. J. Schlosser, BETL 176 (Leuven: Peeters, 2004), 75–82.

32 Kloppenborg, "The Emulation of the Jesus Tradition in the Letter of James," 129–33.

33 有關雅各繼承耶穌的教導，特別參 Karl-Wilhelm Niebuhr, "Ethics and Anthropology in the Letter of James: An Outline," in *Early Christian Ethics in Interaction with Jewish and Greco-Roman Context*, ed. J. W. van Henten and Jozef Verheyden, STAR 17 (Leiden: Brill, 2012), 237–42。

耶穌基督的福音包括了耶穌的智慧言論。作者是透過耶穌的言論去詮釋舊約的律例與傳統，一方面表明了雅各認為舊約律法對彌賽亞信徒的重要，另一方面亦肯定律法的解釋因彌賽亞的來臨帶來變化，這是雅各的詮釋神學。

2.4.3 舊約與猶太傳統

雅各書既是針對猶太裔信徒，內中大量使用舊約和猶太的傳統是非常正常的，這些都是猶太人所熟悉，並且是他們奉為權威的。雅各書兩次使用了「經上說」(雅二 23，四 5)，一次使用「經上記著」(雅二 8)，分別引用了《七十士譯本》(LXX)創世記十五章 6 節、箴言三章 34 節和利未記十九章 18 節的經文。雅各不只直接引用經文，同時也使用了妥拉、先知和智慧書(著作)中傳統的教導，並使用了當時為人熟知的舊約人物為榜樣。雅各在引用這些典故時，有些是透過當時猶太的詮釋傳統，不一定是直接取材於希伯來聖經。[34]

2.4.3.1 妥拉傳統

雅各書不只是直接引用了利未記十九章 18 節下半節(雅二 8)，且引申了猶太教的核心信仰「示瑪」(*Shema*)，並其相關的觀念。同時雅各也使用了以色列先祖亞伯拉罕「亞傑大」(*Aqedah*；以撒被綁)的事件，作為愛神並遵守律法的榜樣。

---

34 可參 W. Popkes, "James and Scripture: An Exercise in Intertextuality," *NTS* 45 (1999): 213–29 的討論。

(1)利未記十九章11至18節：雅各不只在二章8節上(「要愛鄰/人如己」)直接援引利未記十九章18節中(LXX)。這節經文不只是利未記十九章9至18節的總結，也是倫理關係的基本原則，說明「愛鄰舍」應有的具體表現。利未記十九章是謂「聖潔法典」，記載了妥拉的一些具代表性的基本命令，綜合了大部分十誡的要求，特別是十誡下半部分，其重點是要效法神的聖潔：「你們要聖潔，因為我耶和華——你們的神是聖潔的」(利十九2)。利未記十九章是全書的中心，[35] 有學者認為這章是十誡的詮釋，[36] 當中9至18節可分為五對法令，[37] 而這五對法令成了雅各書中重要的主題。[38] 以下羅列了利未記十九章9至18節與雅各書主題上的關係：

利未記	雅各書	主題
十九 11～12	五 12	不可起誓
十九 13～14	五 1～6	不可欺壓貧窮人
十九 15～16	二 1～13	不可偏私
十九 17～18上	三 8～四 3、11，五 9、19～20	與鄰舍的關係

因此，可以將雅各書理解為利未記十九章9至18節的「哈拉加米大示」(Halakhah Midrash)，然而作者並未有如《米示拿》(*Mishnah*)和《他勒目》(*Talmud*)以律例的方式去表達神

35 Mary Douglas, *Leviticus as Literature* (Oxford: Oxford University Press, 1999), 239.
36 John E. Hartley, *Leviticus*, WBC 4 (Dallas: Word, 1992), 311.
37 見如 Frank Crüsemann, *Torah: Theology and Social History of Old Testament Law*, trans. A. W. Mahnke (Edinburgh: T&T Clark, 1996), 323–24。
38 Luke T. Johnson, "The Use of Leviticus 19 in the Letter of James," *JBL* 101 (1982): 391–401.

的道德要求，而是以智慧言詞的方式。除了二章 8 節是直接引用舊約律法書之外，作者亦引用了十誡中的兩誡：「不可殺人」和「不可姦淫」（雅二 11；參太五 21～32），表明這是神說的，帶有絕對的權威。

（2）申命記六章 5 節：除了以上直接的引用之外，雅各書也引申早期猶太教核心的「示瑪」信仰。「示瑪」是希伯來文的中文音譯字，意即「要聽」，出自申命記六章 4 至 5 節：「你要聽，以色列啊，耶和華是以色列的神，主是獨一的，你要盡心、盡性、盡力愛耶和華你的神」（按原文另譯）。「示瑪」這命令語動詞在希伯來文經文中排於句子的首位，猶太人以此字代表他們敬拜一神的基本信仰，也就是猶太教的基本信條。根據法利賽拉比的解釋，「盡心、盡性和盡力」不只是全心全力的意思，而是指要在三方面去愛神。在《米示拿》〈祝福篇〉（*m.* Berakhot）9.5 有以下的闡釋：

> 正如在那裏說：「你們要盡心、盡性和盡力去愛主你的神。」
>
> - 以你們的全心——用你兩方面的傾向，善的傾向和惡的傾向；
> - 以你們的全性——就算祂拿去你的性命；
> - 以你們的全力——用你所擁有的金錢；

「盡心」是以善和惡的傾向去愛神（參本章【2.5.2.1.1】），指不異心地愛神（參《申命記註釋書》〔*Sifre Deuteronomy*〕§32〔申六 5 註〕）。「盡性」指願為神獻上自己的生命，甚而要面對苦難和殉道。[39]「盡力」指以自己所擁有的一切去愛神，可以指金錢、產業或財富，[40] 也可以是權力或力量；「盡力」在《米示拿》隨後有另一解釋，理解這要求為要以感恩的心，領受上主所給予各人不同的分。

雅各書一章 2 至 18 節的三個主題：試煉、墮陷和貧富，分別對應法利賽猶太拉比對盡性、盡心和盡力的理解。盡性和盡心愛神在一章 2 至 11 節和一章 12 至 18 節中重複出現。

B1. 完全與全然愛神

B1.1. 完全的操練（一）

B1.1.1. 要盡性愛神（1）：以信心、忍耐到完全（雅一 1～4）

B1.1.2. 要盡心愛神（1）：求智慧，不三心兩意（雅一 5～8）

B1.1.3. 盡力愛神：論貧富，惟神恩是賴（雅一 9～11）

B1.2. 完全的操練（二）

B1.2.1. 要盡性愛神（2）：要忍耐堅持到底（雅一 12）

B1.2.2. 要盡心愛神（2）：不為情慾所誘惑（雅一 13～18）

---

39 根據斐羅（Philo）（《論特殊法律》〔*On the Special Laws*〕3.45），亞倫的死是謂他的「完全」（另參《所羅門智訓》〔*Wisdom of Solomon*〕4.7～13），《馬加比四書》（*4 Maccabees*）7.15 就更將殉道視為「完全」了忠於妥拉的一生（參《託約拿單的他爾根》〔*Targum Pseudo-Jonathan*〕申六 5；《巴比倫他勒目》〔*Babylonian Talmud*〕〈論祝福〉9.7，14b）。

40 指金錢：《巴比倫他勒目》〈論祝福〉54a。指產業：《盎克羅的他爾根》（*Targum of Onqelos*）；《別西大譯本》。指財富：《巴比倫他勒目》〈論逾越節〉25a，〈論聖日〉82a，〈論議會〉74a；《託約拿單的他爾根》；《尼奧菲特的他爾根》（*Targum Neofiti*）。

根據雅各書一章2至4節和一章12節，「愛神的人」（雅一12）就是那些最終經歷試煉而得以完全的人（雅一4）。神的國度是屬於那些愛祂的人的（雅二5）。

在猶太傳統中，「示瑪」的信念與遵行神的律法是不可分割的（如申六5～9，十12～13；尼一5；《便西拉智訓》2.15，14.1等）。這正是雅各書所強調的，愛神的也必定遵守那至尊的、使人自由的律法（雅二9、12）。在第一章的前言中，首部分一章2至18節是關於愛神，第二個部分一章19至27節則是有關如何實行那全備使人自由的律法。在雅各書中「做得好」（*kalōs poiein*）這片語出現了兩次，一次在二章8節，按照「愛人如己」去全守律法是好的，另一次在二章19節，「信神只有一位」也是好的。「做得好」清晰地強調這兩條命令的重要。四章17節的知道要「行善」（*kalon poiein*），即知道應實行雙重愛的命令。

(3) 創世記二十二章1至19節：根據猶太教的傳統，亞伯拉罕是以色列民族的始祖。他獻兒子以撒一事記載於創世記二十二章1至19節，猶太傳統以此事（按希伯來文音譯稱為「亞傑大」：即「以撒被綁」）標誌亞伯拉罕對神的忠信；[41] 這是在亞伯拉罕一生中最困難的考驗，亦是最具代表性的。[42] 將他所愛的獨生兒子以撒獻上為祭（創二十二2），對亞伯拉罕繼續相信神應許他的後裔要多如海沙、眾如繁星，也是重

---

41 《猶滴傳》（*Book of Judith*）8.26～27；《馬加比一書》2.51～52；《禧年書》（*Book of Jubilees*）17.15～18；《便西拉智訓》44.20；約瑟夫（Josephus）《猶太古史》（*Antiquities of the Jews*）1.223、233；斐羅《論亞伯拉罕》（*On Abraham*）167，《論夢》（*On Dreams*）1.194～195；另參希伯來書十一章17節。

42 有傳統指他經歷了十個考驗：《禧年書》17.15～18，19.8；《米示拿》〈先賢集〉5.3。

大的試驗；然而，他毫不猶疑地順服了神的吩咐。因為他的順服，神重申對他的應許（創二十二 15～18）。「亞伯蘭信耶和華，耶和華就以此為他的義」（創十五 6），這正是雅各所引用的經文（雅二 23）。亞伯拉罕獻以撒的行動證明了他信心的實在，也表明了神判定他為義是正確的。

慕伯里（R. W. L. Moberly）認為亞伯拉罕在此事中面對試煉而顯為忠誠，有兩個主要的鑰字：「試驗」（創二十二 1；*nissâ*）和「敬畏」（創二十二 12；*y^e^rē̓*），這兩個鑰字同樣見於出埃及記二十章 20 節，那裏說神給以色列人妥拉是要「試驗」（*nissâ*）他們，叫他們常常「敬畏」（*yir^e̓^*）神，不至犯罪。[43] 雖然亞伯拉罕獻以撒一事的確發生於出埃及記賜律法之前，然而這兩處鑰字的關連正好顯示在希伯來的傳統中，對神的愛和忠誠，與實行耶和華的律法兩者關係密切；而這兩個主題亦同見於雅各書。

至於喇合的榜樣（雅二 25），將會在下文闡釋「得以完全」這主題時再討論（參本章【2.5.2.2.2（1）】）。

2.4.3.2 先知傳統

2.4.3.2.1 先知的神諭及教訓

雅各也沿用了先知的傳統，除了使用審判神諭的格式外（參雅四 13～五 6），也使用先知式的呼籲（雅四 13，五 1），同時以先知責備以色列人的口吻，斥責那些與世界為友的人：「你們這些淫婦哪」（雅四 4，按原文另譯）。舊約先知

43 R. W. L. Moberly, "The Earliest Commentary on the Akedah," *VT* 38 (1988): 304–05.

亦指稱那些違背聖約的人，就好像違背了婚約的人一樣，成為淫婦（賽五十七3；耶三9，十三27；結十六38，二十三45；何三1）。雅各書對富有人的責難（雅五1～6），同樣見於阿摩司（摩二6～7，三10，四1，八4～6）和以賽亞（賽三14～15，五8～9）先知的教訓中。[44] 與新約其他著作一樣，雅各書將舊約先知所言末後審判的日子，那耶和華的日子看為主的日子，是基督復臨的時候（雅五7～9）；「秋雨春雨」（雅五7）是用作描述基督復臨時所帶來那久候的祝福（見何六3）。在審判時，那些富足人要因他們所犯的罪悲痛呼號，稱這為「宰殺的日子」（雅五5；見耶十二1～4），這正是舊約先知對那些背道的以色列民或犯罪的列邦所作出的警告（參賽十10，二十四11，五十二5，六十五14；耶二23，三十一20、31；結二十一17，三十一12；何七14；摩八3；亞十一2）。作者亦引用以賽亞書四十章6至7節描述富足人要如同「草上的花」（雅一10～11）般死去；這段經文也可能受耶利米書九章23至24節的影響，指人所擁有的物質財富是不可靠的，會轉瞬即逝，卻要因認識耶和華而誇口。[45] 耶穌也稱呼他身處的年代為「邪惡淫亂的世代」（太十二39），並且警告說「富足的人有禍了」（路六24）。到終末審判之日，那些不愛鄰如己的人，必「要往永刑裏去；那些義人要往永生裏去」（太二十五31～46）。

---

44 其他引喻的地方見於：雅一9～11 // 賽四十6～7；雅一17 // 賽一17、23。

45 卡森（D. A. Carson）：〈雅各書〉，鄭愛和譯，收於《新約引用舊約》，畢爾、卡森編（South Pasadena：美國麥種傳道會，2012），頁1484。

2.4.3.2.2 重立新約

神透過祂的真道，即耶穌基督福音真道（雅一 18），也就是那「栽種的道」（雅一 21），與信徒重新立約。有學者認為這真道正是昔日先知耶利米（耶三十一 27～34）和以西結（結十一 19～20）所應許的「新約」的實現，將律法放在人的心中，也叫人對神能專一而不二心。這很可能是「栽種的道」的舊約背景。教父著作《巴拿巴書信》（*Epistle of Barnabas* 9.9；約公元 70～135 年）將「栽種的道」看作新約，也可能基於這些舊約的背景。[46]

2.4.3.2.3 以利亞先知的榜樣

在雅各書結束時，作者直接引用以利亞先知作為榜樣（雅五 17～18）。一如其名，以利亞這名字的意思是「我的神是耶和華」，這亦是雅各書的關注，信徒是屬於神並全然忠於神的。有關以利亞求旱和求雨，見於列王紀上十七至十八章。當時以利亞所面對的，是既專橫又拜巴力的亞哈王和王后耶洗別；以利亞對抗著當時拜偶像、悖逆神的世界，呼籲以色列人要悔改回轉。十七章 17 至 24 節記載他醫好寡婦的兒子，叫他復活。十八章 20 至 40 節記載他與巴力先知在迦

46 有關對「道」（*logos*）及「律法」（*nomos*），過往學者有的不同理解，見 Mariam J. Kamell, "Incarnating Jeremiah's Promised New Covenant in the 'Law' of James," *EvQ* 83 (2011): 19–23 with nn.4–17。特別針對有學者認為這裏的真道應透過斯多亞派的觀點去理解（如 Matt Jackson-McCabe, *Logos and Law in the Letter of James: The Law of Nature, the Law of Moses, and the Law of Freedom*, SNT 100 [Leiden: Brill, 2001]），見 Benjamin Wold, "Universal and Particular Law in the Letter of James and Early Judaism," *JSNT* 41 (2018): 95–106。對「栽種的道」這字詞的背景詳細的分析，見 Jason A. Whitlark, "Ἔμφυτος Λόγος: A New Covenant Motif in the Letter of James," *HBT* 32 (2010): 151–65。

密山上比拼，有學者指出以利亞在此所作的正是「示瑪」(愛神)的戲劇性表達。[47] 最終是他帶以色列民離開背道和錯謬之路，回歸那獨一的神(王上十八39)；他為以色列代求，便有雨水降下(王上十八41～46)。雅各書在結束時(雅五14～18)引用以利亞作為榜樣，勉勵讀者要禱告，是最合適不過的了；以利亞曾禱告叫寡婦的兒子得醫治、得生命，也曾叫雨水降下，結束旱災。

《便西拉智訓》將以利亞包括在他所讚許的列祖之中(44～50)。有關對以利亞的讚許可見於四十八章1至16節。那裏形容以利亞的說話如同正在燃燒的烈火(48.1)，他曾三次叫烈火降下(48.3)，最後乘烈火戰車升天而去(48.9)，以利亞的事奉就是烈火和審判。[48] 便西拉隨後引用瑪拉基書四章5至6節，在主日子來到，以利亞的復臨是要「使父親的心轉向兒女，挽回雅各的眾支派」(48.10)，明確地顯示以利亞是要叫以色列得到復興，十二支派能重新復合(參賽四十九6)。這種理解正符合雅各作為以耶穌為首的以色列復興運動的領袖，寫信給散居地的猶太信徒的目的(雅一1)；在結束這卷書時，以一位呼籲以色列人回轉，迎向復興的先知以利亞作為信徒的榜樣，也與雅各書呼籲失迷真道者回轉(雅五19～20)的主旨完全吻合。

昔日以利亞面對拜偶像及悖逆的世界時，曾經歷過灰心(王上十九14)、恐懼(王上十九3)及敵人的迫害(王上十八

---

47 Terence E. Fretheim, *First and Second Kings*, WBC (Louisville: WJK, 1999), 102–03.

48 根據《西卜神諭篇》(*Sibylline Oracles*) 2.247，在終末審判時，摩西和列祖(亞伯拉罕、以撒、雅各)、約書亞、但以理和以利亞會一起回來。

17，十九2）。他與常人一樣面對著考驗（雅五17：「與我們是一樣性情的人」），但仍忠於神，堅持只有一位真神，以信心的禱告仰望這位神。以利亞確是在先知中奉主名講話，卻是經歷種種磨練的表表者（雅五10）。「三年零六個月」（雅五17）指有限短暫的時間（參路四25），或災難的日子（參但七25，十二7；啟十一2，十二6）很快便會過去。這段時期信徒的事奉就是禱告、悔罪及尋求醫治（拯救）。正如在以利亞的年代，雨水的降下使以色列人能享受土地的出產，這全在乎以色列人是否忠於神的約，實行祂的誡命，同樣新約神的子民忍耐地等候著春雨和秋雨所帶來終末的豐收（雅五7～8）。[49]

2.4.3.3 智慧傳統

2.4.3.3.1 智慧文體的格式

雅各書亦大量使用了智慧文學的格式，其中最顯著的是使用格言（aphorisms）。格言的種類繁多，例如「蒙福語」（雅一12）、「辯論語」（雅一13～15）、「梯層式推進語」（雅一3～4）、「對等語」（雅二13上）和比喻（如雅一6、9下～11、23～24）等。[50]

---

49 有關列王紀上十七至十八章所載以利亞的事蹟及後以利亞的傳統與雅各書的關係，詳見 James M. Darlack, "Pray for Reign: The Eschatological Elijah in James 5:17–18," a thesis submitted to the faculty of the division of Biblical Studies for the degree of Master of Arts in the New Testament, Gordon-Conwell Theological Seminary, South Hamilton, 2007；並 Mariam Kamell Kovalishyn, "The Prayer of Elijah in James 5: An Example of Intertextuality," *JBL* 137 (2018): 127–45。

50 見 Bauckham, *James*, 35–47。

2.4.3.3.2 箴言三章34節（LXX）

在四章6節，作者直接引用了箴言三章34節（LXX），只將原來的主詞「主」（*kyrios*）修改為「神」（*theos*）；事實上雅各書四章7節至五章6節，都是根據這段經文而作的引申。包衡進一步指出，箴言三章33至35節可以說是雅各用作解釋智慧文獻的鑰匙。[51] 雅各書四章6節引用箴言三章34節，按其原本的上下文理（箴三32～35），正好說明「兩條路」這源於智慧傳統的主題，「乖僻人」、「惡人」、「好譏誚的人」和「愚昧人」對比於「正直人」、「義人」、「謙卑的人」和「智慧人」，前者是背棄神的，面對神的咒詛、懲罰和羞辱，後者是忠於神的，領受從神而來的恩典、祝福和尊榮。雅各將這段經文置於末世審判的框架之中，顯明在最後審判時所帶來的逆轉（eschatological reversal；見【2.5.2.3.4】）。[52] 此外，雅各書五章20節，作者使用了箴言十章12節下半節（「愛能遮掩一切過錯」）作為全書的總結。耶穌在登山寶訓講述有關愛神和愛鄰舍的命令時，也是以「兩條路」這智慧傳統作總結（太七13～27；參路六43～49）。同時耶穌也屢次指出在終末審判時所出現的逆轉，他的智慧名句是：「凡自高的，必降為卑；自卑的，必升為高」（太二十三12），及「在前的，將要在後；在後的，將要在前」（太十九30，二十16；可十31；路十三30）。[53]

---

51 Bauckham, *James*, 154–55.

52 Bauckham, *James*, 154; Cheung, *The Genre, Composition, and Hermeneutics of the Epistle of James*, 252–54.

53 參 John O. York, *The Last Shall Be First: The Rhetoric of Reversal in Luke*, JSNTSup 46 (Sheffield: JSOT Press, 1991)。

2.4.3.3.3 智慧的傳統教導

比較妥拉和先知，作者較多使用智慧的傳統。除了直接引用箴言外，雅各書中使用「智慧」（雅一5，三13、15、17）這字之外，亦用上一些傳統屬於智慧的主題：智慧乃是從神而來（雅一5；比較箴二6；傳二26；《便西拉智訓》17.11，39.6）；人需要智慧去完成神的心意（雅一5；比較箴二6，八22～31；參《便西拉智訓》1.1～4，24.3～12；《所羅門智訓》〔*Wisdom of Solomon*〕7.7～12）；神會因應人的禱告將智慧賜給人（雅一5；比較箴二3、5～6上；參《便西拉智訓》51.13～14）；智慧分為兩種，有從上頭來的，也有是屬地的（雅三13～18；比較箴言智慧婦人與愚昧婦人：箴一20～23，九1～6、13～18，及參《便西拉智訓》真與假智慧的對比：19.22～25）。此外，還有一些道德指導，如人生的短促不定（雅四13～17；比較箴二十七1；傳一1～6）、要慎言（雅一26，三2～12；比較箴六12～19，十六27～28；參《便西拉智訓》5.23，9.6～12，3.7～8，28.12）、不動怒（雅一19；比較箴二十七4，二十九11、22）、要謙卑（雅四6、10；比較箴三34）、不嫉妒（雅三13～四2；比較箴十四30，二十三17）、要忍受試探和苦難（雅一3～4、12～15，五7～8、10～11；比較箴二十七21；《便西拉智訓》2.1）和照顧孤兒寡婦及要樂善好施（雅一27，二14～16；比較箴十九17，二十一3，三十一9、20）等，並反省智慧文體中的神義辯（雅一13～17；比較箴十九3；《便西拉智訓》15.11～12、20），都是與猶太智慧傳統有關的主題。

2.4.3.3.4 約伯的榜樣

作者在引用妥拉時，以亞伯拉罕作榜樣；在引用先知時，使用了以利亞；在引用智慧書時，用上了約伯（雅五 10～11）。在新約中，只有雅各書曾引述約伯這人物作榜樣。好像亞伯拉罕一樣，約伯是一個面對試煉的人（伯一 6～二 8），他被形容為一個「完全正直、敬畏神，遠離惡事」的人（伯一 1、8～9，二 23），這與雅各書「完全」及「行義」的主題非常配合。作者以約伯為受苦和忍耐的模範。在《七十士譯本》的約伯記，「忍耐」這名詞只出現了一次（伯十四 19），其同字根動詞則出現了十四次。當約伯在自己身上使用這個字詞時（伯六 11，七 3，九 4，十七 13），都不是說自己有多忍耐，而是自己身處絕境的痛苦；並有多次是約伯的朋友勸勉約伯要忍耐（如伯二十二 21，三十三 5）。[54] 韋則信（Kurt A. Richardson）認為雅各視約伯是在苦難中有忍耐智慧的先知（特別參伯一 21，二 10），約伯正符合雅各書一章 12 節所述的那蒙福的人，他證明雖然身心靈面對著難以抵受的苦楚，然而他對神的信心是堅定不移的，這正是約伯一生的寫照。另一方面，約伯更屬於「富足的降卑」（雅一 10）的例子，有別於那些不義的富足人（雅五 1～6）。約伯堅持自己的誠信，他的說話見證了他的忍耐：「我的嘴決不說非義之言；我的舌也不說詭詐之語。我斷不以你們為是；我至死必不以自己為不正！我持定我的義，必不放鬆；在世的日子，我心必不責備我。」（伯二十七 4～6）。這與雅各書所教導的完全人能控

54 Kelsie G. Rodenbiker, "The Persistent Sufferer: The Exemplar of Job in the Letter of James," *Annali di Storia dell'Esegesi* 34 (2017): 488–90.

制自己舌頭（雅三 2；參伯二 10，九 14～21）相呼應。約伯是神的朋友（伯二十九 4；參雅二 23），他判斷公正，絕不屈枉司法公正（參雅二 1～7），照顧貧窮人和寡婦（伯二十九 7～17；參雅一 27）。約伯的結局，不只是他的兄弟姊妹和朋友「為他悲傷安慰他」（伯四十二 12），且叫他蒙賜福比先前更多，約伯成了「蒙神眷顧的道德典範」。[55] 這正反映出主的「滿心憐憫，大有慈悲」（雅五 11）。最後約伯作為一個義人，為他的朋友祈禱（伯四十二 10），這正是雅各書五章 16 節鼓勵信徒去作的。[56]

雅各書所描述的約伯，也與一本屬於公元一世紀的著作《約伯遺訓》（*Testament of Job*）接近；此書以忍耐為主題，其中的主角英雄便是約伯。這書一開始便記載約伯臨終時向他兒女所說的話：「我是你們的父親約伯，在凡事上忍耐……」（1.5）。這書主要描述約伯與魔鬼的爭鬥較量，約伯能夠在苦難中忍耐，正因為他對主全然的盡忠（參 26.6，37.2）。《約伯遺訓》第二十七章總結的警語可以說是全書的座右銘：「忍耐比甚麼都好」（27.7）。約伯的忍耐被置於末世的框架之下，例如《約伯遺訓》4.6 記載神對約伯說：「你若忍耐，我要使你的名字在地上各世代中得到褒揚，直到世代的終結」（參 53.8；另 4.10：「在復活時，你要被提起」）。我們不能說作者是引用《約伯遺訓》，但相當肯定他熟悉有關的傳統，這傳

55 卡森：〈雅各書〉，2.1503。

56 Kurt A. Richardson, "Job as Exemplar in the Epistle of James," in *Hearing the Old Testament in the New Testament*, ed. Stanley E. Porter (Grand Rapids: Eerdmans, 2006), 213–20.

統也為一般當代的猶太人所知曉的。[57]

亞伯拉罕、以利亞和約伯三位都是在猶太傳統中經歷重大的試煉而順服的古聖先賢，他們都不約而同地服在神的大能之下，在極度的艱難之中遇見神，表明信靠祂、忠於祂的人必定能得著最終的拯救。正如耶穌在橄欖山終末的講論中應許說：「惟有忍耐到底的，必然得救。」（太二十四 13）那裏所用的「忍耐」和「到底」也是這裏五章 11 節所用的字詞。

2.4.4 保羅傳統

我們會在此討論雅各書和保羅傳統的關係。為避免重複，我們會在闡釋個別大公書信的神學時，再討論它們個別地與雅各書之間的關係。

雅各書與早期教會的教導，有很多相近的地方，這些相近之處不一定需要視作誰在引用誰，而是它們不約而同地引用在當時教會羣體中流傳的教導。例如雅各書與彼得前書有不少相同的主題，我們會於下章討論彼得前書時再具體說明。同時雅各書在用字和主題上與使徒教父著作《革利免一書》和《黑馬牧人書》有不少相似的地方，不過我們不會在此介紹這方面的關連。[58] 而雅各書與保羅思想在兩方面有明顯相

---

57 詳細比較雅各書和《約伯遺訓》，見 Patrick Gray, "Points and Lines: Thematic Parallelism in the Letter of James and the *Testament of Job*," *NTS* 50 (2004): 406–24；Rodenbiker, "Persistent Sufferer," 490–96。

58 有關雅各書與使徒教父著作的關聯，見張略：《雅各書註釋》，頁 27–30。亦參 John S. Kloppenborg, "*Didache* 1.1 ~ 6.1, James, Matthew, and the Torah," in *The New Testament and the Apostolic Fathers*, vol. 2: *Trajectories Through the New*

似的地方。

2.4.4.1 初熟的果子

雅各書一章18節指信徒是在神的創造中「某種初熟的果子」(按原文另譯)。使用「某種」為要指出這「初熟的果子」是象徵性用法。在舊約中，園中初熟的果子都應分別出來獻給耶和華(出二十二29，二十三19上；申十八4，二十六2、10；民十八8～12；尼十37)。初熟的果子是為了頭生的人和牲畜的買贖而獻上的(出十三2～16；民三12～16)。根據尼希米記十章36至37節，收成中初熟的果子，與人和牲畜並排在一起，當作感恩的祭獻給神；這些食物也是為了供養祭司所用。這「最初」也是代表最好的，是精心挑選出來的，是當年收成的樣版。以色列也被稱為「初熟之果」(出二十三19；耶二3)；斐羅(Philo)稱以色列為「對造物者和父來說，好像初熟之果一樣」(《論特殊法律》)。然而，這種說法在猶太傳統中並不普遍。

在新約中，保羅是最多象徵性地使用「初熟的果子」的作者。保羅說聖靈內住於信徒之中是初熟之果，表明將來那終末要來臨的救恩(羅八23)。基督從死裏復活，成為死了的人初熟的果子；基督是樣版，將來在基督裏死了的人，也要好像基督一樣，從死人中復活(林前十五20；參《革利免一書》24.1)。同樣，在神救贖歷史當中，以色列也是初熟的果子，預示那更多的收成(羅十一16)。以拜尼土是在亞西亞這地方

Testament and the Apostolic Fathers, ed. Andrew F. Gregory and Christopher M. Tuckett (Oxford: Oxford University Press, 2005), 193–221。

的初熟之果子（羅十六 5），司提反一家則是亞該亞初結的果子（林前十六 15），他們都是在這些地方最早信主的，預示信主的人以後還陸續有來（參帖後二 13）。除了保羅之外，在新約中「初熟的果子」的另一次出現，只見於啟示錄十四章 4 節，「羔羊的追隨者」是作為神和羔羊的初熟果子，是隨後得蒙救贖者的先驅。

於此，由於當代猶太教著作並沒有象徵性地使用「初熟的果子」，我們可以肯定，「初熟的果子」是早期基督教的用語，表達神透過基督帶來救恩是整個救贖行動的開始，基督自己從死裏復活是初熟的果子，信徒透過基督的死而復活得到新的生命是初熟的果子，這救恩最終要臨到整個被造的世界，叫整個世界煥然一新。雅各同樣認同這種理解，這是救恩實現的一個重要過程。雅各書的讀者們就是以色列復興運動的初熟的果子，雅各期待著這復興會發展開去，有更多的人加入這彌賽亞羣體（即教會）的行列裏。

2.4.4.2 創世記十五章 6 節亞伯拉罕的因信稱義

雅各和保羅都曾引用創世記十五章 6 節，保羅的引用見於加拉太書三章 6 節和羅馬書四章 3 和 9 節。羅馬書四章 3 節所引經文的版本，就與雅各書二章 23 節完全一樣。第二聖殿時期的猶太典籍有關亞伯拉罕的記載，很多都會引用創世記這段經文（《禧年書》〔*Book of Jubilees*〕14.6；《馬加比一書》〔*1 Maccabees*〕2.52；斐羅《論亞伯拉罕》273，《論美德》〔*On the Virtues*〕216 等），無論是用以描繪亞伯拉罕早期的事迹（斐羅《論美德》216；託斐羅《猶太古史》23.5）或晚期的行事（《馬加比一書》2.52；參《禧年書》17.15～18，18.16，

19.8～9；《便西拉智訓》44.20），因為這經文能綜合亞伯拉罕人生與神之間的關係。[59]

正如前文在討論雅各書的作者時（參上文【2.1.1】），曾提及雅各並非針對保羅而寫雅各書。學者指出雅各和保羅雖然引用同一段舊約的經文，他們卻是針對著不同的問題（見下文【2.5.2.2.2〔1A〕】）。他們同時使用亞伯拉罕作例子，是因為亞伯拉罕是以色列民族的始祖，有其一定的重要和代表性，也足以成為猶太人的榜樣。雅各和保羅都承接了猶太教的傳統；在新約中另一卷大量引用亞伯拉罕作為榜樣的書卷，便是希伯來書（來六 13～20，十一 8～17，十三 2）。可見引用亞伯拉罕也是早期教會傳統教導的一部分，特別是當要針對猶太羣體對信仰的理解時，經常會使用亞伯拉罕的生平作為教會的教導。

2.5 雅各書的神學主題

我們會環繞著雅各書的寫作目的去闡釋這書的神學主題，盡量避免將雅各書套進一個外來的神學框架。我們在上文【2.3】指出雅各書的寫作目的，是論述要如何在一切試煉中，憑著純一的信心，堅守耶穌所教導雙重愛的命令：愛神和愛鄰舍，走上更臻完全的路（雅一 1～4）；並勸勉那些走歪路的人要回歸正路（雅五 19～20）。我們會從幾方面理解整本雅各書的神學，第一方面，那位叫信徒邁向完全的神對信

---

59 Bauckham, *James*, 123.

徒的意義；第二個大主題是，人所身處的境況，信徒也活於其中，且面對種種的挑戰；第三方面，神拯救人的意圖，是要人走上完全的路，神所開闢這完全的途徑是怎樣的，信徒又應如何回應。

2.5.1 邁向完全的路（1）：那使人完全的神

這條邁向完全的路是以神自己為依歸的路，是本於祂、歸於祂、靠著祂的。不少學者指出這書是以神為中心的。[60]

2.5.1.1 那位完全的獨一神：創造天地的父、萬物的審判主

鄧雅各（James D. G. Dunn）指出，在第二聖殿時期猶太教信仰的四大支柱之一是「一神論」。[61] 這一神論必須置於神與祂的選民之間立約關係的框架中去理解，這獨一的神就是那位曾拯救以色列人脫離埃及為奴之地的神，這代表耶和華的得勝作王，並與以色列民立約。作為立約宗主的神，對屬祂、在祂權柄之下的子民所有的要求，就是排除一切的偶像，守約聽從神的話（出十九5），遵祂的旨意而

---

60 *Theos* 在雅各書出現了十六次（雅一1、5、13[2x]、20、27，二5、19、23[2x]，三9，四4[2x]、6、7、8）。*Kyrios* 則出現了十四次，部分是指神，部分是指耶穌（雅一1、7，二1，三9，四10、15，五4、7、8、10、11[2x]、14、15）。H. Frankemölle, "Das semantische Netz des Jakobusbriefes: Zur Einheit eines unstrittenen Briefes," *BZ* 34 (1990): 190–93；M. Kamell Kovalishyn, "Salvation in James: Saved by Gift to Become Merciful," in *Reading the Epistle of James*, 130–34 認為整卷雅各書的論理是建基於神的特性，這包括三方面：祂的美善和慷慨、祂是祂的子民得更新的源頭和惟有神是審判者。

61 鄧雅各：《分道揚鑣：基督教與猶太教的分離及其對基督教特性的意義》，楊慧譯，歷代基督教思想學術文庫——現代系列（香港：道風書社，2014），68–71。

行（出十九 8），專一的愛祂，也就是上文【2.4.3.1（2）】所提及的「示瑪」——猶太教信仰的基礎——對耶和華絕對的效忠。[62]

雅各與早期猶太教於這信仰的要點上是一致的。雅各書清楚指出神只有一位（雅二 19；參四 12），這位神既是創造者，亦是審判者。歷史由祂開始，而祂也是那位到歷史終局時的審判主。雅各書有兩次清楚的提到「愛神」，將來得以完全、承受生命冠冕的人，是那些愛神的人（雅一 12），他們要承受神所應許的國度（雅二 5）。神與人及人與人之間的公義，是透過愛得以實現，人對神要有忠義，人與人之間要有仁義。

2.5.1.1.1 萬物的創造者、眾光之父（雅一 17）

雅各稱呼神為「眾光的父」，祂是眾星的創造者，是造物的主宰。在當代猶太教的典籍中，最類似的說法見於昆蘭祈禱文《死海古卷》4Q503（frg 13 ～ 16 6.1）中的「眾光的神」，和《亞伯拉罕遺訓》（*Testament of Abraham* B 7.5）的「光之父」；耶和華是那位創造日月星宿的主（創一 14 ～ 18；詩一三六 7；耶四 23，三十一 35）。值得注意的是在猶太教「示瑪」禮儀的第一個祝頌中，那創造的神被形容為這宇宙的主宰，祂創造了眾光，以光照這世界和住在其中的一切，並且每一天更新祂的創造。這祝頌文以「願頌讚歸給主你——眾光的創造者」作結。這祝頌文確認神的信實和慈愛，祂是那

62 見如 Michael Fishbane, *Sacred Attunement: A Jewish Theology* (Chicago: Chicago University Press, 2005), 45 稱「示瑪」為猶太教神學最核心的原則述句。

位創造和掌管眾光的主。[63] 這位造物主有別於那被造的世界，正如天象中星宿的更替出現而有的變化，或星宿的運轉而帶來的陰影，但神這創造主並不會如此的轉來換去，「在他並沒有改變，也沒有轉動的影兒」(雅一 17)。[64] 神的全能與全善是永遠不會改變的，祂是絕對可靠的；正如創世記第一章所載，神創造的萬物都是「好的」，完全地配合祂完美的意旨。同時這裏稱神為父，也正好顯示出祂是一切的源頭，祂是「主和父」(雅三 9)。

創世記所記載神的創造，主要不是要顯示創造是由無變為有，而是顯示神在這創造中的主權。整個宇宙秩序的建立，並且得以維持，全賴神的力量，能戰勝一切混亂的力量(詩七十四 12～17，八十九 9～14；伯三十八 8～11；賽五十一 9～11；參賽四十五 18；伯二十六 7～14)，祂是整個宇宙的王及管治者，祂是主。[65] 這創造是藉著神的話而達成(創一 3、6、9、14、20、24、26；詩三十三 6，一〇七 25，一四八 5 等)，雅各書則指出神以「真道」生了屬祂的子民(雅一 18)，這新的創造同樣來自神的話語(見下文【2.5.2.2.1 (1)】)。

神按照祂自己的形像造人(創一 26，九 6；雅三 9)，並立人作為祂的代表，在地上實行管理，人要反映神的榮耀，治理百物。人是按神的形像被造，並且神吩咐人要生養眾

---

63 Donald J. Verseput, "James 1:17 and the Jewish Morning Prayers," *NovT* 39 (1997): 179–91.

64 這形容的詳細解釋，見張略：《雅各書註釋》，頁 99–100。

65 參 Jon D. Levenson, *Creation and the Persistence of Evil: The Jewish Drama of Divine Omnipotence* (Princeton: Princeton University Press, 1988), 5–13。

多，遍滿全地，治理這地（創一 28，九 2；詩八 6～8；《便西拉智訓》17.4），包括治理一切的動物。雅各書三章 7 節將動物分為四類：「走獸、飛禽、昆蟲、水族」，涵蓋了所有受造的動物，反映創世記創造的記述（創一 20～26，九 2；申四 17～18；王上四 33；徒十 12，十一 6）；人類不斷這樣的去「制伏」（雅三 7）牠們，也能成功地做到。全人類是統一的，也是平等的，因為他們是由那獨一的神所創造，他們都有神的形像，享有尊貴和榮耀，他們之間要彼此尊重。不尊重按著神形像被造的人，就是不尊重那造人的主（雅三 10～11）。

當神創造人時，祂是將美善的靈置於人裏面，而不是喜歡嫉妒的靈（雅四 5）。[66] 教父著作《黑馬牧人書》的〈命令篇〉3.1～2 可作為這裏很好的參照：「要愛慕真理，並且口中只能容許出真理，這樣，那位在肉身中的靈——就是神安放在其中的，將在所有人面前證明是真實純正的……，因此那些撒謊的人拒絕了主，成為欺騙主的，因為他們從祂那裏領受了一個不受欺詐污染的靈，他們卻叫主的命令染污了，並成為騙徒。」主所給人的是一個清潔的靈。《便雅憫遺訓》（*Testament of Benjamin* 7.2）指出彼列（撒但）在我們的心思中所孕育的七種邪惡中，以嫉妒為首（最後是滅亡），並以該隱為例（7.3～5）。便雅憫警誡他的兒女要遠離嫉妒，並且要有純正的心思，他說：「正如太陽（光）雖然與糞土和淤泥接觸，但卻將它們弄乾，且驅走惡臭；同樣我們那純正的心思，雖

66 雅各書四章 5 節的解釋甚為複雜，見張略：《雅各書註釋》，頁 241–45 詳細的討論，

然被這世界的污染所包圍，且積聚起來，但他本身卻不受染污」(8.3)。雅各書這裏也可能是類此的觀念：神賜人的靈，豈是要他眷戀嫉妒而彼此相爭的呢？人與人之間這種無憐憫的、暴力的相殘，並非神創造人時真實的本相，神創造的人原是美好的。而且人應保守自己在「清潔沒有玷污的」狀態之中(雅一 27)，因為這是神所喜悅的敬虔。

2.5.1.1.2 萬物的審判者：萬軍之主

神創造這宇宙及內裏的一切秩序，這秩序反映出神的智慧和管治，這是舊約一個非常重要的主題。這獨一的神不只建立了宇宙物質世界的秩序，包括時日節令，祂也是整個宇宙道德秩序的主宰，祂以公義守護著整個世界的道德秩序。公義是指神在創造這世界所建立神與人，並人與人之間應有的關係，即應有之義。神與以色列民立約，賜予以色列人律法及智慧，表明這世界應按祂所設定的公義而運作，人要忠於祂的意旨過義的生活。[67] 正如詩篇一一九篇 137 至 138 節所言：「耶和華啊，你是公義的；你的判語也是正直的！你所命定的法度是憑公義和至誠。」(另參詩三十三 4) 神要求祂的子民的正是秉行公義(見如彌六 8)。

雅各書同樣指出人都應順應神的旨意而生活(雅四 15)，且要秉行公義(雅一 20)。神將國度的律法賜予屬祂的國民(雅二 8)，就是要人忠於神，實踐祂所訂的律法，這是人得以完全的惟一途徑(見下文【2.5.2.2.1〔2〕】)。沒有人可以站

67 見如 Etan Levine, *Heaven and Earth, Law and Love: Studies in Biblical Thought*, BZAW 303 (Berlin: Walter de Gruyter, 2000), 162–64。

在律法之上去批評律法，或以為自己可以得到豁免不受律法的管束和審斷，因為神是那獨一律法的創立者，這道德的秩序是由祂所設立的，祂也是那最終根據這律法的公義去審判世人的（雅四 11～12）。亦只有神才有這種權柄對人作最終的審判（雅四 12；參太七 1～5）。

雅各書五章 4 節稱神為「萬軍的主」，這是舊約「萬軍的耶和華」的翻譯。這稱謂在舊約中出現了二百四十五次之多，在《七十士譯本》「萬軍的主」出現了六十六次，這是聖戰所用的言詞，耶和華是那位為以色列爭戰的神（針對法老，見如出六 26，七 4，十二 17、41、51；並出十四 14；申二十 1～2；撒上十七 45 等）。神會為那些被欺壓者伸冤，審判那些欺壓者，就是他們被宰殺的時候（雅五 5；參《七十士譯本》耶十二 3）。神所敵擋的人不會有好的結局（雅四 6，五 6）。

若創造是人類歷史的開始，這獨一的神不只帶動著歷史的進程（如賽四十四 6～8），且會將這世代的歷史帶向終結，並按祂自己的公義，施行終極公平的審判。這告訴我們為何雅各書二章開始在旁索利未記十九章的律例，應用在雅各書讀者的身上時，先關注的是司法的公正，[68] 因為司法公正理應用作維持地上的公義，而地上一切的審判最終要面對天上從神而來絕對公義的審判。這審判是神公義的彰顯，神國的全然降臨。

---

68 雅各書二章 1 至 4 節所描述的是法庭聆訊而非一般的聚會，見 R. B. Ward, "Partiality in the Assembly: James 2:2-4," *HTR* 62 (1969): 87–97。

2.5.1.1.3 耶穌基督：信心的對象、榮耀的主、將臨的審判者

雅各書雖然只有兩次提及主耶穌基督（雅一1，二1），然而它們都在雅各書兩個重要的位置：一章1節是全書的開始，二章1節為雅各書引言之後本體的開始。作者使用前者來界定自己的角色：「作神和主耶穌基督僕人的」，後者則界定了讀者的身分：「信奉我們榮耀的主耶穌基督」。「我們榮耀的主耶穌基督」指耶穌是基督，也是那得勝作王的、榮耀的主（參林前二8；在舊約中以「主」稱神）。無論是作者雅各還是讀者，他們的身分都是由他們與耶穌基督的關係所界定的。

在舊約，「榮耀」往往與王權有關，神是那位榮耀的王（詩二十四7～10，二十九3；並《七十士譯本》民二十四11；參《馬加比二書》〔*2 Maccabees*〕2.8；《以諾一書》〔*1 Enoch*〕25.7，36.4，40.3，63.2），終有一天全世界會得見神在祂的創造和救贖祂子民的榮耀。信徒所相信的這位耶穌基督，正是那位榮耀的王，祂是坐在寶座上的那一位，帶有神聖的榮耀。祂是那位叫以色列得著復興的彌賽亞（參撒下七11～16；徒二34～36），比昔日在地上大衛的王權更大，因祂的權柄是在萬有之上，祂是榮耀的主。祂將那末世的國度帶到今世，是以色列終末盼望的完成，凡相信祂的，都要成為國度的繼承人（雅二5）。雅各書雖然沒有記載耶穌的死和復活，二章1節卻指出基督是那升天得榮耀的主，亦即假設了他的死和復活。從耶穌而來的彌賽亞運動之成員的特質，就是信奉這位榮耀的主，並遵守祂更新的神國律法（雅二8），才能得以完全。這說明為何耶穌的言訓在這書信中佔如此重要的角色。而耶穌基督的名，是信徒所尊崇和敬奉的（雅二

7），因為這名是信徒所求告的，信徒可以奉耶穌基督的名，藉祂的權柄去叫人得醫治和拯救（雅五 10、14；參詩一〇三 2；見下文【2.5.2.2.1（1B）】）。

基督的復活升天得榮耀，是神在舊約中應許以色列民得著復興的開始，開啟了新的紀元；而基督的復臨，就是這應許完全得到實現的時候。這位主亦是將臨的主，「主」（*kyrios*）一字在雅各書中出現了十四次之多，在四章 10 節之前出現了五次，有兩次是指神（雅一 7，三 9，四 10），另兩次是指基督（雅一 1，二 1）。有趣的是「神」（*theos*）一字在雅各書中出現了十六次，沒有一次是在四章 10 節之後出現，而四章 10 節之後「主」一字出現了九次之多，其中五次是指神（雅四 15，五 4、10、11〔2x〕），其餘指基督（雅五 7、8、14、15）。「主」在雅各書下半部出現頻密，強調那將臨的審判，主必再臨（*parousia*）審判世人（雅五 7～9）；神雖是最終的審判者（雅四 11～12），卻將那審判的責任交付主基督（雅五 7～9）。主神必在這宰殺的日子，處治那些自高自大欺壓他人的（雅五 1～6）。求告主名的人，就是愛神的人，卻要得著生命作為冠冕（雅一 12）。

2.5.1.2 那位使人完全的神：恩典之路

從舊約以至後來猶太教的觀點，創造與救贖兩者是不可分割的。在舊約中，神對那些無助的人顯出恩典的拯救和不變的旨意，往往是以祂創造的工作為範式（paradigm）。[69] 出埃

69 Levenson, *Creation and the Persistence of Evil*, 106.

及記十五章1至18節，摩西的「紅海之歌」是典型的例子（見如詩三十三，一三六，一四八篇；參賽五十一9～10）。[70] 救恩就是耶和華的創造（賽四十五8；參四十一20，四十八7）。在第二聖殿時期，不少猶太的著作更將救恩看為是創造的完成。[71] 雅各書一章17節所指「眾光之父」這位創造的神，亦是一章18節上半節所描述那拯救的神。事實上，猶太教「示瑪」禮儀的第一個祝頌頌讚神作為創造和管理的主，第二個祝頌文的主題就是關乎神對以色列的救贖，神作為以色列的磐石和救贖主。

雅各書一章18節指「他按自己的旨意，用真道生了我們」，雅各強調神的旨意已定（參太十一27；路十22，二十二42），是不會改變的。「生了」與一章15節的「生出死來」是同一個動詞：罪惡成長成熟，便生出死亡。這裏強調神要帶領人進到另一個旅程，乃是得生命的路（參雅一12）。是這位拯救的神帶給這被造的宇宙一個新的開始，信徒是「初熟的果子」，神已定了旨意，要整個創造最後得到全面的更新。

這裏描述這位施恩的救主，「各樣美善（*agathē*）的恩賜和各樣全備（*teleion*）的賞賜」都是從祂而來的（雅一17），真道和智慧都是祂所賜的美善和完全的禮物。祂是一切美善和一切完全的根源；神的美善和完全，與人得以完全有不可分割

---

70 見如 Dennis J. McCarthy, "'Creation' Motifs in Ancient Hebrew Poetry," in *Creation in the Old Testament*, ed. Bernhard W. Anderson (Philadelphia: Fortress, 1984), 75, 79。

71 見如 Ronald Cox, *By the Same Word: Creation and Salvation in Hellenistic Judaism and Early Christianity*, BZNW 145 (Berlin: Walter de Gruyter, 2007), chapter 3: "Salvation as the Fulfillment of Creation," 56–140。

的關係（見下文【2.5.2.2.1】）。在神裏面沒有絲毫的邪惡（雅一13）。

事實上，在第一章已有另一次以不同的方式描述這位賜恩的主。一章5節稱那位答允人禱告的神是以「厚賜與眾人、也不斥責人」的態度施予給人。「厚賜與」（*haplōs*）這副詞雖可譯作「慷慨地」，但這裏更適合地理解為「全心全意」、「誠心實意」，[72] 與下文提及人的「心懷二意」成強烈的對比。這裏只有神是單純的、滿有誠意的、毫不猶疑和毫無保留的，要人能得著恩典，祂並沒有任何不軌的意圖。神並非迫於無奈之下為人作點事，祂絕對是全然樂意地去幫助相信祂的人。這位「神我們的父」（雅一27），也是舊約中屢次提及那照顧孤兒寡婦的耶和華（如出二十二22～24；利十九9～10；申十17～19；賽五7～10；耶二十二3；何十二8～9；摩二6～8等）。不論是神全心全意對人的善意，還是祂對孤兒寡婦的關注，都是那按祂形像被造的人所應效法的。

神乃有足夠恩典的神，這是雅各書一個極之重要的主題。祂能賜人更大的恩典（雅四6），叫人不須依從自己的慾望，可以拒絕這世界的價值觀及屬地的智慧，得以從罪惡中回轉（雅四8～10；參五19～20），叫人能走上那更臻完全的路。同時祂是滿有憐憫、大有慈悲的主（雅五11），最終是祂叫約伯能經過一切的考驗，得到完美的結局。

若從古代「恩主蔭客」的文化關係去理解，神作為恩主是有別於地上的恩主。[73] 地上的恩主很多時候是為著自己個人的

---

72 O. Bauerfeind, *TDNT* 1.386.

73 有關「恩主蔭客」的社會契約，參 Jerome H. Neyrey, "God, Benefactor and Patron:

利益及榮譽而有所作為，有些更是為所欲為，就好像雅各書二章 1 至 13 節的那些為富不仁、扭曲司法公正、毫無憐恤的人，他們不是真正的朋友。投靠他們會使信徒忘卻真正的朋友應是信仰羣體中的弟兄姊妹及神。[74] 另一方面，神才是真正理想的恩主，祂是一位不求回報的「善長」(benefactor)。[75] 祂是那位樂於恩待和幫助祂兒女們的父親，是那位「單純地」及「不斥責」地賜予人的恩主。祂的誠心實意是毋庸置疑的。祂施恩卻不求償還，只因兒女感恩而欣喜。神不是要與人討價還價，而是白白的賜予，祂是值得信賴的(雅一 5～8)。[76] 祂賜人完全的禮物，包括真道和智慧(雅一 5、12～15)。祂有足夠的恩典(雅四 6)，祂本身是滿心憐憫，大有慈悲的(雅五 11)，是信徒在病患時隨時的幫助(雅五 14～15)，亦是人真正的朋友(雅二 23，參四 4～5)。[77]

信徒通往完全的路是本於這位發憐憫的神，因為神本身是完全的，這路是歸於祂，是我們得以親近祂、歸回真理的途徑。信徒只可以是靠著祂，因為是祂賜恩典讓信徒能得以

The Major Cultural Model for Interpreting the Deity in Greco-Roman Antiquity," *JSNT* 27 (2005): 465–92；蘇發聯：《新約社會文化》，聖經導讀——新約附篇 3(香港：聖經思高學會，2003)，15–24；德席爾瓦(David A. deSilva)：《21 世紀基督教新約導論》，紀榮智、李望遠譯(新北市：校園，2013)131–40。

74 John S. Kloppenborg Verbin, "Patronage Avoidance in James," *HTS* 55 (1999): 755–94.

75 詳細的討論，見 Alicia Batten, "God in the Letter of James: Patron or Benefactor?" *NTS* 50 (2004): 257–72。

76 這種理解就如希羅文化認為理想的恩主及為父者所應有的表現，見 T. R. Stevenson, "The Ideal Benefactor and the Father Analogy in Greek and Roman Thought," *Classical Quarterly* 42 (1992): 426.

77 有關神是人的朋友，不只在舊約中可見，如亞伯拉罕和摩西都被稱為是神的朋友，特別見於《便西拉智訓》，參 W. H. Irwin, "Fear of God, the Analogy of Friendship and Ben Sira's Theodicy," *Biblica* 76 (1995): 551–59。

完全的。

2.5.2 邁向完全的路（2）：人的困境及回歸完全之路

神召聚那「散住十二支派之人」回歸到祂的面前（雅一1），這固然是基於神的恩典；然而，在這回歸的路途之中，信徒要面對多方面信心的試煉。雅各書特別針對兩方面，也是涵蓋所有的試煉，就是愛神和愛鄰舍的考驗。要明白這回歸以致得以完全之路，我們必須先明白人類所面對的困境，並神在這路上為信徒所預備，克服人自身困境的途徑。

2.5.2.1 人的困境

不論是否信徒，都要面對人生在世三方面的境況：人要面對人內心的偏情、世界的誘惑及魔鬼作祟。[78] 畢竟人生是一個試煉的場地，人在其中經受試煉而作出抉擇。

2.5.2.1.1 人內心的偏情

在拉比的觀念中，人有兩種偏情（inclinations），一種向善、一種向惡。[79] 雖然這種觀念是較後期的，然而在第二聖殿時期，邪惡偏情的概念正在形成中。雅各書一章 13 至 18 節

---

78 有關雅各書的倫理與人觀的相關性，並與耶穌在這觀點上的連續性，可參 Karl-Wilhelm Niebuhr, "Ethics and Anthropology in the Letter of James," in *Early Christian Ethics in Interaction with Jewish and Greco-Roman Contexts*, 223–42。

79 在拉比猶太教的觀念中，邪惡的偏情並非本質上是邪惡的。這偏情為神所造，沒有這偏情，人便不會結婚，生兒育女或參與商業活動（*Gen. R.* 9:7）；然而，當這偏情失控時，便會表現出種種的罪惡，如貪心（*Sifre Deut.* § 33）、忿怒（*m. Ab.* 4:1; *b. Shab.* 105b），和虛榮（*Gen. R.* 22:6）。

與《便西拉智訓》15.11～20 頗為相似，兩者都使用辯論公式（debate form）否定神是邪惡的源頭，對應敵對者提出神是一切邪惡源頭的挑戰。便西拉認為人邪惡的偏情是邪惡的來源，《便西拉智訓》1415.14 說：「神在起初時創造人，祂留下給他自己偏情的力量（*yēṣer*）。」希伯來文 *yēṣer* 一字，指人有選擇善惡的自由。在《七十士譯本》的翻譯中，《便西拉智訓》使用 *epithymia* 去表達邪惡的偏情（見《便西拉智訓》5.2，18.30，23.4～5）。人既有中性自由選擇的能力，在人的內心中亦有偏邪的慾望。人的選擇若受這慾望所支配，便去犯罪。[80]

在雅各書中「試探」這字的動詞（*peirazein*）含有負面的意味，指被試探而犯罪，因此神不試探人（雅一 13），因為祂不會叫人犯罪。這和神曾試驗亞伯拉罕，命他將以撒獻為祭（創二十二 1～2），及在曠野中曾試驗以色列人（申八 2，十三 3），是沒有衝突的，因為神的心意並非是要他們犯罪。惟有那些被蒙騙的人（雅一 16：*planāsthe*；《新標點和合本》譯「看

---

80 在昆蘭文獻、斐羅、《馬加比四書》、《所羅門詩歌》（*Psalms of Solomon*）、《十二族長遺訓》（*Testaments of the Twelve Patriarchs*）和《以斯拉四書》（*4 Ezra*）中，都清楚說明人內在邪惡的偏情（*yēṣer hara*）會控制人，使人犯罪。詳參 Joel Marcus, "The Evil Inclination in the Epistle of James," *CBQ* 44 (1982): 606–21。晚近有關第二聖殿時期猶太文獻這方面的不同表述，見 Miryam T. Brand, *Evil Within and Without: The Source of Sin and Its Nature as Portrayed in Second Temple Literature* (Göttingen: Vandenhoeck & Ruprecht, 2013), 37–127；James Aitken, Hector M. Patmore and Ishay Rosen-Zvi (eds), *The Evil Inclination in Early Judaism and Christianity* (Cambridge: Cambridge University Press, 2021)。特別昆蘭文獻中 4QInstruction 對邪惡傾向的理解，對了解雅各書罪惡觀念的重要，見 Benjamin Wold, "Sin and Evil in the Letter of James in Light of Qumran Discoveries," *NTS* 65 (2019): 78–93。有關這觀念在早期猶太教之後的發展，見 Ishay Rosen-Zvi, *Demonic Desires:* Yetzer Hara *and the Problem of Evil in Late Antiquity* (Philadelphia: University of Pennsylvania Press, 2011)。

錯了」），偏離了真道（雅五 19：*planēthē apo tēs alētheias*），才會有這樣的想法，因為神的本性就是不能為邪惡所試探。各人被試探是被**自己的**「私慾」（*epithymia*）所迷惑，這與猶太教中邪惡偏情的觀念吻口。作者將人犯罪的成因，歸咎於人自身的私慾，牽涉一個人內在的歷程。在一章 14 至 15 節，作者以擬人的方式說明，這邪情在一個試驗的環境中如何誘惑人。雅各極可能受箴言對「愚婦」描述的影響（箴九 13～18；參五 3～5，六 24～34）。這作妓女的愚婦應許人的慾望可以得到滿足，然而那些被誘惑的人，最終所得的卻是死亡。[81] 雅各書指出被情慾誘惑最終的結果是死亡，對比於那些經歷試煉而得勝的人，後者得到完全的品格（雅一 4）和生命（雅一 12）。情慾—罪惡—死亡這過程，是墮入情慾捆鎖的人所走的滅亡之路。

對雅各來說，舌頭能具體地表達人的慾望需要受控制，當一個人能控制他的話語，他就能控制全身，便是完全人（雅三 2）；舌頭或人的說話最能表達出他有否控制好自己的慾望（參雅一 26；四 11）。舌頭好像火一樣，不只是因為它的形狀相似，而是它有極大的破壞力（雅三 5 下）。能「慢慢地說」也是人能控制自己慾望的表現（雅一 19）。最終這能摧毀個人和羣體的「火」舌，要面對被火摧毀的審判（雅三 6 下）。

猶太教傳統將忿怒（《米示拿》〈先賢集〉〔*m.* Abot〕4.1；《巴比倫他勒目》〈論安息日〉〔*b.* Shabbat〕105b）和虛榮（《創世記米大示》〔*Genesis Rabbah*〕22.6）等看為是邪惡偏情在人

81 參 Walter T. Wilson, "Sin as Sex and Sex with Sin: The Anthropology of James 1:12～15," *HTR* 95 (2002): 147–68。

裏面的工作，這些都見於雅各書。雅各書一章 19 節勸戒人要「慢慢地動怒」，即要能好好地控制自己在怒氣中的衝動。在四章 1 節所用的「私慾」(*hēdonē*)一字，雖然有別於一章 14 節譯作「私慾」的 *epithymia*，但可看為是同義詞(參多三 3)。作者將羣體中出現的鬥爭看為是由「百體中戰鬥之私慾」所引發的(雅四 1 下)。邪惡的偏情叫各人為著自己起了私心，貪慾是引發嫉妒的重要原因。嫉妒使羣體出現分裂、破壞及彼此攻訐(雅四 1～3)。這種為了個人的慾望而不擇手段尋求滿足的人，他所有的是從情慾而來的智慧(雅三 3)，是與世界為友，與神為敵的(雅四 4)。這慾望亦見於人的驕傲自大、不可一世(雅四 6，四 11～五 6)。

當人的情慾不受控制，便會在人的言語及行為上表現出來，使人犯罪，為個人及社會帶來罪惡和毀壞，這些都要面對從神而來的審判(參雅二 12，四 12)。

2.5.2.1.2 世界的誘惑

「世界」(*kosmos*)一字在雅各書中出現了五次(雅一 27，二 5，三 6，四 4〔2x〕)，都是負面的用法。「世界」指一個價值和意義的體系，一種思考和行為的模式。正如新約其他書卷中所描述(如羅十二 2；林前二 12；彼後一 4，二 18～20；約十二 31，十五 18～19；約壹二 15～17)，世界屬於這人倫社會文化的價值觀，指一個墮落和反叛神的價值體系，是對立於神的。[82]「世界」(雅一 27，二 5，三 6，四 4

82 Sophie Laws, *Commentary on the Epistle of James*, BNTC (London: A&C Black, 1980), 174；詳見 Darian Lockett, "God and 'The World': Cosmology and

〔2x〕）和「神」（雅一27，二5，四4）代表著兩個互相排斥的世界和價值觀。[83]

雅各勸籲讀者應與這「世界」劃清界線（雅一27，四4），這世界會帶來污穢（雅一27），叫信徒受到污染。這世界是不公義的（雅三6），是自高自大和邪惡的（參雅二4，四16）。往往富足人就是這世界的代表，他們藐視、欺壓那些持守基督信仰的人（雅二7），為了自己得以肚滿腸肥而欺詐工人（雅五2～4）。人與人之間彼此的爭鬥，往往都是因為受到物慾的價值觀所影響，雅各看此為與世界為友，助長這些不公義的富足人橫行霸道、胡作非為。這在社會中流行的價值觀，對財富和權力的追捧，正是配合了人內在邪惡傾向的需要，叫人不再忠於神，而且將鄰舍當作敵人一般仇視，而不視為愛顧的對象（雅四1～4）。

這世界透過人的舌頭，叫整個人都污穢（雅三2）；正如這個世界可以污穢人，舌頭也可以。舌頭於此好像那與神為敵的世界一樣，成為污穢的源頭。舌頭受控制，就能控制整個人，舌頭不受控制，則整個人污穢。三章6節說：「舌頭是個罪惡（原文作『不義』）的世界」，舌頭代表了那個叫人污穢不義的世界，是這不義世界的縮影，難以受制。真正的敬虔是要不被這世界所沾污（雅一27），但舌頭卻偏偏成了被這世界污染的破口。當舌頭不受控制時，能污染整個人，在人的

Theology in the Letter of James," in *Cosmology and New Testament Theology*, ed. Jonathan T. Pennington and Sean M. McDonough, LNTS 355 (London: T&T Clark, 2008), 144–56。

83 Luke T. Johnson, "Friendship with the World / Friendship with God: A Study of Discipleship in James," in *Discipleship in the New Testament*, ed. F. F. Segovia (Philadelphia: Fortress, 1985), 173 稱它們為不同的"measures of valuation"。

身上成了污穢不潔之源，叫人與神為敵（雅一27，四4）。那沾污人的世界，雖在人身之外，但卻近在咫尺，就在我們的口裏，我們的舌頭！世界代表著敵擋神的價值，透過人的舌頭蔓延開去。舌頭可以成為這罪惡世界的發言人，也成了它的代表。

不只人在今世要面對自身的慾望所帶來的軟弱、被這世界的價值所圍困，及來自靈界鬼魔的攻擊，人自身的限制也包括人對世事沒有能完全操控主宰的能力，其中對人最重要的生命的本身，就不在自己的操縱之內（雅一11，四13～16）。人且要面對最終從神而來的審判。

2.5.2.1.3 魔鬼作祟

在第二聖殿時期，視罪從人的邪惡傾向而來，可以說是智慧傳統的理解，另一理解是透過天啟傳統，認為罪惡是來自墮落的天使。在舊約中，魔鬼被視為誘惑人犯罪的（創三1～7），並且就是那指控和攻擊人的撒但（伯一6～12，二1～7）。[84] 在第二聖殿時期，進一步地描述魔鬼有能力控制人（如《拿弗他利遺訓》〔*Testament of Naphthali*〕8.6；《亞設遺訓》〔*Testament of Asher*〕1.8；《亞當與夏娃生平》〔*Life of Adam and Eve*〕16.5，17.5，21.3）、試探人（《禧年書》17.16，48.9、12）、欺騙人的（《死海古卷》1QS iv 9～14）。魔鬼是眾鬼魔或污鬼之首（如《禧年書》10.7～8，11.1～5；《但遺

84 詳可參 Antti Laato, "The Devil in the Old Testament," in *Evil and the Devil*, ed. Ida Fröhlich and Erkki Koskenniemi, LNTS 481 (London: Bloomsbury, 2013), 1–22。

訓》〔*Testament of Dan*〕6.1），[85] 是黑暗王國的首領，在今世這邪惡的世代中掌權（《以諾一書》6.7）。魔鬼和眾鬼魔是不潔的（如《死海古卷》1QH xix 15～16），並做成地上各種災難、疾病、人類罪惡及其他邪惡。[86]

雅各書假設了讀者認識魔鬼（雅四 7）及眾鬼魔（雅二 19）的存在，他們都知道神是宇宙獨一的主宰，也在這位神的權柄之下。當人順服神、抵擋魔鬼時，魔鬼就沒有辦法，只有離開人而去（雅四 7）。

雅各在對比從上而來的智慧時（雅三 13～18），稱另一種智慧為「屬地的」，即屬於這世界；「屬情慾的」，即屬於人內心邪惡偏情的；和「屬鬼魔的」，即屬於鬼魔所操控的。正是以上所提及人所在的困境：面對外在世界的價值習染薰陶、人內在邪惡的傾向及靈界中惡魔的誘惑和操控。

2.5.2.2 邁向完全、愛而順服之路：真正的虔敬

雅各書指出神所要在神子民身上看見的，是「成全、完備，毫無缺欠」（*teleioi kai holoklēroi*；雅一 4），這可以說是全書的綱領。「成全」和「完備」是同義詞，在這裏的意思是「完全的完全」，在質和量上都完全，雅各以反面的方式再重複，

---

85 在第二聖殿時期，魔鬼有很多不同的名字，如《禧年書》：撒但、瑪撒提曼（Mastema）；《以諾一書》：阿撒瀉勒（Azazel）、森米哈撒（Semihazah）、森也撒（Semyaza）、撒但尼（Sataniel）；《所羅門遺訓》（*Testament of Solomon*）：別西卜；昆蘭文獻：比列、黑暗的天使、瑪撒提曼、麥基拉沙（Melkiresha）等。

86 有關在第二聖殿時期，鬼魔與人類罪惡的關係，詳見 Brand, *Evil Within and Without*, 147–274；Ida Fröhlich, "Evil in Second Temple Texts," in *Evil and the Devil*, 23–66；Loren T. Stuckenbruck, "The Demonic World of the Dead Sea Scrolls," in *Evil and the Devil*, 67–70。我們會在彼得前書才詳細討論有關以諾傳統中創世記六章 1 至 8 節天使墮落為邪惡來源的說法。

說：「沒有任何缺乏的」。在雅各書中，*teleios*（完全）這形容詞共出現了五次（雅一4上、4下、17、25，三2）；在整個新約中，這形容詞只出現過十九次。其動詞 *telein*（得以完全）則出現於二章8和22節；名詞 *telos*（結局）見於五章11節。「完全」與書中一些重要的主題：工作／行為（雅一4；二22）、智慧（雅一5、17）、信心（雅二22）和律法（雅一25；二8、10）。真道、使人自由的律法和智慧，都是從神而來完全的恩賜（雅一17）。「完全」是信心經歷試驗之後，所要達致的最終目標（雅一4）。作為一個完全的人（參雅三2），必能全然地控制自己的舌頭。然而，正如上文所指，雅各書「完全」的觀念，並不止於這字根的字彙，而是要整體地理解雅各書對完全的看法，這些看法都是根源於舊約和第二聖殿猶太教的。[87]

2.5.2.2.1 得以完全與得救

雅各書將人的得救置於一個得以完全的過程之中。這得救的途徑由這位完全的、專心一意的神發動（雅一5、17）。「他按自己的旨意」即祂的意旨已定，便無人能改，必要成就，就是透過「真道」生了屬神的人（雅一18）。對比於上文所指罪惡長成而生出死來（雅一15），父神藉著「真理的道」（*logos alētheias*），就是福音的真道（參林後六7；弗一13；西一5；提後二15；參彼前一23～25），叫人成為新

87 參 Cheung, *The Genre, Composition, and Hermeneutics of the Epistle of James*, 162–77；Hartin, *A Spirituality of Perfection*, 17–39；Lockett, "Wholeness in Intertextual Perspective," 92–106。亦參張略：〈完全〉，收於《耶穌言訓與雅各書》，國際聖經百科全書（香港：國際聖經協會，2003），頁 68–79。

創造中「初熟的果子」。正如在舊約，以色列民被耶和華稱為「我的兒子」(出四23)，根據耶利米書二章3節，以色列也被視為歸耶和華為聖的初熟之果。按神自己永恆的旨意，藉著「真理的道」得生，叫人得以成為新創造的一部分。[88] 他們是神呼召及揀選(雅二5)分別出來獻給神，成為祂國度的子民，就是祂所召聚的十二支派的成員(雅一1)。他們既是初熟的果子，表示還有最終豐收的來臨，就是萬物得以全面的更新。這是神恩典的作為，人要以信心和行動回應神的呼召。

雅各書一章21節指出這「真理的道」也同時被稱為「那所栽種的道」(*logos emphutos*)。原文「栽種」一字在新約中只出現了這一次，在《所羅門智訓》12.10中用作指迦南人有「栽種的邪惡」，即這邪惡是與生俱來的。在教父著作《巴拿巴書信》中曾兩次使用這字，第一次在卷首語中為收信人「因你們領受屬靈禮物的恩典已經深深地扎根」而感恩(1.2)，「扎根」一字原文便是這裏「栽種」一字。另九章9節：「那把他約的禮物安放在我們裏面的，也知道這一點。」「安放」同樣是「栽種」這字。因此，一方面我們可以理解這道是從神而來(雅一18)，抗衡人邪惡偏情的力量(雅一14)，神將這道安放於信徒的生命之中，成為他們「性情」(nature)的一部分。這種描述，正是舊約以西結書十一章19至20節和耶利米書三十一章31至34節「新約」的應驗，神要將一個「合一的心」(不分裂的心)及「新靈」安放在子民裏面，叫他們

88 於此，雅各與保羅所說的「新的創造」有不少相同的地方(林後五17；加六15；弗二10，四24；見前文【2.2.3.2〔1〕】)。

願意遵行神的律法（參結三十六 26～27）。耶利米書三十一章 27 至 28 節更提到日子將到，神要將拔出和拆毀他們中間的邪惡，要重新在他們中間建立和栽種（《七十士譯本》：*kataphuteuein*），這是神與神子民所立新約（參來八 8～12，十 16～17）。[89] 惟有這是「能救你們生命的道」（雅一 21；按原文另譯）。

信心在這得以完全的得救過程中，有非常重要的角色。這羣屬神的子民，是一羣信奉榮耀的主耶穌基督的人（雅二 1），也是一羣求告主名的人（雅二 7，五 14）。信心在雅各書中並不只是一種口頭的宣認（雅二 14、19），而是一種對神及榮耀的主的忠誠。在這得以完全的路途之中，這信心／忠誠是要經得起考驗的，一種堅定不移具耐力的信，一種引向完全的信（雅一 2）。這種信心有兩方面的表現，就是愛神和愛鄰舍，這正是耶穌所說的雙重愛的命令（太二十二 37～39）。得以完全、得救的人，是那些愛神的人（雅一 12，二 5），愛神必然會在行動上有所表現，包括愛鄰舍，特別顯露於具憐憫的行動中，「因為那不憐憫人的，也要受無憐憫的審判；憐憫原是向審判誇勝」（雅二 13）。[90]

總括來說，「完全」代表全心一意地忠於神（雅一 8，四 8），以愛實踐完成全律法的要求（雅二 8～12，四 12），不

---

89 張略：《雅各書註釋》，頁 110–11；Kamell, "Incarnating Jeremiah's Promised New Covenant in the 'Law' of James," 25–26。

90 Mariam J. Kamell, "God Gave Us Birth," (Waco: Center for Christian Ethics, Baylor University, 2012), 16–17 認為雅各的救恩觀反映智慧傳統中相互對應的原則，施憐憫的人便得蒙憐憫（箴三 3～4，二十一 13；太五 7；路六 38）。從另一角度去看，那些經歷神憐憫而得拯救的人，他們必然會在生命中顯出憐憫。有關雅各書二章 13 節的解釋，見張略：《雅各書註釋》，頁 164–65、190。

只是聽，還要行（雅一22～25），活出內外、言行一致的生活方式（雅一22～25，二16、22），這是對神忠義的表現。當中包括人說話時，是就應說是，不是便應說不是，這才是一致的（雅五12）。更重要的是，按著神形像被造的人應與神一致；領受神憐憫而得著拯救的人，他的生命必定會有憐憫的表現（雅二13），在最終審判時，顯出神憐憫的誇勝。這是誠心宣認「示瑪」（雅一12，二19，四12）的人所應有的表現。惟有這樣，個人才得以完全（雅一4，三2），羣體才得以完整，不致分裂（雅三14～四6），羣體成員的身心靈得到醫治和建立（雅五13～20）；[91] 這全是靠賴從神而來的恩典（雅一5，17～18，三15～18，四6上，五11）。

信徒得以完全和得救最終不是人的努力，而是神的恩典的完成，然而在這過程中，人要不斷以信心和忍耐回應神的恩召。信心是這歷程的起點，信靠和忠於神及復活榮耀的主耶穌（雅一3、6，二1）。忍耐是一種在信心立場上的堅守，無論面對著怎樣的艱難和苦痛，甚而面對著迫害，也謹守自己的崗位，仰望基督的復臨，完成神在我們身上的呼召（雅一3，五7～11）。

（1）因信稱義：信心是人對神恩典的回應，這信心即對神忠誠，反映於愛神和愛鄰舍的表現上；雅各指出沒有愛神和愛鄰舍表現的信心是不完全/完整的：「信心是與他的行為並行，而且信心因著行為才得成全。」（雅二22）「成

91 這裡最終的醫治包括了屬靈上的醫治，即得著拯救；詳細討論，見 Andrew M. Bowden, "An Overview of the Interpretive Approaches to James 5.13–18," *CBR* 13 (2014): 76–81。

全」(*teleioun*)這動詞指完成某任務或使命(參約十七4，十九28；徒二十24)。正如一章3至4節中雅各所說，「信心經過試驗，就生忍耐。忍耐也當成功」，「成功」按原文直譯為「完全的工作/作為」(*ergon teleion*)；亞伯拉罕的信心同樣經過試煉，他獻上以撒為祭這行動，是信心得以完全的表現。單單有信心是不夠完全的，信心要有行動的表現(*ek tōn ergōn*)才是完整的，才能叫人達成最終得以完全的目標。因此信心不只是需要行動作補充，而是藉著行動才得以完成，達到其最終目的。沒有行動的信心絕對不是叫人得救或得以完全的信(雅二17、26)，因為它本身就是不完整的。

對保羅來說，稱義代表在神面前被宣佈為無罪，得以成為神的子民，於此靠信心和靠行為得救的途徑成了對立；保羅要處理的是外邦人成為神子民羣體成員的問題。對雅各來說，得以稱義，在神面前被宣佈無罪、聲稱為神子民的，是透過他們的信心及行動；信心與行動並非對立，真正的對立是有行動和無行動的信心，並與種族毫無關係。亞伯拉罕和喇合，他們都是相信神是獨一而有所行動的。根據猶太的傳統，亞伯拉罕是第一位皈依一神信仰的人，也成為所有歸化猶太信仰的人的先驅和典範。[92] 這些猶太傳統，都可能基於創世記十五章6節：「亞伯蘭信耶和華，耶和華就以此為他的義」而作的引申。在希伯來聖經中，他是第一位被提及相

---

92 Nancy Calvert-Koyzis, *Paul, Monotheism and the People of God: The Significance of Abraham Traditions for Early Judaism and Christianity*, JSNTSS 273 (London: T&T Clark, 2004), 28–29；張略：《雅各書註釋》，頁 174–76。

信神的人。他有的信念，叫他有願意將以撒獻上的行動。根據約書亞記，喇合同樣是相信神的獨一，她說：「耶和華你們的神本是上天下地的神」(書二 11 下)，這宣告與摩西在申命記四章 39 節中所言極之相似：「所以，今日你要知道，也要記在心上，天上地下惟有耶和華他是神，除他以外，再無別神」。喇合所宣告的，無疑是以色列人信仰的核心。她的信仰叫她樂意幫助那兩個以色列人的探子，避過迦南人的追捕。她和她的父家，因她這信心的行動而得到拯救(書六 22～25)。

(2)信心的禱告：雅各書在開始及結束時，都提及信心的禱告。一章 5 至 6 節上是以信心求神賜智慧，五章 13 至 18 節是以信心求神醫治得拯救。對神的忠實誠信，是得蒙神答允禱告必須有的條件，深信惟有神才有能力和恩典叫人得以完全，叫人得拯救、得醫治，得醫治也是生命完整的其中一部分(參約叁 2 節)。禱告這過程也是一個反思的過程，反思對神的忠誠信靠，及有甚麼攔阻信徒的生命得到醫治和拯救。人若是為自己私慾得滿足而禱告神，便是妄求(雅四 3)，主必不垂聽(參如詩六十六 18：「我若心裏注重罪孽，主必不聽」)。得拯救、得以完全這過程，是一個不斷以信心禱告仰賴神的過程。

2.5.2.2.2 使人完全的道、律法和智慧

真道、律法和智慧都是從神而來的恩典，叫人可以得以完全。

(1)使人完全的真道/律法：上文已解釋過真道即那栽種的道，是舊約所應許在新約應驗的時候，神要將人的心意

改變過來，叫人能全心遵守神的律法。這反映出在舊約中已有的立約框架，不同之處在於，這道是栽種在人的生命之中的，是一種生命內在的轉化，透過這福音的真道帶來的。然而，既是神賜予，又為何需要再「領受」（雅一 21）呢？「領受」（*dexasthe*）一字並非單指接受，而是對神的道有深切的體悟，從中得著智慧，在生活中實行出來。這過程包括脱去一切污穢和種種的邪惡，這些是會妨礙人領受這道的。[93] 即是説，神對公義的要求，是福音的一個不可分割的部分。人的怒氣不能成就神的義，惟有細心聆聽和謙卑實行出真理的道才能。神要透過真道／律法，叫人能對應內心的偏情，並且揭開一切的虛假（兩面派），引導人行在完全的路上。

那使人完全和得以自由的律法（雅一 25，二 12），是神所賜真道的一個重要部分（雅一 18）。從立約的框架去理解，與舊約相似，惟有遵行這律法，人才可以因此得福（雅一 25）。雅各形容律法是「完全」的（雅一 25），即這律法能導人走向完全（參詩十九 7），這律法亦是使人自由的（雅一 25，二 12），因為它能叫人脱離惡慾，自由地去愛神和愛鄰舍。這律法也是屬於神國的（「至尊的律法」；雅二 8），帶有神國的權柄，是由彌賽亞所帶來的（參二 5），而且必須透過耶穌所教導「愛你的鄰舍」（利十九 18；按原文另譯）這原則去理解和實踐（雅二 8），因此，雖然這律法仍是摩西的律法，但其焦點已有所轉移，這亦能解釋為何雅各並未有討論任何有關禮儀的律例。

---

93 張略：《雅各書註釋》，頁 111–12。

雅各強調這律法是神為祂的子民所訂立的，當人遵守這律法時，便能成就神所要求的公義。律法本身是統一的，因為是出於同一位神，且人沒有權選擇性地遵守當中所要求於人的（雅二 9～11），也無人有權可以修改律法，或以為可以不受律法的制約（雅四 11～12）。神要憑這完整的律法，作為審判的標準。惡意批評鄰舍的，就是論斷鄰舍（雅四 12），沒有將愛鄰舍的命令放在心上；人沒有能力可當最終的審判官，對其他人作蓋棺定論的審判，因為這權柄不在人手上，惟有神有這樣的權柄，人絕對不應驕傲至越權。[94]

A. 遵守律法與雙重愛的命令

前文（【2.2.2.1〔2〕】）已提及在猶太的傳統中，示瑪與遵行神的律法是不可分割的。「完全」的特質，就是遵守神的律法。雅各書一章 2 至 18 節與猶太傳統中示瑪的宣認有密切的關係，而一章 19 至 25 節則重中要詳細察看並實行那全備使人自由的律法，這與猶太傳統中將兩者相提並論是一致的。不單如此，雅各是根據耶穌雙重愛的命令去重新詮釋及應用律法。對神要有忠義的愛，對人要有仁義的愛。

在雅各書二章 8 節引用利未記十九章 18 節「要愛你的鄰舍如同自己」（按原文另譯），見於新約多處（太十九 19，二十二 39；可十二 31；路十 27；羅十三 9；加五 14），正如耶穌在馬太福音五章 21 至 48 節以六個例子說明如何透過愛你的鄰舍這命令去實踐律法，實行公義，雅各追隨耶穌這種

94 有關律法的統一及整全性，見 Cheung, *The Genre, Composition, and Hermeneutics of the Epistle of James*, 121–24。

詮釋的方法；前文（【2.2.2.1〔1〕】）已曾提及雅各書所選的主題，多是來自利未記十九章，例如雅各援引利未記十九章11至12節（「你們不可偷盜，不可欺騙，也不可彼此説謊。不可指著我的名起假誓，褻瀆你神的名。我是耶和華。」）的主題。雅各跟隨耶穌的教訓，以「愛你的鄰舍」這命令，去重新詮釋起誓（雅五12）；人若忠實誠信，剛正不阿，便不需要起誓（比較太五33～37，二十三16～22）。忠實誠信是社羣得以穩固建立之本。偏心待人（雅二1～7）、欺詐雇工（雅五4）不只是不誠實，也更是違反了愛鄰舍的原則。

B. 獨特的宗教形態

雅各書一章26節和27節的「虔誠」，可譯作宗教。在當代指某種宗教信仰及其外在表現，是眾人可以看到的。雅各指出透過雙重愛的命令而踐行完全使人自由的律法，會帶來一種獨特的宗教形態，一種在慈愛中顯出公義的生活方式。這包括能慎言（雅一26，二12，三1～12，四11，五12）、看顧在患難中的孤兒寡婦，即有憐憫的行動，照顧貧窮的人（雅一27，二12～17），及脱離世俗（雅一27，四1～6、四13～五6）。這種形態是蒙拯救邁向完全的個人和羣體所應具備的。

雅各書沒有提及舊約及猶太教對禮儀聖潔的強調，但這並不代表雅各認為信奉基督，便不需要守這些禮儀上潔淨的律例——很可能這是他個人及當代猶太裔基督徒仍繼續奉行的。然而事實上，雅各書未有提出信徒要虔守禮儀律例。這沉默可能是作者意識到這已不是新約的關注點，雅各追隨耶穌的看法，將關注點放於人與神和人與人愛的關係之上，作為信徒價值判斷的準則和界線。[95]

(2)使人完全的智慧：根據雅各書，人需要智慧去克服人心的偏情，在試煉中得勝(雅一5)，以致得以完全，正如人需要律法得以完全一樣。智慧與聖靈的作用非常相似，它們在創造中都擔任重要的角色(創一2；伯三十四14；詩一〇四30等)；約書亞(申三十四9)和彌賽亞(賽十一2)都被視作為智慧的靈所膏。智慧和聖靈(氣)都出自耶和華的口，這可能是猶太傳統將他們併在一起的原因(參如《所羅門智訓》7.7、27～28；參弗一17)。有學者認為雅各書中智慧的作用，就好像羅馬書八章的聖靈一樣；智慧的七種特質，也與聖靈所結九種果子相似(加五22～23)。然而，我們也不可忽視它們不同之處，在保羅和約翰的神學中，聖靈是那賜新生命的靈，但在雅各書中，是真道叫人得到新的生命；另一方面，在保羅的思想中，聖靈是一次過臨在神兒女的身上，但雅各書卻邀請人要不斷向神祈求智慧(雅一5)。因此，雅各書並沒有智慧聖靈論，更不消說智慧基督論了。

申命記四章5至6節清楚表達了智慧和律法的關係：「我照著耶和華我神所吩咐的將律例典章教訓你們，使你們在所要進去得為業的地上遵行。所以你們要謹守遵行；這就是你們在萬民眼前的智慧、聰明。他們聽見這一切律例，必說：『這大國的人真是有智慧、有聰明！』」在猶太的傳統中，一

---

95 至於有和沒有禮儀聖潔作為社會界線與一神論的關係，即舊約與新約在此點的分別，卻仍堅守一神論，見 Walter Houston, *Purity and Monotheism: Clean and Unclean Animals in Biblical Laws*, JSOTSS 149 (Sheffield: JSOT Press, 1993), 218–82。

個人是否有智慧，在乎他是否遵守神的律法(如《便西拉智訓》1.26，6.37，15.1)。《便西拉智訓》33.2：「凡恨惡妥拉的，不可能有智慧」；智慧甚至與妥拉等同(17.11～14；參《巴錄書》〔*Book of Baruch*〕4.1)。然而，在猶太傳統中，智慧又是從神而來的禮物(《便西拉智訓》6.32～37)，惟有有智慧的人才可以明白妥拉。雅各書三章13節稱呼受信人中間的領袖要是「有智慧有見識的」，因為他們是在羣體中教授律法的人，這正是申命記一章13至17節對以色列人領袖的描述；同時申命記四章6節指出以色列是一個偉大的民族，正是因為他們的智慧與見識，他們之所以有智慧，是因為他們遵守耶和華的律法。

雅各要求人追求從上而來的智慧，這不只是局限於教會羣體中作為教師的(雅三1、13)，整個羣體都需要這種智慧。如前文所述，踐行完全使人自由的律法會帶來獨特的宗教形態，同樣有從天上來的智慧，也有清楚的表現和特徵。這智慧有七種特質：清潔、和平、溫良、柔順、滿有憐憫和多結善果、沒有偏見、沒有假冒。根據猶太傳統，「七」是完全的數字(參箴九1)。第一種特性「清潔」是涵蓋性的，與「完全」是同類的字彙，惟有潔淨的人，才可以親近神(雅四8)。隨著分為三組，第一組和平、溫良和柔順，這三個形容詞都以希臘文字母「*e-*」作開始，都是針對羣體建立和睦的關係，這正是雅各書三章1節至四章12節所出現的羣體中的問題；第二組滿有憐憫和多結善果，是雅各書二章所針對人應對鄰舍施行憐憫；第三組沒有偏見、沒有假冒，這兩個形容詞都以希臘文字母「*a-*」作開始，是針對第二章所述那種偏心待人和不真誠的表現。從上而來的智慧所帶給人的，是「和平所栽種的義果」(雅三 18)。在和平的氛圍下(*en eirēne*),那些願意與人和睦、擁抱和平的人,必能得享公義的成果,行在公義的路上,最終得以完全。這與使人完全和自由的律法所要達成的目的是一致的。[96]

(3)謙卑的態度:雅各書一章21節指出領受那所栽種的道,要有謙卑的態度(*en prautēti*;《新標點和合本》譯「溫柔的心」)。根據猶太人的傳統,溫柔是真正學習律法的條件,摩西能親近神,因為他為人謙和(民十二 3)。拉比希利(Rabbi Hillel)是一位出色的拉比,正是因為他的謙虛,使他在解釋律法上特具權威性(《巴比倫他勒目》〈論安息日諸限制的融合〉13b)。馬太福音十一章29節,耶穌對門徒說:「我心裏柔和謙卑(*praus kai tateinos tē kardia*),你們當負我的軛,學我的樣式」;「負我的軛」(根據拉比的用法,指實行他們對律法的解釋)是指要實踐耶穌對律法的演繹。耶穌指出他對律法的解釋是具權威的,正是因為他謙卑的態度。在猶太的傳統中謙卑往往與敬畏神連在一起(箴十五 33,二十二 4;《便西拉智訓》1.27),代表願意向神開放,服在神的旨意之下,樂意行神的旨意,是所有願意行神律法的人必須有的態度。「謙卑」這字在雅各書只出現兩次,另一次見於三章13節。原文「謙卑的智慧」(*en prautēti sophias*)可理解為惟有謙卑的人才可以得到真正的智慧;另一方面,也可以說有真正智慧的人,必定有謙卑的態度。謙卑是實行律法及得著智慧所必須有的先決條件。從雅各書的角度去看,謙卑對比於

---

96 詳見張略:〈雅各書:使人完全的智慧〉,《山道期刊》16(2005):頁 47–55。

人的怒氣（雅一 19）及嫉妒紛爭（雅三 14），這些都是人未能克制自己邪惡偏情的表現。

另一相關而不同的字是「謙卑」（*tapeinos*），雅各書四章 6 節引用箴言（《七十士譯本》）三章 34 節：「神阻擋驕傲的人，賜恩給謙卑的人（*tapeinois*）。」

作者使用了十個命令（雅四 7～10），指出人應如何謙卑在神的面前：

你們要順服神，
⎧務要抵擋魔鬼，魔鬼就必離開你們逃跑了。
⎩你們親近神，神就必親近你們。
⎧有罪的人哪，要潔淨你們的手！
⎩心懷二意的人哪，要清潔你們的心！
⎧你們要愁苦、悲哀、哭泣，
⎩將喜笑變作悲哀，歡樂變作愁悶。

「要順服神」是以下所有命令的總綱，以「務要在主面前自卑」這命令為總結。中間八個命令可分為三組：2/2/3 + 1。第一組即第二和第三個命令要我們正確地選擇盟友，魔鬼是敵人不是朋友，不只是要消極的逃避（參林前六 18，十 14；提前六 11），對他還要採取堅決抗拒的態度，不容鬆懈（雅四 7 下）。神邀請信徒與祂結盟，問題是我們有否忠於這位盟友。我們願意回歸到神那邊，祂必然站在我們那邊。第二組的要義是要做清理生命的工程。惟有這樣，生命才可以得釋放和自由，人才能修復與父神的關係。第三組是悔改往往有的情緒反應。「愁苦、悲哀、哭泣」（雅四 9）是面對災難臨頭時會有的反應，因為所面對的是神將臨的審判（雅五 8 下、9 下），神是不會姑息縱容的，現在要把握悔改的機會。要重新以神的角度去評價事情，覺悟前非，重新檢視我們與神的關係、與別人的關係，體認神在我們生命中的主權，回應祂恩典的呼喚。這樣地自卑在神面前，才得以繼續走上這完全之路(雅四 10)。[97] 作者寫雅各書的目的，就正如五章 20 節所言，叫那些在真理的道路上被騙而迷失了的，可以回轉到生命的路上。

2.5.2.3 考驗的人生：兩條路的選擇

雅各書一開始便説明人生要不斷面對考驗這現實（雅一 2）。作者並未有探索考驗的來源是從神還是從鬼魔而來的，因為得悉其來源並不能幫助人面對人生種種的考驗。希臘文的「試探」（*peirasmos*）一字可作中性的用法，即「考驗」，或是負面的用法，即「受試探而犯罪」。在雅各書中，名詞是中性的用法（雅一 2、12），而動詞和形容詞則是負面的（雅一 13、14）。雅各並未有説這些考驗是因為信仰的緣故而受到別人的迫害，人要面對考驗是無可避免、無可選擇，人只可以選擇如何去面對：以信心忍耐迎向考驗，以致經過試驗（*dokimion* / *dokimos*）而得以完全，承受生命的冠冕（雅一 2～3、12）；還是被自己的私慾誘惑而犯罪，面對最終死亡

---

97 有關謙虛這主題，與雅各書勸籲讀者要認同貧窮人是息息相關的，見 Mariam J. Kamell, "The Economics of Humility: The Rich and the Humble in James," in *Engaging Economics: New Testament Scenarios and Early Christian Reception*, ed. B. W. Longenecker and K. D. Liebengood (Grand Rapids: Eerdmans, 2009), 157–75。

的懲罰（雅一 14～15）。人要從考驗的正面效果，就是生命成熟得以提升的視野迎向考驗，才可以看為喜樂（雅一 2～3），而不是困囿於即時的情感效應。雅各書所引的所有舊約人物——亞伯拉罕、喇合、約伯和以利亞，並舊約中不少先知，都在他們的年代面對著是否順服、承認祂為獨一之主的考驗。

作者於此援用了傳統中「兩條路」的主題（Two Ways Motif），呼籲人要選擇生命，不要選擇死亡。[98]「兩條路」這主題在猶太人的傳統中，是建基於神與以色列人立約的條款中的祝福與咒詛（如利二十六 1～39；申二十八章，三十 15～20），亦大量見於智慧文獻之中（如箴十二 28～十四 2）。[99] 耶穌在馬太福音登山寶訓中所用的兩條路、兩道閘門、兩種樹，及兩等根基同出於這主題（太七 13～29），說明人要在此作出抉擇，這抉擇是生命與死亡之間的選擇，是否聽而遵行神的道，決定了人最終的命運。

以下是雅各書中不同的對比，這些對比展示兩條不同的路，表達兩種對立的價值觀、兩種不同的抉擇，及兩個不同的結局。[100] 這主題見於雅各引用箴言三章 34 節

---

98 特別參 M. M. McKenna, "'Two Ways' in Jewish and Christian Writings of the Greco-Roman Period: A Study of the Form of Repentance Paraenesis," unpublished PhD thesis, University of Pennsylvania, 1981。

99 Cheung, *The Genre, Composition, and Hermeneutics of the Epistle of James*, 224–27.

100 參 Darian R. Lockett, "Structure or Communicative Strategy? The 'Two Ways' Motif in James' Theological Instruction," *Neotestamentica* 42 (2008): 269–87。學者不約而同的觀察到雅各書中出現各種的對比及二元的對立，見 Johnson, *The Letter of James*, 14, 84；Kenneth D. Tollefson, "The Epistle of James as Dialectical Discourse," *BTB* 21 (1993): 62–69；John H. Elliott, "The Epistle of James in Rhetorical and Social Scientific Perspective: Holiness-Wholeness and Patterns of Replication," *BTB* 23 (1993): 71–81。

(【2.4.3.3〔2〕】)。謙卑在神的面前、服從神是人得救恩必須經過的步驟。[101]

2.5.2.3.1 神與魔鬼/世界:潔淨與玷污

凡服從神的,便要抵擋魔鬼;凡親近神的,魔鬼必然遠離(雅四7～8)。人在神與鬼魔之間要作出抉擇。與魔鬼同一陣線的世界,也同樣向人招手,叫人成為它的朋友。雅各提醒信徒,凡想與世界為朋友的,就是與神為敵人(雅四4)。亞伯拉罕是神的朋友(雅二23),他選擇行神的心意;信徒應加入亞伯拉罕的行列,成為神的朋友。凡接受這世界的價值觀點,並追隨這些價值行事的人,都是不忠於神的,是「淫亂的婦人」(按原文雅四4),反映舊約中屢次以耶和華看作丈夫,以色列比喻作妻子,去表達他們之間的立約關係(參如賽五十四4～8;何三1,九1)。愛世界、效忠於這世界,便不可能愛神、效忠於神,兩者是互不相容的。雅各於此可能在引申耶穌有關一個人不能事奉兩個主的言詞(太六24 // 路十六13),雅各雖然用朋友的意象,有別於耶穌所用的主僕,然而意義都是一樣的,作世界的朋友就是愛瑪門的:親近一方便是與另一方敵對,是絕不含糊的。雅各可能是針對當時有信徒以富有人作為恩惠主,或透過權貴的朋友網絡,以鞏固自己的利益和地位。作者指出惟有神才是那施恩主,我們要尋求的,是作神的朋友(上文【2.5.1.2】)。

101 Kamell Kovalishyn, "Salvation in James," 135.

由此引申出來的，是潔淨與玷污的界線。神是那訂立潔淨界線的，祂是那建立道德秩序和價值的一位，重要的是哪些表現是祂看為是清潔的（雅一 27）。而另一方面，這世界是玷污的源頭（雅一 27）。從天上來的智慧應有的表現，首要是「清潔」（*hagnē*）；而對比的這世界的智慧是「屬地的、屬情慾的、屬鬼魔的」，是污染的源頭。雅各告誡信徒必須要與世界劃清界線，要分別出來，不與世界為友，這是得以完全的先決條件。人若犯罪，需要「潔淨你們的手……要清潔你們的心」（雅四 8），手與心並列指行為和動機（詩二十四 3～4，七十三 13），這是親近神的途徑，因為神是聖潔的。人的舌頭可以代表這玷污的世界，它所帶來的影響，足以影響人一生的路向和命運，最終面對神的審判（雅三 6），難怪雅各這麼強調人要勒住自己的舌頭（雅一 26）。

2.5.2.3.2 道／律法／智慧與私慾

在生命與死亡這兩條路上，道（雅一 18、21、22、23）、律法（雅一 25，二 8、9、10、11、12，四 11）和智慧（雅一 5，三 13、15、17）是引人面向生命，面向完全的；而私慾卻是引人進入死亡的（雅一 14～15，四 1～2）。在雅各書中，道／律法／智慧與私慾是兩種對抗的力量。

在雅各書中，智慧分為兩種，無論是本源、特性和結果上都有很大的分別：

	三章 15 至 16 節	三章 17 至 18 節
本源	不是從上頭來的 屬地的 屬情慾的 屬鬼魔的	是由上頭來的
特性	嫉妒 紛爭	清潔 和平 溫良 柔順 滿有憐憫、多結善果 沒有偏見 沒有假冒
結果	擾亂 各樣的壞事	在和平中的義果

屬地智慧所關注的是滿足自身今世的慾望，為了達到目的而不擇手段。從天上而來的智慧最終帶來的，與遵行律法的人一樣，就是神所要求的義得以完成（雅三 18；參一 20）。

2.5.2.3.3 完全與兩面派

神是獨一的，對人也是專心一意的要拯救人，祂所要求的，是人要有相應的專一。對雅各來說，人要達致完全必須要專一地忠於神，全心一意地愛祂，樂意遵從祂的旨意（見上文【2.5.2.2】）。完全相反的，是心懷二意，即三心兩意的，這樣的人的忠誠是搖擺於神與世界之間，是謂「兩面派」的表現。心懷二意的人即罪人（雅四 8），需要回轉悔改。

原文「心懷二意」（*dipsuchos*）字源的表面意思是「兩個

生命/靈魂」。[102] 這字在雅各書以前的文獻中未有出現過，[103] 以致這字的來源爭論甚多，「心懷二意」一字可能是雅各自鑄出來的。[104] 然而，我們可以從當代一些相關類似的描述中，理解雅各使用這字的含義。在《七十士譯本》中，*psychē*（「生命/靈魂」）往往用作翻譯希伯來文的「心」（如賽七 2、4，二十四 7；耶四 19），因此希臘文「心懷二意」可理解為「兩條心」。《便西拉智訓》1.28 勸讀者說：「不要違背敬畏主，不要以二心就近祂。」「二心」與「違背」是平行的（參詩十二 2）。「二心」與虛偽、驕傲，和詭詐息息相關（《便西拉智訓》1.29～30）。在昆蘭的文獻中（《死海古卷》1QS 3.17、18；並 CD 20.9、10），將「二心」的觀念表達為意志的分裂：一方面供奉內心的偶像，以頑梗的心行事，但表面上卻好像在事奉神。[105] 同樣那些在信仰上倒退的人是以「二心」去尋求神（《死海古卷》1QH 12.14）、以頑梗的心行事，並且在偶像中找尋神（《死海古卷》1QH 12.15），這樣的人並不跟隨神的路而行（《死海古卷》1QH 12.17、18、21）。從以上背景的資料中可見，「心懷二意」是指對神不專一，這樣的人對神的忠誠

---

102 詳參張略：〈抗衡文化的智慧 —— 雅各書『兩面派』的觀念〉，收於《生命的學問：中國神學研究院銀禧院慶文集》，余達心編（香港：中國神學研究院，2000），頁 141–62。

103 在此之前，類似以「二/雙重」（*di-*）作為詞頭的字也不少：如「雙舌」（*diglōssos*，《便西拉智訓》5.9，28.13）、「雙面人」（*diprosōpos*，《亞設遺訓》2.5）、和「二舌」（*duo glōssas*）、「雙聽」（*akoēn diplēn*）等。在使徒教父著作中，與原文「心懷二意」同字根的字，出現甚多，如《革利免一書》11.2，23.2～3；在《黑馬牧人書》出現了二十次之多。

104 參 S. E. Porter, "Is *dipsuchos* (James 1:8; 4:8) a 'Christian' Word?" *Biblica* 71 (1990): 469–98。

105 參 W. I. Wolverton, "The Double-Minded Man in the Light of Essene Psychology," *ATR* 38 (1956): 168。

是分裂的，表面上是要信靠神，但實際上卻不能全心全意，變得猶疑不定，並且不遵守神的律法行事，以致陷於沒有安寧的境況之中。[106]

雅各書一章8節形容心懷二意的人是「在他一切所行的事上，都是不得安寧的（*akatastatos*）」（按原文譯；參雅三8、16），在一章6節下半節稱這樣的人為「疑惑的人」（*ho diaprinomenos*）。「疑惑」一字指「內心起了爭辯」、「動搖」、「懷疑」（參太十六3，二十一21；可十一23）。懷疑在此並非單指思想上對有沒有神的疑惑，而是不肯定自己對神的忠誠。當雅各勉勵讀者要憑著信心求智慧時，他不只表示祈求者要信靠神會答允這樣的禱告，更重要的，是相信祂是那位對人全心樂意幫助人，並且絕不勉強的神（雅一5），祂對人的善意是不會改變的（雅一17）。神專一的態度，成為人對神專一信靠的典範，也成了心懷二意的人那種搖擺不定的強烈對比。同時「心懷二意的人」在「他一切所行的路上」（雅一8）都是不穩妥的。雅各並且形容這樣的人「就像海中的波浪，被風吹動翻騰。」（雅一6）根據以賽亞書五十七章20節，那些惡人「好像翻騰的海，不得平靜，其中的水常湧出污穢和淤泥來」。

箴言五章6節描述外女的路引向陰間，這路是「變遷不定」。即是說心懷二意的人，因為不確定是否要行神的路，

106 後期拉比的文獻將人的「兩面派」歸咎於人邪惡的偏情，《巴比倫他勒目》〈論安息〉105b這樣描述：「這是邪惡偏情工作的方式——今天邪情對他說：『作這事』，明天對他說『作那事』，直至有一天邪情對他說:『去敬奉偶像』，這人便去作。」這種理解與雅各書完全吻合。詳參 Cheung, *The Genre, Composition, and Hermeneutics of the Epistle of James*, 196–201。

其人生沒有神的誡命的引導，他所走的路必然搖擺不定，失去方向，他亦會不得平靜。不只是個人會搖擺不定，而且也會搖動羣體的團結（三 16：「擾亂」= *akatastasia*），帶來分裂的破壞。不只舌頭可以因此失控（雅三 8：「不止息」= *akatastatos*），整個人或羣體都同樣可以成為失控的惡物。

雅各書四章 8 節「心懷二意的人」是與「罪人」平行的，根據《便西拉智訓》二章 12 節，一個罪人是行在一條「雙線路」之上，意思是這人不知要靠近神還是靠近魔鬼。[107] 心懷二意的人是典型的罪人。他們是「完全人」的相反（雅三 2）。心懷二意的人表面上是神的朋友，並且向神禱告，但事實上，他們只是要利用神，去滿足一己的慾求（雅四 2～3），這樣行就是與世界為伍，接受了世界的價值觀念，違背了神。對比於以利亞先知，他是一個忠於神的人，因此他的禱告蒙神的應允（雅五 17～18）。

根據雅各書，兩面派有多種的表徵：有人一方面聲稱自己有信心，然而卻沒有信心的行動（雅二 14～20）。這並不是信心與行為的對比，而是有行動的信心與無行動信心的對比。空洞的口頭安慰，卻沒有實際憐恤的行動（雅二 14～16）；人以自己有信心作為借口，而缺乏實際的行動（雅二 17～20）。有信心而沒有愛心的行動是不一致的，兩面派的表現就是不一致。這種兩面派的現象亦見於一方面裝著是神的朋友向神禱告，似乎是有信心的人，卻原來是神的敵人（雅四 1～4）。舌頭上的兩面派見於人一方面以舌頭頌讚主，

107 Porter, "Is *dipsuchos* (James 1:8; 4:8) a 'Christian' Word?" 483.

另一方面又用舌頭咒詛那照著神形像被造的人(雅三9),這是不一致的;人不可用對神的頌讚去掩飾他對人的惡毒,作者以反詰語揭發這不一致的荒謬:「泉源從一個眼裏能發出甜苦兩樣的水嗎?我的弟兄們,無花果樹能生橄欖嗎?葡萄樹能結無花果嗎?鹹水裏也不能發出甜水來。」(雅三11~12)同樣不一致和不真誠的觀念,亦見於四章17節雅各所用的諺語:「人若知道行善,卻不去行,這就是他的罪了。」知道甚麼是善,就必須要按所知的去行,不然這對於他來說便是罪。

凡此種種的虛偽、假冒、表裏不一、不真誠,都可看為是兩面派的表現,是人被騙誤入歧途,「失迷真道」(雅五19)的結果,在猶太傳統中,欺騙往往是從撒但/鬼魔而來的(見如《約伯遺訓》3.3;約八44),他要誘惑人離棄真道。兩面派做成的後果嚴重,不只影響個人與神之間關係的缺裂,人成為神的敵人,並且在羣體中產生缺裂,成員之間互相攻擊、彼此傷害(雅二1~7,四1~3、11,五9)。

兩面派的情況就好像耶穌在符類福音書中所針對的偽善的人一樣,他們最大的問題是不自覺自己是偽善的;原因是不論是偽善或兩面派,都落入一種自欺欺人的作用之中。[108]

雅各書一開始已警告信徒,不要被人蒙騙,認為人受試探而犯罪是神一手做成的,這是大錯特錯的。一章16節的「不要看錯了」按原文應直譯為「不要被欺騙」。在一章24節,作者以鏡子的比方,描述一種自欺欺人的情況,當人細察那完全並使人自由的律法後,不應該就此忘記,以致律法對他

108 Cheung, *The Genre, Composition, and Hermeneutics of the Epistle of James*, 205–06; Dan G. McCartney, "Self-Deception in James," *CTR* 8 (2011): 31–43.

完全沒有影響，這是一種自我欺騙的現象。一章26節説有人「自以為」虔誠，然而卻沒有神所認許的那些虔誠的表現，實在是欺騙自己的心，這樣的人是內在分裂的。人錯誤的假定亦見於四章13節那些行商者的過分自信及高傲，認為一切會依自己的計劃而行，完全忽視了神的主權。知善而不去行，也是自欺的表現（雅四17）。

雅各屢次以反問的方式去揭露虛假。雅各書三章13至18節在討論從上而來和屬地智慧的對比時，就以問題作開始：「你們中間誰是有智慧有見識的呢？」那些聲稱自己是有智慧和有見識的師傅，卻是滿心嫉妒，帶來紛爭，他們的智慧不可能是從神而來的，反而是出於鬼魔的、是滿足自我的，他們假設自己有真正的智慧是錯誤的，也是自欺欺人的。在四章11至12節，那些惡意批評人的，是將自己放在審判官的位置，超乎律法之上。作者以問題揭發這錯誤的假設：「你是誰？竟敢論斷鄰舍呢？」（按原文譯）法庭原是一個表彰公義的地方，卻因人對富足者的偏坦而徇私枉法（雅二1～3），作者以一連串的問題（雅二4～7）説明他們這種的態度是大錯特錯的，並以一連串問題揭發人的表裏不一（雅二14～20）。

2.5.2.3.4 富足與貧窮、驕傲與謙卑

有學者認為雅各書的讀者大部分都是低下階層的人士，讀者所面對的，是從社會及政治而來的迫害，迫害他們的都是有權有勢的富足人。[109] 富足和貧窮不只是一種社會經濟的

---

109 見如 Elsa Tamez, *The Scandalous Message of James: Faith Without Works Is Dead.*, trans. John Eagleson, (Rev. ed.; New York: Crossroad, 2002)。

分類，亦可視為一種「標籤」（stereotyping），[110] 指出兩類人典型的生活價值、行事方式和處事態度。最少在當代，典型的富有人是自高自大、貪得無厭，只知貪圖享受、欺壓貧窮人，甚而為了個人利益而扭曲司法公正，不敬畏神（雅二 1～7，五 1～6）；貧窮人則是無依無靠，朝不保夕，但卻是敬畏神的。

書中形容那些蒙神呼召的，就是這樣的貧窮的人（雅二 5）。神的子民正是好像這些人一樣在世上無依無靠、無權無勢，但從信心、從他們與神關係的角度去看，他們卻有尊貴的地位，是屬神的子民。神終會為他們辯屈平反，審判那些窮奢極侈、剝削壓搾他人的富足人；末世的逆轉已經開始，富足的人所享受的尊貴地位已被顛倒，原來他們於今世在人眼中認為可炫耀的一切，在神的眼中卻不值分文。因此，他們要放棄以這些自恃，意識到自己的卑微，才是他們真正所應誇耀的（雅一 9～11；參太五 3）。他們要否定自己所誇耀的財富和社會地位上的優越，謙卑在神的面前，才可以得救（參雅四 10）。在當代，商人常被懷疑以不名譽的手段，謀取暴利；他們往往以自己能在買賣中得利而自誇（雅四 13～17）。作者於四章 6 節引用箴言三章 34 節：「神阻擋驕傲的人，賜恩給謙卑的人。」富足人正是神所抵擋的驕傲的人（雅五 6：「他〔神〕怎會不抵擋你們？」按原文另譯）。

從神的角度去看，所有人都是平等的，都是貧窮的，都

110 參 Bruce J. Malina and Jerome H. Neyrey, *Calling Jesus Names: The Social Value of Labels in Matthew*, Foundations and Facets: Social Facets (Sonoma: Polebridge, 1988)。

是一無可恃的。在信仰的範圍之中，在神的恩典下，他們卻是富有的（雅二 5）。雅各這種對當代的權貴和既得利益者的對抗，是具有顛覆性的；他拒絕被既定的社會文化所同化，對讀者固有的價值思維提出挑戰，叫他們重新思想自己的生活方式和價值取向。貧窮人及他們的卑微成為神子民的楷模。[111] 信徒也應照顧他們當中貧窮人的需要（雅一 27，二 2～7、15～16），因為神正是那位照顧孤兒寡婦的主（見如詩六十八 5；參出二十二 22；申十 18；伯三十一 16～23；賽一 17；耶二十二 3；結二十二 7；亞七 10 等）；這樣行的人，便是表達出作為神的兒女，有神的形像，活出酷似這位天父的慈悲和公義。

從另一角度去看，雅各勸勉信徒不要依賴地上富足人作為他們的恩惠主，因為他們有的是那位天父 —— 那位樂意將人所需的賜給人的 —— 天上的恩惠主（雅一 5、17，四 6）。於此，他們就比誰都富有，不應受地上的財富名利吸引而偏離公義。

2.5.2.3.5 得救／得以完全／得生命為冠冕與定罪受刑

雅各不只是對比兩種不同的生活方式，也是對比兩個不同的結局。這兩種不同的結局，要成為信徒作出道德抉擇時的推動力，現今的抉擇決定了將來的結局。靠著從天上而來的恩典，包括真道和智慧，以信心和忍耐面對人生考驗的，便能得以完全，承受生命的冠冕（雅一 4、12）。那些被私慾

---

111 Bauckham, *James*, 100–108.

所誘惑而犯罪的，最終要面對死亡，這裏是指屬靈的死亡（雅一 15）。

那些沒有行動配合的信心，是救不了人的，是無效的，是死的（雅二 14、16、17、26）；那因信稱義的信是有行動的（雅二 21、24），才是一個人得救的明證。人若能全然控制自己的舌頭，在話語上沒有過失，他便是完全人（雅三 2）；但人卻未能全然控制自己的舌頭，並且面對地獄火燒的厄運（雅三 6；參四 11）。惟有那些謙卑在神面前的，願意順服神回轉過來的，才得以升高（雅四 7、10；參五 19～20）。那些心高氣傲、殘民自肥的富足人卻要面對神嚴厲的審判（雅五 4～5）。

2.5.2.4 實踐愛、邁向完全的信仰羣體

雅各書是寫給散住的十二支派，清晰地表達他們是神子民的羣體，正如舊約以色列與神之間有約的關係，是屬神的子民；他們在新的創造之中是「初熟的果子」（雅一 18），同樣是神國的子民（雅二 5），且他們是有同一位神作為他們的父，而這羣體的成員，彼此為兄弟姐妹。[112] 在雅各書中，「弟兄」一字出現了十七次，「姐妹」一次，都是指信仰羣體中的成員。當作者作出勸導時，使用「我親愛的弟兄們」（雅一 16、19）及多次使用「我的弟兄們」（雅二 1、14，三 1、10、

112 有關神子民羣體中，成員之間以兄弟姐妹互稱，並以神為父，在舊約及第二聖殿時期中的表述，見 Joseph H. Hellerman, *The Ancient Church as Family* (Minneapolis: Augsburg Fortress, 2001), 59–85。耶穌所帶來新的轉變，從以民族為基礎的家庭觀念，轉向跨民族的屬神的替代性家庭（trans-ethnic surrogate family of God），見同書，頁 86–91。

12，五 12、19）或「弟兄們」（雅四 11，五 7、9、10），並且多次提醒讀者他們是生活在羣體之中，要留意在「你們中間」（雅一 5，二 16，四 1，五 13）所有的情況。神則是他們的父（雅一 17、27，三 9）。父神所發出「走向完全」的呼籲，不只是向信徒個人的，也是向教會羣體的（雅一 4）。正如前文所論，這羣體是要與世界分別出來，將自己獻給神，效忠於祂，並維持自己聖潔的羣體。

在這教會的羣體（參雅五 14 使用 *ekklēsia*「教會」），[113] 作者雅各是作為神和主耶穌基督的奴僕（雅一 1），他同時是他們其中一位教師（雅三 1）。這羣體有忠信的先賢為他們的榜樣，也有好像雅各一樣的教會領袖，以神的話語、耶穌基督的教訓去指引他們，在邁向完全的路上帶領他們。同時在他們個別的羣體中，也有具信心和經驗的長老，幫助他們中間患病和軟弱的（雅五 14～15），叫他們得醫治和拯救。

這信徒的羣體是一個愛鄰舍的羣體，樂意幫助他們中間有具體生活需要的貧窮人（雅一 27，二 16）。成員不論貧富，都應公平相待（雅二 1～4），且彼此以真誠相處，惟有這樣才可建立一個互信的羣體（雅五 12），學習「彼此認罪，互相代求」（雅五 16）。就好像雅各寫這書的目的（雅五 19～20），羣體的成員要堅持神的道（雅一 21），以神所賜的智慧，彼此守望，揭露可能有的罪惡、自我欺騙和兩面派的現象，正視自己的真面目，叫犯罪的回轉，得以挽回，罪惡不致在羣體中蔓延。在人生這信心的考驗場中，弟兄姊妹要彼此提醒和

113 晚近學者有關 *ekklēsia* 這字的討論，見 Paul Trebilco, "Why Did the Early Christians Call Themselves ἡ ἐκκλησία?" *NTS* 57 (2011): 440–60。

勸導，一起領受那栽種於信徒生命中的道（雅一 21），並肩走在真理的道上。

這羣體要格外留意在他們成員間的關係，特別是在他們中間可能出現的矛盾，甚而衝突，包括舌頭失控而以言語彼此攻擊（雅三 9～10）、作惡意的批評（雅四 11），因為信徒中間的嫉妒而彼此爭鬥（雅三 18，四 1～3），或是因怒氣不受控制而挑起衝突（雅一 19～20），或是因為外在環境的惡劣而引發彼此的埋怨（雅五 9）。[114]

2.6 雅各書的敘事世界

神是創造這宇宙萬物的主宰（雅一 17），人是按著神的形像被造，並且委以管理地上各種活物的責任（雅三 7、9；創一 26），並且賜予人道德的法則（雅四 12），叫人能按神的意旨而活。然而，人卻因為個人的慾望（雅一 14，四 1～2），墮陷於種種的誘惑之中而不能自拔，在魔鬼的影響及世界的習染之下，失卻了對創造主應有的忠誠，不只連自己都管理不了（雅三 2、8），並且活在自我欺騙之中（雅一 16、22～24、26，五 19），生發出兩面派的表現，這現象見於生活各方面的環節，包括個人的言語（雅三 8～12）、司法的公正（雅二 1～4）、及羣體成員之間的關係（雅二 13、14 ～26，三 9，四 1～12、17）。有人甚而為著個人的利益而攀附權

114 有關雅各書如何吩咐信徒維護羣體的合一，見 Chun Ling Yu, *Bonds and Boundaries among the Early Churches: Community Maintenance in the Letter of James and the* Didache. STT/EEMT 29 (Turnhout: Brepols, 2018), 89–128.

貴，屈枉正直（雅二 1 ～ 4）。這些世人所羨慕的富豪權貴，往往也是壓迫信神／基督的人（雅二 5 ～ 7）；他們自高自大，並且欺壓貧窮人，不將神及義人放在眼內（雅五 1 ～ 6；參四 12 ～ 17）。

雅各對人類處境具智慧的洞察，背後正是緣於以色列失敗的故事。人有邪惡的傾向這觀念在第二聖殿時期猶太典籍中出現，正是因為在北國以色列和南國猶大相繼被滅，聖殿被毀，不少國民被擄到巴比倫，流散到各地；這刻骨銘心的慘痛經歷，使他們痛定思痛，反思為甚麼他們會落到這樣的田地。正是因為他們在試驗中失敗而犯罪，背棄了他們與神之間的約，沒有盡心、盡意，和盡力地愛神，及謹守遵行神的律法，而面對從神而來的懲罰，就是面對違背聖約所帶來的咒詛。

公元一世紀的猶太人仍期盼著以色列的復興。這復興有多種元素，包括以色列的悔改歸向神、以色列能脫離外族的統治、以色列能重新擁有神所賜的應許之地、散居地的十二支派以色列民能重歸故土、重建耶路撒冷城及聖殿、錫安要成萬民流歸之地、從大衛的後裔出現一位受膏的王（彌賽亞）建立一個神權的國家、從撒督的後裔出現一位受膏的大祭司等。這盼望根源於舊約的應許及預言，特別見於妥拉的總結，申命記三十至三十三章及以賽亞書四十至六十六章。[115] 雖然以色列在波斯統治之下，得以回歸故土，並且重新建立聖

---

115 Richard Bauckham, "The Restoration of Israel in Luke-Acts," in *Restoration: Old Testament, Jewish, and Christian Perspectives*, ed. James M. Scott, JSJSup 72 (Leiden: Brill, 2001), 435.

殿，也曾一度建立一個獨立的王國哈斯摩尼王朝（Hasmonean Dynasty），然而不只重建的聖殿不復往日的榮耀，以色列不久又重新陷於羅馬的統治之下，不少猶太人仍留在散居地，未有歸回。因此，不少當代猶太人視他們仍在流散的狀態之下。就算是他們已回到應許之地，卻仍在外族的統治之下，他們在應許之地仍是作奴隸的（尼九 36）。[116] 對猶太人來說，舊約中所應許以色列復興的盼望，仍未完全實現。

雅各稱呼這卷書的讀者為散居地的十二支派（雅一 1），並他們是信奉榮耀的主耶穌基督的（雅二 1），正是要指出這位曾到世上來，且死而復活升天的受膏者耶穌，就是那位在萬有之上的統治者，是他召聚他們到神的國裏，也是那位呼召雅各書作者雅各成為神和主耶穌基督僕人的。神透過祂的真道，即耶穌基督的福音（雅一 18），就是那栽種的道（雅一 21），與他們重新立約，正如昔日耶利米和以西結先知所應許的，將律法放在人的心中，為叫他們得以自由；這自由不是指從外族統治中得自由，而是從情慾的誘惑、罪惡的奴役中得自由，並能自由地愛神、遵行祂的律法（雅一 25，二 12）。信徒更可以奉基督的名為病人祈禱，讓基督拯救的能力在他們身上工作（雅五 14～16）。作者最後引用以利亞先知禱告的事蹟，也同樣引發讀者思考這已是以色列復興的年代

116 N. T. Wright, *The New Testament and the People of God*, (Minneapolis: Fortress, 1992), 268–72, 299–301。有關第二聖殿時期，不論是住在以色列地還是在散居地的猶太人，都視自己仍在被擄的狀態之下，見 C. A. Evans, "Aspects of Exile and Restoration in the Proclamation of Jesus and the Gospels," in *Exile: Old Testament, Jewish, and Christian Conceptions*, ed. J. M. Scott, JSJSup 56 (Leiden: Brill, 1997), 299–328；J. M. Scott, "Exile and the Self-Understanding of Diaspora Jews in the Greco-Roman Period," in *Exile*, 173–218。

（瑪四 5～6；參上文【2.2.2.2〔2〕】）。[117]

正如神昔日如何與亞伯拉罕立約，並稱他為義，使他不只成為以色列十二支派的先祖，更因著神與他所立的約，「萬族都要因你得福」（創十二 3），甚而那原來不屬於神子民的喇合，也因她的信心及行動，同被納為神的子民，這亦是以色列王國因罪被滅分散後（參雅一 1），藉著基督而得到復興時所會見到的（雅二 1），就是外邦人同被納入神子民的行列之中（徒十五 16～18）。雅各書的讀者正是神新創造中初熟的果子（見前文【2.2.3.2〔1〕】），神透過福音真道叫復興臨到猶太人中間，呼召他們成為神國的子民，然而這只是開始，還有更多人要加入這行列之中。

先知中以利亞對抗敬拜巴力偶像的世代而忠心耿耿，智者中約伯面對人生的苦難而堅定忍耐，以及奉主名說話舊約的眾先知，往往在極艱難的環境中不放棄繼續宣講神的話語等，這些都是讀者們耳熟能詳的故事。並且眾所周知，作者雅各是耶穌肉身的兄弟，並且對耶穌的教訓非常熟悉，且是耶路撒冷教會的領袖，與一眾使徒帶領著這初起的彌賽亞運動。他的敬虔不只是信奉耶穌作為彌賽亞者的榜樣，也是當代耶路撒冷的猶太教信徒所知道的。他自稱為神和主耶穌基督的僕人，正是視自己與舊約神的僕人置身同一的行列之

117 約伯和以利亞同樣經過苦難，同樣面對死亡的威脅，終於在旋風中與主相遇，而改變了他們的視野。以利亞是以色列的義人，而約伯則是一個外邦的義人。有學者認為約伯的經歷，就好像以色列一樣，經歷死亡及復活；參 Kathryn Schifferdecker, "Job as Prototype of Dying and Rising Israel," in *The Call of Abraham: Essays on the Election of Israel in Honor of Jon D. Levenson*, ed. Gary A. Anderson and Joel S. Kaminsky, CJAS 19 (Notre Dame: University of Notre Dame Press, 2013), 99–111。死而復活也是以色列復興的景象（結三十七章）。

中。雅各於公元六十二年殉道，是雅各書一章4節「忍耐也當成功，使你們成全、完備，毫無缺欠」最佳的詮釋。

正如昔日以色列人因犯罪而面對先知的責難，雅各作為教會的領袖、信徒的教師，提醒讀者有關以色列人這段慘痛的歷史，不要重蹈他們的覆轍，不要背信棄義，要能及時悔悟回轉（雅四4、7～10，五19）。信徒應忠於神與他們之間所立的約，愛神和愛鄰舍，以信心和忍耐等候基督的復臨，迎接主所賜予的結局（*telos*），得著生命，得以完全的結局（雅一12）。

2.7 雅各書對現今信徒和教會的意義

筆者於此選取了兩個雅各書對現今信徒和教會重要的主題作討論。

2.7.1 生命成長之路

「得以完全」是雅各書的重要主題，也是古修道士所嚮往的境界。公元五世紀編輯而成《沙漠教父語錄》（*Sayings from the Desert Fathers*），收錄了公元四至五世紀埃及沙漠教父的言詞，分成二十一個主題，第一個主題便是「聖教父對邁向完全的訓誨」。[118] 若我們簡單地搜索公元五世紀修士迦賢努（John Cassian）為修士而著的《制度》（*Institutes*）及《會

---

118 *The Book of the Elders: Sayings of the Desert Fathers: The Systematic Collection*, trans. John Wortley, Cistercian Studies Series 240 (Collegeville: Liturgical Press, 2012).

議》(*Conferences*)這兩著作的英文翻譯，「完全」(perfect, perfection)就總共出現超過五百三十次。呂西亞的本篤(Benedict of Nursia, 公元 480～550 年)在他的《聖本篤會規》(*Rule of St. Benedict*)的總結篇中(第 73 章)，指出那些要追尋宗教生活得以完全的人，有聖教父的教訓引導他們進到完全的頂峯，而他所寫的會規，對追尋者來說只是一個開始。

古修道士的靈修操練所關注的，正是現今信徒和教會所關注的生命塑造(spiritual formation)。[119] 基督生命的最終呼召，不只是完成某些責任，或是有某種屬靈的經驗，而是靠著神的恩典，活出完整的生命(wholeness)。[120]

其中所涉及大部分重要的主題，都可以在雅各書中找到。人生是一個試驗場，信徒也不例外，不可能逃避信心的熬煉，各人要為自己在考驗中的選擇負上責任。我們如何應對這些熬煉，不只告訴我們自己的現況，也塑造我們將成為何等樣人。信徒生命的成長是一個過程，不可能一蹴即就，必須要有恆久的耐心，培育生命的成長。

從個人來說，人面對最大的問題是來自他自己的慾望。雅各書提到人慾望的失控而帶來眾多的困難，包括忿怒、嫉妒、驕傲、貪婪、暴食，在羣體中帶來紛爭、彼此攻擊、互相埋怨。人慾望的失控可以是一種連鎖反應，由一種慾望引向另一種慾望而循環不息，變本加厲，形成各種的沉溺。加上信徒活在一個與神的價值對抗的世界，容易被其習染。現

---

119 筆者盡量避免使用「靈命」一詞，因為這樣視「靈命」為生命的一部分，便容易忽略生命的整全性。

120 Rowan Williams, *The Wound of Knowledge: Christian Spirituality from the New Testament to St. John of the Cross* (2nd ed.; Darton: Longman & Todd, 2013), 2.

今世界的縱慾及消費文化，使生活於罪惡之城的信徒，更難分別為聖，被埋沒於各種肉慾滿足的追求之中，使信徒迷失了自己的身分，變為這對抗神的世界的一部分，助長邪惡，與神為敵，這是背棄了與神所立的約，成為「淫婦」。當然還有魔鬼在背後推波助瀾。[121]

正如猶太教指出邪惡的傾向是與生俱來的，佛洛伊德（Sigmund Freud）所指的「本我」（id）也同樣是與生驅來的慾望，受人的「自我」（ego）約束，而「自我」的選擇是受「超我」（superego）所影響。對佛氏來說，這「超我」是來自我們身處的環境文化價值。佛氏更指出，人在「本我」慾望的驅使下，當與他「超我」的價值發生衝突，「自我」在作選擇時，會透過「心理防衛機制」（defense mechanism），例如合理化（rationalization）自己的行動，去減低因這矛盾衝突所引發的焦慮。這正是雅各書所提的兩面派這種「人格分裂」的現象，透過自我欺騙而出現表裏不一的情況，失卻了真誠所應具的完整性，變得虛偽假面。法庭理應是維護公平的地方，卻是扭曲司法公正。說一些好聽的話，卻迴避實質的行動；以屬靈的方式——禱告，去達成自己的慾望；站在道德高地批評他人的，不一定是有道德的人。[122]

與修道士傳統的教導相似，雅各指出人要面對自己的本

121 有關早期埃及沙漠教父修道主義對與鬼魔屬靈爭戰的理解，見 David Brakke, *Demons and the Making of the Monk: Spiritual Combat in Early Christianity* (Cambridge/London: Harvard University Press, 2006)。

122 有關在現今社會和教會中出現各種個人分裂的現象，見基督徒教育家 Parker J. Palmer, *A Hidden Wholeness: The Journey Toward an Undivided Life* (San Francisco: Jossey-Bass, 2004) 獨到的觀察和分析。

相，要自我覺省，聆聽自己內心世界，與自己對話；[123] 更重要的，是透過神的話語聆聽神的呼聲，在禱告中求智慧，叫人能在各種的紛擾中作適當的分辨，曉得悔悟而改過遷善，尋求回到神的同在之中，重歸完整。[124] 這需要有謙卑的態度、持之以恆的操練，在困難和軟弱中常存盼望，在禱告中尋求智慧和力量，期待新生命不斷的茁壯成長。信徒同時需要信仰羣體，不只因為當中有較為成熟的長老可幫助他們分辨，為他們禱告，教會的羣體是信徒得以成長成熟的苗圃，在其中一起學習神的道，學習彼此坦誠的勸勉，並在彼此認罪及互相代求中一起成長。不然，在試探中多次失敗便容易跌入欺騙的黑暗之中而不能自拔，生命經歷破碎而心灰意冷，漸漸冷淡麻木而墮入迷途。對雅各來說，一個屬於神和基督的人，最重要操練的是如何愛神和愛鄰舍，這也是早期修道主義所強調的。[125]

---

123 羅耀拉的依納爵（Ignatius of Loyola, 1491～1556）的《靈修操練》（*Spiritual Exercise*）所倡議「每日醒察」（daily examen）的操練，去體認神每天的同在，有五個步驟：（1）向神感恩；（2）求恩叫看見自己的罪；（3）檢視；（4）悔罪；和（5）處理，求神恩作補償。由第二步開始涉及自省認罪，比較雅各書五章 14 至 15 節。依納爵繼承了俄利根、亞他拿修、伊華紐斯（Evagrius Pontus, 346～399）及迦賢努的傳統，強調屬靈判辨的重要，因為人心比萬物都詭詐，人容易被自己所欺騙而迷失。見 John Levko, *Cassian's Prayer for the 21st Century* (Scranton: University of Scranton Press, 2000), 86。

124 有關早期埃及沙漠教父修道主義，強調聖經在建立屬靈生命的重要，見 Douglas Burton-Christie, *The Word in the Desert: Scripture and the Quest for Holiness in Early Christian Monasticism* (Oxford: Oxford University Press, 1993)。沒有任何教父靈修著作，比伊華紐斯的《反駁》（*Talking Back [Antirrhētikos]: A Monastic Handbook for Combating Demons*, trans. David Brakke [CSSN 229; Collegeville: Liturgical Press, 2009]）那麼細膩的分析，指出人面對八宗罪時，在每一宗罪之下呈現不同試探的意念（*logismos*）及內在的慾望時，都可以有相應的經文作保護和反擊，抵抗惡者攻擊的火箭，他一共引用了四百九十八段經文。

125 Burton-Christie, *The Word in the Desert*, 261–93；此著作的最後一章標題為「愛的命令」，在總結早期沙漠教父思想的重點時，指出愛是沙漠教父世界的核心。他們最重要的還是要依靠神的恩典，人的努力雖然有其角色，但真正叫人得以成長的是神，是祂的慈悲和憐憫，[126] 是祂的拯救、扶持及召喚，叫人在人生的熬煉之中，結出仁義的果子，能清心地忠於神、能以愛心的行動體貼鄰舍的需要，能在這成長的路上更臻完美，歸於完整的完全。

2.7.2 關懷弱勢社羣

拉丁美洲學者譚美詩（Elsa Tamez）對雅各書有精闢獨到的研究，她指出西方學者在閱讀此書時，往往從他們教會那種豐足的背景為出發點，以致在解釋雅各書所說的貧窮人時，有將其屬靈化的傾向，看他們為敬虔人。她認為若我們從那些朝不保夕，為每天生活最基本的需要也不能滿足的，且被有權有勢的富足人所剝削和欺壓的人的角度去看，便會有不同的領會。[127]

譚美詩指出富足人欺壓貧窮人最主要的動機是要積聚財富，因此欺壓者實質是敬拜財富，以財富作為偶像的，這種結集財富的方式是有違基督教信仰的，雅各書五章 1 至 6 節對富足人的批評，正是他們為了自己的財富及享受，而不理鄰舍的死活。[128] 雅各書是為了這些在貧苦之中的人而寫的，叫

所學習的，正是如何實踐愛的命令，包括愛神和愛人。這章三個分題都見於雅各書：勝過忿怒、不可論斷人，和憐憫。

126 在修道士的操練中，想神的美善是最高的美善。

127 Tamez, *The Scandalous Message of James*。類同的見解，見 Pedrito U. Maynard-Reid, *Poverty and Wealth in James* (Maryknoll: Orbis Books, 1987)。

128 Elsa Tamez, *Bible of the Oppressed,* trans. Matthew J. O'Connell (Maryknoll: Orbis, 1980), 71–73.

他們在經歷難以忍受的苦痛，極需力量和盼望，得到鼓勵和勸勉。[129] 雅各是偏向貧窮人，對他們予以深切的同情，卻對富足人作無情的鞭韃。[130] 作者鼓勵這些貧窮的讀者要振奮士氣，要有「戰鬥性的能耐」(militant patience)。[131] 當他們對抗那些非人化的勢力時，信徒的羣體便得以人性化。[132]

費義遜(Steven J. Friesen)指出雅各書是針對當時羅馬整體的社會制度，叫貧者愈貧、富者愈富。這些富戶地主給予在他們田地中工作的勞工及奴隸極低的工資，卻要求他們租金，還要交付稅款。對雅各來說，這些財主的所作所為等同謀殺。[133] 費義遜諷刺地指出，現今資本主義社會中，這種欺壓的做法已成了經濟活動的常規，作這些事的人正是雅各稱為高傲和邪惡的「經濟精英」![134] 這些財閥穿得好、吃得好，過著奢華的生活，有體面，受人奉承，卻仍貪得無厭地壓詐貧窮人，並對他們嗤之以鼻，鄙視羞辱他們。

在新約書信中，直接關切到貧窮者的需要，並對富足人直接批評的，要算就只在雅各書(參林後八～九章)。雖然我們認為雅各書是針對當代富足人的態度，並未有認為財富一定是邪惡的，只要他們同樣有謙卑的心，樂意憐恤貧窮人，便可為神所接納(雅一10)。雅各並非說所有貧窮人都是神

---

129 Tamez, *The Scandalous Message of James*, 1.
130 Tamez, *The Scandalous Message of James*, 21.
131 Tamez, *The Scandalous Message of James*, 31.
132 Tamez, *The Scandalous Message of James*, 47.
133 Steven J. Friesen, "Injustice or God's Will: Explanations of Poverty in Proto-Christian Communities," in *A People's History of Christianity*, vol. 1: *Christian Origins*, ed. Richard A. Horsley (Minneapolis: Fortress, 2005), 246.
134 Friesen, "Injustice or God's Will," 246.

的子民，而是那些在信上富足，真正愛神的人（雅二5）。然而，雅各確實表達了對富足人及商人在生活和行事上的關注，他們非常容易墮入罪惡的陷阱，不只是為利是圖，甚而為此而不擇手段，草菅人命。他們容易顛倒了生命的目標，自以為是，與神的旨意完全背道而馳。他們專注於財富和權力，取代了對神和公義的渴慕。並且往往這些人對其他人的需要置若罔聞，漠不關心，知善而不行，這就是他們的罪了！

特別對有公權力的人來說，照顧在社會中的弱勢社羣，是應有的責任。正如詩篇七十二篇的作者（可能是所羅門）所言，作為王的，「他要按公義審判你的民，按公平審判你的困苦人。大山小山都要因公義使民得享平安。他必為民中的困苦人伸冤，拯救窮乏之輩，壓碎那欺壓人的。……因為，窮乏人呼求的時候，他要搭救；沒有人幫助的困苦人，他也要搭救。他要憐恤貧寒和窮乏的人，拯救窮苦人的性命。他要救贖他們脫離欺壓和強暴；他們的血在他眼中看為寶貴。」（詩七十二2～4、12～14）[135] 一個公義的政權，照顧他們中間那些不能保護自己的人，並為受欺負的人伸張正義，是理所當然的。可惜不少政權只一味靠攏財閥權貴，官商勾結，做成制度上更廣泛、更深層的不公義，這些都是雅各所斥責的。在職場上，作為神的子民，要謀求公平公正，包括對所有職場的參與者（stakeholders）——雇員、顧客、社區、伙伴等，能有公平的對待，而不只是將焦點放在股東可以得到

135 特別參 Walter Houston, "The King's Preferential Option for the Poor: Rhetoric, Ideology and Ethics in Psalm 72," *Biblical Interpretation* 7 (1999), 341–67。

多少紅利。[136]

雅各這種向貧窮人的傾斜，正是體現按照愛鄰如己的命令，去實現神所要求的公義。他勸籲信徒和教會心羣體絕不要對貧窮人、困苦人和任何弱勢社羣的需要掉以輕心。要行公義、好憐憫、存謙卑的心與神同行（彌六 8），這正是雅各書再三強調的。

136 Edgar McKnight and Christopher Church, *Hebrews–James*, Smyth & Helwys Bible Commentary (Macon: Smyth & Helwys Publishing, 2004), 394–95.

第三章

彼得前書的神學

新約學者艾理略（John H. Elliott）在一九七六年曾發表文章，指彼得前書在新約的研究中，好像養子一樣的地位，經常被忽視。[1] 然而自他的文章發表四十多年後的今天，有關彼得前書的研究已是百花齊放。就是華人學者在這方面的博士論文，據我所知的也有三份。研究的方法亦不單一，除了以艾理略為首使用的社會科學方法探討彼得前書外，還有修辭的研究等。

3.1 歷史問題

與雅各書及其他大公書信一樣，彼得前書的作者及讀者的身分是誰，歷來多有爭論。

3.1.1 作者、寫作日期及地點

作者在彼得前書的卷首語自稱為「耶穌基督的使徒彼得」，肯定是指耶穌十二門徒之一的西門彼得。「西門」是他原有的名字，「彼得」是別名（可三 16；太十六 18；約一 42），意即「石頭」（亞蘭文：*Kēphas*，見林前一 12，三 22，九 5，十五 5；加一 18，二 9、11、14；希臘文：*Petros*；加二 7、8）。他的父親叫約翰（約一 42），有兄弟安德烈（可一 16；約一 40 ~ 42），他們本為加利利迦百農的漁夫。彼得不

1 John H. Elliott, "The Rehabilitation of an Exegetical Step-Child: 1 Peter in Recent Research," *JBL* 95 (1976): 243–54。有關晚近的研究，見 M. Eugene Boring, "First Peter in Recent Study," *Word & World* 24 (2004): 358–67；Mark Dubis, "Research on 1 Peter: A Survey of Scholarly Literature Since 1985," *CBR* 4 (2006): 199–239。

只是十二門徒中為首的(可三16;徒一13),亦是他們中間三個核心門徒彼得、雅各和約翰中名列首位的(可五37,九2,十三3,十四33等)。他在十二門徒中間有代表性的角色(太十六18;路二十二31～32)。在五旬節聖靈降臨時,他代表著十二使徒起來發言(徒二14～42)。他也是首位使徒打開向外邦人宣教的門(徒十1～十一18),雖然他之後致力於向猶太人的宣教(加二7～8),他在建立猶太人及外邦人的教會上,發揮舉足輕重的作用。[2]

自公元十九世紀初起,不少西方學者對此書是否使徒彼得親筆的著作表示懷疑。質疑的原因主要有以下三點:(1)彼得只一介漁夫,不可能寫出彼得前書這樣的作品;(2)彼得前書反映較後期的教會處境,彼得前書四章12節的「火煉的試驗」可能是指在多米田(Domitian;公元95年)或他雅努(Trajan;公元112年)作王時教會面對的逼迫。並且,以「巴比倫」(彼前五13)比喻羅馬,只見於較後期,羅馬摧毀耶路撒冷之後(公元70年)才出現。(3)彼得前書沒有直接引用耶穌的教訓,沒有提及耶穌生平軼事,反而使用了保羅及早期教會的傳統教導,應是出於較後期。根據教會傳統使徒彼得死於公元六十四至六十八年間,因此彼得前書不可能是彼得所寫的。[3]

---

2 詳見張永信、張略:《彼得前書》,天道聖經註釋(香港:天道書樓,1997),頁426–46。晚近對彼得的研究,首推 Markus Bockmuehl, *The Remembered Peter in Ancient Reception and Modern Debate*, WUNT 262 (Tübingen: Mohr Siebeck, 2010);Helen K. Bond and Larry W. Hurtado, eds, *Peter in Early Christianity* (Grand Rapids: Eerdmans, 2015)。

3 詳細反駁這些論點,見 Karen H. Jobes, *1 Peter*, BECNT (Grand Rapids: Baker Academic 2005), 5–19;張永信、張略:《彼得前書》,頁4–20。

然而，晚近不少學者都認為希臘文對加利利的猶太人並不陌生。學者曹碧詩（Karen H. Jobes）指出彼得前書的用語不少受閃族語言的影響，反映作者的母語不是希臘語，他應是猶太人。[4] 這雖不能證明作者是誰，但可與彼得前書是彼得所寫的說法吻合。書中所提及的「火煉的試驗」，並不能證明是大規模來自羅馬政權的迫害，也不能說這是公元一世紀晚期才出現的情況。晚近的研究指出讀者所面對迫害的情況，見於公元六十四（尼祿〔Nero〕）至一百一十二年（他雅努）間。彼得是死於尼祿在位的時候，因此這卷書是彼得所寫是絕對可能的。[5] 作者使用「巴比倫」一詞，一方面是與卷首語中的散居地相對應，巴比倫曾大規模地將以色列人擄到猶大地以外的散居地，亦可能是彼得刻意隱藏他現在身處的地點（見本章【3.1.2.3】）。[6]

彼得前書應不是託名書信，因當代使徒託名書信的特質之一，是信中對真實讀者將會面對的遭遇，有詳細的描述；然而，彼得前書主要是針對讀者當前的情況，亦未有對情境作清楚細緻的描繪，這些都不符合託名使徒書信的內容。[7]

有認為彼得前書的作者是西拉，他作為彼得的祕書，以彼得的名義寫此書。[8] 然而彼得前書五章 12 節只顯示西拉是帶

---

4 Karen H. Jobes, "The Syntax of 1 Peter: Just How Good is the Greek?" *BBR* 13 (2003): 159–73.

5 Travis B. Williams, *Persecution in 1 Peter: Differentiating and Contextualizating Early Christian Suffering*, SupNT 145 (Leiden: Brill, 2012), 218–36.

6 Jobes, *1 Peter*, 14.

7 有關託使徒書信的特質，見 Richard Bauckham, "Pseudo-Apostolic Letters," *JBL* 107 (1988): 469–94，特別 490–91。

8 Edward G. Selwyn, *The First Epistle of St. Peter: The Greek Text with Introduction, Notes and Essays*, ICC (2nd ed.; Grand Rapids: Baker, 1949), 7, 10–14；Peter H.

信人，他可能是彼得的特使，但沒有說他是祕書或代筆人，[9] 雖然有學者認為也沒有排除這可能。[10] 也有認為這是彼得圈子或甚而學派的人，[11] 他們可能是彼得的門生，在彼得去世後，將他的教訓集結成書。[12] 然而這些假說，都沒有實質的證據，有很大部分是猜測的成分。

雖然不少學者對此書的作者仍躊躇不決，然而彼得前書的內證及初期教會的見證，都以使徒彼得為彼得前書的作者，這是極有力的證據。因此我們應假設此卷書是彼得所寫，那些反對並未有充分理由推翻這傳統的看法。

在五章13節信末的問安語中，作者代「在巴比倫與你們同蒙揀選的教會」向受信人問安，這裏肯定不是指真正在美索不達米亞的巴比倫，而是代表羅馬。公元四世紀基督教史家優西比烏（Eusebius；《教會歷史》〔*Ecclesiastical History*〕12.15.2）清楚說明彼得前書用巴比倫比喻羅馬。有認為羅馬喻作巴比倫，始於公元七十年聖殿被毀後（啟十四～十九章；《西卜神諭篇》〔*Sibylline Oracles*〕5.143、159；《巴錄二書》〔*2 Baruch*〕11.1，67.7），將羅馬軍隊毀壞聖城與巴比倫摧毀

Davids, *The First Epistle of Peter*, NICNT (Grand Rapids: Eerdmans, 1990), 198；I. Howard Marshall, *1 Peter*, IVPNTC (Downers Grove, IVP, 1991), 173–74。晚近仍堅持西拉，甚而馬可都有可能參與這書的寫作過程的，見 Torrey Seland, *Strangers in the Light: Philonic Perspectives on Christian Identity in 1 Peter,* BIS 76 (Leiden: Brill, 2005), 20–28。

9 E. Randolph Richards, "Silvanus Was Not Peter's Secretary: Theological Bias in Interpreting *dia Silouanou…egrapsa* in 1 Peter 5:12," *JETS* 43 (2000): 426.

10 見如 Craig S. Keener, *1 Peter: A Commentary* (Grand Rapids: Baker Academic, 2021), 393–402。

11 見如 M. L. Soards, "1 Peter, 2 Peter, and Jude as Evidence for a Petrine School," *ANRW* 2/25.5 (1988): 3827–49。

12 見 David G. Horrell, "The Product of a Petrine Circle? A Reassessment of the Origin and Character of 1 Peter," *JSNT* 86 (2002): 29–60 針對這看法的有力駁斥。

聖城平行並列而得名。然而，這種比喻可能出現於更早期；在猶太圈子中，可能源於更早期哈斯摩尼王朝（Hasmonean Dynasty）崩潰的時候（公元前63年），《西卜神諭篇》3.350～364（公元前一世紀）預言羅馬的陷落，正是引用舊約有關巴比倫將淪陷的預言（參賽四十七1；耶五十一7）。[13] 事實上曾僑居於巴比倫的猶太人，早就體會到在殖民統治下的生活狀況；生活在羅馬政權之下與昔日生活在巴比倫帝國之下，已有足夠相似點，使他們稱羅馬為巴比倫。

在教會的傳統中，彼得與羅馬城的關係密切。根據優西比烏的記載，彼得前書所提及的馬可（彼前五13）是彼得的「詮釋者」（《教會歷史》2.15.2，3.39.15），他們都曾居於羅馬城，馬可福音基本上是彼得的回憶錄。根據《革利免一書》（*The Firsl Epistle of Clement*）5.4，彼得是在羅馬殉道。若我們接受保羅的監獄書信是保羅在羅馬遭軟禁時寫的，是時約為公元六十至六十二年。彼得前書若是彼得在羅馬寫的信，卻絕口未有提及保羅，是有點奇怪的。因此，可能是保羅離開羅馬之後，即公元六十二年後寫的，[14] 彼得約在公元六十五至六十七年後殉道，因此彼得前書應大概寫於公元六十二至六十四年間，在尼祿迫害羅馬城的基督徒之前。

---

13 Richard Bauckham, "The Martyrdom of Peter in Early Christian Literature," *ANRW* II.26.1 (1992): 542–43。「巴比倫」象徵性地代表對抗神和欺壓神子民的「超級大國」，早已見於以賽亞書（特別十三～十四章），John Goldingay, *The Theology of the Book of Isaiah* (Downers Grove: IVP Academic, 2014), 41。

14 Wayne A. Grudem, *1 Peter: An Introduction and Commentary*, TNTC 17 (Downers Grove: IVP, 1998), 36.

3.1.2 受書人

彼得前書卷首語所列出的「本都、加拉太、加帕多家、亞細亞和庇推尼」，是當時位於小亞細亞五個羅馬省分的名稱，位於現今土耳其托魯斯山（Taurus Mountains）以北，北臨黑海，西至愛琴海，屬於現在土耳其的境內，共約有十二萬九千平方公里的地方。這些省分排列的先後，可能反映出西拉送信的行程（彼前五 12）。

卷首語描述受書人是「在散居地蒙揀選寄居者」（按原文譯），「寄居者」（彼前一 1，二 11：*parepidēmos*）和「客旅」（彼前二 11：*paroikos*）肯定是象徵性的用法。在《七十士譯本》中，「分散」（*diaspora*；彼前一 1）或「散居地」出現了十二次，有十一次是指迦南地以外猶太人僑居之處。在新約中，這字出現過三次，另兩次見於雅各書一章 1 節和約翰福音七章 35 節，都是按字面的用法。若我們視彼得前書一章 2 節的「本都、加拉太、加帕多家、亞細亞、庇推尼」這些地方看為是猶太散居地，便是按字面理解。然而，若讀者大部分是外邦信徒（見下文【3.1.2.1】），散居地便是象徵性的用法，指蒙揀選的信徒，因重生而進入一種「散居地」的生活狀態之中。這象徵的背後，是猶太人被擄離開故土僑居於異邦中的經歷，作者透過猶太人這歷史和生活經驗的寫照，去闡釋信徒在地上的狀態。在本書卷末使用「巴比倫」象徵羅馬（彼前五 13），同樣是要引發讀者體會他們是生活在散居地的寄居者。

3.1.2.1 猶太信徒或外邦信徒

彼得前書一章2節清楚描述受書人是因著耶穌而成為神子民的一羣。優西比烏(《教會歷史》3.1.2，3.4.2～3)認為受書人是「希伯來人」，即猶太裔信徒。晚近學者韋特寧頓(Ben Witherington III)重申這看法，他認為彼得前書二章12節作者勸勉讀者要「在外邦人中」品行端正，應是指在外邦的國度，即以色列之外的國族，是屬於種族性的言詞而非宗教性的，因此認為讀者應是猶太裔的基督徒。[15]

然而，近代大部分學者都認為讀者雖也有猶太裔信徒，但主要是非猶太裔的信徒。書中描述他們在未信前的境況是「蒙昧無知」和「放縱私慾」(彼前一14)，他們往日所追隨的，包括「行邪淫、惡慾、醉酒、荒宴、羣飲，並可惡拜偶像的事」(彼前四3)，若受書人是猶太人，則很難理解為何作者會說：「他們在這些事上，見你們不與他們同奔那放蕩無度的路，就以為怪」(彼前四4)。他們祖先所流傳下來的，都是「虛妄」的，「虛妄」應與拜偶像相關(彼前一18)。這些都不可能是指猶太教信徒的生活和傳統。

有學者雖同意彼得前書大部分讀者是非猶太裔信徒，卻認為他們原本是已皈化猶太教的，是屬於敬虔人(god-fearers；參徒十2)。這些學者認為在一些散居地的猶太著作中，「客旅」和「寄居」這些用字都是在皈化的語境之下使用的。這些字詞

---

15 Ben Witherington III, *Letters and Homilies for Hellenized Christians*, vol. 2: *A Socio-Rhetorical Commentary on 1-2 Peter* (Downers Grove: IVP Academic, 2007), 27–36。見 Torrey Seland, "Crucial Issues in the Quest for the First Readers of 1 Peter: Reassessing an Old Question," in *Bedrängnis und Identität: Studien zu Situation, Kommunikation und Theologie des 1. Petrusbriefes*, ed. D. S. du Toit, BZNW 200 (Berlin: Walter de Gruyter, 2013), 48–53 對 Witherington 的觀點一個全面及有力的反駁。

所引發的圖象，是套取猶太教皈化者的社會情境，應用在基督徒的身上。[16] 亦有學者正確地指出，作者所關心的，已不是讀者的民族或國族身分，而是他們作為「客旅」這邊緣化的地位。

3.1.2.2 受書人的社會地位

艾理略認為「客旅」（*paroikos*）指讀者在社會上的角色，他們原是僑居於異鄉的一羣，他們與當地人之間原已有隔閡，當他們成為基督徒之後，問題就更加嚴重。而教會正好為這些作為客旅的信徒，提供了一個屬靈的家（*oikos*；彼前二 4～10）。[17] 然而「客旅」和「寄居的」在《七十士譯本》一起出現時（創二十三 4；詩三十八 13，即《和合本》詩三十九 12），都是表達人生於今並非人最終的歸宿。因此應看為是一種比喻，而不是實質社會上的身分，[18] 彼得前書強調神的子民

---

16 最先提出這看法的，見 W. C. van Unnik, "Christianity According to 1 Peter," in *Sparsa Collecta: The Collected Essays of W. C. van Unnik*, SNT, part 2, ed. C.K. Barrett (Leiden: Brill, 1980), 115；同上作者，"The Redemption in 1 Peter I 18−19 and the Problem of the First Epistle of Peter," in *Sparsa Collecta*, part 2, 3–82，特別頁 68。接受這看法的，有 Scot McKnight, *1 Peter*, NIVAC (Grand Rapids: Zondervan, 1996), 23–24；Fika J. van Rensburg, "A Code of Conduct for Children of God Who Suffer Unjustly: Identity, Ethics and Ethos in 1 Peter," in *Identity, Ethics, and Ethos in the New Testament*, ed. Jan G. van der Watt and Fran ois S. Malan (Berlin: Walter de Gryuter, 2006), 478–80。並 Seland, *Strangers in the Light*, 40–44, 47–48, 136, 145。

17 這觀點首見於他的博士論文，John H. Elliott, *The Elect and the Holy: An Exegetical Examination of 1 Peter 2:4–10 and the Phrase* 'basileion hierateuma', NovTSup 12 (Leiden: Brill, 1966)，並他之後的著作：*A Home for the Homeless: A Sociological Exegesis of 1 Peter, Its Situation and Strategy* (Philadelphia: Fortress, 1981)，*1 Peter: A New Translation with Introduction and Commentary*, AB 37B (New York: Doubleday, 2000)。晚近支持他的觀點的，有如 Paul A. Himes, *Foreknowledge and Social Identity in 1 Peter* (Eugene: Pickwick, 2014), 28–46。

18 見 M. Chin, "A Heavenly Home for the Homeless: Aliens and Strangers in 1 Peter," *TynB* 42 (1991): 96–112；Steven R. Bechtler, *Following in His Steps: Suffering, Community, and Christology in 1 Peter*, SBLDS 162 (Atlanta: Scholars Press, 1998),

生活在今世，好像客旅和寄居者一樣。

艾理略又認為受書人多為鄉間的信徒，因為所涉及的暗喻多是來自鄉村的；[19] 然而他的看法缺乏確切的理據，多是基於他字面地理解寄居者的假設。[20] 雖然在「家居守則」中以奴僕作為信徒順服的主要模範（彼前二 18～25），這不代表受書人大部分都是奴隸，讀者中也有婦女能戴金飾、穿華裝（彼前三 3）。就當時的社會來說，奴隸也不一定是在社會中最低下的，而且當時真正有錢的人只佔少數，我們毋須過分強調受書人在社會中卑微的地位，受書人的社會背景可能是貧富混雜的。[21]

3.1.2.3 受書人的處境

上文已曾提及，信徒被稱為「客旅」和「寄居的」只是暗喻，並不是指他們的社會地位，而是信徒在世上獨有的身分所應有的態度，知道今世並非永遠的家鄉（彼前一 17，二 11～12，四 1～2、17～19）。信徒只是寄居在此時此地，他們所要確立的是作為神子民的身分，要敬畏神（彼前一 17，二 17，參三 15），一心行善（彼前四 19）。但正因如此，便往往與這個不信的社會產生矛盾，甚而衝突，非信徒可能不接受信徒不拜偶像和其正直的生活方式（彼前四 3～4）。信徒不參與

71–81 針對艾理略在此點上有力的批評。

19 Elliott, *1 Peter*, 86, 88.

20 特別參 Bechtler, *Following in His Steps*, 66–70 對艾理略有力的批評。

21 有關收信人的社會經濟地位，特別參 David G. Horrell, "Aliens and Strangers? The Socio-Economic Location of the Addressees of 1 Peter," in *Becoming Christian: Essays on 1 Peter and the Making of Christian Identity*, LNTS 394 (London: Bloomsbury T&T Clark, 2013), 100–32 精湛的分析。

敬拜偶像或君王，且有自己的聚會，容易被視作敵視社會。

羅馬史家塔西佗（Gaius Cornelius Tacitus；約公元 55 ～ 117 年）的《編年史》（*Annals* 15.44）就指基督徒是以「憎恨人類」（*odio humani generis*）見稱的；又如小皮里紐（Pliny the Younger；約公元 61 ～ 113 年）給羅馬皇帝他雅努的信中（《信件》〔*Epistulae*〕10.96.9；約公元 112 年），指基督教信仰為邪惡的迷信。事實上初代教會所經歷的迫害，主要確非羅馬政府所推動，而是社會人士對基督徒的誤會和不諒解。過往不少學者認為此書的苦難並非指來自政府大規模的迫害，信徒所經受的逼迫，可能是言語上的凌辱，過於肉身上的傷害（彼前二 12：「毀謗」、22 ～ 23：「被罵」，三 9：「辱罵」、13：「害你們」、16：「被毀謗」，四 4：「毀謗」、14：「辱罵」），[22] 也可能有一些奴隸遭遇到非信徒的主人的虐待（彼前二 18 ～ 20），然而這些來自社會人士的指控，在尼祿迫害基督徒之後，引發一般人對基督徒的偏見，[23] 且藉辭向政府機關和法院對他們提出控訴，而往往基督徒在這種社會氛圍下，也難以得到公平的判決。[24]「家居守則」以尊敬君王作為

---

22 Elliott, *1 Peter*, 100–02.

23 Paul A. Holloway, *Coping with Prejudice: 1 Peter in Social-Psychological Perspective*, WUNT 244 (Tübingen: Mohr Siebeck, 2009) 認為過去學者對彼得前書所言的迫害，究竟是從羅馬政權而來全面性的，還是地區間歇性的，這爭論是不必要的（特別頁 4–5），因為彼得前書正是反映出當時存在於普遍社會中對基督徒的偏見。亦見他的專文："1 Peter and Prejudice: Insights from Modern Social Psychology," *Sewanee Theological Review* 54 (2011): 199–220；他認為彼得前書就是要回應在這種社會的偏見下信徒應如何自處。

24 特別參 Travis B. Williams, "Suffering from a Critical Oversight: The Persecutions of 1 Peter Within Modern Scholarship," *CBR* 10 (2012): 275–92，這文章指出過往學者對彼得前書究竟是針對從政權來的迫害還是公眾來的迫害，有二分的傾向，近代學者則有較為平衡的看法，認為兩者都有。

開始（彼前二 13～17），有可能作者已意味到，羅馬政府對這新興的彌賽亞運動將會採取高壓的手段予以取締。況且四章 12 節至五章 11 節暗示了從政權而來的迫害，特別是五章 8 節將魔鬼看成是吼叫的獅子，一方面獅子是巴比倫的象徵，而巴比倫又暗指羅馬；他威脅著信徒的生命，要吞吃他們（見下文【3.5.4.3】）。信徒因著基督的名，承認自己是「基督徒」（彼前四 14、16），便要面對逼迫，甚而被處決。他們所面對的苦難，不只是言語上侮辱，是發生在實際生活上的，包括肉身上的淩辱、法律上的指訴、家庭關係上的張力、經濟上的壓力、社會大眾的排斥等，因他們不敬拜羅馬的神明和君王，便是不敬虔，這便會危及整個社會和國家的穩定和諧，不利於羅馬的昇平（*Pax Romana*）。[25]

3.2 體裁

自從哈納（A. Harnack）提出一章 3 節至五章 11 節是講章，再配上前言（彼前一 1～2）和後記（彼前五 12～14），作為書信流傳，[26] 類似的假說陸續登場。主要有兩方面的發展，其一是強調彼得前書是一篇講章，另一類強調彼得前書原本的生活狀況（*Sitz im Leben*），是用於教會某種的禮儀之中。帕特維司（E. Richard Perdelwitz）將一章 3 節至四章 11

25 見 David G. Horrell, *1 Peter*, NTG (London: T&T Clark, 2008), 56–59；Williams, *Persecution in 1 Peter*, 299–35。

26 Adolf von Harnack, *Die Chronologie der altchristlichen Litteratur bis Eusebius*, 2 vols. (Leipzig: J. C. Hinrichs, 1897–1904) 1.451–65 。這參考見於 Paul J. Achtemeier, *1 Peter: A Commentary on First Peter*, Hermeneia (Philadelphia: Fortress, 1996), 59 n.602。

節看為洗禮時的講章。[27] 自此開始，便有不少學者認為此段是原來的文本，四章 12 節以後則是後加的。[28] 更有學者進一步認為這書是復活節洗禮的講章。[29] 然而，這些對這卷書在當時的生活狀況的重構，都缺乏説服力。他們不能解釋為何有需要在教會中流傳這些程序；又如何可以在彼得前書寫成之前，已發展出如此複雜和固定的禮序。況且在使徒行傳中，從沒有記載類似洗禮之前的講道，甚而在公元三世紀之前亦未有發現任何這樣的文獻。[30]

根據近代學者的研究，希臘式勸導體裁（Hellenistic Paraenesis）有以下五方面的特徵：[31]（1）在勸導時使用命令語態動詞；在道德辯論時使用教訓、戒律和格言；（2）使用道德的榜樣；（3）作者與讀者之間有正面的關係，如父母與子女、或朋友；（4）在傳統的教訓中取材；和（5）普遍的應用性。彼得前書可以説完全符合以上所描述的特性：（1）彼得前書的一百零五節經文中，命令語態的動詞有四十二個，命令式獨立分詞有二十個之多。在比例上遠超過另一卷被視作勸導體裁的帖撒羅尼迦前書；（2）彼得前書以耶穌為受苦

27 E. Richard Perdelwitz, *Die Mysterienreligion und das Problem des 1. Petrusbriefes*, RVV 11/3 (Gie en: Töpelmann, 1911).

28 如 H. Preisker 就認為彼得前書是在羅馬教會洗禮的儀式中使用的，一章 3 節至四章 11 節是儀式程序的各部分，四章 12 節至五章 11 節則是向全會眾所講的講章；見 appendix in H. Windisch, *Die Katholischen Briefe*, HNT 15 (Tübingen: J. C. B. Mohr, 1951), 152–62。

29 F. L. Cross, *Paschal Liturgy* (London: A. R. Mowbray & Co., 1954)。針對 Cross 的批評，見 J. N. D. Kelly, *A Commentary on the Epistles of Peter and Jude*, BNTC (London: A&C Black, 1969), 15–20。

30 參張永信、張略：《彼得前書》，頁 90–91 較詳細的討論。

31 見 Abraham J. Malherbe, "Exhortation in First Thessalonians," *NovT* 25 (1983): 238–56；Troy W. Martin, *Metaphor and Composition in 1 Peter*, SBLDS 131 (Atlanta: Scholars Press, 1990), 85–134。

的僕人作為信徒最終的榜樣（彼前二 21～25，四 1）；（3）作者是耶穌基督的使徒，絕對有權柄教導受書者。他亦以個人的方式，稱受書人中間那些領袖是同作長老和「同作基督受苦的見證」（彼前五 1，原文意思）。作者與受書人之間緊密的關係，是建基於他們同蒙神的揀選（參彼前五 13）；（4）彼得前書大量使用當代和傳統的資料（見下文【3.4】）；（5）彼得前書其中一個非常重要的教導，是要信徒「行善」，行善是在任何環境中都是適切的。[32]

整卷書信有當代典型希臘書信的格式：卷首語（彼前一 1～2），信末問安語（彼前五 12～14）及中間的本體（彼前一 3～五 11）。與雅各書一樣，彼得前書也是散居地書信。彼得前書卷首使用「散居地」和卷末使用「巴比倫」，起了首尾呼應的作用，說明此書的特點。雖然作者不是從耶路撒冷發出此信，讀者也不是猶太散居地的猶太僑民。然而，作者彼得是當時舉足輕重的教會領袖，他這封信所發揮的作用，和猶太散居地書信相似，叫作為客旅和寄居者的信徒，認清他們是生活在「散居」這狀態之中，應如何在一個他們是少數的社會中活出信仰，並不致被同化。有別於猶太散居地書信如雅各書使用妥拉作為勸勉為基礎，彼得前書作為早期基督教散居地書信，將勸勉建基於基督及祂所帶來的救贖。[33]

---

32 不能就此體裁確定讀者是初信的，如 J. de Waal Dryden, *Theology and Ethics in 1 Peter: Paraenetic Strategies for Christian Character Formation*, WUNT 2/209 (Tübingen: Mohr Siebeck, 2006), 43–47, 193–94。

33 詳見 Lutz Doering, "First Peter as Early Christian Diaspora Letter," in *The Catholic Epistles and Apostolic Tradition*, ed. Karl-Wilhelm Niebuhr and Robert W. Wall (Waco: Baylor University Press, 2009), 229–35。

3.3 寫作目的及全書結構

作者使用勸導文體，大量採用傳統的資料，從基督教信仰的角度，勉勵信徒羣體，建立正確的道德精神價值（*ethos*），持守確切的信念，將真理和信仰付諸實行，在道德的操守上恆心，這是所有初期教會使用勸勉體裁所要達成的目的。毫無疑問的，彼得前書是要鼓勵和安慰那些在苦難中的小亞細亞的信徒。然而，學者對作者所用的手法，有不同的理解。

巴卓（David L. Balch）認為彼得前書的作者使用「家居守則」的目的是為了護教，因為信徒若遵守這些守則，便可向當時希羅社會的人士證明，他們不會對國家社會構成威脅，不應將他們看作是搗亂社會秩序的不良分子。反之，他們是奉公守法的，並且有助社會的穩定和平。因此社會人士對基督徒的猜疑、敵視，甚而迫害是不合理的。這樣一來，可使這新興起的彌賽亞運動的羣體，被當時社會所接納，同時可以消弭信徒因其信仰的緣故而起的衝突；對內而言，強調了基督徒羣體對社會的責任，幫助信徒在對自己不利的外邦環境中找尋生存的空間，能適當地作文化移入及融和。[34] 巴卓的分析最大的毛病是，當一個人相信基督之後，不是要移入俗世的文化世界，而是要與世俗文化保持距離，是移出進入另一個不同價值觀的符號世界。

艾理略則有不同的看法，他運用社會學對宗教流派成形

---

34 David L. Balch, *Let Wives Be Submissive: The Domestic Code in 1 Peter*, SBLMS 26 (Chico: Scholars Press, 1981).

的理論作出解說，認為當基督徒羣體形成的時候，他們要鞏固羣體的身分認同和團結，使羣體的成員能建立更強的羣體意識和委身，抗拒外來文化叫他們認同的壓力，這是彼得前書使用「家居守則」作為這信徒羣體所要遵守的綱紀的目的。這無形中使這信徒羣體與外邦社會的關係疏遠。艾理略以彼得前書指基督徒是社會中「客旅」和「寄居的」作為起點，綜觀整卷書信的情境和策略。這些原是寄居者的社會地位低微，再加上信奉了基督教，益發加增了他們適應社會的困難。但這些衝突只會進一步加深這信徒羣體的獨特性和認同感，使他們更加團結，更能與外界劃清界線。這些不為廣泛社會所接納的人終在「神的家」，即教會之中，尋得他們可以歸屬的家，因而得著安慰。[35]

在教會與社會之間的關係上，巴卓強調的是「文化移入／適應」，使信徒能融入所身處的社會；艾理略則剛巧相反，強調教會羣體的團結，以抵禦從社會而來的壓力。對當時羣體的分析和論據，他們各有強弱。任何一個小羣體與整體的社羣，都同時存在著這兩方面的動力。一方面這羣體需要有獨特鮮明的身分認同，需要與不屬這羣體的人之間有明確的界線，另一方面他們亦要考慮這小羣體如何生活在整個社羣之中，關注與整體社羣的關係。彼得前書的首部分（彼前一 2～二 10）明顯是要強化身分認同，維繫這信徒羣體的界線，其增強內聚團結的作用是顯而易見的。這亦見於彼得前書後半部（彼前四 7～五 11），強調這末世的羣體應如何在惡劣的

---

35 Elliott, *A Home for the Homeless*.

環境中自處。但「家居守則」的部分（彼前二 11 ～ 三 12）是要信徒在身處的社會中如何與未信的人交往，以避免不必要的衝突，剔除人們對信道者的戒心，能被一般社會大眾所接受。然而，這不相等於文化移入，因為這裏的「家居守則」在內容上並非完全跟隨當代的社會價值（參下文【3.5.4.1】）；正如沃弗（Miroslav Volf）所言，「家居守則」正是作者顯示如何面對周遭文化，作出適當的判別，甚麼可以接受及甚麼應該拒絕。[36] 沃弗所謂的「軟不同」（soft difference），所指的是一種不具攻擊性的不同，然而也不退縮。信徒作為聖潔神的子民（彼前一 15 ～ 16），以敬畏神作為生活的最終指標（彼前一 17），這亦見於「家居守則」之中（彼前二 17、18，三 2、15），與拜偶像的外邦人大不相同（彼前四 3）。

塔拔（Charles H. Talbert）就指出彼得前書關切到教會兩方面的需要，第一是作為一個羣體的需要，第二是如何在惡劣的環境下生存；因此此書對內是要鞏固羣體的團結，對外為要在整體的社會中生存而作出調整。[37] 在這調整的過程中，作者指出作為聖潔神子民的價值觀是不容妥協

---

36 Miroslav Volf, "Soft Difference: Theological Reflections on the Relation between Church and Culture in 1 Peter," *Ex Auditu* 10 (1994): 22.

37 Charles H. Talbert, "Once Again: The Plan of 1 Peter," in *Perspective on 1 Peter*, ed. C. H. Talbert (Macon: Mercer University Press, 1985), 146；亦見 Achtemeier, *1 Peter*, 53；Elliott, *I Peter*, 105–09；Bechtler, *Following in His Steps*, 109–78。Lauri Thurén, *The Rhetorical Strategy of 1 Peter: With Special Regard to Ambiguous Expressions* (Åbo: Åbo Academic Press, 1990), 106, 110–12 認為彼得是在針對他的聽眾中兩班不同的人，一班鼓勵他們要同化（「消極派」），另一班則要分離（「積極派」），作者開了兩條戰線，認為這兩種不同情況的讀者可以從中各取所需。在逼迫的壓力下，確實可以出現兩種對立的反應，但在讀者中是否真的出現了這樣兩極的人，則未必一定。但作者確是預期在他的讀者中有兩種全然不同的反應，而作出勸導。

的。辛惠蘭正確地指出，作者所採取的策略是一種「識別的抗拒」(differentiated resistance)，信徒生活在這未信（拜偶像）的社會時，要分辨出那些是可以接受的，可積極去作，但對有違神忠誠的要堅決地抗拒。[38] 辛氏指出「識別的抗拒」這種策略，早已存在於猶太散居的羣體之中。[39] 威廉斯（Travis B. Williams）稱這種策略為「謹慎的對抗」(cautious resistance；見下文【3.5.4.2.1】)。[40] 教會當面對著逼迫時，會產生憂慮、不安和混亂的感覺，此書的勸導就是要為讀者提供一種秩序，勸勉信徒在此之下應如何行事，並強調基督的得勝及再來，為要安慰、鼓勵及鞏固這信仰羣體。[41]

彼得前書的作者一開始時便指出神子民獨特的身分(彼前一 1～2)，他們是散住的寄居者或僑民，同時是神所揀選的子民；從神的角度去看，他們與基督一樣，是蒙神的恩典(參彼前一 13，三 7，五 10、12)所揀選(彼前一 2)，是極具榮耀屬於神的子民(彼前二 7)，這榮耀的身分終有一天會全然顯露出來，就是他們承受要顯現的基業的時候(彼前一 3～6)，這是神子民喜樂的因由，也是他們終極的盼望。然而，當他們身處於今世時，所面對的遭遇卻與他們這榮耀的

38 Joyce Wai-Lan Sun, *This is True Grace: The Shaping of Social Behavioural Instructions by Theology in 1 Peter*, Langham Monograph (Carlisle: Langham Partnership, 2016), 74–120；亦參 Volf, "Soft Difference," 22, 24。

39 Sun, *This is True Grace*, 121–75.

40 見 Travis B. Williams, *Good Works in 1 Peter: Negotiating Social Conflict and Christian Identity in the Greco-Roman World*, WUNT 337 (Tübingen: Mohr Siebeck, 2014), 211–43。David G. Horrell, "Between Conformity and Resistance: Beyond the Balch-Elliott Debate Towards a Postcolonial Reading of 1 Peter," in *Becoming Christian*, 236–38 稱 cautious resistance 為「有禮貌的抗拒」(polite resistance)。

41 參 Nancy Pardee, "Be Holy, For I Am Holy: Paraenesis in 1 Peter," in *Reading 1-2 Peter and Jude*, ed. Eric F. Mason and Troy W. Martin, (Atlanta: SBL, 2014), 134。

身分有極端的矛盾，他們就好像客旅和寄居者一樣，在社會中既是少數，並且無權無勢，社會大眾對基督徒存著種種的偏見，招來歧視欺淩，甚而被唾棄，生活在社會的邊緣。作者一方面強調他們要尊重自己透過耶穌基督的救贖所帶來這新的、蒙恩的尊貴地位——被分別為聖的神子民（彼前一2、5、9）——以致要敬畏神（彼前一17，參二17，三2、15），順服祂的旨意（彼前二15，三17，四19）；另一方面要認清他們於今世在地上是客旅的角色。神子民作為客旅，消極方面，不可追隨今世非信徒的行事方式，與他們同流合污（彼前四1～4），反而要擺脫私慾的控制（彼前二2、11）；積極方面，要熱心行善（彼前二11、15、20，三2、6、11、13、16、17）。雖然要達到平息未信的社會人士對他們的猜疑和偏見，不致被毀謗為不合羣，被誤解為有逆/反社會的傾向，破壞社會和諧和穩定，而能得到普羅大眾的認同，並不容易（參彼前二12，三15～16）。作者透過「家居守則」指出信徒奉公守法、尊重政權，可舒緩社會人士和當權者的疑慮，不會認為他們是刻意顛覆社會秩序的一羣，避免引來更多不必要的誤解和偏見。信徒雖然可能仍會被惡待（彼前二20），甚而因基督的名而受到羞辱（彼前四14），好像耶穌曾被人揚棄一樣（彼前二4、7下），然而信徒要好像基督一樣，並且靠著祂所賜的能力和恩典（彼前二21～25，五10），忍受苦楚，將來必定好像基督一樣，並藉著祂得享榮耀（彼前一7、11、19～21，三18～22，四11、13，五9～10）。

彼得前書前半部分，一章3至二章10節（參下文B）強調信徒作為神子民的身分，及其所應有的生活方式。中間二章11節至三章12節（參下文C），有關「家居守則」的部分是如何作為客旅和寄居者。最後兩個部分（參下文 D 及 E）關乎信徒羣體在大部分不信的社會中應如何自處及與其他人相處。全書結構如下：

A. 卷首問安語（彼前一 1 ～ 2）〔書信開始〕
B. 蒙神揀選得以成聖屬神的子民（彼前一 3 ～二 10）〔書信本體開始〕
　B1. 祝頌（彼前一 3 ～ 12）
　B2. 蒙神揀選神子民新生活的形態（彼前一 13 ～二 10）
C. 神子民在世作為客旅的生活（彼前二 11 ～三 12）〔書信本體中段〕
　C1. 總括性的勸勉（彼前二 11 ～ 12）
　C2. 順服的生活（彼前二 13 ～三 12）
D. 從基督受苦看基督徒的為義受苦（彼前三 13 ～四 6）
　D1. 基督徒在受苦中的見證（彼前三 13 ～ 17）
　D2. 基督經歷苦難後高升得勝帶來救恩（彼前三 18 ～ 22）
　D3. 基督徒好像基督一樣受苦的價值（彼前四 1 ～ 6）
E. 末世受苦信徒羣體應有的特質（彼前四 7 ～五 9）〔書信本體結束〕
　E1. 彼此相愛及服侍的羣體（彼前四 7 ～ 11）
　E2. 為基督受苦、一心為善、迎向終末審判的羣體（彼前四 12 ～ 19）
　E3. 長幼各安本位的信徒羣體（彼前五 1 ～ 5）
　E4. 總結：對身陷苦難的信徒最後的囑咐（彼前五 6 ～ 9）
F. 祝願及頌讚（彼前五 10 ～ 11）〔書信結束〕
G. 卷末問安語（彼前五 12 ～ 14）

3.4 彼得前書、大公書信與正典

大公書信這組著作的排序，正如上文曾提及，是按加拉太書二章9節保羅對當時被譽為教會柱石的領袖的排次：雅各、磯法和約翰。除此之外，雅各書與彼得前書兩者的內容亦有密切的關連。

3.4.1 彼得前書與使徒行傳中的彼得

使徒行傳以平行的方式表述彼得與保羅的服侍，[42] 為要顯示初代基督教向猶太人的宣教，與由保羅推動的外邦人宣教，是一個統一的運動。更且是使徒彼得先打開向外邦宣教的門，並在耶路撒冷教會所主持的會議中（徒十五1～35），彼得是全力支持保羅向外邦宣教。他們奉差遣，都有聖靈特別的印證（徒二1～4//十三1～3），且都透過聖靈的感動而起來宣講（徒二14～40//十三16～40），是謂他們宣教的開始。於下文【3.4.5】我們會討論彼得前書與保羅傳統的關係，當中有不少共通的地方。他們都是針對外邦信徒的需要，共同建立初代的教會。

使徒行傳所載彼得的講論，與彼得前書在主題上有不少相似的地方：[43]

---

42 詳見如 Charles H. Talbert, *Reading Acts: A Literary and Theological Commentary on the Acts of the Apostles* (Rev. ed.; Macon: Smyth & Helwys, 2005), xxvii–xxix。

43 N. Hillyer, *1 and 2 Peter, Jude*, NIBC (Peabody: Hendrickson, 1992), 2.

彼得前書	使徒行傳	主題
一 3、21，三 21	二 32，三 15，四 10	復活
一 17	十 34	神是不偏待人的
一 20	二 23，三 18	基督的死是命定的
一 20	二 17	末期的啟示
二 4	四 11	基督乃頭塊石頭
二 8	一 16	叛逆者的命運是命定的
二 24	五 30，十 39	基督被釘於木頭上
三 18	三 14～15	義者耶穌被殺
三 19	二 27	勝過陰間的權勢

這雖然不可證明彼得前書是使徒彼得所寫的，然而從正典的角度去看，使徒行傳中所載的彼得，絕對有可能是彼得前書的作者。

3.4.2 彼得前書與雅各書

彼得前書與雅各書不只在主題上有重疊，而且這些主題出現的次序亦相仿：[44]

44 參 Dale C. Allison, *James: A Critical and Exegetical Commentary,* ICC (London: T&T Clark, 2013), 67–68。

彼得前書	雅各書	主題
一 1	一 1	散住
一 6～7	一 2～4	喜樂／試煉／信心的試驗
一 23	一 18	透過神的道得重生（引用賽四十 6～8）
二 1	一 21	要棄絕邪惡
二 12	二 1	基督榮耀的主
二 12、15	三 13	要行善／有善行
五 5 下	四 6	引用箴三 34
五 6	四 10	要自卑，主叫你們升高
五 8～9	四 7	要抵擋魔鬼
五 9	五 15	要有信心

此外，兩卷書信還有相關的主題：終末的審判已經臨近（彼前四 7／雅五 8、9），共同引用箴言十章 12 節（彼前四 8／雅五 20 下），及忠心的信徒最終要得到冠冕（彼前五 4／雅一 12）等。然而，他們雖使用相同的字眼，或引用相同的舊約經文，但往往其出現的文理迥異，重點有別，因此不應看為誰抄襲誰，有些是他們沿用共同的傳統。[45]

值得注意的是，它們在正典中的排次有特別的意義。首先是「散住」（*diaspora*）在新約中只出現三次，雅各書和彼得前書都以這字表明這書信的收信人的身分。對雅各書來說，

45 J. Ramsey Michaels, *1 Peter*, WBC 49 (Waco: Word, 1988), xliv; Leonhard Goppelt, *A Commentary on 1 Peter*, trans. John E. Alsup (Grand Rapids: Eerdmans, 1993), 31; Achtemeier, *1 Peter*, 20.

指散居在猶大地以外的猶太裔基督徒。散居是當代猶太人生活的歷史現實，雅各書理論上是給所有猶太人的（參本書第二章【2.1.2】），而以色列復興的開始（十二支派被招聚），最終帶來外邦人加入神子民的行列之中（徒十五16～18）。對彼得前書來說，「散住」指生活在今世的基督徒，而他主要的對象是非猶太裔信徒，雖然它的信息對猶太信徒來說也是合適的。此書在闡釋外邦信徒如何成為神的子民時，大量使用了舊約以色列作為神子民的觀念。包衡（Richard Bauckham）指出雅各書和彼得前書在正典中的排次，正反映出保羅神學中「先是猶太人，後是希臘人」（羅一16）的先後次序。同時，外邦基督徒透過猶太裔基督徒向他們的宣教，叫他們與神的子民以色列一脈相承。當那些被稱為「散居地的寄居者」的外邦基督徒研讀雅各書時，他們便體會到這同樣是為他們而寫的，因為他們是被接到以色列這樹根上的（羅十一17）。[46]

3.4.3 舊約傳統

有別於雅各書主要的主題是來自妥拉利未記十九章中律例的演繹，彼得前書則更多取材自先知和著作，並使用了以諾傳統的資料，演繹基督的救贖及神子民的身分特質。[47]

從比例的角度去看，在新約中彼得前書參照舊約經文上可以說是最密集的一卷。雖然此書的受書人主要是外邦信

46 Richard Bauckham, *James*, New Testament Readings (London: Routledge, 1999), 156–57.

47 彼得前書往往將基督論引向教會論（神子民的身分及工作），特別參 Patrick T. Egan, *Ecclesiology and the Scriptural Narrative of 1 Peter* (Eugene: Pickwick, 2016)。

徒，然而作者使用了大量舊約的經文、主題，和典故，其數量之多，可與羅馬書和希伯來書相比。作者在一章 10 至 12 節中說明了他對舊約的看法：在舊約的時代，先知從聖靈得到啟示，內裏包括有關基督的應許，而這應許已經在今世得到實現。現今藉著那啟示的靈，透過福音的宣講，將這信息表明出來。舊約聖經是作者用作教導信徒的基礎，然而其經文信息必須透過基督的救贖事件作出新的詮釋。[48]

在直接援引舊約的經文時，如一般其他新約的作者一樣，他們大多使用《七十士譯本》，然而又不全是搬字過紙的，偶也作出適當的調節，以符合作者所用。其中有八處（下表以 * 標示）使用直接的引入公式：「經上記著說」（*gegraptai; en graphē*）或有明確的標示（*hoti; dioti; gar; kai*）。

除了利未記和出埃及記那兩段經文外，其餘皆是出自以賽亞書、詩篇和箴言的。其中最突出的，要算是以賽亞書（賽八 12～13、14，二十八 16，四十 6～8 和五十三 9）和詩篇（特別第三十四篇），這兩卷書在當代猶太會堂的禮儀中，佔有相當重要的角色。[49]

---

48 特別參 William L. Schutter, *Hermeneutic and Composition in 1 Peter*, WUNT 2/30 (Tübingen: J. C. B. Mohr, 1989), 100–22。

49 彼得前書引用舊約經文的密度，在新約中僅次於希伯來書和啟示錄。經文間接的旁索如下：一 7/箴十七 3；伯二十三 10；瑪三 3；一 14～17/利十九章；一 17/詩八十九 26～27；耶三 19；瑪一 6；一 18/賽五十二 3；一 19/出十二 5；二 1/詩三十四 13；二 3/詩三十四 8；二 4/詩一一八 22；二 9/出十九 5～6；賽四十三 20～21；二 10/何一 6、9，二 1、23；二 11/詩三十九 12；二 12/賽十 3（LXX）；二 17/箴二十四 21；二 22～25/賽五十三 4～12；三 6/創十八 12；三 20/創七 7、13、17；三 22/詩八 4～6，一一〇 1；四 14/賽十一 2；四 17/耶二十五 29；結九 5～6；四 18/箴十一 31；四 19/詩三十一 5；五 7/詩三十七 5，五十五 22。特別參 Elliott, *I Peter*, 12–17 詳盡的分析。

彼得前書	引用舊約經文	新約其他使用這舊約經文的地方
一 16*	利十九 2（參十一 44）	太五 48
一 24～25*	賽四十 6～8	雅一 10～11
二 3	詩三十四 8	–
二 6*	賽二十八 16	羅九 33，十 11；林前三 11；弗二 20
二 7*	詩一一八 22	太二十一 42（平行經文）；徒四 11
二 8*	賽八 14	路二 34；羅九 32
二 9	出十九 5～6	–
二 22	賽五十三 9	約八 46；林後五 21；約壹三 5；來九 28；太八 17
三 10～12*	詩三十四 12～16	雅一 26；來十二 14；約九 31
三 14～15	賽八 12～13	–
四 8	箴十 12	–
四 18*	箴十一 31	–
五 5*	箴三 34	雅四 6；太二十三 12
五 7	詩五十五 22	–

然而，我們對彼得前書如何使用舊約，不應只停留於它援引舊約的經文，而是彼得前書如何反映出舊約整體的某些觀念。

3.4.3.1 釋經神學

正如雅各書使用了耶穌傳統詮釋舊約的律法，彼得前書在一章 10 至 12 節則清楚説明如何詮釋舊約聖經，[50] 彼得視耶穌基督的福音與舊約的信息是同出一轍的。我們可以綜合這段經文的重點如下：[51]

（1）舊約的先知們早已預言現今信徒所經歷的救贖恩典；
（2）在舊約先知裏，基督的靈已向他們啟示這恩典，包括關乎基督受苦和後來得榮耀（參彼前一 19 ～ 21，四 12 ～ 13）是指著誰，並在甚麼時候實現（參彼前一 5、20「末世」）；
（3）在舊約先知考察的過程中，他們得著啟示，知道這些將臨到彌賽亞身上的事，並不是在他們的那時代實現，也不是直接為著他們的；
（4）這古時啟示先知們的基督的靈，[52] 也同樣是現今加力給傳福音者，叫他們宣講這福音信息的聖靈，叫讀者聽聞、接受這福音。

在新約書信中，只有在這裏的作者明言他詮釋舊約的方法，[53] 且他可能意識到自己是一位受靈感的先知。[54] 彼得假設

50 有關此點先導的研究，見 Schutter, *Hermeneutic and Composition in 1 Peter*；晚近的研究，有 Benjamin Sargent, *Written to Serve: The Use of Scripture in 1 Peter* (London: Bloomsbury, 2015)。

51 這兩節的解釋有一定的複雜性，詳參張永信、張略：《彼得前書》，頁 117–23 的註釋；並 Travis B. Williams, "Ancient Prophets and Inspired Exegetes: Interpreting Prophetic Scripture in 1QpHab and 1 Peter," in *Bedrängnis und Identität*, 233–36。

52 有認為這裏所言「基督的靈」是指先存的基督，向這些舊約的先知作啟示，見 Anthony T. Hanson, *The Living Utterances of God: The New Testament Exegesis of the Old* (London: Darton, Longman and Todd, 1983), 141。

53 Schutter, *Hermemeutic and Composition in 1 Peter*, 100–09; Sargent, *Written to Serve*, 18–49; Horrell, *1 Peter*, 63.

54 Williams, "Ancient Prophets and Inspired Exegetes," 236–42.

了先知的預言是以基督福音為中心的，他認為書中所引的舊約，是證明基督的福音，這包括基督的身分及工作，並透過對舊約的經文，透析那些在基督裏（*en christō*；彼前三16，五10、14）承受這恩典的信徒羣體的身分及使命。[55]

作者大量使用舊約的經文和典故，說明新約神子民的羣體是蒙神所揀選，好像舊約以色列民一樣（彼前二9～10），顯示作者認為讀者同樣是承繼以色列民作為神子民，以色列的故事也是新約神子民的故事，然而有別於舊約以色列民，他們得蒙揀選（彼前一2），是藉著基督（彼前一18～21），同時與基督的命運相連；信徒與基督一樣，同經歷苦難，後來必分享榮耀（彼前二4～8、21～25，三17～四2，四12～13，五9～10）。

有別於雅各書可以清楚的分出妥拉、先知及智慧的傳統，彼得前書很多時候將妥拉和先知的傳統合併一起使用。西奈傳統建基於妥拉傳統，特別是關乎出埃及這救贖事件，在先知書中也廣為使用，特別是北國的先知如何西亞書，則只使用西奈傳統，以新的出埃及講述神再次拯救以色列民（何十一11；參十一1）。出埃及是新約救贖的預表。[56] 錫安傳統則是建基於大衛之約（撒下七8～16；參詩八十九篇），大衛王朝的永固，與錫安山上聖殿的存在有不可分的關係。[57] 錫安

55 有關在第二聖殿時期不同猶太羣體對舊約經文的詮釋及其羣體身分的關係，見 Susan J. Wendel, *Scriptural Interpretation and Community Self-Definition in Luke-Acts and the Writings of Justin Martyr*, SupNT 139 (Leiden: Brill, 2011), chapter one: "Early Jewish Exegetes and Community Identity"。

56 有關「表象釋經」（typology），將會在〈猶大書的神學〉那章作詳細討論（本書第六章【6.4.4.3-4】），因該書涉及較多的預表或表象釋經。

57 Jon D. Levenson, *Sinai and Zion: An Entry into the Jewish Bible* (New York:

傳統並不是取代西奈傳統，而是在西奈傳統之上的另一個專屬於大衞家的約，其目的是要成全西奈之約：透過大衞家和耶和華的家（聖殿），神在錫安山上持久與以色列的同在，叫西奈之約中所應許的得以成就。[58] 一些舊約先知，特別是以賽亞，將這兩個傳統併合起來，救恩既是新的出埃及（如賽四十1～11；參亞十6～12），也是在彌賽亞的領導下，他們要返回錫安，聖殿得以重建，神在錫安山上作王，萬民要流歸這山（如彼前二2；參彌四1），這是謂以色列的復興。[59] 在彼得前書引用舊約時，都觸及這兩個舊約傳統的觀念。

3.4.3.2 西奈傳統（彼前一2，一16～17，一18～21，一24～25，三6）

這部分所討論的經文，都只是與西奈傳統相關。我們會將彼得前書三章20至21節有關挪亞的討論納入三章18節下至19節一併處理，因所涉及的包括了挪亞在猶太傳統中的角色。

（1）一章2節（出二十四3～8）——立約的禮儀：作者在彼得前書的卷首語，開宗明義的說明讀者的雙重身分：蒙

HarperSanFrancisco, 1985), 97–98。值得注意的是有學者認為出埃及記十九至二十四章是以色列的「成形敘事」（Constitutional Narrative）；參 Wolfgang Oswald, "Lawgiving at the Mountain of God (Exodus 19–24)," in *The Book of Exodus: Composition, Reception, and Interpretation*, ed. Thomas B. Dozeman, Craig A. Evans, and Joel N. Lohr, SVT 164 (Leiden: Brill, 2014), 183–84。出埃及記二十四章1至11節正是總結以色列這成形的儀式。彼得前書一章2節所索引的舊約典故也是出於這段落，所講述的是新約神子民的身分。

58 Levenson, *Sinai and Zion*, 188.

59 見如 George W. E. Nickelsburg, *Jewish Literature Between the Bible and the Mishnah: A Historical and Literary Introduction* (London: SCM Press, 1981), 18。

揀選的和寄居者。隨著之後的三個介詞片語，說明他們身分的由來，是「根據（*kata*）父神的預知」、「藉著（*ev*）聖靈的聖化」及「為著（*eis*）服從及受耶穌基督的血灑」（編按：經文是作者的譯文），反映出最早期教會三一的公式，分別說明讀者身分的由來、得著這身分的方法和目標。值得注意的是第三個介詞片語「為著服從及受耶穌基督的血灑」中「服從」和「血灑」兩個行動，見於出埃及記二十四章7至8節神與以色列人立約的情節中，先是以色列民承諾遵守聖經中的要求（出二十四3），隨著他們獻祭，摩西將一半的血灑在壇上（出二十四4～6），將約書念給百姓聽，他們第二次承諾會遵行神所吩咐的（出二十四7），然後摩西將血灑在百姓的身上（出二十四8）。這裏作者所用的次序「服從」和「血灑」，正反映出上文出埃及記二十四章立約禮儀中這兩個行動的先後次序，說明作者理解新約神的子民與舊約以色列民相似，與神之間有立約的關係。[60]只是在新約所用的血並非牛的血，而是耶穌基督的血；服從的對象，也是耶穌基督。正如昔日以色列人得蒙神的揀選（申七6～8，參申十四2），將他們從為奴的埃及地救贖出來，父神在新約的年代揀選新約神的子民，使他們得以成聖（彼前一2），叫他們脫離罪惡（見下文彼前一18～20）。

（2）一章16至17節（利十九2；詩六十二〔LXX六十一篇〕13）：舊約申命記強調以色列的聖潔是他們要順服的基礎和原因（申七2～6，十四1～2、21），而利未記十七至

60 Achtemeier, *1 Peter*, 88–89；張永信、張略：《彼得前書》，頁83–85。

二十六章，不斷重複「你們要聖潔，因為我是聖潔的」這命令（利十九2，二十7～8、26，見十一44，二十一8，二十二32～33），強調所賜予他們的律例典章，是叫他們得以成聖的途徑。[61] 同樣，彼得前書一章2節指出新約神的子民已經成為聖潔，然而他們要過聖潔的生活。一章16至17節說明讀者要過聖潔的生活的原因（*dio*），因為神與祂的子民之間有立約的關係；一章18至21節則是過聖潔生活的基礎（「知道」），基礎是耶穌基督所完成的救贖；兩者有密不可分的關係。

彼得前書一章16節使用引入公式「經上記著說」直接引用利未記十九章2節（參利十一44，二十7～8、26，二十一8），說明為何信徒在生活行事上要聖潔。利未記十九章關乎十誡的詮釋，而十九章1至2節是這章的前言。從妥拉的角度去看，這是基於耶和華是帶領以色列民出埃及的那位（利十一45）。在利未記二十章26節的重複說明以色列是神所揀選分別為聖的：「你們要歸我為聖，因為我耶和華是聖的，並叫你們與萬民有分別，使你們作我的民。」這和出埃及記二十章2節摩西頒佈十誡之前的前言有異曲同工之效：「我是耶和華你的神，曾將你從埃及地為奴之家領出來。」同樣在彼得前書，被召的「順命的兒女」（彼前一14）也仿似舊約以色列民一樣，既經歷神而來的拯救（彼前一2），便應有聖潔的生活方式。這包括要遠離邪惡（彼前一14下、18），並服從敬畏神而行善（彼前一14上、17）。一章17節信徒與神的關係是

61 有關此點，見 Jo Bailey Wells, *God's Holy People: A Theme in Biblical Theology*, JSOTSup 305 (Sheffield: Sheffield Academic Press, 2000), 95。

「稱那不偏待人、按各人行為審判人的主為父」；稱神為父，正是舊約描述耶和華與以色列民立約關係的其中一種寫照（出四 22；參詩八十九 26；耶三 19）。在利未記十九章，「敬畏」一字出現了四次，其中兩次是要「敬畏你的神」（利十九 14 下、32 下）。敬畏和懼怕，正是人面對神的聖潔時所應有的反應。[62] 正如以賽亞書二十九章 23 節述說救贖亞伯拉罕的耶和華向雅各家說：「他們必尊我的名為聖，必尊雅各的聖者為聖，必敬畏以色列的神。」這也是詩篇三十四篇（LXX 三十三篇）9 和 11 節所強調的，要敬畏耶和華和祂的道。彼得前書曾多次旁索及引用這首詩篇。

這裏形容神為「按各人行為審判人的」，可能是索引詩篇六十一篇 13 節（LXX，下同；《和合本》六十二篇 12 節）。[63] 詩人深信救恩（詩六十二 2）、盼望（詩六十二 6）和拯救（詩六十二 3、7、8）來自神。祂是高台、是力量的磐石（詩六十二 3、7～8），力量和慈愛都屬乎祂（詩六十二 11～12）。詩人指出這是因為「你照著各人所行的報應他。」（詩六十二 12）這與彼得前書一章 21 節強調「叫你們的信心和盼望都在於神」極為吻合。神之所以值得信靠，正是因為祂是維持公義審判的那一位，詩人記載自己遭受他人的迫害（詩六十二 4～5），然而他不會因此屈服，因神必按照各人的行為判定他，這代表可以是懲罰，也可以是獎賞。這也與彼得

62 Rudolf Otto, *The Idea of the Holy*, trans. John W. Harvey (9th ed.; Oxford: Oxford University Press, 1928), 12–24.

63 詳參 Kyoung-Shik Kim, *God Will Judge Each One According to Works: Judgement According to Works and Psalm 62 in Early Judaism and the New Testament*, BZNW 178 (Berlin: Walter de Gruyter, 2011), 212–19。

前書讀者的境況吻合，一方面他們不可屈服隨從外邦人的生活方式（彼前四 2、17），另一方面要存敬畏的心度地上寄居的日子。

（3）一章 18 至 21 節（出十二 5；賽五十二 3，五十三 7）——救贖的寶血：[64] 一章 18 節以分詞「知道」作為開始，說明他們作為神的子民，與神有立約的關係，生活上要聖潔，要存敬畏的心過地上的日子，這是神透過基督耶穌救贖的目的（彼前一 2）。「得贖」的用法甚廣，在舊約和希羅的社會中，可用在奴隸或戰犯得自由釋放而付出的贖金，在舊約中可作為物件得贖而付上的贖價（如出十三 12 ～ 13；民十八 15 ～ 17）。這裏的背景，一方面是在出埃及的事件中，神作為以色列的拯救者，以色列在埃及為奴之地被拯救出來而得以自由（如出六 6；申七 8，十三 5，十五 15，二十四 18）；同時亦用於神的子民得以從被擄之地巴比倫回歸得自由（賽五十二 3）4。[65] 作者極可能是將這舊約的典故，與當代羅馬社會作為奴隸的因付了贖金而得以自由這寫照結合了起來（參彼前二 16：「自由的」）。[66] 曹碧詩指出這種救贖觀念亦見於詩篇三十四篇，其中也提到「耶和華救贖他僕人的靈魂；凡投靠他

---

64 雖有認為這裏指耶穌的血是寶貴的，有可能是受詩篇七十二篇（LXX 七十一篇）14 節的影響：「他要救贖他們脫離欺壓和強暴；他們的血在他眼中看為寶貴」，但在 LXX 將「他們的血」翻譯為「他們的名」，而且「他們」是指被救贖的對象，他們的血並不是帶來救贖的。

65 以賽亞書多次以出埃及作為範式講述以色列的被擄歸回，見鮑維均：《古道新釋：從使徒行傳看以賽亞書中救贖歷史的成全》，聖經研究叢書（香港：漢語聖經協會，2008），頁 68–76，特別參頁 68 註 48 有關以賽亞書中出埃及這主題的研究。並 Marvin A. Sweeney, "The Book of Isaiah as Prophetic Torah," in *New Visions of Isaiah*, ed. Roy F. Melugin and Marvin A. Sweeney, JSOTSup 214 (Sheffield: Sheffield Academic Press, 1996), 50–67。

66 Jobes, *1 Peter*, 116–18.

的，必不致定罪。」（詩三十四 22）而彼得前書三章 10 至 12 節亦有引用此詩，二章 3 節則旁索。[67]

這救贖是藉著基督無瑕疵無玷污的羔羊的血而達成的（見約一 29、36；徒八 32～35），這裏的背景可能好像彼得前書一章 2 節一樣指立約的血，也可能與出埃及時以色列人度逾越節時要為頭生的獻羔羊代贖（出十三 12～15），並把羔羊的血抹在門楣門框上（出十二 7），也有可能指舊約獻祭規定中以羔羊作為祭牲帶來救贖的功效。[68] 根據舊約的獻祭要求，祭物必須要是無殘疾／無瑕疵的（*amōmos*），基督正附合這要求（參來九 14）。[69]「如同……羔羊」這片語，有可能是受以賽亞書五十三章 7 節的影響，表明基督是那受苦的耶和華的僕人；[70] 這方面會在講述二章 22 至 25 節時再討論。

這羔羊的血與金子銀子成了對比。根據以賽亞書三十章 22 節，當以色列歸回正路時，「你雕刻偶像所包的銀子和鑄造偶像所鍍的金子，你要玷污，要拋棄，好像污穢之物，對偶像說：『去吧！』」這裏再次使用了出埃及的範式，偶像敬拜是舊約先知們多次針對以色列的投訴（被擄前：王下二十三 8、10、13；何八 4；摩五 26。被擄中：賽四十二 6～8，四十四 17～19；結八 10。被擄後：賽五十七 5～9，六十五

---

67 Jobes, *1 Peter*, 117.

68 在 LXX，「羔羊」（*amnos*）一字出現九十六次之多，其中不下八十五次指將羔羊獻上為祭，七十一次用於燔祭，經常與除罪有關。

69 見如出二十九 1；利九 3，十二 6，十四 10，二十三 18；民六 14，十九 2，二十八 19、31，二十九 2、13、17、20、23、26、29、32、36；結四十六 4、6、13。

70 如 Elliott, *1 Peter*, 374–75。

3、11），[71] 這與彼得前書一章18節所說「脫去你們祖宗所傳流虛妄的行為」相似，「虛妄」（*mataios*）在《七十士譯本》中多用作形容偶像（利十七7；何五11；耶二5，八19；參徒十四15），銀子和金子是為裝飾偶像用的，基督的寶血與這些偶像成了強烈的對比。

（4）一章24至25節（賽四十6～8〔LXX〕）[72] ——主道永存：彼得前書一章22節指出信徒得蒙潔淨，指他們得蒙神藉耶穌血的救贖（參彼前一2），是因著順服真理（*alētheia*），便應有愛弟兄的生命。一章23節的「蒙了重生」（參彼前一3），與「得蒙潔淨」是平行的，「種子」原本意思是「撒種」（*spora*），能壞的撒種指從肉身而出生的，不能壞的撒種指透過真道，即藉著神活潑常存的道（*dia logou zōntos thou kai menontos*）而有的新生命，這道便是所傳給他們，並他們所接受耶穌基督的福音（彼前一25下；參一11～12）。這正是作者在一章24至25節引用以賽亞書四十章6至8節（LXX）所確立的（*dioti*「因為」）。

不少學者認為以賽亞書四十至五十五章這一大段之中，其中最重要的主題是使用以色列出埃及的事件作為範例，講述耶和華會帶領以色列從巴比倫被擄之地歸回故土，是謂新的出埃及。[73] 根據以賽亞書五十二章1至12節，作者不只使

---

71 Willem A. M. Beuken, "Isaiah 30: A Prophetic Oracle Transmitted in Two Successive Paradigms," in *Writing and Reading the Scroll of Isaiah: Studies of an Interpretive Tradition*, vol.1, ed. Craig C. Broyles and Craig A. Evans (Leiden: Brill, 1997), 382.

72 有關彼得前書引文與MT及LXX的分別，見Steve Moyise, "Isaiah in 1 Peter," in *Isaiah in the New Testament*, ed. Steve Moyise and Maarten J. J. Menken (London: T&T Clark, 2005), 176–77。

73 見如Bernhard W. Anderson, "Exodus Typology in Second Isaiah," in *Israel's*

用了出埃及作為被擄之民得贖重享自由的對照，並且描述耶和華「像勇士／戰士」（賽四十二13），正如摩西之歌所刻劃的「耶和華是戰士」（出十五3），耶和華與混沌爭戰而旗開得勝（賽四十二13，五十一9～11），將耶和華王權建基於祂是那位克勝混沌的創造之主。[74]這救贖以色列的主宰也是那創造的主（賽四十四24，四十五18～25）。在舊約中，出埃及的事件與創造故事往往是相提並論的（參出十五1～18；申三十二7～14；詩七十四12～17，七十七13～20等）。以賽亞書將這些作為看為是將來新時代要發生的「新事」（賽四十二9，四十三18～21）。以賽亞書四十章8節（「草必枯乾，花必凋殘，惟有我們神的話〔*to rhēma*〕必永遠立定」）與五十五章11節（「我口所出的話〔*to rhēma*〕也必如此，決不徒然返回，卻要成就我所喜悅的，在我發他去成就的事上必然亨通。」）發揮首尾呼應的作用。[75]這道並不屬於那個短暫、會變幻衰殘的領域，所應許是必然會實現的。這新的出埃及、新的創造必然會實現，且是由神的道帶來的。

這種理解正好配合彼得在此處所要闡釋的，這是從基督的救贖而來新的出埃及（彼前一18～19）及新的創造。這「重

Prophetic Heritage: Essays in Honor of James Muilenburg, ed. Bernhard W. Anderson and W. J. Harrelson (New York: Harper & Brothers, 1962), 177–95；Claus Westermann, *Isaiah 40–66: A Commentary*, trans. David M. G. Stalker, OTL (London: SCM, 1969), 21, 22, 27，特別以賽亞書四十章 1 至 11 節，頁 33。

74 Tryggve N. D. Mettinger, "In Search of the Hidden Structure: YHWH as King in Isaiah 40–55," in *Writing and Reading the Scroll of Isaiah: Studies of an Interpretive Tradition*, vol.1, ed. Craig C. Broyles and Craig A. Evans (Leiden: Brill, 1997), 149–52.

75 Westermann, *Isaiah 40–66*, 42–43.

生」（彼前一23）是藉著真理、永存的道、耶穌基督的福音所帶來的。那些「祖宗所傳流虛妄的行為」（彼前一18）都屬於會枯乾和凋謝的；「草的美榮（*doxa*）」可能指羅馬帝國的榮耀和權力。[76] 這真理的道所帶給那些重生的人的，是那「不能朽壞、不能玷污、不能衰殘、為你們存留在天上的基業」（彼前一4）。再一次彼得以基督的身分和工作，這傳給他們福音的道（*to rhēma to euangelisthen*），去理解所引用的舊約經文，並將經文應用在信徒的身上。

（5）三章6節（創十八12，十二10～20，二十8～18）——撒拉作為行善、服從的榜樣：根據《七十士譯本》創世記十八章12節，撒拉稱亞伯拉罕為「主」（*kyrios*），這並非直接的稱謂，在舊約的記載中亦只惟一一次。這段的上下文理並不是講述撒拉如何服從亞伯拉罕，雖然這觀念是確切的存在於猶太傳統中。因此，有學者認為彼得前書這裏指撒拉的服從，應不是指創世記這段落，更合適的是指她為著丈夫的安危，先後兩次接受亞伯拉罕稱她為妹子，一次在法老的面前（創十二13），另一次向亞比米勒如此說（創二十5、13）。[77] 這在文理上也吻合，亞伯拉罕正是作為客旅和寄居的，在寄人籬下的情況之下，常要戰戰兢兢地生

76 Achtemeier, *1 Peter*, 142; Catherine C. Kroeger, "Toward a Pastoral Understanding of 1 Peter 3.1–6 and Related Texts," in *A Feminist Companion to the Catholic Epistles and Hebrews*, edited by Amy-Jill Levine (Cleveland: The Pilgrim Press, 2004), 85.

77 Mark Kiley, "Like Sara: The Tale of Terror behind 1 Peter 3:6," *JBL* 106 (1987): 689–92; Aída B. Spencer, "Peter's Pedagogical Method in 1 Peter 3:6," *BBR* 10 (2000): 107–19; Fika J. van Rensburg, "Sarah's Submissiveness to Abraham: A Socio-historic Interpretation of the Exhortation to Wives in 1 Peter 3:5–6 to Take Sarah as Example of Submissiveness," *HTS* 60 (2004): 253, 257.

活，這正附合彼得前書所用，以針對信徒的處境，教導他們不要因恐嚇而害怕（彼前三6）。史賓沙（Aída B. Spencer）指出撒拉的決定好像基督一樣，情願自己受苦也要保護其他人的性命。這反映作者從基督受苦的角度去詮釋撒拉的榜樣。[78]

3.4.3.3 西奈傳統併合錫安傳統（彼前二4～10，二12～25，四12～19）

（1）二章4至10節：被棄卻蒙揀選的活石及蒙揀選的神子民：彼得前書一章在引用舊約時，都使用了西奈傳統。值得注意的是，其中一個在以賽亞書四十至五十五章的主題是，作為神聖戰士的耶和華作王了（賽五十二7），並且使用祂曾帶領以色列人出埃及（新的出埃及），克勝混沌（新的創造）去演繹以色列從被擄歸回。最終，祂勝利地回歸錫安顯示祂的王權（賽五十一10～11；並賽十四32）。[79] 錫安所代表的是耶和華所揀選作為祂居所的，當中蘊含著聖殿的重建。彼得前書二章此段經文不只說明神透過基督這活石所成就的救恩，並且透過基督建立一個新的神子民的羣體；這羣體就是新聖殿。

「蒙揀選」是將這一整段貫穿起來的主題。這整段可分為兩個部分：二章4至5節及二章6至10節。正如包衡指出這裏作者使用了米大示別沙（*pesher*）的主題釋經，首先二章4至5節簡述了此段的主題，然後6至10節引用舊約經文作為

---

78 Spencer, "Peter's Pedagogical Method in 1 Peter 3:6," 118–19.

79 Mettinger, "In Search of the Hidden Structure," 144–45, 149–52.

支持及理解，所引經文全部出於《七十士譯本》：[80]

4～5節		**主題引句**
4節	A	耶穌是蒙揀選的石
5節	B	教會是蒙揀選神的子民
6～10節		**米大示詮釋**
6節上		引入公式
6～8節	A’	蒙揀選的石
6節下～7節上		經文1（賽二十八16）+ 解釋
7節中～7節下		解釋 + 經文2（詩一一八22）
8節		經文3（賽八14）+ 解釋
9～10節	B’	蒙揀選的子民
9節		經文4（賽四十三20～21）+ 經文5（出十九5～6）合併，引申經文4
10節		經文6（何二23）意譯（參何一6、9，二1）

在4節的「石」是將6至8節所引用的三段舊約經文連起來的字；「揀選」和「寶貴」兩字在第一段引用的經文（賽二十八16）出現，而二章4節「所棄」這字則在第二段引用的經文（詩一一八22）出現。在二章7上半節解釋經文1（賽

80 Richard Bauckham, “James, 1 and 2 Peter, Jude,” in *It is Written: Scripture Citing Scripture, Essays in Honour of Barnabas Lindars*, ed. D. A. Carson and H. G. M. Williamson (Cambridge: Cambridge University Press, 1988), 310–11.

二十八 16）時，經文中的「寶貴」和「信靠/信的」兩字再度出現。在 5 節的「聖潔」和「祭司」兩字，將這節與 9 至 10 節連結起來。「子民」一詞將 9 至 10 節三段被引述的舊約經文連繫起來。

A—A'：二章 4 節、6 至 8 節（賽二十八 16，八 14；詩一一八〔LXX 詩一一七〕22[81]）——被棄卻蒙揀選的活石。彼得前書二章 4 節清晰地將以賽亞書二十八章 16 節（LXX）所述安放在錫安的石頭等同於基督。[82] 這「活石」是上文二章 3 節所引詩篇三十四篇 8 節（LXX 詩三十三 9）的主（在舊約指耶和華，這裏指基督）。這寶貴的石頭指列王紀上五章 17 節所載聖殿的基石。在以賽亞書八章 14 至 15 節，先知原來所針對的，是以色列和猶大若不尊耶和華為聖，耶和華對他們來說不只不是避難所，反而是絆腳的石頭。詩篇一一八篇是一篇為爭戰得勝而寫的王者感恩詩，有學者認為是一首彌賽亞詩篇，[83] 詩人述說他雖被列邦迫害，幾乎至死，然而他因他的敬虔得以進入聖殿，雖曾被棄，卻得悅納，這拯救的日子是值得慶祝的。同時這詩篇使用了不少「摩西之歌」（出十五章）中的用詞，包括用「耶和華的右手」（詩一一八 16；見出十五 6、12、16）等，詩篇一一八篇 14 節一字不漏地引用出埃及記十五章 2 節，視耶和華拯救的作為是「奇事」（參出十五 11）等，以出埃及的範式表達耶和華大能的拯救。[84] 彼得

81 有關這三段經文在新約其他地方的使用，見 Moyise, "Isaiah in 1 Peter," 178–80。

82 有關此處引句與 MT 及 LXX 的異同，見 Moyise, "Isaiah in 1 Peter," 179–80。

83 John C. Crutchfield, *Psalms in Their Context: An Interpretation of Psalms 107–118*, PBM (Milton Keynes: Paternoster, 2011), 95–97.

84 W. Dennis Tucker, *Constructing and Deconstructing Power in Psalms 107–150*, AIL 19 (Atlanta: SBL, 2014), 91.

前書在四章 14 節再次旁索詩篇一一八篇。

以賽亞書二十八章 16 節描述神警告那些耶路撒冷的領袖，他們為解救現下之困難而靠賴政治上的結盟，漠視對神的信靠。神自己要好像一位建築師一樣，在錫安（耶路撒冷）[85] 這地方另作新的建造，祂要立下基石，這基石是祂自己所揀選的。凡信靠這穩固根基的人就不致看到自己所建造的倒塌於其上。在猶太教的傳統中，這段經文已含有末世的意味。二章 7 節上的「所以」（*oun*）將上文所引述的經文應用到讀者的身上。這句應譯作「所以尊貴屬於你們相信的人」，他們與基督一樣是同蒙揀選的（彼前二 4；參一 1），並且是連於活石的活石（彼前二 5）。新約神子民的羣體是貴重的，他們分享於基督的尊貴（彼前二 4）。[86] 神是那位為基督平反過來，叫他從死裏復活（「活石」）。這石頭既成了「房角的頭塊石頭」（*akrogōniaion*；編按：參彼前二 6），就表明它在神的眼中是寶貴的。事實上，是神叫「它」成為「房角的頭塊石頭」。那些不信的人，他們對這房角石或基石則有完全不同的態度。引文詩篇一一八篇（LXX 詩一一七篇）22 節上和以賽亞書八章 14 節指出，對那些不尊重神、不信靠神的人來說，這只是叫他們絆跌的磐石。詩篇一一八篇 22 節所描繪的圖畫，就好像一塊用作建築材料的石頭，因為未知道如何安置在建築物上，因此被人撇在一旁，以為是不中用的。但最後發現這是錯誤的決定，因為這石頭不只可用作建築的

85 在舊約較後期和後來猶太教的著作中，錫安與耶路撒冷同義，聖殿就是建造在錫安山上。

86 大部分的聖經學者持此看法。見張永信、張略：《彼得前書》，頁 187–88。

材料，更且是要放在建築物中最重要的位置，整座建築物要建基於其上。[87] 這些建築師的判斷是錯誤的，神的判斷才是正確的，祂的作為令人希奇（詩一一八 23；參出十五 11）。同樣彼得前書這裏強調那些不信的人的錯誤，彼得根據這詩篇而作出總結：「他們既不順從，就在道理（*ho logos*；參彼前一 23）上絆跌，他們這樣絆跌也是預定的。」（彼前二 8 下）

以上將基督看為是被棄的房角石，很可能是受耶穌傳統的影響（見下文【3.4.4】），一再說明作者透過基督福音這鏡片，去應用這些舊約經文。作者不只以舊約經文說明基督的身分，也說明基督與信徒羣體之間不可分割的關係。基督為不信的人所棄，同樣不信的人對基督徒也會有類同的反應（彼前四 4）。

B—B'：二章 5 節、9 至 10 節（出十九 5～6；賽四十三 20～21；詩九 14〔LXX 詩九 15〕；何二 23）——蒙揀選神的子民。上文已指出，作者引用舊約闡釋蒙揀選神的子民這主題（彼前二 5）。信徒是父神的預知（彼前一 2），同時是透過耶穌基督，與祂聯合。基督賜給他們生命，使他們在神面前是有新生命的一羣（參彼前一 3、23，二 2）。基督是活石，神的子民則是「好像活石」；他們因著基督是活石而成為好像活石一樣。「活」這形容詞不只說明了這裏所用的是象徵性的說法，更是要說明他們的生命是連結於基督那活石的身上，那

---

87 這是地基的石，而不是房角石，見 Robert J. McKelvey, "Christ the Cornerstone," *NTS* 8 (1961–62): 352–59。

復活的基督使他們有新的生命(參彼前一21,二3、5)。[88] 信徒羣體是被神建造成為「靈宮」,「宮」原文為「房子」,這裏所指的並非普通的房子或家,而是聖殿。[89] 神子民的羣體是神在末世彰顯其同在之所在。他們聚集在一起時便是神殿的所在。這正是舊約所應許以色列的復興及聖殿的重建的實現。作者對這以色列的身分作出了新的演繹(彼前二9～10),那些信靠這活石的人,就是神的子民。

在這裏,彼得前書從舊約的《七十士譯本》中選取了一些短句,原本都是用在以色列身上的。[90] 彼得前書二章9節「被揀選的族類」(*genos eklekton*)取材自以賽亞書四十三章20節下(LXX;經文4〔參本書頁164〕):「因我使曠野有水,使沙漠有河,好賜給我的百姓(*genos*)、我的選民(*eklekton*)喝。」「屬神的子民」(*laos eis peripoiēsin*)結合了出埃及記十九章5節和以賽亞書四十三章21節:[91]「這百姓是我為自己所造的(*laon mou hon periepoiēsamēn*),好述說我的美德(*tas aretas*)。」彼得前書二章9節下「要叫你們宣揚那召你們出黑暗入奇妙光明者的美德(*tas aretas*)。」正正承接了以賽亞書四十三章21節下。以賽亞書四十二章6節這被召(LXX:*ekalesa*)的耶和華的僕人,要成為外邦人的光,將光明帶給

88 J. Jeremias, *TDNT*-1:279; Elliott, *The Elect and the Holy*, 34.

89 正如 Marshall, *1 Peter*, 68;Achtemeier, *1 Peter*, 159;Jobes, *1 Peter*, 150 等學者正確地指出,這裏所用的圖象一方面是與石有關,另一方面則是與祭司有關,不可能是表達家庭。詳細的討論,可參 Seland, *Strangers in the Light*, 95–98。

90 彼得前書此處引文與 LXX 不同的地方,見 Moyise, "Isaiah in 1 Peter," 182。

91 有關彼得前書於此使用了出埃及記十九章4至6節和以賽亞書四十三章1至21節所建立「文本互涉」(intertextuality)的關係,見劉加恩:〈屬神的聖潔國度:彼得前書二章1至10節中的文本互涉〉,《華神期刊》12(2021):頁40–65。

坐在黑暗中被囚的人（賽四十二 7）。彼得前書作者使用了「宣揚」（*exangellō*），有別於以賽亞書四十三章 21 節的「述說」（*diēgeomai*），可能是受詩篇九篇 14 節（LXX 詩九 15）的影響。[92]

彼得前書二章 9 節稱信徒為「有君尊的祭司，是聖潔的國度，是屬神的子民」都是直接取材自出埃及記十九章 5 至 6 節（LXX；經文 5〔參本書頁 164〕）：「『如今你們若實在聽從我的話，遵守我的約，就要在萬民中作屬我的子民，因為全地都是我的。你們要歸我作祭司的國度，為聖潔的國民。』這些話你要告訴以色列人。」希伯來原文和《七十士譯本》都反映出倒影結構：

a 你們若實在聽從我的話，遵守我的約

b 作屬我的子民（*laos periousios*）

c 在萬〔全〕民中

c’ 因為全地都是我的

b’ 你們要歸我作祭司的國度（*basileion hierateuma*），為聖潔的國民（*ethnos hagion*）

a’ 這些話你要告訴以色列人

b 和 b’ 正是彼得前書在這裏所引用的經文，只是次序卻是倒轉了，b’ 先於 b。

在《馬加比二書》二章 17 至 18 節演繹這段經文時，將

92 Michaels, *1 Peter*, 110.

它看為以色列被擄歸回之後復興的景象。彼得則說明讀者作為神的子民，包括非猶太裔的信徒，正是何西阿書二章23節（LXX何二25；經文6；參亞十6，十三9）的應驗。何西阿先知指斥以色列民因拜偶像，隨從外邦人的生活方式，他們行事既如外邦人一樣，他們便不再是屬於神的子民。何西阿書二章21至23節（LXX何二23～25）對應於一章10節至二章1節（LXX何二1～3）新的出埃及，講述將來那些不得為子民的、未蒙憐恤的，最後會重新得蒙憐恤，成為神的子民，這也是以色列在被擄後得以復興的應許。[93]

何西阿書二章23節原來是：「素不蒙憐憫的，我必憐憫；本非我民的，我必對他說：你是我的民；他必說：你是我的神。」而彼得前書二章10節引文的次序則是倒轉（與羅九25一樣），將重點放在「神子民」的身分上。將原指以色列民得以復興和重獲招聚，彼得前書將非猶太裔的外邦人也包括在這原不是神的子民之內，神的憐憫也包括這些人，使他們成為神的子民，也正好用此總結：新約的信徒經過這新的出埃及，成為神立約的子民（彼前一2、19）。

（2）二章22至25節（賽五十三4～12）——受苦義僕為榜樣和救贖：以賽亞書四十至五十五章多次提及耶和華的僕人這角色。[94] 以賽亞書四十一章8至9節，耶和華稱以色列為「我的僕人」（參賽四十四1、21，四十五4）。這僕人是神所

---

93 有關何西亞書二章23節，一章10節（LXX）在第二聖殿時期的理解，見David I. Starling, *Not My People: Gentiles as Exiles in Pauline Hermeneutics*, BZNW 184 (Berlin: Walter de Gruyter, 2011), 127–31。

94 學者對以賽亞書四十至五十五章所載耶和華僕人究竟指誰，仍是爭論不休。有關以賽亞書耶和華的僕人的討論，見John Goldingay, *The Message of Isaiah 40–55: A Literary-Theological Commentary* (London: T&T Clark, 2005), 469–520。

揀選的（賽四十二 1；參六十五 9 將「我的選民」等同耶和華的僕人）；耶和華是他的救贖主（賽四十一 14），這暗指出埃及的事件。作為耶和華的僕人，他的責任是要讓他成為「外邦人的光」（賽四十二 6；參四十八 20）；以色列的生活方式應成為外邦人的啟示，使他們離開黑暗，進到光明（賽四十二 7）。另一方面，這僕人好像以賽亞先知一樣（賽六 8），承接了從耶和華那裏來的呼召（賽四十九 1～6），甘願履行以色列作為耶和華的僕人未能完成的任務（賽四十九 5～6），引導以色列對耶和華有適切的回應。[95] 高定基（John Goldingay）認為以賽亞書五十三章並非有關彌賽亞的預言，而是描述一位耶和華的先知—僕人如何引領以色列回到神面前，得著更新，並列邦可因著他而認識耶和華。[96] 他情願為以色列的不忠而獻上自己，承擔他不應受的迫害，接受以色列所應受的懲罰（賽五十三 4～5）。然而，對這忠心的僕人來說，死亡並非最終的結局（參賽二十五 8），他會得到拯救（賽五十二 13）。[97] 因大衛也是耶和華的僕人（賽三十七 35），耶和華帶來的復興和轉化，叫神的子民再一次好像昔日大衛作為僕人一樣，在萬民中見證耶和華（賽五十五 3～5）。於此，西奈與錫安兩個傳統再次結合起來：耶和華作為救贖主帶來新的

95 Goldingay, *The Theology of the Book of Isaiah*, 68–69.

96 這受苦的先知—僕人可能是以摩西為範式，是一位像摩西的先知（申十八 15、18），他也可能是在被擄時期任何一位被迫害而受苦的先知，如耶利米、以賽亞，也可能是以大衛及猶大國那些曾被擄的王帝為背景，特別參 R. E. Clements, "Isaiah 53 and the Restoration of Israel," in *Jesus and the Suffering Servant: Isaiah 53 and Christian Origins*, ed. William H. Bellinger and William R. Farmer (Harriburg: Trinity Press International, 1998), 44–54。

97 Goldingay, *The Theology of the Book of Isaiah*, 71–72.

出埃及；彌賽亞作為耶和華的僕人領導以色列復興，叫萬民得見耶和華那王者榮耀。

在彼得前書二章 22 至 25 節與所引的以賽亞書五十三章 4 至 12 節，有以下平行的地方：

	彼得前書二章		以賽亞書五十三章
22 節下	**口裏也沒有詭詐**	9 節	**口中也沒有詭詐**
23 節下	受害不說威嚇的話	7 節	在受苦的時候卻不開口
24 節上	**親身擔當**了我們的罪	4 節 12 節	他**自己誠然擔當**…… 他卻**親身擔當**多人的**罪**（編按：這節乃按《七十士譯本》翻譯）
24 節下	因他**受的鞭傷**，你們**便得了醫治**	5 節	因他**受的鞭傷**，我們得**醫治**
25 節	**好像迷路的羊**	6 節	我們都**如羊走迷**

除了「受害不說威嚇的話」和以賽亞書完全不同之外，其餘都取材自此段的《七十士譯本》。

彼得透過以賽亞書五十三章對受苦僕人的描述，講述基督在面對不公義的對待而蒙受「冤屈的苦楚」（賽二 19），並沒有作出抗爭還擊，這要成為那些面對不公義而受苦的信徒的榜樣。然而，有別於信徒，基督的受苦以至於死，是擔當眾人的罪。作者在二章 24 節上說明基督擔當的方法是「被掛在木頭上」，可能是受申命記二十一章 22 至 23 節的影響；不過，因為在新約中，這種描述已專門用於基督被釘十架一事上（徒五 30，十 39；加三 13），因此彼得可能只是引用當時信徒都熟悉的表達。基督的承擔帶來救贖的功效（參彼前一 19），「使我們既然在罪上死，就得以在義上活」（彼前二 24）。與基督的擔當平行的，是「因他受的鞭傷，你們便得了醫治」（彼前二 24），基督的受苦成為人得福的途徑。雖然基督的受苦與信徒的受苦之間，不只是形式上可能不同，在功效上也有分別，基督的受苦、受死帶來救贖，然而彼得於此透過基督的受苦說明信徒蒙召的目的（彼前二 21，參三 9），就是叫別人承受福氣。他們以前是迷路的羊，現今卻歸到這位得勝死亡的基督，成為信徒生命的牧人。這裏可能是受以賽亞書六章 10 節將「回轉」與「醫治」連在一起，也可能是受以西結書三十四章所用牧人的圖象所影響，講述羊羣失迷（結三十四 4）及得領回和醫治（結三十四 4、16；參亞九 16，十 9，十一 7）。在生命牧人的監督牧養之下，信徒便有力量面對苦難的挑戰。

作者一方面使用舊約去詮釋基督作為受苦僕人的身分及工作，另一方面亦藉此說明讀者作為神的僕人，應如何可以好像基督一樣，既是無辜的（為義/行善受苦），然而在受苦時卻不反擊，為要使別人得益處。他們是神的僕人（彼前二 16；參一 18「得贖」），承擔著見證上主美德的任務（彼前二 9；參三 15）。是這位神的僕人基督叫信徒能作為神的僕人去行義。這些都說明了信徒的身分及呼召。

(3) 四章 12 至 19 節[98]（賽十一 2；箴十一 31；亞十三 9）：

98 這裏接受 Jobes, *1 Peter*, 291–94 的看法，認為彼得前書並未有刻意引用以西結書九章 6 節（主張有引用的如：Schutter, *Hermeneutics and Composition in 1 Peter*, 75, 79, 156–65）；撒迦利亞書十三章 7 至 9 節；瑪拉基書三章 1 至 6 節（主張有引用的如 D. E. Johnson, "Fire in God's House: Imagery from Malachi 3 in Peter's Theology of Suffering (1 Pet 4:12–19)," *JETS* 29 [1986]: 285–94）。這些舊約經文都是針對以色列背棄神的約，要面對神臨在所帶給他們火的審判。彼得前書卻是

彼得前書四章12至19節是從終末的角度去理解基督徒的受苦。這裏有兩方面是之前彼得前書未有提及的，一是將基督徒受苦與基督受苦連繫起來：作為「基督徒」，要為基督之名受苦；第二方面是看基督徒受苦作為神終末審判的開始。[99] 信徒為基督之名受苦是有福的，「神榮耀的靈常住在你們身上」（彼前四14），這是旁索以賽亞書十一章2節（LXX；亦參亞十二10；可十三11；路十二12；太十20）。這段舊約經文是彌賽亞的預言，彼得在應用這預言時，將臨在於彌賽亞的神的靈，擴展至同時臨到那些願意為基督而受苦的基督徒身上。基督徒所承受的苦難，就好像基督曾承擔的一樣，這是他們將來得著榮耀的先聲。[100] 彼得前書四章18節引用箴言十一章31節（LXX）：「若義人僅僅得救，不敬虔和罪人如何被光照！」（編按：作者自譯）正如那些不信的人排斥耶穌，信徒也面對著類似的情境；他們要堅持到底，便要面對迫害，這並不是容易的，「僅僅」（*molis*）是說明其艱難。若是那些接受基督福音的，都要面對著這樣的試驗而承受苦痛，那些拒絕福音的（= 不敬虔和罪人），他們

針對那些因基督而受苦，但不是因犯罪而面對懲罰。彼得前書四章7節「審判」（*to krima*）一字，並不一定用作懲罰的審判，他的意思是「審判官的行動」（參BDAG *s.v.* "*krima*"）。這裏可解作測試、衡量，即苦難發揮試驗的作用，對信徒作出了判定，他們為忠於主、為主的名承受苦難而站立得住。接受Jobes的看法，見Witherington, *A Socio-Rhetorical Commentary on 1-2 Peter*, 216。亦參Kelly D. Liebengood, *The Eschatology of I Peter: Considering the Influence of Zechariah 9-14*, SNTSMS 157 (Cambridge: Cambridge University Press, 2014) , 128–30, 146–49。

99 Achtemeier, *1 Peter*, 304.

100 有關耶穌傳統之中，當門徒面對迫害時，神的靈會與他們同在的應許，見於太十19～20，十二11～23；路二十一13～15；約十四26，十六7～11。然而，這裏彼得前書的用法，較接近舊約經文。有關這裏引文與LXX經文的異同，見Achtemeier, *1 Peter*, 308。

將來要承受的，將會是遠遠超過基督徒現在所承受的。彼得前書四章12至19節與一章3至9節平行，撒迦利亞書十三章9節正提供了相關的背景，當中「我要說：這是我的子民。他們也要說：耶和華是我們的神」正反映西奈立約的公式。[101]

3.4.3.4 勸勉傳統（彼前五5下，三10～16，二1～3）

彼得前書四章8節與雅各書五章20節都同樣似是在引用箴言十章12節下，但不少學者認為「愛能遮掩許多的罪」在這兩卷書成書之前，可能已是當時通行的成語，[102] 因此我們沒有將它納入舊約傳統的一部分。彼得前書勸勉傳統，主要取採於詩篇三十四篇。

（1）五章5節下（箴三34〔LXX〕）——謙卑者蒙恩： 彼得前書五章5節完整地引用了箴言三章34節，與雅各書四章6節一樣同出於教會勸勉的傳統，[103] 只作了少許的修改，將原來的主詞「主」（*kyrios*）修改為「神」（*theos*），這是因為在彼得前書「主」是指耶穌基督（彼前一3，二3，三15），因此這裏修改為「神」，更貼合舊約的原意。在教父著

---

101 Liebengood, *The Eschatology of I Peter*, 140–41, 155, 166，並 Karen H. Jobes, "The Minor Prophets in James, 1 & 2 Peter and Jude," in *The Minor Prophets in the New Testament*, ed. Maarten J. J. Menken and Steve Moyise, LNTS 377 (London: T&T Clark, 2009), 144–45。Jobes 雖然同意 Liebengood 所認為彼得前書與撒迦利亞書九至十四章在用字上有很多相似之處，但卻指出它們這些用字都是取材自更廣闊的先知傳統，而不是彼得前書直接取材自撒迦利亞書。

102 Selwyn, *The First Epistle of St. Peter*, 217；Achtemeier, *1 Peter*, 295–96；Jobes, *1 Peter*, 278。其中一個認為這裏並非直接引用箴言的原因，是因為彼得前書當引用舊約時，大部分都是引用《七十士譯本》，但這裏明顯與《七十士譯本》的版本有別，因此很可能是引用基於希伯來原文的翻譯。

103 見如 Goppelt, *A Commentary on 1 Peter*, 335–36; Achtemeier, *1 Peter*, 337.

作（《革利免一書》30.2；伊格那丟〔Ignatius〕《致以弗所書》〔*Epistle to the Ephesians*〕5.3）也有引用這段經文作為勸導之用。正如雅各書引用這段經文後隨即作出演繹，彼得前書五章6至11節也演繹這段經文對讀者的意義。對彼得前書的讀者來說，要對應的是魔鬼和未信的人所帶給信徒的苦難；對雅各書的讀者來說，要面對的是從魔鬼和世界向信徒作出的誘惑。有別於雅各書，這裏的重點在「神……賜恩給謙卑的人」。作者在五章5節上指出順服是來自謙卑的，信徒要「以謙卑的思維作為衣服穿上」（按原文譯；參彼前三8）；作為神的僕人（彼前二16）應以這態度行事，包括順服。然後，作者引用箴言三章34節作為支持（彼得前書五章5節以「因為」〔*hoti*〕連接引文）。隨著五章6至11節的重點，是要接受他們在社會中是謙卑（卑微）的人，並應如何自處：[104] 他們要倚靠神（彼前五7），要好像神阻擋（*antitassetai*）驕傲的人（彼前五5）一樣去抵擋（*antistēte*）魔鬼（彼前五9），及那些與魔鬼同伙的逼迫信徒的驕傲的人。「阻擋」和「抵擋」是同一個動詞。他們要仰望神所賜的恩典，這最終必叫他們高升，得享神永遠的榮耀（彼前五10），因為神賜恩給謙卑的人。

（2）三章10至16節（詩三十四12～16〔LXX詩三十三13～17〕；賽八12下至13）——蒙福的生命：彼得前書三章10至16節可分為兩段：三章10至12節和三章13至16節，前者引用詩篇三十四篇，後者則引用以賽亞書八章

104 Joel B. Green, *1 Peter*, THNTC (Grand Rapids: Eerdmans, 2007), 172.

12 節。

A. 三章 10 至 12 節

作者使用詩篇三十四篇作為有關「家居守則」（彼得前書二章 13 節開始）這勸勉段落的總結。

詩篇三十四篇 13 至 17 節是彼得前書所引舊約經文中最長的一段。[105] 原本希伯來文這詩是一首字母詩，學者指出這詩的軸心應在 11 節，由 1 至 11 節的總字數是七十七個，由 12 至 22 節的總字數亦是七十七個，並且全詩環繞 11 節下：「我要將敬畏耶和華的道教訓你們」。[106]「敬畏耶和華」是本詩重要的主題（詩三十四 7、9〔2x〕、11）。在《七十士譯本》（詩三十三 12 下），這裏作「對主的敬畏」，這正配合彼得前書作者對讀者的教導：他們要敬畏神（詩一 17，二 17、18，三 2、15）。

這首詩篇的標題為「大衛在亞比米勒面前裝瘋，被他趕出去，就作這詩。」有關這標題所提及的事件究竟指哪件事（參撒上二十一 1～16；創二十 1～18，二十六 1～11），爭議甚多。[107] 值得注意的，是這詩關涉的情境是一個在困苦中（6 節）的義人（15、17～19、21 節 = 22 節「耶和華的僕人」），

---

105 引文與原來 LXX 有別的地方，見 Sue Woan, "The Psalms in 1 Peter," in *The Psalms in the New Testament*, ed. Steve Moyise and Maarten J. J. Menken (London: T&T Clark, 2004), 220。有關這詩篇在彼得前書中可能出現的旁索，見上文頁 225–26，也參張永信、張略：《彼得前書》，頁 170 註 404。

106 Les D. Maloney, *A Word Fitly Spoken: Poetic Artistry in the First Four Acrostics of the Hebrew Psalter*, SBL 119 (New York: Peter Lang, 2009), 71。特別參張智聰：《詩篇二十一～四十一篇 —— 立於地，仰天而禱》，明道研經叢書 19B（香港：明道社，2018），頁 300–02 精湛的分析。

107 參張智聰：《詩篇二十一～四十一篇》，頁 303–04。

面對著惡人（16、21 節）的迫害（4、17、19 節），如何在神的眷顧下尋到出路（4、7、10、15、17～22 節）。耶和華救拔義人脱離一切苦難及恐懼，是本詩另一個重要的主題（4 與 19〔尾 4〕節）。不論是義人受苦，或義人是神的僕人（參彼前二 16），都與彼得前書的主題相當吻合。

彼得前書三章 10 至 11 節直接引用詩篇三十四篇 12 至 14 節（LXX 詩三十三 13～15），反映出倒影結構的排列句式（按原文譯）：

a　人若喜好生命，愛慕長壽，得見美善（*agathas*）。

　b　就要禁止舌頭，不出惡言（*apo kakou*），嘴唇不説詭詐（*dolon*）的話。

　b'　要離開邪惡（*apo kakou*）。

a'　要行善（*agathon*），尋求和睦，一心追趕。

邪惡（*kakia, kakon*，彼前二 1、16，三 9）、詭詐（*dolon, dolos*，彼前二 1、22）及行惡（*kakopoiōn*，彼前二 12、14）與行善（*agathopoiōn*，彼前二 20；參三 13、14），在彼得前書中形成強烈的對比（彼前三 17，四 14～19）。彼得前書三章 12 節直接引用詩篇三十四篇 15 至 16 節（LXX = 詩三十三 16～17），強烈地對比主對義人（*epi dikaious*）和對作惡之人（*epi poiountas kaka*）的態度（另參彼前四 18）。

這首詩篇確實與彼得前書全書一些重要主題，特別是勸導性的內容，連上密切的關係。

B. 三章 13 至 16 節

這一小段可以說是過渡性段落，開入下文有關義人受苦的主題。

溫安（Sue Woan）指出，彼得前書三章 10 至 12 節（引 LXX 詩三十三 13～17）與三章 13 至 17 節，在詞彙上有不少相同的地方：[108]

三章 10 至 12 節	三章 13 至 17 節
11 節：「行善」（*poiēsatō agathon*）、「惡」（*kakou*）	17 節：「行善」（*agathopoiountas*）、「行惡」（*kakopoiountas*）
12 節：「義人」（*dikaious*）、「惡」（*kaka*）	14 節：「義」（*dikaiosynēn*） 13 節：「害」（*kakōsōn*）

此外，彼得前書三章 15 節使用「溫柔」（*prautētos*）一字，正好對應詩篇三十四篇 2 節的「謙卑人」（*praeis*）；「敬畏」一字（*phobos*），對應於詩篇三十四篇 11 節下的「對主的敬畏」（*phobon kyriou*，LXX 詩三十三 12 下）。

作者於此段引用以賽亞書八章 12 節下至 13 節（LXX，按原文譯）：「他們所怕的，你們不要怕（*phobēthēte*），也不要畏懼。要尊主自己為聖，以他為你們所怕的（*phobos*）」（參詩一一五 11）。彼得前書二章 6 節已見到作者使用以賽亞書八章。這章原意是警告以色列的領袖不要依靠政治上的結盟，而要依靠神。他們這樣做，正是因為他們懼怕這些外邦

108 Woan, "The Psalms in 1 Peter," 224–25.

的霸權。「敬畏」和「懼怕」在希臘文可以是同一字，這便成為一種相關語，信徒要懼怕主，卻不要懼怕人所懼怕的。彼得將原來的「尊主……為聖」修改為「尊主基督為聖」（彼前三 15）；這裏使用「主」作基督，亦反映出作者將舊約中對耶和華的尊崇，加到主基督的身上。

（3）二章 1 至 3 節（詩三十四 8、13〔LXX 詩三十三 9、14〕）：彼得前書二章 1 至 3 節可視為第一章至第二章的轉接段落。上文闡釋彼此相愛是新生命應有的表現，是藉神的道而來的，二章 1 節則講述要防避些甚麼以致可以彼此相愛，並且這生命需要渴慕「純正靈奶」不斷的成長。二章 3 節指出要這樣渴慕的原因。[109] 有學者認為二章 1 節是旁索詩篇三十四篇 13 節（LXX 詩三十三 14），不只是因為「邪惡」（*kakos*）和「詭詐」（*dolon*）都在這兩節出現，且在主題上亦非常接近。[110] 彼得前書二章 3 節有別於《七十士譯本》詩篇三十三篇 9 節（「你們嘗過和看見主是美善的」），刪去了原來「看見」，因「看見」不適合用於上節「靈奶」的喻表。希臘文「美善」（*chrēstos*）一字與基督（*christos*）併法相似，因此這裏可能是語帶相關：神的美善和慈悲透過耶穌基督彰顯出來。[111] 另一方面，在原來詩篇中「主」是指耶和華，這裏是指耶穌，祂就是彌賽亞。於此，作者再次以基督的福音重新演繹舊約的經文。從此角度去看，在彼得前書裏，勸勉與基督論有不可分割的關係。[112]

---

109 見如張永信、張略：《彼得前書》，頁 170，並註 402。
110 Woan, "The Psalms in 1 Peter," 222.
111 見如 Michaels, *1 Peter*, 90。
112 特別參 Sean M. Christensen, "Solidarity in Suffering and Glory: The Unifying Role

3.4.4 耶穌傳統

正如我們在討論雅各書的神學中已指出（本書第二章【2.4.2】），當引用某人的言詞時，當時的做法很多時候不是一字不漏地引用，而是對所引言詞作個人的演繹，以對應讀者身處的情境；彼得前書在引用耶穌傳統上，也是這種方式。

新約在引用耶穌言訓時，多沒有説明是耶穌的話。作者在彼得前書中有援引耶穌的教訓，已是一個不爭的事實，[113] 問題是哪些只是旁索，哪些是取材自現在正典福音書的記載，哪些是來自初期教會傳統的教導——初期教會的教導，亦深受耶穌言訓的影響。同時，若彼得前書與福音書採用同樣的舊約經文，例如使用以賽亞書五十三章詮釋基督的受苦（可十45，十四24），[114] 使用詩篇一一八篇22節視耶穌為被棄的石頭（可十二10），究竟彼得前書是受舊約經文直接的影響，還是福音書傳統的影響？使問題更形複雜的是，在公元一世紀福音書成書之前，肯定存在著一些現已失傳耶穌教訓的傳統，不論是口頭的或是已書寫下來的。再加上作者並不一定

---

of Psalm 34 in 1 Peter 3:10−12," *JETS* 58 (2015): 335–52。

113 有關學者對彼得與福音書傳統的關係之討論，見 Timothy E. Miller, *Echoes of Jesus in the First Epistle of Peter* (Eugene: Pickwick, 2022), 4–23。

114 不贊成耶穌受苦在福音書傳統中受以賽亞書五十三章影響的，見 Morna D. Hooker, "Did the Use of Isaiah 53 to Interpret His Mission Begin with Jesus?" in *Jesus and the Suffering Servant*, 88–103；贊成的，見 Otto Betz, "Jesus and Isaiah 53," in *Jesus and the Suffering Servant*, 70–87；Peter Stuhlmacher, "Isaiah 53 in the Gospels and Acts," in *The suffering Servant: Isaiah 53 in Jewish and Christian Sources*, ed. Bernd Janowski and Peter Stuhlmacher, trans. Daniel P. Bailey (Grand Rapids: Eerdmans, 2004), 147–62。

只是援引耶穌的言訓，他可以根據耶穌的言訓再自行發揮。因此，在確定哪些是受耶穌言訓的影響時，必先要分別出以上不同援引方式的原則；到現今為止，筆者仍未見到在這方法有全面令人滿意的研究方法。

以下是邁爾（Gerhard Maier）所提出一些彼得前書的內容可能是索源自福音書傳統的。[115]

邁爾所列的其中一些索引，是頗值得懷疑是否出自耶穌傳統的，例如彼得前書一章9節、二章12節、五章3至5節。這顯示要找出哪些是受耶穌傳統影響的內容這問題的複雜性。

---

115 Gerhard Maier, "Jesustradition im 1. Petrusbrief?" in *Gospel Perspectives*, vol. 5: *The Jesus Tradition Outside the Gospels*, ed. David Wenham (Shefield: JSOT, 1985), 85–105.

彼得前書	符類福音	約翰福音
一3、23，二2		三3～8
一8		二十29
一9	太十六24～26及 符類福音平行經文	
一10～12	路二十四25～27；太十三17	八56，十二41
一22，四8		十三34～35，十五12
二4～8	可十二10～12及 符類福音平行經文	
二12	太五16	
二19～20	路六32～34	
三14	太五10；路六22	
四7，五8～9	太三2，四17，十7，二十四 3、42～44，二十六40～41， 二十八20；路十二35～40	
四12～16	太五11～12（路六22～23）	
五3～5	太二十20～28及 符類福音平行經文	二十一15～17
五7	太六25～34及 符類福音平行經文	

何雲路（David G. Horrell）研究彼得前書二章22至24節與耶穌傳統的關係，[116] 指出這段經文肯定是受耶穌受苦的

116 David G. Horrell, "Jesus Remembered in 1 Peter? Early Jesus Traditions, Isaiah 53, and 1 Peter 2.21–25," in *James, 1 & 2 Peter, and Early Jesus Traditions*, 123–50.

敍事所影響，這受苦的敍事可能是出自福音書成書之前的耶穌傳統。他列出彼得前書此段經文有關耶穌的描述：[117]

彼得前書的描述	福音書對應的描述
耶穌為其他人益處而死	可十45，十四24
耶穌的受苦和受死是為門徒作榜樣	可八34 // 太十六24 // 路九23
耶穌沒有犯錯	可十四55～56 // 太二十六59～60；可十五14 // 太二十七23；路二十三4、13～15、41、47；約十八23，十九4
耶穌拒絕以言語還擊對他的辱罵	可十四56～61，十五3～5、16～20、29～32；參徒八32～33
耶穌拒絕使用暴力	教導：太五38～44；路六27～31；被捕時：太二十六51～55；路二十二48～53；約十八3～11、36
耶穌被釘死在十架上	可十五22～26及附類福音平行經文；約十九17～27
耶穌被鞭傷	太十五15及附類福音平行經文；約十九1
耶穌將自己的命運交託給神，接受這是神的旨意所帶來的結果（參四19）	路二十三46；約十九30
耶穌被神立為牧人	可六34，十四27～28 // 太二十六31；參太九36

我們可以說彼得前書所描述耶穌受苦的景象及意義，與福音書所載是一致的，然而我們不能確定的，是彼得是否直

117 Horrell, “Jesus Remembered in 1 Peter?” 127–42.

接取材自福音書傳統或是基於親眼的見證。極可能是來自較早期的耶穌傳統，這也可以說是早期教會所認識、所記憶有關耶穌受苦的傳統。而彼得與福音書的作者不約而同的使用以賽亞書五十三章去理解耶穌受苦、受死的意義；這反映出彼得前書的作者的釋經神學：舊約先知所見證的，正是有關基督的受苦和得榮耀（彼前一 10 ～ 11）。[118]

3.4.5 保羅傳統

彼得前書	羅馬書	相同點
一 14	十二 2	「效法」（*syschēmatizesthai*）
二 6～8	九 32～33	引用以賽亞書八 14，二十八 16
二 13～17	十三 1～7	順服掌權者
二 24	六 11、18	引用申二十一 22～23
三 8～9	十二 16～17	旁索耶穌的言詞
四 10～11	十二 6	「恩賜」（*chrisma*）

彼得前書與保羅書信，特別是帖撒羅尼迦前書、羅馬書、以弗所書和提多書，在用詞和觀念上類同者亦不少，例如彼得前書與以弗所書（弗五 21 ～ 六 9）和提多書（多二 2 ～

118 Merrill C. Tenney, "Some Possible Parallels between 1 Peter and John," in *New Dimensions in New Testament* Studies, ed. R. N. Longenecker and M. C. Tenney (Grand Rapids: Zondervan, 1974), 376–77; Paul J. Achtemeier, "Suffering Servant and Suffering Christ in 1 Peter," in *The Future of Christology: Essays in Honor of Leander E. Keck*, ed. Abraham J. Malherbe and Wayne A. Meeks (Minneapolis: Fortress, 1993), 187.

10)都不約而同的使用了「家居守則」教導信徒。[119] 上述圖表是彼得前書與羅馬書相同之處。

觀乎彼得前書和羅馬書平行的經文，除了引用舊約經文的兩段外，其餘都是勸勉性的說話，因此極有可能是它們都取材自共同的教會傳統。我們不須要好像某些學者所斷言，彼得前書受保羅神學影響，[120] 然而它與保羅在思想上實有不少相通的地方。這包括在救贖論方面，耶穌的死成為人的贖價(彼前一18～19，二24)，信徒透過基督的復活，得到新的生命(彼前一3)；信徒是「在基督裏」(彼前三16，五10、14)；基督徒要與基督一同受苦(彼前四13，五1)，及與基督一同得榮耀(彼前四13，五1、4、10)。此外，還有效法基督(彼前二22～23)。

3.4.6 其他初代教會傳統

在討論彼得前書的取材時(參本章【3.2】)，我們的結論是難以確立彼得前書是與洗禮的儀式有關。縱使彼得前書有使用洗禮或教會崇拜禮儀的資料，整卷書不是洗禮時所傳講的講章，亦並非教會崇拜的禮序。因此這書的體裁不是講

---

119 有關彼得前書使用初代教會的傳統這方面的經典研究，見 Charles A. Bigg, *A Critical and Exegetical Commentary on the Epistles of St Peter and St. Jude*, ICC (2nd ed; Edinburgh: T&T Clark, 1902), 15–22；Selwyn, *The First Epistle of St. Peter*, 363–466。

120 Wermer G. Kümmel, *Introduction to the New Testament*, trans. Howard C. Kee (London: SCM, 1975), 423；亦見 C. Leslie Mitton, "The Relationship between 1 Peter and Ephesians," *JTS* 1 (1950): 67–73；Klyne R. Snodgrass, "I Peter II.1−10: Its Formation and Literary Affinity," *NTS* 24 (1977−78): 97–106。

章或禮序。彼得前書一些經文往往被視作早期教會的詩歌或教理指導，[121]包括一章18至21節，二章21至25節和三章18至22節。這三段都以基督的身分和工作為主題，首段以「知道」，後兩段則以「正如基督/因基督」作開始，似是反映傳統的材料。然而，縱然作者使用了平行體（彼前二24，三18）的表達方式，這並不代表它們原先是詩歌體裁，我們亦無從重構原來的詩歌。[122]雖然這些傳統可能曾用在崇拜之中，但至於是否教理指導，[123]則甚難確定，除非我們能找出教理指導的格式特質，不然便只是猜測，並無實據。就算這些傳統材料的確是來自教會詩歌或教理指導，作者已將這些材料完全融入他的書信之中，為要達成他個人寫此信的目的。[124]

3.4.7 其他猶太典外傳統：昆蘭及以諾傳統

彼得前書除了引用和旁索舊約的經文外，與猶太典外文獻的傳統，也有不少相關的地方。我們不以為彼得前書有直接受昆蘭文獻所影響，但卻反映出他們在觀念上有相近之處。

---

121 參 Achtemeier, *1 Peter*, 22–23。

122 認為彼得前書使用了初期教會的詩歌者，見 Selwyn, *The First Epistle of St. Peter*, 17–18。持完全相反見解的，見 Elliott, *I Peter*, 30–32。

123 大力倡議彼得前書實是使用了教理材料者，見 Selwyn, *The First Epistle of St. Peter*, 18–23, 363–466。

124 有關彼得前書與希伯來書相似的地方及如何理解，見 L. D. Hurst, *The Epistle to the Hebrews: Its Background of Thought*, SNTSMS 65 (Cambridge: Cambridge University Press, 1990), 125–30。

3.4.7.1 昆蘭文獻

雖然彼得前書與死海文獻並沒有直接文學上參照的關係，但他們所陳述的主題：揀選、得潔淨、以他們自己的羣體作為神的殿、以終末的角度詮釋舊約經文、預言的實現、主題式的將舊約經文貫串起來（米大示別沙）、羣體的成員要聖潔、終末時神對不義者的審判及蒙揀選者的拯救、與主流社會出現格格不入的情況、[125] 要有好行為等，[126] 都有相似的地方。以下以羣體為聖殿的例子說明。

昆蘭羣體將他們這社羣（*yaḥad*）視作聖殿。他們看自己是聖潔的羣體（1Q28a 1.12～13）、聖潔的議會（1QS 2.25，5.20；1Q28a 2.9；1QHa 15.10）、聖潔的團契（1QS 9.2），成員是「聖潔的人」（1QS 5.13，8.17、23，9.8）或完全聖潔的人（1QS 8.20）。他們是一羣進入「更新聖約」的人（CD 6.19，8.29），他們中間「公義教師」的教導是具權威性，是從神而來的啟示。正如新約一樣，他們同樣引用以賽亞書二十八章16節，並將他們的社體看作那穩固的根基（1QS 8.5～8；1QH[a] 14.25～27，15.8～9），他們視自己是神的聖殿（並1QS 8.5～10，9.3～6），[127] 他們的獻祭就是他們感恩

---

125 見如 M. Eugene Boring, *1 Peter*, ANTC (Nashville: Abingdon Press, 1999), 40；Sargent, *Written to Serve*, 149–55, 160–63。Robert L. Cavin, *New Existence and Righteous Living: Colossians and 1 Peter in Conversation with 4QInstruction and the Hodayot*, BZNW 197 (Berlin: De Gruyter, 2013), 86–125 比較1QH與彼得前書在主題上相似的地方。

126 Williams, *Good Works in 1 Peter*, 124–32.

127 特別參 Jaap Dekker, *Zion's Rock-Solid Foundations: An Exegetical Study of the Zion Text in Isaiah 28:16*, OTS 54 (Brill: Leiden, 2007), 25–27。有關昆蘭羣體視自己作為聖殿，見 Bertil Gärtner, *The Temple and the Community in Qumran and the New Testament: A Comparative Study in the Temple Symbolism of the Qumran Texts and the New Testament*, SNTSMS 1 (Cambridge: Cambridge University Press,

的禱告（如 CD 11.20～21；1QS 9.4～5，10.6；4Q174 1 i 6～7）。這與彼得前書的看法不無相似的地方。但這不一定代表彼得前書受昆蘭文獻的影響。[128]

不過，它們之間亦不乏相異之處。[129] 例如，昆蘭羣體仍渴望將來末世實體聖殿的建立，他們中間不是所有成員都是祭司，而且他們認為自己的獻祭能發揮救贖的功效。彼得前書則將基督看為是那基石，所有信徒都是祭司，都可以獻上靈祭，他們的獻祭並沒有救贖功效。[130] 沒有證據顯示新約是受昆蘭羣體思想所影響。可以說昆蘭羣體和新約是不約而同地發展出以他們的羣體為聖殿的觀念。

3.4.7.2 以諾和挪亞傳統

雖然以諾和挪亞都是創世記中的人物，然而我們沒有在西奈傳統中討論他們，原因是他們在後期天啟的傳統（被擄後）中的角色特殊，而且兩者在猶太的偽經典籍中經常一併

1965) 經典之作。晚近的討論，見 Andrew M. Mbuvi, *Temple, Exile and Identity in 1 Peter*, LNTS (London: Bloomsbury T&T Clark, 2007), 2–4, 53–59；Eyal Regev, "Community as Temple: Revisiting Cultic Metaphors in Qumran and the New Testament," *BBR* 28 (2019): 604–31。

128 持這觀點，David Flusser, "The Dead Sea Sect and Pre-Pauline Christianity," in *Aspects of the Dead Sea Scrolls*, ed. Chaim Rabin and Yigael Yadin, ScrHie 4 (Jerusalem: Magnes Press, 1958), 235。

129 參如 Mbuvi, *Temple, Exile and Identity in 1 Peter*, 92–95；Lutz Doering, "'You are a Chosen Stock...': The Use of Israel Epithets for the Addressees in First Peter," in *Jewish and Christian Communal Identities in the Roman World*, ed. Yair Furstenberg' AJEC 94 (Leiden: Brill, 2016), 262–63。

130 Katie Marcar, "Building a Holy House: Identity Formation in the Community Rule, 4QFlorilegium and 1 Peter 2.4–10," in *Muted Voices of the New Testament: Reading in the Catholic Epistles and Hebrews*, ed. K. M. Hockey and M. N. Pierce and F. Watson, LNTS 587 (London: Bloomsbury T&T Clark, 2017), 41–54.

出現。[131]

3.4.7.2.1 三章 18 至 22 節：基督在靈裏向陰間的惡靈宣告祂的得勝

彼得前書三章 18 至 22 節明顯反映天啟傳統中以諾的角色。[132] 他曾遠升至天堂（參創五 24），看到天界中隱祕的事。根據《以諾一書》（*1Enoch*）的〈守望者篇〉十八至十九章（寫成於公元前二至三世紀），神的兒子（指天使）觸犯了神的律例，僭越天使與人類的界線，與人類的女子結合（見創六 1～4）。這些天使稱為「守望者」（watchers），他們的首領閃密哈煞（Šemihazah）帶引了二百個天使，戀慕人間美麗的女子，降臨在黑門山，娶了這些女子為妻，生下巨人（*něphîlîm* / *hoi gigantes*）。另一叛逆天使的首領亞撒勒（*Azâzêl* / *Asa'el*）將不應授予人類知道的資料洩漏，當中主要是冶金和採礦的知識，結果人通曉了如何煉造金屬以製造武器作為戰爭之用，於是暴力事件不斷發生（《以諾一書》6～16）。那些巨人彼此殺

---

131 Andrei A. Orlov, *The Enoch-Metatron Tradition*, TSAJ 107 (Leiden: Brill, 2005), 305–06。George W. E. Nickelsburg, *1 Enoch 1: A Commentary on the Book of 1 Enoch, Chapters 1–36; 81–108,* Hermeneia (Minneapolis: Fortress, 2001), 86 指出彼得前書與《以諾一書》有相似的天啟世界觀，相信末世和終末審判已臨近。除了彼得前書三章 18 至 20 節引用以諾的傳統外，他亦列出《以諾一書》108 與彼得前書平行的地方（頁 560）。另 Duane F. Watson, "Early Jesus Tradition in 1 Peter 3.18–22," in *James, 1 & 2 Peter, and Early Jesus Traditions*, 163–65。

132 這已是近代學者的共識，見經典的著作 W. J. Dalton, *Christ's Proclamation to the Spirits: A Study of 1 Peter 3:18–4:6* (Rome: Pontifical Biblical Institute, 1965), 166–171。有關猶太天啟傳統中對創世記六章 1 至 4 節墮落天使的解釋，也見於《禧年書》、死海文庫；斐羅亦可能得悉有關的以諾傳統，特別參 Loren T. Stuckenbruck, *The Myth of Rebellious Angels: Studies in Second Temple Judaism and New Testament Texts*, WUNT 335 (Tübingen: Mohr Siebeck, 2014)比較這些不同著作中對墮落天使這以諾傳統在解釋上的異同。

害，他們死了之後變為污靈，最終帶給人類洪水的災難，並最後的審判。根據以諾的傳統，他們被監禁在囚牢裏（《以諾一書》10.4～6、13，13.1～2，18.14，21.6、10），直至終末的大審判，盡將他們消滅。以諾在異象中飛升天界，向這些邪惡的天使宣告他們的滅亡（《以諾一書》12～13，14.2～6，15～16）。《以諾二書》（成書於公元一世紀，70 年聖殿被毀之前），[133] 這囚牢置於第二重天（7.1～3）。[134] 若彼得前書三章 19 節「在監獄裏的靈」是指被綑鎖的天使，而非陰間中已死的人，則基督復活後（彼前三 18，不是死了埋葬後）並非傳福音給已死卻未信的人，或舊約的信徒，或是在挪亞時期的人，而是在天上監禁墮落天使的地方，宣告祂的得勝。[135] 宇宙間沒有任何力量、權勢不在基督的掌權之下，他得勝死亡和一切的邪惡。作者似乎是假設了讀者熟悉以諾在天啟傳統中的描述，耶穌在靈裏進到天界，並宣告他的得勝。這對信徒來說意義重大，基督是那位主宰一切的，祂是會為信徒平反的那一位，公義最終得到彰顯（見下文【3.5.2.2.1〔3〕】）。

3.4.7.2.2 三章 20 節下至 22 節：挪亞拯救的預表

在小亞細亞弗呂家（Phrygia）的亞比米亞（Apamea）這商

---

133 特別參 Christfried Böttrich, "The 'Book of the Secrets of Enoch' (2 En): Between Jewish Origin and Christian Transmission. An Overview," in *New Perspectives on 2 Enoch: No Longer Slavonic Only*, ed. Andrei A. Orlov and Gabriele Boccaccini (Leiden: Brill, 2012), 52–57; Orlov, *The Enoch-Metatron Tradition*, 320–33 的討論。

134 這傳統在大公書信中，出現於彼得前、後書和猶大書，見 E. F. Mason, "Watchers Traditions in the Catholic Epistles," in *The Watchers in Jewish and Christian Traditions*, ed. Angela K. Harkins, Kelley Coblentz Bautch, and John C. Endres (Minneapolis: Fortress: 2014), 69–79。

135 詳細的釋經，可參張永信、張略：《彼得前書》，頁 294–318。

業古城（建立於公元前三世紀），發現有一系列公元二至三世紀刻有挪亞和方舟景象的銅錢，這是惟一刻有聖經情境的古代銅錢。這城在公元前一世紀已有不少猶太人聚居（參約瑟夫〔Josephus〕：《猶太古史》〔*Antiquities of the Jews*〕12.3.4）。有當地的傳統認為挪亞方舟就是停於附近的亞拉臘山（《西卜神諭篇》1.320～40；參創八 4）。無論這些公元二世紀出現的錢幣是受猶太教還是基督教人士的影響，[136] 洪水的故事可能早已於當地存在，[137] 令這傳統得到當地人的接受。彼得前書使用挪亞洪水這預像更能與當地的信徒在文化上有更好的聯繫。

彼得前書於此透過以諾傳統宣稱升天的基督戰勝一切的邪惡，掌有天上地下一切所有的權柄。這裏作者使用挪亞洪水作為基督徒洗禮的預像。[138] 艾理略將三章 20 至 21 節這預表的平行列出如下：[139]

三章 20 節下	三章 21 節
不多（*oligoi*）	你們（*hymas*）
得救（*diesōthēsan*）	洗禮，現在……拯救（*nyn sōzei baptisma*）
藉著水（*di hydatos*）	藉著耶穌基督復活（*di anastaseōs Iēsou Christou*）

136 見 Peter Thonemann, *The Maeander Valley. A Historical Geography from Antiquity to Byzantium* (Cambridge: Cambridge University Press, 2011), 88–93, 117 的討論。

137 見Ute Kelp, "Grace Monuments and Local Identities in Roman Phrygia," in *Roman Phrygia: Culture and Society*, ed. Peter Thonemann (Cambridge: Cambridge University Press, 2013), 89 有關當地的洪水神話。

138 三章 20 下至 21 節這段經文在文法上相當複雜，見 Elliott, *1 Peter*, 666–82；Jobes, *1 Peter*, 252–54。

139 Elliott, *1 Peter*, 669.

這裏的預表關涉兩次拯救的事件，一次是藉著洪水而得救的挪亞一家八口，另一次是藉著耶穌基督復活而拯救受信人的水禮。前者是預表，為後者提供了範式；後者是實體，是前者終末的實現。這水禮的有效性建基於耶穌的復活（彼前三21）及升天（彼前三22），即基督的得勝掌權（彼前三18～20上），信徒的生活方式，要與他們所接受的水禮所要表達與神在立約關係中應有的責任，就是「在神面前有無虧的良心」，而不是禮儀上「除掉肉體的污穢」（彼前三21）。

在新約中，只有在這裏使用挪亞一家經過洪水的得救，作為基督救贖新約神子民的預表。再一次我們見到作者如何以基督的事件去重新解讀這些猶太的傳統，包括那去到被囚禁之靈的地方的不是以諾，而是基督，且宣告他自己的得勝。

3.5 彼得前書的神學主題

彼得前書的寫作目的，一方面是要強調信徒在神面前是蒙召神子民尊貴的身分；另一方面，信徒在今世卻好像被邊緣化的客旅，像當代猶太人一樣仍活在大流散之下，他們要如何活出作為神子民應有的樣式，特別在面對要為信仰而受苦的情況下，信徒如何仍可以忠於神。彼得前書所呈現的，是一個有別於當代試圖以羅馬帝國（君王）為中心而建立的世界，卻是環繞神和基督為中心的世界觀。[140]

---

140 見 Wei Hsien Wan, *The Contest for Time and Space in the Roman Imperial Cults and 1 Peter* (London: T&T Clark, 2020)。

3.5.1 立約的神：父神、基督與聖靈對人類的救贖

在我們討論一章2節如何使用舊約的傳統時（參上文【3.4.3.2〔1〕】）已指出作者如何透過三一神的公式，說明讀者得著蒙揀選者和寄居者雙重身分的方法及目的，並作者使用了舊約耶和華與以色列民在西奈山的立約公式，說明神與新約的信徒之間有立約的關係。不只如此，一章3至21節再以父神、基督和聖靈的不同組合去說明神的救贖工作：

一3～7 ：父神＋基督，帶來新生和盼望
一8～12 ：聖靈＋基督，帶來啟示和傳揚
一13～21：父神＋基督，帶來救贖和成聖

一如雅各書使用利未記十九章教導信徒應如何生活，彼得前書使用利未記十九章2節說明讀者要過聖潔的生活，因為他們與神之間有立約的關係。

3.5.1.1 接受敬拜的父神：祂是決策者及拯救者、創造者及審判者

父神是信徒敬拜的對象，[141] 祂是那位值得稱頌和宣揚的神（彼前二9），信徒是藉著耶穌基督向神獻上所悅納的靈祭（彼前二5）。

---

141 有關舊約和第二聖殿時期以神為父的觀念，參 Svetlana Khobnya, *The Father Who Redeems and the Son Who Obeys: Consideration of Paul's Teaching in Romans* (Cambridge: James Clarke, 2014), 19–44, chapter 2: "God the Father in Jewish Tradition"。有關以神明為父的希羅背景，參 Keener, *1 Peter*, 100–04。

(1)父神作為宇宙的決策者及拯救者：神對這宇宙的整個計劃始於創造之前，基督是創造這世界以前，預先被神所知道的(彼前一20：*prosegnōsmenou*)。[142] 基督來到世上，被人所棄(彼前二7)，祂的受苦而釘身十架(彼前二24)，成就了救贖(彼前一18)，祂的血是立約的血，祂就好像立約的祭牲一樣(彼前一2)，這也是根據神的預知，在歷史中得到實現(彼前一20；參徒二23)。信徒蒙揀選，也是建基於父神的先見(彼前一2：*prognōsin*)。基督和信徒蒙揀選都是基於神的預知，這並不只是說神預先知道事情是如何發生而已，而是這是根據神主權的意旨，是祂永恆計劃和目的的實現(參羅八29～30)。這代表基督的受苦和得榮耀，及信徒作為客旅和寄居者的身分面對苦難及接受最終的榮耀，也同樣是出於神的先見。神永恆的意旨是不受任何歷史中偶發事件所影響或阻擋的。甚而信徒在今世面對著不信的人的排斥，要面對苦難(彼前一6；參五9下)，也是在神的計劃之內的(彼前二8)。[143] 這是信徒可以得安慰和堅固的基礎(彼前五9～10)。

施賴納(Thomas R. Schreiner)認為這裏「預知」應從希伯來對「知識」這觀點去理解。在立約的關係中，「知道」是代表耶和華對祂子民那種立約的愛(參創十八17～19；耶一5；摩三2)。根據羅馬書十一章2節，神所預知的子民，祂是不會棄絕的；與棄絕相反的，正是蒙揀選和蒙愛的。這表

---

142 在新約中，這字的名詞出現了兩次(徒二23；彼前一2)，相關動詞則出現了五次(*proginōskō*；徒二十六5；羅八29，十一2；彼前一20；彼後三17)。

143 原文 *ei deon*(彼前一6；「若有需要」。編按：《新標點和合本》譯為「但如今」)可視為神計劃中需要如此。

明那些所預知和被揀選的，就是天父對他們有立約的慈愛的人。[144] 在祂的預知中，也有人是因不信而拒絕基督，這不信服正是他們跌倒的原因（彼前二 7～8）。在整個救贖的計劃中，神是那主動的啟動者，為了達成祂自己的旨意，祂有既定的目的，也有完成的方法。

（2）父神作為宇宙的創造者及審判者：神是宇宙的造物主（*ktistēs*；彼前四 19），人類是祂所造的（*anthrōpinē ktisei*；彼前二 13，見下文【3.5.4.2.2】）。祂是祂所建立的道德世界最終的審判者，所有人最終都要在祂面前交帳（彼前四 5），祂會按各人的行為審判各人（彼前一 17）。[145] 祂是信實的（*pistos*；彼前四 19），祂的審判也是公義的（*ho krinontos dikaiōs*；彼前二 23）。父神是基督所信靠（彼前二 23），亦是信徒應該信賴的（彼前四 19）。基督本是義的，卻為別人的罪而死於十架，且從死人中復活，並宣告祂的得勝，坐在神的右邊（彼前二 22、24，三 18～19、22），這都是要表明神為基督平反了，叫公義得到保證和伸張。

叛逆的天使被囚禁、[146] 洪水審判，都表明神不會顧惜那些犯罪的，卻會拯救義人，就好像挪亞和他一家八口一樣（彼前三 19～20）。地上人的審判並非終極的（參彼前二 12，四

144 Thomas R. Schreiner, *1, 2 Peter, Jude: An Exegetical and Theological Exposition of Holy Scripture*, NAC 37 (Nashville: Broadman & Holman, 2003), 53–54。亦見 Martin Williams, *Doctrine of Salvation in the First Letter of Peter*, SNTSMS 149 (Cambridge: Cambridge University Press, 2011), 54。

145 有認為四章 19 節正是將神作為宇宙的創造主，以及羅馬看自己是城市的創建者作對比，信徒是在這創造主的建造、保護和審判之下，並以此對比羅馬的建造、保護和審判；Green, *1 Peter*, 161。

146 根據 Dalton, *Christ's Proclamation to the Spirits*, 159，在古代，審判之前往往先將疑犯囚禁，而不是審判後才可囚禁。

3），到了終極審判之日，就是神鑒察的日子來臨之時（彼前二12；參一17），[147] 也是基督第二次顯現的時候（彼前一7），那從神而來的裁決才是終極的。那些蒙神揀選的義者，必然會得到生命（彼前四6）及最終的榮耀（彼前一7，四1、4，五6）。神是那掌管歷史的主。

（3）父神的憐憫、公義、恩典，和能力：神是那位慷慨施恩的主（benefactor，或作善長），是照祂的憐憫，叫人得到「重生」（彼前一3），因著祂的公義，義人得以復活得生（彼前二23～24），因祂的能力，信徒得著保守（彼前一5），祂大能的手阻擋驕傲的人，叫謙卑的得以高升（彼前五5～6；參三13），是祂所賜的恩賜叫人得以彼此服侍（彼前四10），祂是那顧念人的主（彼前五7），最終是祂叫人得以成全、堅立、得力和鞏固（彼前五10）。

3.5.1.2 父神與蒙揀選的基督

一章3節稱神為主基督耶穌的父神，表明基督耶穌是父神的兒子。基督是神在創世已先所預知的（彼前一20），祂是父神所立為主的（彼前一3，三15：*kyrios*；參三22）。當彼得引用以賽亞書二十八章16節時，將這蒙揀選的「活石」等同於舊約的耶和華（參上文【3.4.3.3〔1〕】），他是蒙神所揀選的、所寶貴的（彼前二4）。基督是舊約以賽亞先知所描繪的耶和華的僕人（彼前二22～24；參賽四十二1），他是羣羊的牧人（彼前二25；參結三十四15～16，23～25、31，

147 有關「鑒察的日子」的舊約背景，見張永信、張略：《彼得前書》，頁208–09。

這牧人是耶和華，也是耶和華的僕人)，也是那要救贖神子民的彌賽亞，父神要透過祂帶來新的出埃及，成就以色列的復興。

3.5.1.3 聖靈與基督的第一次顯現

彼得指舊約先知們「努力尋求考察，就是考察是誰並在甚麼時候，基督的靈在他們中間所指出的，就是預言基督受苦難，後來得榮耀。」(彼前一 10～11；編按：作者自譯)[148] 透過基督的靈，舊約的先知們將有關基督來臨的事在聖經中記載了下來。[149] 這裏稱聖靈為基督的靈(參羅八 9)，[150] 正是要強調這啟示的焦點是基督。到了新約彼得的年代，也是藉著這從天上差來的聖靈，將福音傳給當代的人，這福音的內容，正是關乎這已臨的基督，包括祂的受死和得榮耀，對信徒的重要(彼前一 12)。[151] 是這信徒所相信的福音之道，使他們能得以重生，有永遠的生命(彼前一 22～23)。這裏強調了聖靈不只是基督來臨之前，那啟示父神關乎基督救恩計劃的

---

148 有關這翻譯，詳見張永信、張略：《彼得前書》，頁 117–20。

149 蕭溫(Selwyn)認為這裏是指新約的先知，但他的理解不為大多數學者所接受，參張永信、張略：《彼得前書》，頁 114–15。

150「基督的靈」這詞多次見於早期教父的著作，如《革利免二書》17.4、伊格那丟的《致馬內夏人書》(*To the Magnesians*)8.2、《巴拿巴書信》5、《黑馬牧人書》〈比喻篇〉9.12。沒有證據顯示作者這裏是指基督的先存性，如 Hanson, *The Living Utterances of God*, 141。

151 這裏我們不將彼得前書三章 18 節「按著靈」(*pneumati*)看為基督藉著聖靈從死人中復活(如 Achtemeier, *1 Peter*, 253)，正如羅馬書八章 11 節所言的，因這樣理解會使上句「按著肉體」(*sarki*)作工具性的用法，在解釋上不太可能，而是將肉體和靈看作兩種存在的領域(如 Davids, *The First Epistle of Peter*, 136–37；Jobes, *1 Peter*, 240–42)；並將三章 19 節(《和合本》譯作「藉這靈」〔*en ho* =「在此」〕)看為是時間上的用法，即按時序，基督死、復活，然後在復活後去到靈體被囚的地方，最後是上到天堂(三 22)，見 Jobes, *1 Peter*, 242–43。

靈，[152] 也是基督來臨後叫人認識基督背後的力量，體認救恩實現的靈。

3.5.2 基督與神子民羣體的身分與使命

在彼得前書，一方面講述在神的計劃中，祂定意揀選和呼召一羣屬祂的子民；另一方面，強調基督的身分和工作與神子民的身分和使命有不可分割的關係。神子民的羣體是藉著基督、在基督裏而有的身分，並去履行他們的使命。

3.5.2.1 蒙神揀選屬神的子民

正如在舊約的時候，神揀選以色列，新約神的子民是基於父神的憐憫（彼前一 3；參申七 7～8；羅四 4～5，九 14～18），並不是基於任何他們所作的而得蒙揀選。這並非一個個人的觀念，而是一個羣體的觀念。[153]

彼得前書亦使用了舊約對以色列是蒙神所揀選的身分和使命，去描述新約神子民的身分和使命。[154] 這包括在一章 2 節使用的立約公式（參上文【3.4.3.2〔1〕】），一章 15 至 17

---

152 有認為這裏反映出基督在成為肉身之前的活動，見 Paul J. Achtemeier, "The Christology of 1 Peter: Some Reflections," in *Who Do You Say That I Am? Essays on Christology in Honor of Jack Dean Kingsbury*, ed. Mark A. Powell and David R. Bauer (Louisville: WJK, 1999), 146。

153 見如 A. Chadwick Thornhill, *The Chosen People: Election, Paul and Second Temple Judaism* (Downers Grove: IVP Academic, 2015)；W. A. Elwell, "Election and Predestination," in *Dictionary of Paul and His Letters*, ed. G. F. Hawthorne, R. P. Martin and D. G. Reid (Downers Grove: IVP, 1993), 227。

154 有關彼得前書與舊約及昆蘭文獻對蒙揀選在觀念上的異同，可參 Ellen J. Christiansen, "Election as Identity Term in 1 Peter With a View to a Qumran Background," *SEÅ* 73 (2008): 39–64。

節所載他們要分別為聖（參上文【3.4.3.2〔2〕】），二章9至10節引申了出埃及記十九章5至6節等對舊約以色列的描述，應用在新約神子民的身上（參上文【3.4.3.3〔1〕】，下文【3.5.3.1.2】）。發生在他們身上的是新的出埃及，也是以色列的復興。這是透過那蒙揀選（彼前二4）的基督的死亡、復活和得榮耀而達成的，叫信徒的信心和盼望，都在於神（彼前一21）。誰是蒙揀選的，就是那些憑著信心和盼望堅持到底的。這裏一方面強調了他們尊貴的身分，然而從出埃及記的角度去看，他們卻是在離開埃及進入西奈的曠野路，在地上作為客旅和寄居的。[155] 就算是以色列民已進入應許地，他們仍要緊記他們是客旅和寄居的（利二十五23）。

3.5.2.2 透過基督的蒙揀選而成為蒙揀選的子民

新約神子民得蒙揀選，是透過蒙揀選的基督耶穌，才得以實現的。作者將舊約以色列作為蒙揀選神子民身分的特性，全然用在新約神子民的羣體身上（見上文【3.4.3.3〔1〕】）。不是新約神的子民除消或取代了舊約神的子民，而是舊約對新的出埃及和以色列復興的應許，透過基督的來臨，得以應驗。這蒙揀選的基督、這耶和華的僕人，帶來這蒙揀選和神僕人的羣體。基督是蒙揀選的活石，是神所寶貴的（彼前二3～4），同樣神子民羣體也是活石（彼前二5），信徒也是寶貴的（彼前二7；參一7）[156]。透過基督所成就的，

155 Mbuvi, *Temple, Exile and Identity in 1 Peter*, 31.

156 有關二章7節的理解，見張永信、張略：《彼得前書》，頁188；另參《新漢語譯本．新約全書》（香港：漢語聖經協會）之翻譯。

包括祂無辜的受害（彼前一 19 下），受苦（彼前二 24，三 18），在十架上受死（彼前二 24），並從死人中復活（彼前一 3、21，三 18），並且宣告祂的得勝，進入天堂，現今在父神的右邊（彼前三 19、22），得到榮耀，這都是按照父神的旨意而成就。基督叫神的子民與祂聯合（彼前五 14：「在基督裏」）：基督的遭遇與運命也與新約神子民的遭遇與命運不可分割。

3.5.2.2.1 活在基督的救贖、復活和得勝之下

（1）基督的救贖：神子民的新自由：彼得前書首兩段以舊約經文去詮釋基督工作的經文（彼前一 18～20，二 22～25），都是關乎基督的受苦和受死的。新約神的子民得以從罪中得到自由，能「脫去你們祖宗所傳流虛妄的行為」（彼前一 18，參一 14 下，二 16 上），被分別出來成為聖潔（彼前一 2、15～16；參二 5、9）。透過基督作為耶和華的僕人的受苦和犧牲，神子民也同樣是神的僕人（彼前二 16 下），服在父神和基督之下（彼前一 2，二 13 上），敬畏神，熱心行善，藉著耶穌基督，將榮耀歸予父神（彼前四 11）。

（2）基督的復活：神子民的新生命：父神是藉著耶穌基督復活，叫神子民得到了重生（彼前一 3）。「重生」（*anagennein*）這措辭和觀念，可能是受耶穌在約翰福音三章有關「從上而生」的講話所影響。[157] 作者於此表達了新約神子民不只與父神

---

157 見 Robert H. Gundry的兩篇論文：“‘Verba Christi’ in 1 Peter: Their Implications Concerning the Authorship of 1 Peter and the Authenticity of the Gospel Tradition,” *NTS* 13 (1967): 338–39；及“Further *Verba* on ‘Verba Christi’ in 1 Peter,” *Biblica* 55 (1974): 218–10。另 G. E. Okeke, “ANAGENESIS (Rebirth) in the New

建立了新的關係（彼前一 17），而是父神新的創造，成為神家裏的成員（彼前四 17）。

基督的復活，叫他們有活潑的盼望（彼前一 3），叫神的子民也成為活石被建成為屬靈的家／殿（彼前二 4～5）。正如舊約以賽亞書所應許的，這新的創造是由神的道帶來的（彼前一 24～25；見上文【3.4.3.2〔4〕】），耶穌基督的福音正是這永活長存的道（彼前一 23），帶給他們永不磨滅的盼望，直至這救恩完全實現之日。

這新的創造、新的生命，是在一個不斷成長的過程之中，作者鼓勵信徒既經歷救主恩惠的美善，便應把握機會，繼續的長大成熟，更透徹的體察這救恩的豐富（彼前二 2～3；參上文【3.4.3.4〔3〕】）。

（3）基督的得勝：神子民的現在與未來：彼得前書三章 17 至 22 節是彼得前書第三段詳論基督工作的經文，引用猶太以諾傳統中有關墮落天使（創六 1～6）的被囚，等候終極的審判（參上文【3.4.7.2〔1〕】）。基督的死而復活，說明祂勝過死亡，不但如此，祂亦勝過邪惡的權勢，得著神的榮耀（彼前一 21；參四 13）。根據以諾傳統，這些墮落的天使是邪惡的源頭，基督已勝過一切敵對悖逆神的權勢（這些權勢是要削弱神在宇宙中的絕對權力），祂的得勝是普世宇宙性的。這與保羅對基督復活得權柄的看法是一致的（腓二 9～11；弗一 20～21；西一 15～20，二 15）。祂已擁有一切所有的權柄（參太二十八 18），並會再來，也是祂榮耀顯

Testament," *Africa Theological Journal* 17 (1988): 90–93；Jobes, *1 Peter*, 83。

現的時候（彼前四 13），帶來終極的審判（彼前四 17）。[158] 這要成為信徒在患難中的確據，基督最終會叫他們得到平反，可以靠著神活過來（彼前四 6）。基督的復活和升天得著權柄，是他們復活的保證，並在終極審判時，賜給他們最終的榮耀（彼前一 7，五 1、10）。這是屬於神在基督裏的信徒的結局。

就是現在，信徒都在這位得勝的主的照管之下。基督是那牧長，是那監督照管他們的牧人（彼前二 25；五 4；參上文【3.4.3.3〔2〕】），叫他們現在有力量面對苦難的挑戰。

3.5.2.2.2 神的子民是活在基督裏：與基督聯合的生命

在新約中保羅書信以外，彼得前書是惟一使用「在基督裏」（*en Christō*〔3x〕）去表達信徒身分的書卷。五章 14 節簡單地稱讀者為「在基督裏的人」，正好回應一章 1 節所言讀者是蒙揀選的。五章 10 節指出這揀選和呼召，是「在基督裏的」，而信徒的行事為人要有的善行，也是「在基督裏的」（彼前三 16）。貝斯（Ernest Best）認為彼得使用「在基督裏」是要指出神救贖人的行動是透過基督而得以實現，並且神子民「在基督裏」得蒙揀選，指他們被揀選進入與基督的團契之中。[159] 基督既是蒙揀選的，信徒因祂救贖之功，得以進入這救贖的團契之中，同樣是得蒙揀選的（參上文【3.5.2.2】）。這裏也可能好像哥林多後書五章 17 節所表達的，信徒「在基督

158 參 Wan, *The Contest for Time and Space in the Roman Imperial Cults and 1 Peter* 透過時間和空間的概念，對比基督與奉為神明的羅馬君王。

159 Ernest Best, *I Peter*, NCBC (Grand Rapids: Eerdmans, 1971), 134.

裏」是神新的創造，這新的創造所反映的，正是基督的模樣（參羅八 29；林後三 18）。

(1)以基督為榜樣作神的僕人：透過以賽亞書五十三章，作者描述基督是耶和華的僕人，是一位受苦的義僕（彼前二 22～25；見上文【3.4.3.3〔2〕】），祂為義受苦要成為活在基督裏的神子民的榜樣，叫他們跟隨祂的腳蹤行（彼前二 21）。與以賽亞書四十至五十五章所描述的耶和華的僕人相似，彼得前書指出神的子民得贖以致得以自由，便成了神的僕人（彼前一 18，二 16），他們承擔著見證上主美德的任務（彼前二 9；參三 15）。彼得前書二章 22 至 25 節使用以賽亞書耶和華的僕人去闡釋基督他作為神的僕人，叫讀者以祂為榜樣，並倚靠祂去作為神的僕人。

基督作為耶和華的僕人為罪受苦，是有救贖性（彼前一 18～19），雖然信徒在這方面與基督有分別，但他們蒙召，也是要為罪受苦（彼前二 21：「你們蒙召原是為此」）。基督將自己獻上為贖罪祭，同樣信徒是藉著耶穌基督獻上神所悅納的靈祭（彼前二 5），這祭包括了信徒作為耶和華僕人為罪受苦，以及在基督裏所作的一切善行（彼前三 16）。好像基督一樣，這「在基督裏」的羣體，是那復興的以色列，她要成為外邦人的光（賽四十二 6；見彼前二 9）。

(2)一同受苦、一同得榮耀(彼前四 13)：苦難（*pathēmata*；複數）這名詞在彼得前書首次出現於一章 11 節（參林後一 5；腓三 10；來二 9、10）。這名詞在新約中出現了共十六次，在彼得前書出現的次數最多，共四次（彼前一 11，四 13，五 1、9），其中一章 11 節和五章 1 節都單是指基督的受苦。受苦（*paschō*）這動詞在新約中出現了共四十次，在彼得前書出現的次數同樣最多，共十二次。其中二章21、23節、三章18節和四章1節都是指基督的受苦。將基督受苦與信徒受苦連起來的，見於二章20至21節、三章17至18節及四章1至2節，最清楚的說法是四章13節：「你們是與基督一同受苦」。

一章11節也是首次將基督受苦與得榮耀放在一起：「基督受苦難，後來得榮耀（*doxas*；複數）」；「得榮耀」指基督的復活（彼前一3，三18）、升天（彼前三19、22）、宣告得勝（彼前三19）及坐在神的右邊（彼前三22），並祂的最終顯現（彼前一13，四13，五4）。將苦難和榮耀這兩個主題相連的，見於四章13、14、16節，及五章1、10節（參彼前一6～7）。對信徒而言，他們在世上是與基督一同受苦（彼前四13；參一6），然而不只是到了將來我們才可以得到榮耀（彼前一7，五4、10），因而歡喜快樂（彼前四13；參一6～7）；甚而在苦難當中，他們因著耶穌基督的受苦和得著榮耀，可以藉著耶穌基督，將榮耀歸予神（彼前四11、16）。因此，在受苦時，他們不要以為羞恥（彼前四14、16），相反地，就在苦難中神榮耀的靈住在他們中間（彼前四14），顯示他們是神的殿（彼前二5），是屬神的聖民（彼前二9），是神的家（彼前四17），信徒得著了這榮耀尊貴的身分（參彼前二7）。

現世的世界與將來要顯現的世界是全然不同的，將要來的是不能朽壞、不能玷污和不能衰殘的（彼前一4）。現在信徒極可能要面對從未信的人而來的排斥和迫害，帶給他們苦難和羞辱，然而基督的受苦和得榮耀（彼前一11～12）已為在基督裏的信徒確定了他們的終極命運，就是要得享永遠的榮耀（彼前五 10；參五 4）。

3.5.3 神子民這新羣體的特質

神子民是屬於神的，這正是立約關係中一個重要的觀念。他們相信和忠於那位立約的主，是一個新的族羣。神的子民是神家的成員，以神為父，成員間彼此為弟兄姊妹，彼此相愛與互相服侍。他們也是聖殿，有神的同在，並且也是聖殿中供職的祭司，向神獻上靈祭。

3.5.3.1 與神立約的信徒

3.5.3.1.1 相信父神和耶穌基督的人

二章 7 節的「信的人」（*hoi pisteuontes*），是出自以賽亞書二十八章 16 節（彼前二 6），這是在公元一世紀對耶穌的追隨者最普遍的稱呼。[160] 他們所信的既是那位創造和審判的、叫基督從死裏復活並得榮耀的主（彼前一 21），也是那位成就救贖之功的主耶穌基督（彼前一 18），他們的特質就是「作順命的兒女」（*tekna hypakoēs*；彼前一 14），服從（*hypakoē*）那真理的道和耶穌基督（彼前一 2）。對比於他們的，是那些「不信的人」（*hoi apistouontes*；彼前二 7），他們「不順從」（*apeithountes*）真道（彼前二 8）和神的福音（彼前四 17），他們是「不敬虔和犯罪的」（彼前四 18；參一 18，四 3）。這些不服從的人，會和那些不服從的墮落天使一樣

---

160 Paul Trebilco, *Self-Designations and Group Identity in the New Testament* (Cambridge: Cambridge University Press, 2014), 94.

（彼前三19），面對終末審判刑罰的厄運（彼前四5、18；參二12）。

3.5.3.1.2 被揀選的族類、君尊的祭司、聖潔的國度、屬神的子民（彼前二9）

二章9至10節引申了出埃及記十九章5至6節等對舊約以色列的描述，應用在新約神子民的身上（參上文【3.4.3.3〔1〕】）。信徒是蒙神所揀選的（參上文【3.5.2】），是一個「族類」（*genos eklekton*）；「族類」一般指同一血源的種族。以賽亞書四十三章20節稱以色列民為「我所揀選的族類」（LXX: *to genos mou to eklekton*），彼得將這稱謂用在新約信徒身上，不管他原來是出於哪種血源種族，因為血源再不是用作定義神子民身分的元素，而是這人是否蒙神所揀選的。他們亦是有君尊的祭司（見下文【3.5.3.3】）、聖潔的國民（*ethnos hagion*）。他們是聖潔的，因藉著聖靈的潔淨（*hagiasmos*），蒙基督的血所灑（彼前一2），是神所分別出來的，要在生活和行事上成為聖潔的（彼前二15～16）。他們也是屬神的子民，可看作「成為特別擁有的子民」。雖然全人類都是神所創造，可以說都是神所擁有的，這裏可能是要強調神對祂子民特別的關切，也強調了神子民與立約的神之間獨特的關係。

在《七十士譯本》中，「子民」（*laos*）一般是用於以色列民（如出五23；利二十六12；申七6）；「國民」（*ethnos*；經常是複數）經常用於列邦（如出三十四24；利十八24、28；申七6～7），有用於以色列民（出一9；利二十2；民十四12）；「族類」（*genos*）也有用在以色列民身上（出一9；利二十17；書四4），在第二聖殿時期的著作，更普遍地使用這字在猶太人身上。[161] 彼得前書將這些全用在新約信徒的身上，這不代表信徒將原有出生的種族身分抹去，而是信徒理解他們作為一個新的獨立的族羣。縱然他們來自不同的種族、階層和文化，他們都可以團結起來成為一個族羣。彼得前書可以說是其中最早的著作，以這種方式定義信徒的身分，他們是一個族類、一個國民、一個子民。[162] 他們源於父神的揀選，藉著耶穌基督與神立約；他們接受同一個福音（彼前一 12、25），領受洗禮（參下文【3.5.3.1.3】），有共同的道德願景，也擁抱共同的終末盼望。

3.5.3.1.3 經過水禮與神立約的子民

挪亞經過洪水而得著拯救的意象，成為相信的人的象徵（彼前三 21～22；見上文【3.4.7.2〔2〕】）。他們藉著基督的死和復活，透過水禮，進入與神的聖約之中。神與神的子民之間有立約的關係（彼前一 2；參上文【3.4.3.2〔1〕】）。好像舊約以色列民一樣（利十九 2），新約神的子民要聖潔（彼前一 16～17），他們的聖潔是建基於神自己是聖潔的。他們要以效法神的方式，活出這種聖潔的生活。這也表示他們要效法基督（彼前二 21～24）。這代表他們要對神忠誠，活出

161 特別參 David G. Horrell, "'Race', 'Nation', 'People': Ethnic Identity-Construction in 1 Peter 2.9," *NTS* 58 (2012): 125–30 針對這三個字詞在舊約、第二聖殿時期猶太典籍（如《猶滴傳》（*Book of Judith*）、《馬加比一書》和《馬加比二書》，以及約瑟夫和斐羅的著作）及新約中的使用。

162 Horrell, "'Race', 'Nation', 'People'," 134。將信徒的身分看為好像是一個族羣一樣的作用，為要叫因相信基督而面對身分掙扎的信徒，建立一個獨特和恆久的身分認同及羣體的內聚，以面對外來的壓力，見 Janette H. Ok, *Constructing Ethnic Identity in 1 Peter: Who You Are No Longer*, LNTS 645 (London: T&T Clark, 2021)。

接受水禮者在神面前的許願，願意脱離不道德、不聖潔的生活，反之要過合神旨意的聖潔生活，忠於與祂所立的約（彼前三 21）。[163] 他們要好像聖潔的祭司一樣來到主基督的面前，同時被建造成為聖殿，藉著基督向神獻上靈祭（彼前二 5；見下文【3.5.3.3】）。

3.5.3.2 神家的成員

3.5.3.2.1 以神為父，作嗣子及服從之子

彼得前書使用了家庭關係這意象，去説明神與信徒，並信徒之間的關係。信徒是「順命的兒女」（彼前一 14），神是他們的父神（彼前一 2、3、17）。這與重生的主題不一定有直接的關係，因為重生所關涉的是新的創造（彼前一 3、23），但從關係的角度去看，這新創造的人類羣體就是神的家（彼前四 17）。作為神家中的兒女，他們會承受父神為他們所預備的基業（彼前一 4：*klēronomian*），他們是「一同承受生命之恩」（彼前三 7：*sygklēronomois charitos zōēs*）的，並不分男或女，這是他們的權利。他們也要服從父神的旨意（彼前一 14），敬畏祂而行事（彼前一 17，二 17，四 2、19），這是他們作為神兒女應有之義。從服侍的角度去看，信徒是神家中的僕人（彼前二 16），他們是透過基督被買贖回來的（彼前一 18～19）。神是那位慷慨的恩惠主（參上文【3.5.1.1〔3〕】），忠於祂可能會因此得罪地上的帝國和社會的權貴（patrons），信徒卻要效法這恩惠主向他人施恩而不求報，按神旨行善。

---

163 有關三章 21 節的理解，可參張永信、張略：《彼得前書》，頁 314–16。

3.5.3.2.2 作為弟兄姊妹、蒙愛的人的相互關係

彼得稱西拉為弟兄（彼前五 12），也稱馬可為「我兒子」（彼前五 13），顯示信徒彼此間看自己為家中的成員，信徒在世上便是以其他信徒為兄弟姊妹（彼前五 9）。在此書卷中，作者曾兩次以「親愛的」（彼前二 11，四 12）稱呼受書人。他們之間關係的特質，就是有如弟兄般彼此相愛（彼前一 22，三 8，四 8）。這是他們作為新的創造、有新的生命應有的表現（彼前一 22～25），也是他們生命得以不斷成長的要素。信徒羣體生活的團結，也叫他們因此能承受外來對他們的壓力。

這種愛弟兄有多方面的表現，消極方面，是除去一些的惡毒，包括偽善、嫉妒和毀謗的話（彼前二 1），不發怨言（彼前四 9），不以惡報惡（彼前三 9 上）；積極方面，包括要同心、彼此體恤、存同理心和謙卑（彼前三 8），要祝福他人（彼前三 9 下）。愛能建立和睦、平息分爭（彼前四 8）。同時要以謙卑的心彼此順服（彼前五 1～6）。具體的表現，包括接待客旅（彼前四 9），按照神所賜給各人不同的恩賜，忠心的彼此服侍（彼前四 10～11）。

3.5.3.2.3 稱職的教會領袖：僕人牧者（彼前五 1～4）

基督是信徒羣羊生命的牧人和監督（彼前二 25：*ho poimēn kai episkopon*），是祂將迷失的羊（包括猶太人和外邦人）召聚起來，帶來以色列的復興那一位。祂是羣羊的牧長（彼前五 4：*ho archipoimonēn*），任命信徒羣體中的長老，牧養神的羣羊（彼前五 2）。他們要甘心樂意，不是為了個人貪念或權力慾望，而是作羣羊的榜樣（彼前五 2～3），也好像

彼得一樣，願意為見證基督而受苦，以基督作為那最終的榜樣（彼前五1）。正因他們責任之重大，年幼的信眾應要順服他們（彼前五5）。

3.5.3.3 神的聖殿及祭司

在舊約，耶和華的聖潔與以色列民這敬拜的羣體有密切的關係，因此會幕和聖殿，成為這聖民生活的中心，與此相關的，是在其中服侍的祭司和他們供職獻上的祭。在彼得前書，新約神子民的羣體是聖殿，所有信徒都是祭司，他們來到神面前敬拜，並向神獻上靈祭（彼前二4～10）

3.5.3.3.1 神子民的羣體是聖殿

以色列被擄關乎他們的國破家亡，第一聖殿被毀，獻祭制度荒廢，這代表神不再與他們同在，他們期望以色列的復興，包括以色列能脫離外族的統治而成為大國，原來的南北國合而為一，聖殿得以重建（見如結四十～四十八章），神在錫安山上作王，萬民要流歸這山。就算以色列從巴比倫被擄歸回，第二聖殿得到建立，這復興的應許仍未完全實現，以色列人意識到他們仍在大流散的狀態之中。這第二聖殿，不只是早期猶太教整個宗教活動的核心焦點，也是整個猶太社會建制的中心。[164]

新約所理解以色列的復興不再帶強烈政治的色彩，而是關乎神與他們同在，住在他們中間，這就是新聖殿的建立。

---

164 有關這殿對當代猶太人的重要性的簡介，可參黃錫木、孫寶玲、張略：《新約歷史與宗教文化導論》，聖經導論叢書（香港：基道，2002），頁248–51。

信徒所應關注的，已不是那實體耶路撒冷中的聖殿（參上文【3.4.3.3】）。因為他們就是神的家/殿，這是他們的身分。正如當代昆蘭羣體一樣（見上文【3.4.7.1】），彼得前書視神子民的羣體就是聖殿。彼得前書稱基督為活石（彼前二 4：*lithon zōnta*），他是那蒙揀選並從死人中復活的，是新聖殿的基石（見上文【3.4.3.2】），同時信徒也好像石（眾數；彼前二 5：*hōs lithoi zōntes*），是藉著基督復活而有新生命的（彼前一 3）。他們被神建造成為「屬靈房子」（*oikos pneumatikos*）。*oikos* 一字可指一座建築物，也可指住在建築物中的人，在四章 17 節用作「神的家」。這字與「來到」、「建造」祭司和獻祭等詞彙一起使用時，極可能是指新的聖殿（參約二 16～17）。[165] 這新的聖殿也是神的家，神子民的羣體是一個聖殿羣體（temple-community），是由神親手所建造（「被造」），建立在耶穌基督這基石之上。

這「殿」是「屬靈的」（*pneumatikos*），雖有認為這代表這殿與聖靈相關，有聖靈於其中，[166] 但更可能這裏是表達這殿不是人手所造，不是一座建築物。正如作者用同一形容詞表達所獻的祭是「屬靈的」，這祭不是猶太人所理解的那種實體

---

165 Selwyn, *The First Epistle of St. Peter*, 285–91；Achtemeier, *1 Peter*, 156, 158–59；Seland, *Strangers in the Light*, 114–15；Mbuvi, *Temple, Exile and Identity in 1 Peter*, 90–99。Elliott, *The Elect and the Holy*, 158–59 認為這裏應作「家」或「房子」，而不是「殿」；對這看法其中一個詳細有力的反駁，見 Seland, *Strangers in the Light*, 96–115。特別參以斯拉記五章 8 節。亦有認為作者刻意不使用「聖殿」這字，為要將聖殿和家室這兩個意念結合，見 Nijay K. Gupta, "A Spiritual House of Royal Priests, Chosen and Honored: The Presence and Function of Cultic Imagery in 1 Peter," *Perspectives in Religious Studies*, 36 (2009): 71。

166 Elliott, *The Elect and the Holy*, 154; Achtemeier, *1 Peter*, 155–56; Mbuvi, *Temple, Exile and Identity in 1 Peter*, 95.

的祭物，而是不同層次的，這殿也不是物質的，而是藉著耶穌基督而建立的。[167] 然而確是聖靈使他們得成聖潔（彼前一2），叫神能住在他們中間。四章14節確實說明這殿有聖靈的同在，是神榮耀的所在（參王上八9～11；代下五13～14），作者在這裏索引以賽亞書十一章2節（LXX；參上文【3.4.3.3〔3〕】）原只是用在彌賽亞/基督身上，在彼得前書則應用在基督徒身上。這亦是以色列復興，聖殿得以重建這應許的實現。

3.5.3.3.2 神子民為祭司（彼前二5、9）

信徒是來到（*proserchomenoi*；原文這現在式分詞見於彼前二4）主的面前，在《七十士譯本》中經常用作在聚會時進到敬拜的禮儀中（如出十六9，三十四32；利二十一17、22，二十二3；民十3～4）。他們是一羣聖潔祭司（彼前二5），是君尊的祭司（彼前二9），他們是聖潔的，因藉著聖靈的潔淨，蒙基督的血所灑（彼前一2）；也是有君尊的，[168] 他們是屬於主神這位君王的祭司。

3.5.3.3.3 神子民獻上靈祭

神子民的羣體是聖殿，同時他們也是祭司，祭司其中最重要的任務是在聖殿中服侍神。彼得前書稱他們是獻上「靈祭」（彼前二5）。有別於舊約年代那些物質的祭，這祭也正如舊約先知傳統中所描述的，是信徒實質如何生活行事（何六6；彌六6～8；賽一16～17；詩五十一19等），這靈祭不應

167 張永信、張略：《彼得前書》，頁183，並註465。
168 張永信、張略：《彼得前書》，頁193，並註514。

只是指與敬拜相關的活動，如禱告（彼前三 7），而是涉及整個信徒有的聖潔的生活方式（彼前一 14～19）。二章 5 節的「獻上」（*anenegkai*）與二章 24 節的「被掛」（*anēnegken*）一字，在原文為同一字，在《七十士譯本》經常用於神子民和祭司的獻祭（如利二 16；民五 26；申一 17）。正如基督獻上自己為祭（彼前一 18～19），被釘於十字架，神的子民同樣也要獻上自己為祭，他們之間的分別是基督的祭帶有救贖性，而後者則沒有，且是藉著基督獻上的（彼前二 5）。[169] 這獻祭包括了信徒應有的善行，尊敬眾人，並神子民羣體中彼此相愛和服侍，指一切順服父神旨意而有的表現（彼前一 2、14、22，四 17），這樣的祭，是蒙神所悅納的，最終是叫父神得榮耀（彼前二 11，四 7）。

二章 9 節特別強調作為神子民所有的任務，就是「宣揚那召你們出黑暗入奇妙光明者的美德。」這句可能是受以賽亞書四十三章 21 節的影響，但「宣揚」（*exaggeilēte*）一字可能是來自詩篇九章 14 節（LXX，參上文【3.4.3.3】）。以賽亞書那段經文是關乎以色列民從巴比倫這被擄之地得釋放（賽四十三 14；參六十三 7～9），這正是耶和華向祂的子民顯出拯救大德的明證。彼得前書這裏所說的大德，是呼召祂的子民從黑暗入光明（參彼前一 18，四 2～3），信徒現在正身處在這恩典當中（彼前五 12）。這裏說明了這祭司羣體和聖殿特質重要的一面，就是頌讚和見證神對他們救贖的恩典。敬拜與見證有不可分割的關係。神子民的羣體要成為外邦人的光，叫光

169 張永信、張略：《彼得前書》，頁 184–85。

臨到那些坐在黑暗裏的人（賽四十二 7）。

3.5.4 客旅和寄居者的生活

神的子民是一個永久的身分，客旅和寄居則是短暫的，有時間和地域性的。作為客旅，神的子民好像挪亞那個年代被拯救的挪亞一家八口一樣（彼前三 20），他們在這世上只是公義的少數，生活在一個不信的「外邦人」的世界當中（彼前二 12，四 3）。

作為蒙召的神的子民，他們在神面前的身分是永久的（參上文【3.5.2】）。他們在今世要成為神的見證，作外邦人的光（彼前二 9；參上文【3.5.3.3】）。信徒生活在今世的社會中，對比於他們作為神子民身分的尊貴，是作為客旅和寄居的，好像昔日以色民在亡國之後遷到散居地，在外邦人中間過著僑居的生活，受懷疑、被歧視及邊緣化。信徒在地上有這身分，並不是好像昔日以色列民一樣因犯罪而被驅散，反之，正是因為他們是蒙神所揀選（彼前一 1），作為立約的子民，要過順服神的生活。這新的身分和新的生命，並隨之而來新的關係和新的價值觀，叫他們知道神為他們預備的「基業」，是在未來另一個境域之中。信徒在原來土生土長故有的文化中成長，但他們成為神子民後，卻對這原來的家鄉產生了陌生的感覺，不再隨從「祖宗所傳流虛妄（= 拜偶像）的行為」（彼前一 18），不再「從人的情慾」（彼前四 2），不「隨從外邦人的心意」而行事（彼前四 3）；在世這短暫的寄居日子中，只是敬畏神（彼前一 17），與私慾爭戰（彼前二 11）和按神的旨意行事為人（彼前四 2、19；參三 17）。對人類終極的命運及盼望，也有全然不同的看法：人最終要向神交帳，信徒與不信者有全然不同的命運（彼前四 5、17～18，五 10；參二 7～8）。因此對信徒來說，對這世界的陌生感必然出現，不是因為時空上的轉變，而是生命、身分、關係、世界觀和價值觀上的轉變。

彼得前書兩次指出信徒蒙召是為了甚麼（*eis touto gar eklēthēte*）。第一次是作者使用「家居守則」作勸勉，在引用耶穌基督作為受苦僕人的榜樣時（彼前二 21），在這裏，「此」（*touto*）是指上文的行善及在受苦中能忍耐（彼前二 20）。另一次是以信徒對眾人應有的態度去總結「家居守則」的時候（彼前三 9），這裏的「此」（*touto*）指上一句不要以惡還惡，反而要祝福。作者要提醒信徒，他們蒙召作為外邦人的光所應有的見證。這是他們在今世「外邦人」中間作為客旅和寄居者應有的表現。

在今世作為客旅的信徒看上去好像是拔了根，然而卻是扎根於永恆，有天上的基業作為最終安身立命之所（彼前一 4），在今世亦有神子民的羣體，在這過渡的時期成為在今世生活的立足點（參上文【3.5.3】），支持他們過地上僑居的日子，在基督裏信靠神而行事。與他們經歷過類似命途的耶穌基督，必能帶引信徒走過一切的困難（見上文【3.5.2.2.2】），叫他們最終分享祂的榮耀，得著稱讚、榮耀、尊貴（彼前一 7 與五 10，在這書形成首尾呼應）。

3.5.4.1 過客末世論

有認為愈強調來世的盼望，凡事只存過客心態，便會愈是忽視今世的責任，這是所謂過客末世論。但彼得前書與新約其他書卷一樣，強調基督第二次顯現（*apocalypsis*；彼前一13，四13；參五4），即他復臨的盼望所帶給信徒的喜樂。這是救恩在末世得以完全實現，得以全然顯現的時候（彼前一5：*apokalyphthēnai*），也是信徒承受基業和榮耀的時候（彼前一4、6～7，四13，五10；參五4）。惟有相信這永不受環境所影響、必然會實現的盼望，信徒才可以在苦難的威脅之下，仍堅持信仰。客旅和寄居的日子終會過去（彼前一6：「暫時」；五10：「暫受苦難」），信徒知道將來等候著他們的，有神公平不偏待人的審判（彼前一17，四5），行義的必得到平反，這在耶穌基督身上已有確實的證明（彼前二23，三17～22，四19），死亡並非生命的終結，信徒仍可在死亡之後承受生命（彼前四6），得著最終永遠的榮耀（彼前一7，五10）。而那些不虔敬和犯罪的，要面對審判的懲罰（彼前四18）。信徒在寄居的日子如何生活，最終也是要向這位按公義審判人的父神交代（彼前一7、17，二12，四5，五4），因此絕不能掉以輕心。

3.5.4.2 信徒在今世的責任

信徒生活在今世社會那短暫的時刻，充滿著各方面的挑戰，包括如何能控制自己的慾望，活出作為神子民應有的表現？又如何在未信的社會中、被排斥的壓力下持守信仰？（彼前二11～12）。彼得前書將信徒與教外人交往的教導，很大部分置於「家居守則」（彼前二11～三12；見上文【3.3】）這部分。好像保羅一樣，[170] 作者並未有將希臘對家居守則的教

---

170 有關新約中「家居守則」的來源及在當代希羅社會及新約書信中的功用，詳參馮

導，原原本本從當代希羅文化搬了過來，反而作了一些非常重要的觀念上的改動。他使用了當代作教導的格式，卻以他的神學去詮釋和應用，反映出這些倫理建構中應有的關係，是有別於希羅文化的理解，這包括以下三方面。

3.5.4.2.1 信徒是神的僕人，以敬畏神作為人倫關係的依歸，並要按神的旨意而行善

在彼得前書引用「家居守則」時，他以信徒作為神的僕人應有自身的認識（彼前二16下）為基礎。他們是憑著基督寶血的買贖得以自由的（彼前一18，二16上；參上文【3.5.2.2.2〔1〕】），且要好像基督一樣是神的僕人，為了別人的罪情願受苦。作者以奴僕和婦女作為「家居守則」主要講述的對象，一方面是因為他們在當代都是屬於弱勢的一羣，以此作為信徒在權勢壓迫下的典範，正合乎讀者身處於當代社會的境遇。[171] 他們對神應存敬畏的心，以這種對神的敬畏與人相處。他們也要服從父神的旨意（彼前一14），敬畏祂而行事（彼前一17，二17，四2、19）。彼得將人倫關係的基礎，建基於信徒與神之間立約的關係上（參上文【3.5.1】）。這是為何作者使用「家居守則」談及信徒的順服時，以「為主的緣故」作為前題和動機。[172] 主是創造者（參上文【3.5.1.1】），是一切秩序的建立者和維護者。敬畏神就是按他的旨意行事（彼前四2、19；參三17），為義受苦是神旨意的一部分。當信徒這樣

蔭坤：《歌羅西書、腓利門書註釋（卷下）》，聖經註釋叢書（香港：明道社，2013），頁640–44，註10–14。

171 Achtemeier, *1 Peter*, 54–55, 192, 209.

172 這裏「主」可指神，也可指基督。

行時，也就是「尊主基督為聖」(彼前三 15)。敬畏主神，就是尊崇基督，因祂就是主。同時信徒的良心經神重新塑造(彼前二 19)，行事必須要意識到所作的是行在神的面前，[173] 這正是他們接受洗禮這立約的儀式時所起的願，就是「在神面前有無虧的良心」(彼前三 21)。

彼得不斷強調信徒的行為表現（*anastrophē*)，在神面前要聖潔(彼前一 15；參一 17)，在外邦人眼中也要「端正」(*kalēn*：彼前二 12)，即美好。他們要有好的行為(*kala erga*；彼前二 12)、好的品行（*agathēn anastrophēn*：彼前三 16)。他們要積極「行善」(彼前三 11：*agathon*；三 17：*agathopoiein*)、「追求美善」(彼前三 13：*agathē*)、「一心行善」(彼前四 19：*agathopoiia*)。這美善的行為與行惡形成強烈的對比(*kakopoiein*：彼前二 12、14，三 17；*kakou*：三 11；*kaka*：三 12；*kakopoios*：四 15)。[174] 然而，不論是善或惡的準繩都不是建基於人的社會文化，而是由創造人類的主所訂定。他們所享有的自由，是從罪中得到釋放的自由(彼前二 16；參一 18～19)，叫他們能按神的旨意而行善。對信道的妻子來說，美善的表現是不以「外面的辮頭髮，戴金飾，穿美衣為妝飾，只要以裏面存著長久溫柔、安靜的心為妝飾」(彼前三 4)，這是當代作為一個賢慧端莊妻子應有的表現。在任何環境之下，信徒都應選擇美善，別無他選。這不一定是容易的決定，一方面是人會受外來邪惡文化所感染(彼前四 3)，也會受內在情慾所驅使(彼前二 11)，當面對行善而

173 有關二章 19 節「良心」這字的理解，見張永信、張略：《彼得前書》，頁 229–30。
174 有關甚麼是惡行，見二章 1 節，三章 3 節，四章 15 節。

要受苦時，也可能會因此而卻步（彼前二 19～20，三 14，四 16），還有是來自那惡者的威脅（彼前五 8）。

威廉斯指出，有別於保羅的教牧書信，彼得並非要信徒為了適應這世俗社會而行善，讓未信者對信徒產生好感；反之，信徒按著神的標準有好的行為，往往是他們與不信的外邦人衝突的所在。[175] 這就是為何為善受苦是彼得前書一個中心的主題，並以耶穌基督的為義受苦作為他們受苦的典模。彼得前書似乎對信徒有好行為能發揮正面效果的幾段經文，可以有不同的理解。二章 11 至 12 節是指向終末審判時（「鑒察的日子」；參彼前四 5），未信的人才得醒悟，因信徒的好行為歸榮耀給神。[176] 二章 14 至 15 節雖指信徒對君王和臣宰的順服，「可以堵住那糊塗無知人的口」，威廉斯同樣認為與上文二章 12 節一樣，是指最終審判的時候，因此，在今世行善並未能叫外邦人不毀謗信徒（彼前四 4）。[177] 三章 13 節似乎是說當信徒行善時，沒有人會因此害他們，若此，為義而受苦也是不太可能的（彼前三 14 上：第四類條件句）。威廉斯認為作者是以此說明受苦是一種不理想的情況，神的心意是信徒行善而得到祝福（彼前三 12），就算真的為義受苦，最後也會是蒙福的（彼前三 14 上），因為他們有神的保守

175 Williams, *Good Works in 1 Peter*, 255–60.

176 Williams, *Good Works in 1 Peter*, 168–75.

177 Williams, *Good Works in 1 Peter*, 175–80，並 Pardee, "Be Holy, For I Am Holy," 114, 131。依此看法，Bruce W. Winter（"The Public Honouring of Christian Benefactors: Romans 13.3–4 and 1 Peter 1.14–15," *TynBul* 34 [1988]: 87–103；及 *Seek the Welfare of the City: Christians as Benefactors and Citizens* [Grand Rapids: Eerdmans, 1994], 25–40）認為彼得是鼓勵讀者在社會中成為公益者，甚而可以得到公眾的嘉許的說法，便不成立了。

（彼前一 5）。[178] 所以，信徒行善不只不能終止這個不信的世界對他們的敵意，反而帶來衝突，最後引致信徒受到迫害。其中信徒絕對不能妥協的一方面，是不能敬拜外邦的神明（彼前四 3：「可惡拜偶像的事」），包括君王敬拜，這是初期教會信徒與當代社會一個嚴重的矛盾。[179] 正因為信徒按神的旨意行善，對社會來說是帶來顛覆的，因為他們正是將信徒所應有的「不同」活出來。[180] 當然若好行為帶來感化的效果，發揮宣教之效，是最理想的（彼前三 1～2），這是仍是可能的——雖然並不容易。[181]

信徒要敬畏神，意思就是他們要按著神的旨意行事。消極方面，是要不從人的情慾，不隨從這未信世界那種宗教和

---

178 Williams, *Good Works in 1 Peter*, 180–83；參 Michaels, *1 Peter*, 184–86；Earl J. Richard, *Reading 1 Peter, Jude, and 2 Peter: A Literary and Theological Commentary* (Macon: Smyth & Helwys, 2000), 144–47。

179 Horrell, *1 Peter*, 53–59。有關當代在小亞細亞羅馬君王敬拜的情況，見 S. R. F. Price, *Rituals and Power: The Roman Imperial Cult in Asia Minor* (Cambridge: Cambridge University Press, 1984)；Allen Brent, *The Imperial Cult and the Development of Church Order: Concepts and Images of Authority in Paganism and Early Christianity before the Age of Cyprian*, SVC 45 (Leiden: Brill, 1999), 67–72。特別針對小亞細亞地區，見 Wan, *The Contest for Time and Space in the Roman Imperial Cults and 1 Peter*, 43–72。有學者認為彼得所說的善行包括全面接受君王敬拜，Warren Carter, "Going All the Way? Honoring the Emperor and Sacrificing Wives and Slaves in 1 Peter 2.13–3.6," in *A Feminist Companion to the Catholic Epistles and Hebrews*, ed. A-J. Levine and Maria Mayo Robbins (London: T&T Clark, 2004), 17–33；Jennifer G. Bird, *Abuse, Power and Fearful Obedience: Reconsidering 1 Peter's Commands to Wives*, LNTS 442 (London: T&T Clark, 2001), 81–83。若是如此，信徒為何還要面對迫害？何況四章 3 節清楚的指出信徒不可拜偶像。

180 Volf, "Soft Difference," 22.

181 Armand Puig i Tàrrech, "The Mission According to the New Testament: Choice or Need?" in *Einheit der Kirche im Neuen Testament*, ed. A. A. Alexeev et al., WUNT 218; (Tübingen: Mohr Siebeck, 2008), 247; James A. Kelhoffer, "Improvising Two Different Responses to Persecution: First Peter's Innovations and Relationship to the *Corpus Paulinum*," in *Bedrängnis und Identität*, 271–73, 278.

道德敗壞的生活方式(彼前四 2～3；參一 14、18，二 11～12)；積極方面，是要行善(彼前二 15，四 19)。然而，信徒行善非但不是不須面對苦難的保證，反而他們應視行善而受到迫害是絕不奇怪，反而是正常的(彼前四 12)。當信徒按著神的旨意行事因而身處於苦難中時，仍要堅持行善，並將自己信託於那位信實的創造主(彼前四 19)，好像基督作為神僕一樣。

3.5.4.2.2 人都是神的創造，是一切人倫關係的基礎，要尊重所有人

彼得將社會建構的制度還原為人與人之間應有的關係。彼得前書二章 13 節「人的一切制度」，可譯作「所有人〔作為神〕的創造」，一方面是因為這裏的 *ktisis* 被理解為「制度」是當代所沒有的，況且下文所關涉的也是人與人之間的關係，如君王與臣宰等，而不是制度。[182] 這裏將人倫關係的基礎，建基於人是神的創造。在這方面，彼得前書有幾方面重要的演繹。先是二章 17 節在總結君王和臣宰與被管治者的關係時，以四個短句說明相關的原則：尊敬所有(*pantas timēsate*)；親愛教中的弟兄(*tēn adelphotēta agapate*)；敬畏神(*ton theon phobeisthe*)；和尊敬君王(*ton basilea timate*)。[183] 這裏視第一

182 Elliott, *1 Peter*, 489; Travis B. Williams, "The Divinity and Humanity of Caesar in 1 Peter 2,13," *ZNW* 105 (2014): 133–35, 142–43.

183 Stanley E. Porter, *Idioms of the Greek New Testament* (rev. ed.; Sheffield: Sheffield Academic Press, 1994), 54；Williams, *Good Works in 1 Peter*, 228–33。另一看法，是首尾兩命令是指對外的關係，中間兩種為對內的關係，見如 Achtemeier, *1 Peter*, 187；Elliott, *1 Peter*, 485, 497。但參 David G. Horrell, "'Honour Everyone...' (1 Peter 2.17): The Social Strategy of 1 Peter and Its Significance for the Development

個短句為一般性的原則，而之後三個命令短句是三種具體的情況，即信徒對神和人都應存著尊敬的態度。雖然這裏只列出了對君王的尊敬，但這尊敬也應是對所有人的，不論對方在社會中的地位如何，正如「家居守則」中，丈夫要對妻子表達敬重（*aponemontes timēn*）。[184] 這種教導是對君王敬拜的否定，因為君王也不過是人，他值得尊敬，但與所有人包括奴僕一樣，都是神所創造的！只有一位是配得敬畏和敬拜的，就是那創造主和審判者神。[185] 這裏彼得所強調尊重所有人作為人，以神的公義為依歸，以弟兄彼此相愛為具體的實踐，在所有的人倫關係中埋下改變的種子，為推倒不公平制度立下根基。[186]

三章 8 至 9 節以信徒羣體內應有的相互關係作為「家居守則」的總結，是以神家中應有的關係作為所有社羣應追隨的方向，因為這樣是合神的心意、蒙神祝福的（彼前三 9 ～ 12，引詩三十四 13 ～ 17；參上文【3.4.3.4〔2A〕】）。

3.5.4.2.3 服從與順服

自以色列和猶大國被滅之後，以色列人分散到各地成為

---

of Christianity," in *To Set At Liberty: Essays on Early Christianity and Its Social World in Honor of John H. Elliott*, ed. Stephen K. Black, SWOBA 2/11 (Sheffield: Sheffield Phoenix Press, 2014), 194–96 對後者的看法有力的駁斥。

184 Horrell, "'Honour Everyone...' (1 Peter 2.17)," 196–98.

185 Elliott, *1 Peter*, 489; Williams, *Good Works in 1 Peter*, 227–28; Williams, "The Divinity and Humanity of Caesar in 1 Peter 2,13," 143–45.

186 參 William J. Webb, *Slaves, Women and Homosexuals: Exploring the Hermeneutics of Cultural Analysis* (Downers Grove: IVP, 2001), 30–66。他稱這詮釋過程為救贖一進展的詮釋。另參 Kevin J. Vanhoozer, "Into the Great 'Beyond': A Theologian's Response to the Marshall Plan," in *Beyond the Bible: Moving from Scripture to Theology*, by I. Howard Marshall (Grand Rapids: Baker, 2004), 89–95。

僑民，他們在外邦人中間生活，作出了不同程度的調節，包括融合和同化。[187] 威廉斯認為，從後殖民主義的角度看，讀者是一羣在專制封建政權之下受管治和壓制的人；我們必須從這種歷史情境去理解彼得的教導。作者使用妥協的言詞去表達他的教導，針對那些身處於容易受到危害的信徒，例如在家居之中的奴隸，發揮一種維護他們基本安全的作用。[188] 然而，從另一角度去看，權柄與順服在任何人類社會秩序中是一個必然的部分，就如作者將「家居守則」(彼前二 13 ～ 三 7)延伸至教會守則(彼前五 1 ～ 6)，[189] 顯示權柄與順服的關係不一定帶有欺壓和不公的成分，也不代表權柄和順服的雙方是不平等的，而是在這特定人倫關係中角色上所有的安排。對信徒羣體來説，不論權柄與順服雙方是甚麼身分：主人和僕人、丈夫和妻子、長老和信徒，在基督裏彼此順服不只成為他們關係的前題，也是他們有謙卑，服在神大能手下應有的表現(彼前五 5 ～ 6)。

「順服」(*hypotassthai*)的意思即自願地按照另一人的意願而行事。[190] 在任何形態的社會中，都存在著類似的關係，譬如說，在軍隊中，士兵要順服將領，或在公司裏，員工要順

---

187 有關猶太人在外族統治下(這包括猶大地和散居地)不同程度的適應和妥協，見 John M. G. Barclay, *Jews in Mediterranean Diaspora: From Alexander to Trajan (323 BCE-117 CE)* (Edinburgh: T&T Clark, 1996), 82–228；Sun, *This is True Grace*, 121–55；Williams, *Good Works in 1 Peter*, 186–201。

188 Williams, *Good Works in 1 Peter*, 201–02.

189 可參 T. K. Seim, "Interfacing House and Church: Converting Household Codes to Church Order," in *Text, Image, and Christians in the Graeco-Roman World: A Festschrift in Honor of David Lee Balch*, ed. Aliou C. Niang and Carolyn Osiek, PTM (Eugene: Pickwick, 2012), 53–69.

190 Karl L. Armstrong, "The Meaning of ὑποτάσσω in Ephesians 5.21-33: A Linguistic Approach," *JGRChJ* 13 (2017): 156–58 有關 LXX 和新約如何使用這字。

服老闆。依此角度，順服並不只是逼不得已或無可奈何下的一種生存技巧而已。[191] 彼得使用了另一個字描述信徒對神絕對的服從，就是 *hypakoē*（彼前一 2、14、22）。「順服」有些時候帶有服從的成分（彼前三 6：*hypēkousen*），就是當事件是出自神的心意時（參上文【3.4.3.2〔5〕】）。在一般的情況之下，在柄權下的信徒要向有權柄者順服，這也是行善的一部分，因此嚴格來說順服本身並不算是一種妥協，而是配合。問題當然在於在任何權柄與順服的關係中，有權者往往可以濫用權力，做成不只是違反人與人之間應有的彼此尊重，也違反神對公平和公義的要求。

作者是非常清楚當代信徒往往要面對著這種不公的情況，他以作為僕人的信徒作為例子說明。彼得指出就算主人是乖僻的，即蠻橫無理的，信徒在其下受到不公平的對待，包括可能主人要求他們一起參與君王敬拜，他們因為要「良心對得住神」寧願抗命，這是蒙神所悅納的（彼前二 19 ～ 20）。亦即是說，僕人在一般情況之下要順服，然而當與對神的忠誠之間出現矛盾時，他們應選擇敬畏神，[192] 堅持作神所要求的，即使所承受的後果可能是主人因他們的抗命予以懲罰。

當代希羅文化之下的女性，未出嫁時，她們作為女兒要

191 如 Irene Foulkes, "1 Peter: Survival Strategies for Harried Communities," in *Feminist Biblical Interpretation: A Compendium of Critical Commentary on the Books of the Bible and Related Literature*, ed. L. Schottroff and M.-T. Wacker (Grand Rapids: Eerdmans, 2012), 882。

192 當代為奴的沒有權選擇自己的宗教，他們要接受任何新主人的宗教，見 Thomas Wiedemann, *Greek and Roman Slavery* (London & New York: Routledge, 1981), 30。有關奴隸在宗教儀式中的參與，見 Valerie M. Warrior, *Roman Religion*, Cambridge Introduction to Roman Civilization (Cambridge: Cambridge University Press, 2006), 20–26。

敬拜父家的神明；出嫁後，當婦女的監護權轉到她丈夫的身上，她同樣要敬拜夫家的神明。[193] 彼得一方面承認當代父權宰制的安排，另一方面卻提出妻子可以透過她的品行而令丈夫「被贏得」（彼前三 1；《和合本》譯作「被感化過來」）。這樣做雖然並不容易，然而這種教導是顛覆性的，與當代父權宰制格格不入。[194]

可見順服並不代表毫無保留地絕對服從，信徒只會服從神而行。彼得並未有要信徒在信仰和道德標準上作任何的妥協，在與這大原則沒有衝突的情況下，信徒應按其社會角色配合行事，在有衝突的情況下，他們要選擇服從神而作出抗拒（徒五 29：「順從神，不順從人，是應當的」）。

羅馬政權所建立的和平（*Pax Romana*），是以殘酷的戰爭建立和維持的。[195] 從後殖民主義的角度去看，[196] 彼得對羅馬政權的看法，隱含了他對當時政權的批評。他不只指出君王也不過是人，拒絕君王敬拜（彼前二 17），他更以巴比倫作為羅馬的代號（彼前五 13）。在舊約中往往以巴比倫象徵高

---

193 Plutarch, *Mor*. 140D, *Advice to Bride and Groom* 142E.

194 Cynthia Long Westfall, "Running the Gamut: The Varied Responses to Empire in Jewish Christianity," in *Empire in the New Testament*, ed. Stanley E. Porter and C. L. Westfall, MNTS 10 (Eugene: Pickwick, 2011), 243–44; Williams, *Good Works in 1 Peter*, 205–06.

195 參如 Adrian Goldsworthy, *Pax Romana: War, Peace and Conquest in the Roman World* (New Haven & London: Yale University Press, 2016)。

196 簡單地說，後殖民主義鑑別學（Post-conlonial Criticism）探索在極權的壓迫之下，受迫害一方如何以某種掩藏或偽裝的方式，對抗霸權主義和殖民者。以後殖民主義觀點對彼得前書的分析，見 Horrell, "Between Conformity and Resistance," 222–35；David I. Starling, "'She Who Is In Babylon': 1 Peter and the Hermeneutics of Empire," in *Reactions to Empire: Sacred Texts in Their Socio-Political Contexts*, ed. John A. Dunne and Dan Batovici, WUNT 2/372 (Tübingen: Mohr Siekeck, 2014), 111–28。

傲和殘暴的帝國（賽十三章，四十三14；耶五十29，五十一1～58）。五章8節將魔鬼比喻作「吼叫的獅子，遍地遊行，尋找可吞吃的人」，在舊約的詩篇中，屢屢將敵人描述為抓撕吼叫的獅子（詩七2，五十七4，二十二13）；在先知書中，亞述和巴比倫被形容為兇猛的獅子（摩三12；耶二15，五十一38；參鴻二10～12），他們是神子民的敵人，是危險的，有嚴重的威脅性，會帶來毀滅和死亡。在公元一世紀羅馬帝國的背景下，這也可能是指羅馬強迫死囚與獅子搏鬥，作為行刑的方式。[197] 然而，信徒仍在耶和華的護理之中。[198]

彼得前書以魔鬼比喻獅子，一方面指出羅馬霸權背後邪惡靈界的勢力，另一方面亦要指出這霸權是與神為敵的。它可以傷害神的子民，但卻在神的權能之下。信徒不是武動干戈去抵抗他，而是「要用堅固的信心抵擋他」（彼五9）。在這霸權的淫威之下，信徒會有背道的壓力，要面對迫害，甚而殉道，然而仍要堅持到底。抵抗並不是以它的衝擊性去衡量的，對當代的信徒來說，透過順服掌權的與社會配合，以服從神彰顯美善，這是極具革命性和顛覆性的，這是徹底的反轉羅馬的價值系統。[199]

---

197 Boris A. Paschke, "The Roman *ad bestias* Execution as a Possible Historical Background for 1 Peter 5.8," *JSNT* 28 (2006): 489–500; David G. Horrell, Bradley Arnold and Travis B. Williams, "Visuality, Vivid Description, and the Message of 1 Peter: The Significance of the Roaring Lion (1 Peter 5:8)," *JBL* 132 (2013): 697–716.

198 Troy W. Martin, "Roaring Lions among Diaspora Metaphors: First Peter 5:8 in Its Metaphorical Context," in *Bedrängnis und Identitä*, 173–74.

199 參 Williams, *Good Works in 1 Peter*, 219–24, 265；Starling, " 'She Who is in Babylon'," 115–28。

3.5.4.3 信徒在社會眼中的身分：作為基督徒

在新約中「基督徒」(*Christianos*)這稱謂只出現過三次，除了彼得前書之外(彼前四16)，其餘兩次都見於使徒行傳(使十一26，二十六28)。這字的後綴 *-ianos* 是源於拉丁文 *-ianus* 的希臘字型。這字型一般用作表達該專有名詞(例如人名等)或相關的追隨者、支持者、附從者、擁護者或是某黨的黨羽(如：希律黨〔*Rhrōdianoi*〕)。其基本的意思是「屬於」。[200] 大部分學者都同意，開始時「基督徒」並非信徒羣體的自稱，而是非信徒的外人對他們的稱呼。[201] 根據使徒行傳，信徒在安提阿(徒十一26)已被稱為基督徒，時約為公元四十四年，但這稱謂可能於此之前已有。[202] 希律亞基帕二世在審問保羅時，說：「你想少微一勸，便叫我作基督徒啊！」(徒二十六28)這事發生在公元五十七至五十九年間。一般的社會大眾不再將信徒與猶太人混淆，雖然信徒當中也有猶太人，但已因他們的信仰，以「基督徒」稱呼和分辨他們的身分。

「基督徒」極可能先是羅馬地方政府給予信奉耶穌基督的人的稱謂，[203] 他們被「稱為」基督徒，這動詞帶有官方正式的

---

200 Elias J. Bickerman, *Studies in Jewish and Christian History*, AJEC 68 (Leiden: Brill, 2007), 2.801.

201 見 Trebilco, *Self-Designations and Group Identity in the New Testament*, 277 所臚列的四個理由：(1)這字並不是源於希臘或亞蘭文，而是源於拉丁文；(2)若是信徒作為自稱，在新約中應較廣泛的使用；(3)根據羅馬作者塔西佗的記載，這稱謂在公元64年在羅馬已廣被使用；(4)使徒行傳十一章26節「稱為」這字應理解為「被稱為」而不是自稱。

202 David G. Horrell, "The Label Χριστιανός: 1 Peter 4:16 and the Formation of Christian Identity," *JBL* 126 (2007): 365；Trebilco, *Self-Designations and Group Identity in the New Testament*, 280。首次在安提阿稱信徒為「基督徒」並不代表之前在其他地方未有使用這個稱呼。

203 Justin Taylor, "Why Were the Disciples First Called 'Christians' at Antioch? (Acts 11, 26)," *RB* 101 (1994): 84–94 認為這稱謂最終是來自猶太羣體，用作識別在他們

或是具法律效力的含義，是殖民政權（colonizer）所授予的身分，而不是隨便的別稱。[204] 這亦表示他們的人數和影響，已受到羅馬政府的注意。這稱謂包括了猶太裔和非猶太裔的信徒。稱為「基督徒」本沒有太強的貶意，然而因為基督這稱謂是帶有政治性的（彼前四 14：「為基督的名」），[205] 令「基督徒」這名稱在政府眼中，成了具針對性的關注。這正是彼得前書四章 16 節所表達的，他們因作基督徒而要面對控訴、毀謗和敵意（參彼前二 12、15，四 3～4、12～19），被拉到法庭受審，受到迫害，甚而招來殺身之禍。「基督徒」這稱謂便成了一種不利於他們的社會標籤。只要證明某人是「基督徒」，便表示這人是有罪的了。[206] 亦因這樣，在新約時期，信徒較少使用這稱謂作為自稱，但在教外人當中，他們是如此被認定身分。慢慢地這稱號被信徒羣體所接受，因這稱謂確能充分反映出基督與信徒之間的密切關係。[207]

中間一些信奉耶穌作為彌賽亞——基督的人，但這不大可能，因為猶太人不會承認耶穌是基督。

204 有關這動詞的理解，見 Bickerman, *Studies in Jewish and Christian History*, 794–99；Taylor, "Why Were the Disciples First Called 'Christians' at Antioch? (Acts 11, 26)," 80–84；Horrell, "The Label Χριστιανός," 363–67；Trebilco, *Self-Designations and Group Identity in the New Testament*, 277。這動詞雖然是主動語（Bickerman），作自稱；但這字也可作被動用法，即「被稱為」。

205 E. A. Judge, "Judaism and the Rise of Christianity: A Roman Perspective," *TynBul* 45 (1994): 363；Trebilco, *Self-Designations and Group Identity in the New Testament*, 289–90。皮里紐致羅馬皇帝他雅努的信件中，便以他們只要承認自己是基督徒，即可入罪（《信件》10.96.9）。

206 見 Williams, *Persecutions in 1 Peter*, 281–95。

207 在教父著作中，「基督徒」這稱謂已廣泛地被使用，已成了教內和教外人都接受的稱呼。見伊格那丟的《致以弗所人書》11.2，14.2、《致馬內夏人書》4.1、《致他拉勒人書》（*To the Trallians*）6.1、《致羅馬人書》3.2、《致坡旅甲書》（*To Polycarp*）7.3；《致丟格那妥書》（*Epistle to Diognetus*）1.1，2.6、10，4.6，5.1，6.1～9；《十二使徒遺訓》12.4。在公元一三〇年之前，亦見於蘇埃托尼烏斯（Suetonius；羅馬史學家，約公元 70～122 年）、約瑟夫和皮里紐的著作；見 Trebilco, *Self-*

在彼得前書讀者所在的小亞細亞的羅馬省分中（彼前一1），「基督徒」這稱謂應已廣為流傳。彼得的勸勉卻是信徒不要因教外人或政府對他們有這樣的標籤而看為羞恥（彼前四16），反而要引以為榮，並要藉著基督的名去榮耀神（彼前四14），[208] 即透過教外人將他們與基督作這樣聯繫而稱呼他們，反而成了見證基督和神的機會。因此，信徒毋須否定這稱謂，反而在充滿敵意的環境之下擁抱這稱謂。[209] 這種接納政權用作針對信徒的標籤，也是對統治權威的一種挑戰，表達掌權者失卻了透過標籤界定人的能力。[210]

3.5.4.4 苦難

在彼得前書中，無論是名詞「苦難」（4x：彼前一11，四13，五1、9）或是動詞「受苦」（12x：彼前二19、20、21、23，三14、17、18，四1〔2x〕、15、19，五10）比起任何其他新約書卷，出現的次數都是最多的；這名詞在彼得前書出現的次數佔新約的25%（新約共16次），動詞佔差不多30%（新約共41次）。可見這確是彼得前書所要處理的重

Designations and Group Identity in the New Testament, 273–76, 290–91。從社會認同理論去理解信徒為何使用這源於教外人略帶貶意的稱呼，見 David G. Horrell, "Ethnicity, Empire, and Early Christian Identity: Social-Science Perspectives on 1 Peter," in *Reading 1-2 Peter and Jude*, 146–48。

208 參 Katherine M. Hockey, "1 Peter 4.16: Shame, Emotion and Christian Self-Perception," in *Muted Voices of the New Testament*, 27–40 指出彼得這樣作可以發揮三方面的效用：（1）使信徒不以教外人眼光看自身的身分；（2）使信徒不會因羞愧而不作應作的事，反而根據他們羣體的道德觀行事；（3）帶有治療的作用，叫信徒對自己有正面的評價，從神的角度看自己是有榮譽的一羣。

209 Horrell, "The Label Χριστιανός," 380; Trebilco, *Self-Designations and Group Identity in the New Testament*, 284–85.

210 Williams, *Good Works in 1 Peter*, 237.

要課題。

對比於當代猶太人看他們亡國和被擄這國家民族的災難是因為他們犯罪所帶來的懲罰，彼得前書看信徒面對的苦難是信徒在地上作為客旅和寄居者所必須經過的磨鍊（彼前一6～7，四11～12）。彼得前書從兩個不同的角度去理解苦難臨到新約信徒的原因，並且多次呼籲讀者，要預備自己迎向苦難臨到。

3.5.4.4.1 受苦的原因

彼得前書主要從兩個角度去理解信徒受苦的因由：

(1)神學上，苦難是神子民活在末世必定會經歷的：有學者認為彼得前書所提及的苦難，[211] 與第二聖殿時期的著作所提及的所謂「彌賽亞的災劫」(Messianic Woes)有關。[212] 彌賽亞的災劫不只指彌賽亞自己所承受的苦難，而是當彌賽亞的國度完全實現、以色列得到復興之前人類所會經歷的災難和艱辛，這些苦難發生在神的子民從被擄到歸回中的過渡時期。[213] 李彬冠（Kelly D. Liebengood）卻正確地指出猶太傳統中所提出彌賽亞的災劫與彼得前書所描述的苦難，並沒有平行的地

---

211 支持這看法的，見 Mark Dubis, *Messianic Woes in First Peter: Suffering and Eschatology in 1 Peter 4:12–19*, SBL 33 (New York: Lang, 2002)；Robert L. Webb, "Intertexture and Rhetorical Strategy in First Peter's Apocalyptic Discourse: A Study in Sociorhetorical Interpretation," in *Reading First Peter with New Eyes: Methodological Reassessments of the Letter of First Peter*, ed. Robert L. Webb and Betsy Bauman-Martin, LNTS 364 (London: T&T Clark, 2007), 88–98；Green, *1 Peter*, 153–54。

212 有關這主題在早期猶太教著作的參照與描述，特別參 Dale C. Allison, *The End of the Ages Has Come: An Early Interpretation of the Passion and Resurrection of Jesus* (Philadelphia: Fortress, 1985), 5–25；Dubis, *Messianic Woes in First Peter*, 5–36。

213 Dubis, *Messianic Woes in First Peter*, 46.

方。彌賽亞的災劫是前所未有的浩難，但彼得前書所描述的口頭上的侮辱（彼前二12，三9、13～17，四4、14）、不公平的對待（彼前二20～21，三14，四1、13、16、19）及因為他們有新生活的方式（彼前一13～18，三1～6，四2～4），都與猶太傳統中的彌賽亞災劫的描述不相乎。他認為更有可能彼得前書是受舊約末世預言直接的影響，或是源自耶穌傳統（可十三；太二十四章）的引申。[214]

無論如何，彼得前書指出信徒的信心在這末世的年代要面對百般的試驗（彼前一6～7），這是必然的，因為這是神旨意的一部分（彼前二21，三14、17，四12），在神主權的掌管之下，是末世救恩計劃之內的。耶穌作為耶和華的僕人也同樣經過苦難（彼前二21～24；參可八31；路二十二37；約十二34），耶穌也曾警告說：「在那些日子必有災苦難」（可十三19；參亞十三8～9），作為神僕人的神的子民，同樣要經歷苦難。彌賽亞與彌賽亞的羣體有同樣的遭遇，先是受苦，後來得榮耀。那臨到彌賽亞身上的靈，同樣臨到彌賽亞羣體的身上（彼前四13；參賽十一2）。好像昔日以色列人得救贖離開埃及，仍要經過曠野路才得進入應許之地為基業（參彼前一4），同樣新約信徒這新的出埃及，也要經過艱難。四章17節「審判要從神的家起首」並不是說苦難是對神家的審判，或是發揮潔淨之效，而是神的家承受苦難，是因為他們甘願為基督的名忠於信仰，這判定了他們確是屬神的子民（參上文【3.4.3.3（3）】），他們會得到神的保守，最終承受天上

---

214 Liebengood, *The Eschatology of I Peter*, 118–30。不接受彌賽亞的災劫對彼得前書有影響的，有 Achtemeier, *1 Peter*, 110–11, 315 n.143, 342 n. 93

的基業（彼前一4～5）。重要的是不要好像舊約中以色列民曾因犯罪而受苦，而是要作為義人而受苦（如詩三十七篇；《便西拉智訓》〔*The Wisdom of Sirach*〕2.1～11；《以諾一書》103.9～10）。

（2）社會上，信徒因信仰和行善而受苦：信徒是蒙神所揀選成為屬神的子民，他們是一羣接受救恩福音（彼前一12、25）而得到新生命的人（彼前一3、23），是神透過耶穌基督所分別為聖（參上文【3.5.2～3.5.3】），是按神的旨意而行善的一羣，因這緣故，便要面對從未信的社會而來多方面的壓力，其中包括教外人對信徒可能有的誤解。早期基督教文獻亦提及各種因誤會（或是有人刻意的誤導羣眾）而對基督徒的指控，包括亂倫（基督徒以兄弟姊妹相稱）、食人肉（主餐）、無神論（沒有偶像的敬拜）。[215]

上文【3.1.2.3】討論受書人的處境時，已交代了當時信徒所面對的困境。我們可將這些衝突歸納為三方面：（1）在宗教上，偶像和君王敬拜及相關的活動；[216]（2）在生活上有違神道德標準的行徑，他們不再參與外邦人那些不道德的活動；和（3）因以上兩方面信徒有的表現，致使基督徒被標籤為反社會的，甚而只要承認自己是基督徒，也可成為入罪的

---

215 游士丁（Justin Martyr）的《護教書一》26.7、《護教書二）12；他提安（Tatian）的《向希臘人致詞》（*Oratio ad Graecos*）25；米努修腓力斯（Minucius Felix）的《屋塔維》（Octavius）9；特土良的《護教》4；優西比烏的《教會歷史》5.1.14。

216 具體的情況，見 Williams, *Persecution in 1 Peter*, 242–58。Barclay 指出基督徒並不只是抗拒君王敬拜這行動而已，而且是它所建基的整套羅馬世界的宗教體系，John M. G. Barclay, "Paul, Roman Religion and the Emperor: Mapping the Point of Conflict," in *Pauline Churches and Diaspora Jews*, WUNT 275 (Tübingen: Mohr Siebeck, 2011), 361。

理由（參上文【3.5.4.2】）。

3.5.4.4.2 如何面對苦難

作為客旅和寄居的神的子民，要接受這是他們在地上必定會面對的挑戰（參彼前四 12），然而這苦難是短暫的（彼前一 6：「暫時憂愁」；五 10：「暫受苦難」），信徒應醒覺這是他們蒙揀選神子民這身分所帶給他們的，他們是一羣信奉基督的名的，但他們不應以這身分為恥（參彼前四 14、16），反而要引以為榮（彼前二 7）。未信的人如何對待基督，也會如何對待信奉基督的人（彼前二 7～8）。信徒在逆境中更需要信心、盼望和仁愛去活出他們的信仰。

（1）堅持對神的信心和盼望：信徒要以信心和盼望（彼前一 21），迎向苦難和迫害，這是對神忠誠（信心）的試驗（彼前一 6，五 9），要顯出他們的信心是有真材實料的（彼前一 7），並要有堅定不移的忍耐（彼前二 20）。作者將受苦和得榮耀連在一起，有十次之多。基督的受苦和後來得榮耀（彼前一 11），他從死人中復活（彼前一 21），並且坐在神的右邊（彼前三 22），在審判時得到神的平反（彼前二 23）；基督的信徒也會有類同的經歷，受苦後得享榮耀（彼前一 7，四 14、16，五 1、4、10），死亡之後有復活和審判（彼前四 5～6）。基督徒要追隨基督的腳蹤，效法他的榜樣（彼前二 21～24）。

對比於將來的榮耀，這世界對信徒的排斥，會形成壓力叫他們感到羞愧（彼前四 16），但信徒要以信心仰望那得榮耀的日子來臨，盼望基督耶穌顯現所帶給他們的恩典（彼前一 13）。這是信徒作為客旅所堅定相信的、那不會被任何歷史偶發事件所改變的盼望(彼前一 3～5，三 15)。最終他們是向這位創造和審判的主交帳(彼前四 5)，亦因為如此，信徒今世在地上堅持行神的旨意，必定會得到最終的獎賞而快樂(彼前四 13，五 10；參上文【3.5.1.1】)。在彼得前書結束的時候，作者勸勉信徒要站在這恩典上(彼前五 12)，表明基督和信徒所經歷的苦難和後來得榮耀，並不是一種不幸的意外，而是神恩典故事的一部分，信徒要在其中堅持到底。在終極審判的時候，不只信徒得到榮耀，神和基督也得著榮耀(彼前二 12，四 11)。

(2)以敬畏神的心堅持行善：信徒以敬畏神的心堅持行善(參上文【3.5.4.2.1】)，往往是做成他們與這未信的社會發生衝突的原因，然而他們在這世界中仍要堅持忍耐地如此行，決不要因這些衝突所帶來的苦痛，成為他們行善的障礙，不要因此而退縮，也絕不能妥協而行惡(彼前二 19～20，三 17，四 19)。

四章 1 節正好說明了信徒要與基督一樣，基督為著別人的罪而受苦(彼前二 24，三 18)，同時在受苦的過程中，仍堅持行神的旨意，不只自己沒有犯罪，且叫人能從罪中得以自由。信徒也應有這樣的心志，情願在肉身上受苦，堅持行善而不倔服去犯罪；這是一種立意要行神旨意的表現(彼前三 21)，也表明了他們是與罪斷絕(參彼前四 2～3)。[217]

(3)不反擊、不懼怕：不論別人對信徒如何，對信徒來說，他們蒙召就是要祝福他們的鄰舍(彼前三 9)。縱然他們

---

217 Achtemeier, *1 Peter*, 278–80; Jobes, *1 Peter*, 262–66.

得不到相應的對待，就算他們在鄰舍的手中被欺負，他們仍不應反擊（彼前三 9；因相信神是公平審判的，參彼前二 23，四 5、18），[218] 不將自己置於以惡還惡的惡性循環之中，且要努力尋求和睦（彼前三 11；引詩三十四 14，參上文【3.4.3.4〔2〕】）。

當面對別人對信仰的誤解或是指控時，基督徒有可能會被帶到公堂，面對法庭的裁決。在這種惡劣的情況下，信徒要存著「溫柔、敬畏的心」（彼前三 15），在態度上要誠懇真切，也要預備好為忠於基督（「心裏尊主基督為聖」）而作出適當的答辯（「回答」：*pros apologian*；彼前三 15）。雖然這裏的用詞不一定局限於法庭的場景，然而這節上文提及的「不要怕人所怕的」（彼前三 14），似乎不只是針對歧視和口頭上侮辱那麼簡單，也可能涉及坐牢或身體上的受刑。[219] 往往社會大眾及政權會利用人的懼怕，去達成他們脅逼的目的。彼得鼓勵信徒不要怕人所怕（彼前三 14；參上文【3.4.3.4〔2B〕】），因為主必眷佑（彼前三 12）。他們要在凡事上敬畏神，以這敬畏驅走對人的懼怕。

（4）信仰羣體要團結，彼此相愛、互相支援：當面對外來的壓力，信仰羣體的團結能發揮彼此支援的作用（參上文【3.5.3.2】），也成為神在地上重要的見證，他們聚集敬拜，是要「宣揚那召你們出黑暗入奇妙光明者的美德」（彼前二

---

218 不反擊的原因也不是因為要盡可能減少衝突，而是因為這是神的旨意，並且是以基督為榜樣的；特別參 Gordon M. Zerbe, *Non-Retaliation in Early Jewish and New Testament Texts: Ethical Themes in Social Context*, JSPSup 13 (Sheffield: JSOT Press, 1993), 270–90。

219 Williams, *Persecution in 1 Peter*, 312–16.

9）。信徒之間彼此相愛和服侍（彼前三 8，四 7～11；參一 22），謙卑地彼此順服（彼前五 5），對軟弱者的愛顧（彼前三 7）。信徒不論是男或女，都是一同承受生命的恩典（彼前三 7）。這另類的羣體生活方式，要成為人與人應如何相處的典範（彼前三 8）。這種羣體的生活，也是行善的表現。

（5）專心倚靠神的恩典：信徒要謹慎警醒地（彼前一 13，四 7，五 8）仰望神的恩典和能力（彼前一 5，五 6、10、12）。在神恩典的保守之下（彼前一 5），在羣羊的牧人監督下（彼前二 25），他們才有信心和勇氣面對從仇敵魔鬼而來的攻擊（彼前五 8）、從政權而來的迫害，及從未信的世界而來的壓力。信徒要學習交託（彼前二 23，四 19，五 6～7）那位創造、審判和顧念他們的神。最終是神叫信徒得以成全、堅固、得力和確立（彼前五 10）。信徒要盼望（彼前一 13）、要抵擋（彼前五 9），也要站穩（彼前五 12），這些命令語在書信本體的開始和結語出現，首尾呼應，綜合了這信勸導的重點。[220]

3.6 彼得前書的敍事世界

約瑟（Abson Prédestin Joseph）認為彼得前書的敍事中有四個主要的題材（fabula），是故事中的以色列、基督和新約神的子民共有的經歷，就是（1）揀選／新生命；（2）苦難／試

---

220 Horrell, Arnold, and Williams, "Visuality, Vivid Description, and the Message of 1 Peter," 716.

煉；(3)忠心的回應；及(4)平反/得榮耀，[221] 確有他的洞見。從另一角度去看，這反映出聖約的框架：神主動與人立約(即第1點)，當人面對試探時(即第2點)，便要因應聖約對他們的要求作出回應，惟有忠誠(即第3點)的人才得到最終的應許(即第4點)。彼得前書將新約神的子民與基督連上的關係，比起舊約以色列與神的關係更密切；這以色列的故事因基督的來臨而經歷了轉化，並以基督為中心，是他保證信徒可以得到最終的平反，得享終極的榮耀。

神是那創造主(彼前四19)，所有人都是他所創造的(彼前二13)，祂也是那位建立人類秩序的主。人卻落入罪惡之中(彼前一18，二24)。神在祂永恆的意旨中(彼前一2)，甚而是在創世以前(彼前一20)，透過祂的揀選，與人立約。在挪亞洪水的事件(彼前三20)，反映出當代不信的天使和人類犯罪，帶來神洪水的審判，墮落的天使被囚禁，惟有義人挪亞一家八口經過洪水而得救(彼前三19～20)。

彼得前書假設了以色列是神所揀選的選民(彼前二9)，他們的先祖亞伯拉罕和撒拉(彼前三6)，都是值得效法的榜樣。神曾帶領以色列出埃及，給他們聖潔的守則(彼前一2、16)，可是他們陷於罪中，國家被巴比倫所滅(參彼前五13)，劫後餘民分散到應許之地以外的散居地(彼前一1，五13)，然而他們期待著以色列的復興。

神藉著基督的靈曾啟示舊約先知(特別何西亞、以賽亞、撒迦利亞)，指明祂要藉著彌賽亞的受苦和得榮耀帶來以色

---

221 Abson Prédestin Joseph, *Narratological Reading of 1 Peter*, LNTS 440 (London: Bloomsbury T&T Clark, 2012), 50–52, 69–170.

列的復興（彼前一 10～11），縱然先知在他們的年代，還不清楚這彌賽亞是誰，並於何時出現。在末世的年代（彼前一 20），就是彼得前書讀者的「現在」，基督來到，基督是神所揀選（彼前二 4），是那位受苦耶和華的僕人、受死而帶來救贖的彌賽亞（彼前一 19、24，三 18），祂被害而受凌辱，最後被釘在十架上（彼前二 22～25），擔當了世人的罪，就是義的代替不義（彼前三 18），且從死人中復活（彼前一 3，三 18），向墮落被囚的天使宣告他的得勝（彼前三 19），並「進入天堂，在神的右邊；眾天使和有權柄的，並有能力的，都服從了他」（彼前三 22），祂就是那位帶來以色列復興，叫外邦人得以加入神子民行列的彌賽亞，以色列的故事也就是新約神子民的故事。新約神子民的故事因著基督的來臨，進入一個全新的階段。

透過福音的傳揚及聖靈的工作，人得以相信基督（彼前一 12），根據使徒行傳的記載，在五旬節聖靈降臨的時候，起來為基督作見證的，就是彼得前書的作者使徒彼得。他曾經蒙耶穌所呼召成為使徒，他不只是曾見證耶穌的受苦（彼前五 1；參太二十六 47～68；可十四 53～65；路二十二 54～71；約十八 2～24），也曾為耶穌作見證而受苦（徒五 40，十二 3～5），也見證教會如何為傳揚基督而屢受迫害，甚而殉道（徒七 59，十二 1～2 等）。

在末世年代（彼前一 20）新約信徒的出現，正是應驗舊約先知所應許的以色列的復興，是新的出埃及和新的創造，以前他們不是神的子民，並生活在罪惡之中（彼前一 18，四 3），現在卻蒙神所揀選（彼前一 1，二 10），他們相信基督的死從罪中得到救贖（彼前一 19～20），有新的生命（彼前一 3），成為在基督裏神的子民，是服從神的兒女，也成了神家的成員（彼前一 14，二 9，四 17），透過洗禮確立了他們的身分（彼前三 21），這身分是極之尊貴的（彼前二 7；參二 4），也是他們經歷喜樂的原因（彼前一 6、8）。他們現今生活在信徒羣體中，在長老的牧養下，學習彼此相愛和服侍（彼前一 22，四 7～11，五 1～5）。然而，他們於今世在地上就好像客旅和寄居者一樣（彼前一 1、17，二 11），還在等候基督第二次顯現時所帶來救恩的完成（彼前一 5、13，二 12，五 10）。

信徒作為神的子民，按照神的旨意而行善，在地上卻要面對從未信社會（包括在家居、政權）及魔鬼而來的壓迫（彼前二 19，三 14，五 8），這都是當代信徒所經歷的。他們所面對的包括從未信的人而來的毀謗（彼前四 3～5），因承認自己是基督徒，為基督的名而受羞辱（彼前四 14、16），有火的試煉臨到他們身上（彼前四 12），叫他們的信心經歷重重的試驗而憂愁（彼前一 6～7），他們中間也有死去的（彼前四 6）。正如基督被未信的人所排斥，基督徒也要面對相同的命運（彼前二 6～8）。信徒要憑著信、望和愛，倚靠神的恩典和能力（彼前一 5～7、22，三 8，四 7～11，五 9～11），過地上寄居的日子。他們仰望著基督的復臨，就是最終末審判來到的時候，那審判者父神必按各人所行的審判各人，這也是信徒得到平反之時，凡堅持到底的，都可以得著最終的榮耀，得著榮耀為冠冕，這是信徒得著終極的拯救（彼前一 5、7、17，二 12，四 17，五 4、10），並且得著為他們存留在天上的基業（彼前一 4），這是他們得到歡喜快樂的時候（彼前四 15）。[222] 這賜給信徒生命的道，也會與信徒一樣，存留到永遠（彼前二 23 ～ 25）。

3.7 彼得前書對現今信徒和教會的意義

3.7.1 信徒在地上作為客旅和寄居的

在教父著作中，多次以作為客旅和寄居者去描述教會，[223] 有認為這是公元二世紀時基督徒對教會和自身一個重要的身分認知，叫信徒和教會清楚自己是有別於這世界，甚而生活在這世界應有一種格格不入的感覺，因為這裏並非他們永久居住的家鄉。彼得前書說出了信徒與這未信的世界在價值觀和人生觀上的截然不同，這是他們在這世界要面對苦難的原因。因為他們是蒙揀選、與神立約的子民，是神的家、神的殿，他們是站在神的恩典上，這是未信世界所難以明白的。最終這種不同，是因為信徒的生活是基於那位與這世界不同的神。

然而，彼得前書並未有好像昆蘭羣體一樣，鼓吹信徒要和主流社會完全分割和抽離。信徒在社會中好像外人一樣，

---

222 詳細見 Boring, *1 Peter*, 183–201，他列出了在彼得前書敍事中有一百五十七件事件。

223《革利免一書》1.1、《坡旅甲致腓立比人書》1.1、《坡旅甲殉道記》1.1 的卷首語。《致丟格那妥書》第五章更詳細描述基督徒作為客旅和寄居者的生活方式。特別參 Benjamin H. Dunning, *Aliens and Sojourners: Self as Other in Early Christianity*, Divinations: Rereading Late Ancient Religion (Philadelphia: University of Pennsylvania, 2009) 對這主題在彼得前書、希伯來書和公元二世紀一些使徒教父著作及新約次經的研究。

但卻不是局外人，他們置身於社會之中，有其當盡的責任，不應只有立場的宣示，而未有積極地參與改變周圍的環境。不管別人如何看待他們，他們沒有要憎惡的敵人，反而是要積極地行善，不須過度敏感地處處防範和對抗未信的人，要將所有人看作神的創造而去尊敬眾人，在可行的情況下與他們保持和睦，為他們祝福。不要因從未信社會而來的壓力，而為自己處處劃上紅線，拒別人於千里之外。

然而，信徒也要謹慎，不要不自覺地被這世俗文化所同化，信徒不是要在世界中建立一個安樂舒適的俱樂部，而是要發揮抗衡俗世文化的作用，要不愧於亦敢於承認作為基督徒是有別於一般大眾，雖然這可能會惹來誤會、反感、排斥，甚而迫害。

3.7.2 順服與抗命

馬丁（Ralph P. Martin）認為彼得前書對那些以基督福音為理由，而挑起與政府對抗，激發社會騷亂的人，仍有意義。[224] 言下之意，是認為彼得前書不贊成這種做法的。信徒應小心翼翼地以順服和建立和睦的方式，留在現存社會結構之內。[225] 反之，婦權學者歌妮（Kathleen Corley）則認為以基督受苦為順服的榜樣，以證明信徒羣體不是顛覆社會秩序的，而是奉公守法的，只會叫當代在非信徒家居中的婦女和

---

224 Ralph P. Martin, " 1 Peter, " in *The Theology of the Letters of James, Peter and Jude*, Andrew N. Chester and Ralph P. Martin (Cambridge: Cambridge University Press, 1994), 90.

225 Martin, " 1 Peter, " 130.

奴隸，承受迫害和虐待，且愈發加固這欺壓弱勢社羣的父權宰制，叫基督教順服在當時希羅社會的文化之下。[226] 這兩位意見相反的學者的錯誤，在於誤解了彼得前書「行善」的作用，認為「行善」是一種順應當時社會文化的表現，認為行善的準則是等同於當時社會大眾認為正確的事。但彼得前書的行善，卻往往是信徒與外人之間出現衝突的原因。行善不是一種公關技巧，為要改變或改善公眾對信徒和教會的輿論，這只會淪為虛偽。雖然順服亦是行善的一種表現，然而這種順服是有清楚的底線，是以敬畏神和尊崇主基督為前題（參上文【3.5.4.2】）。對抗不公義的方法，是以耶穌的受苦而不還擊作為榜樣（彼前二 23），「不以惡報惡，以辱罵還辱罵，倒要祝福」（彼前三 9）。

明顯地，這種取態為「非暴力公民抗命」開拓了空間，以神國度公義的審判為基礎和盼望，反對任何有違神公義的價值、文化和法則。參與者同時承認在現下的政權和法律或任何公眾權力之下受懲罰，但也義無反顧。在近代基督教圈子中，美國黑人民權領袖馬丁．路德．金（Martin Luther King, Jr.）牧師成為基於宗教信仰而發動公民抗命的代表人物，[227] 為美國黑人能與白人得以平權而鬥爭。他以公開的和平示威遊行、罷工，及經濟上的抵制為手段，這些雖不為當時法律容

226 Kathleen Corley, "1 Peter," *Searching the Scriptures*, vol. 2: *A Feminist Commentary* ed. Elisabeth Schüssler Fiorenza (London: SCM, 1995), 354–57。亦見 Elisabeth Schüssler Fiorenza, *In Memory of Her: A Feminist Theological Reconstruction of Christian Origin* (New York: Crossway, 1983), 260–66。

227 在基督教以外的，首推印度聖雄甘地。有關他推動的公民抗命運動，可參 William E. Scheuerman, *Civil Disobedience*, Key Concepts Series (Cambridge: Polity Press, 2018), 13–20。

許，但他及他的跟隨者為改變不公不義的現實而奮力堅持，情願因此而受苦受刑，最終目的是期望這樣的受苦能發揮道德感召，叫公眾及欺壓者醒悟而改變。對馬丁·路德·金來說，對抗不義的法律，是一種作為基督徒應有的屬靈和道德責任。非暴力的抗爭就是「在運作中的基督教」信仰，是對真理的見證，是基督的臨在。[228] 彼得前書的神學與馬丁·路德·金的實踐相當吻合。當然，在何種情況之下、針對甚麼不公、採取哪種非暴力的手段，就不只是原則上是否許可的問題，而是對當下情境的審視和判斷——對當前形勢的研判，對所採手段是否能達到相應效果，和承受相應後果的計算。對這些層面不同的判斷，可能構成不同基督徒和信徒羣體在策略上的分歧。然而，信徒間仍應極力保持和睦（彼前三 8，四 7），毋須因不同的策略而彼此批評，甚而互相攻擊。

228 Scheuerman, *Civil Disobedience*, 20–27.

第四章

彼得後書的神學

與雅各書及彼得前書相比，彼得後書就更被教會和新約學者所忽視，華人教會可能對這書最熟悉的經文是三章 8 至 9 節：「你們不可忘記，就是主看一日如千年，千年如一日。主所應許的尚未成就，有人以為他是躭延，其實不是躭延，乃是寬容你們，不願有一人沉淪，乃願人人都悔改。」在學術研究上，雖然猶大書曾被視為新約最被忽視的書卷，[1] 然而有關彼得後書的研究卻比猶大書還要少。

4.1 歷史問題

與彼得前書相比，更多新約學者認為彼得後書不是使徒彼得所寫，而彼得後書所針對的異端及讀者羣，都有不少爭論。

4.1.1 作者、寫作日期及地點

彼得後書在作者、寫作日期等問題上，可以說是新約書信最多難題的其中一卷。在彼得後書的卷首語，作者自稱為「作耶穌基督僕人和使徒的西門．彼得」，明顯指耶穌十二門徒之一的彼得。[2] 但歷來不少學者對此書為使徒彼得所寫的真實性，多表懷疑，主要的原因有：(1) 認為彼得後書是針對公元二世紀教會的處境和異端；包括：有指是針對公元二世

1 Douglas J. Rowston, "The Most Neglected Book in the New Testament," *NTS* (1974–75): 554–63.

2 在新約，「西門．彼得」出現了十二次，但將亞蘭文「西緬」的希臘文翻譯，與他的希臘文化名字「彼得」放在一起，即「西緬．彼得」，就只見於此。

紀的靈智派、[3] 公元二世紀有關末日時世界被火毀滅，及基督在地上統治一千年的千禧年思想；(2)彼得後書與彼得後書的寫作風格和內容上有很大的分別；[4] (3)彼得後書參照了公元二世紀的新約次經《彼得啟示錄》(*Apocalypse of Peter*；約公元133年)；[5] (4)彼得前書甚少被公元一和二世紀的教父所引用，並較後期才被納入正典。因此不少學者視彼得後書為公元二世紀託彼得名義而寫的著作。

針對第1點，彼得後書使用的「知識」(彼後一5～6，三18)等字詞，並不是在靈智派出現後才被人使用；何況作者對「知識」的理解，也有別於靈智派，所指的是與神及耶穌之間個人的關係。有學者認為彼得後書並未有針對任何靈智派的基礎信念，特別是靈智派那種二元的宇宙論思想。[6] 而末日時世界被火毀滅的教導，也見於公元一世紀猶太的文獻中，不是公元二世紀才出現。[7] 另外，彼得後書三章8節並不支持千

---

3 如 Ernst Käsemann, "An Apologia for Primitive Christian Eschatology," in *Essays on the New Testament Themes*, trans. W. J. Montague, SBT 41 (London: SCM, 1964), 169–95；Terrance Callan, "The Second Letter of Peter, Josephus and Gnosticism," in *2 Peter and the Apocalypse of Peter: Towards a New Perspective*, Radboud Prestige Lectures, edited by Jörg Frey, Matthijs den Dulk and Jan G. van der Watt, BIS 174; (Leiden: Brill, 2019), 128–46。

4 詳見張略：《彼得後書、猶大書》，天道聖經註釋(香港：天道書樓，2015)，頁222–23。

5 Jörg Frey, *The Letter of Jude and the Second Letter of Peter: A Theological Commentary*, trans. Kathleen Ess (Waco: Baylor University Press, 2018), 201–06.

6 如 T. Fornberg, *An Early Church in a Pluralistic Society: A Study of 2 Peter*, CBNT 9 (Lund: CWK Gleerup, 1977), 31；並特別參 Michel R. Desjardins, "The Portrayal of the Dissidents in 2 Peter and Jude: Does It Tell Us More About the 'Godly' Than the 'Ungodly'?" *JSNT* 30 (1987):93–95 綜合了過往學者認為彼得後書是針對靈智派的六個主要論據，而他的結論是那些屬於靈智派獨特的主要觀念，特別是二元論、宇宙論、末世論(強調現世的實現)和人觀(靈魂與身體的二元對立)，都不見於彼得後書。

7 1QH 11.19–36；《西卜神諭篇》3.54～87，4.173～81，5.211～13。

禧年的思想。

針對第2點，學者對透過寫作風格去確定兩份文獻是否出自一人手筆，存在極大的爭議。[8] 事實上，彼得後書與彼得前書在主題上亦有不少重疊的地方（見下文【4.4.1】）。[9]

針對第3點，這書的確較少被教父們引用，原因可能是因為在公元二世紀有不少是託彼得的名寫成的作品，如《彼得福音書》（*Gospel of Peter*）、《彼得行傳》（*The Acts of Peter*）、《彼得啟示錄》和《彼得的宣講》（*The Preaching of Peter*）等，為主流教會所排斥，因而牽連了彼得後書不多被引用。

至於第4點，彼得後書有否引用《彼得啟示錄》，則仍是一個具爭議性的課題。[10]

在我們討論彼得前書的作者時，已提及作者可委託代筆人撰寫書信這可能性。若彼得後書是彼得在生時寫的，可能就好像拉丁教父耶柔米所認為的，彼得曾撰寫兩卷大公書

---

8 參 Mark A. House, "Stylometry and Authorship of Second Peter," an unpublished dissertation submitted in partial fulfillment of the requirement of the Ph.D. degree, Pasadena, Fuller Theological Seminary, 2002。

9 學者指出這兩卷書相似的地方，如 Jerome H. Neyrey, *2 Peter, Jude: A New Translation with Introduction and Commentary*, AB 37C (New York: Doubleday, 1993), 659–60；Ben Witherington III, *A Socio-Rhetorical Commentary on 1-2 Peter*, (Downers Grove: IVP Academic, 2007), 264–65；G. H. Boobyer, "The Indebtedness of II Peter to I Peter," in *New Testament Essays: Studies in Memory of T. W. Manson*, ed. A. J. B. Higgins (Manchester: Manchester University Press, 1959), 34–53；T. Fornberg, *An Early Church in a Pluralistic Society*, 12–13。然而，這些所謂相似，有的是書信格式使然，有的是共通的教會傳統；對接受彼得後書是後人所寫的學者，就認為這些相似是仿古的證據，然而對認為這兩書同是彼得所寫的，就會認為這是出於同一人手筆的證據。因此，甚難單以這些相似的地方評估兩者之間的文學關係。

10 針對這觀點的反駁，見 Paul Foster, "Does the *Apocalypse of Peter* Help to Determine the Date of 2 Peter?" in *2 Peter and the Apocalypse of Peter*, 217–60；Richard Bauckham, "2 Peter and the *Apocalypse of Peter* Revisited: A Response to Jörg Frey," in *2 Peter and the Apocalypse of Peter*, 261–81。

信，它們之間因風格上有別，有認為不是出自彼得的手筆，但他則認為是彼得的祕書代筆所做成的結果(《傑出人物》〔*On Illustrious Men*〕1)。此外，這書也有可能是彼得在殉道前，授權他的同工將他的言論收集成一封書信寄出，則這信可能是在彼得殉道後不久成書。若彼得殉道的時間是在公元六十四(羅馬大火)至六十八年之間(尼祿王死之前)，則這書不會遲於公元七○年發出。這兩種說法的分別，在於是哪個時候寫成此書，並有否經過彼得的最後「審閱」。至於委託哪人撰寫或編輯此書，有認為是利奴(Linus，提後四 21；優西比烏〔Eusebius〕的《教會歷史》〔*Ecelesiastical History*〕3.13、21，5.6.1)，他是羅馬大公教會的第二任主教。[11] 而羅馬也最可能是寫作地點，這是彼得最後被囚及殉道的地方；這也可以解釋為何《革利免一書》(*The First Epistle of Clement*)和《革利免二書》(*The Second Epistle of Clement*)都引用此書。

4.1.2 受書人及彼得後書所針對的異端

彼得後書的卷首語未有說明受書人的所在地，然而彼得後書使用了希臘神話所用的字眼，二章 4 節的「丟在地獄」，「地獄」是為懲罰那些窮兇極惡者而設的地方，這地方與希臘神話中的泰坦(Titan)有關；書中亦使用了外邦箴言(彼後二 22)，卻沒有像猶大書般直接引用猶太著作《摩西升天記》(*Assumption of Moses*)和《以諾一書》(*1 Enoch*)的內容，並

11 如 Witherington, *A Socio-Rhetorical Commentary on 1-2 Peter*, 271。

且強調信徒應有的德行（彼後一 5～7），同時使用了不少希臘的宗教語言，[12] 反映讀者極可能是生活在深受希羅文化影響之下的外邦信徒。作者一方面使用讀者所熟悉的言詞，然而又要突顯他們所面對的，是道德上被同化，在信仰上與異端融合的危險。[13] 但讀者究竟身處何方，則難以確定；因彼得後書提及這是第二封信（彼後三 1），有可能好像彼得前書一樣，是針對小亞細亞的教會；另外也有人認為是寫給羅馬的教會。[14] 彼得後書收信人的所在地對我們解釋此書內容的影響不大。

我們並不能很清楚確定所針對的假教師是甚麼人，只能從彼得後書的內容，以「對鏡反讀」的方式推斷出這些異端分子倡儀的信念及推崇的生活方式。以下歸納了彼得後書所針對的那些敵對者的特質：

（1）他們否定有末後的審判，認為這世界自創造之後，便一直存在到永遠（彼後三 4）；[15]

---

12 Richard Bauckham, *Jude, 2 Peter*, WBC (Waco: Word, 1983), 135–37, 149–50; Anders Gerdmar, *Rethinking the Judaism-Hellenism Dichotomy: A Historiographical Case Study of Second Peter and Jude*, CBNT 36 (Stockholm: Almqvist & Wiksell International, 2001), 30–63.

13 Fornberg, *An Early Church in a Pluralistic Society*, 88, 124; J. Daryl Charles, *Virtue Amidst Vice: The Catalog of Virtues in 2 Peter 1*, LNTS 150 (Sheffield: Sheffield Academic Press, 1997), 82–83; Richard Bauckham, "2 Peter," in *Dictionary of the Later New Testament and Its Development*, edited by Ralph P. Martin and Peter H. Davids, CCBS (Leicester: IVP, 1997), 926–27; Jörg Frey, "Fire and Water? Apocalyptic Imagination and Hellenistic Worldview in 2 Peter," in *Sibyls, Scriptures, and Scrolls: John Collins at Seventy*, ed. Joel S. Baden, Hindy Najman and Eibert J. C. Tigchelaar, SJSJ 175/1 (Leiden: Brill, 2017), 454–57, 464–71.

14 Witherington, *A Socio-Rhetorical Commentary on 1-2 Peter*, 272, 280.

15 這裏作者直接引述這些假師傅的觀點，反映作者並不是「抹黑」對手，Robert L. Webb, "The Rhetoric of 2 Peter: An Apologia for Early Christian Ethics (And Not 'Primitive Christian Eschatology')," in *In Search of Philip R. Davies: Whose*

(2) 他們屬於教會中人，是假師傅，在教內傳異端的教導，以致牽連真理受到教外人的毀謗（彼後二 1～2）；
(3) 他們排斥權柄，不接受主的管治（彼後二 10 上），毀謗在尊位的（彼後二 10 下）；
(4) 他們崇尚「自由」，過著放蕩不羈的生活（彼後二 10 上、14 上），終日好宴樂(彼後二 13)，成了自己慾望的奴隸(彼後二 19)，他們的錯誤，都是來自一己的私慾(彼後三 3)；
(5) 他們貪婪（彼後二 14），惟利是圖，貪不義的工價（彼後二 13），好像巴蘭先知一樣（彼後二 16）；
(6) 他們是不敬虔的（參彼後二 5、6、7），是不義的人，要面對神最終的審判（彼後二 3、9）；
(7) 他們曾接受福音，但在教導和行事上卻與福音相違背，他們不承認那位買他們的主（彼後二 1），離棄正路（彼後二 15；參二 2），是背道者（彼後二 20～22），不接受從主而來的教導（彼後二 21），自大狂傲（彼後二 18 上），作者稱他們好譏誚者（彼後三 3）；
(8) 他們曾成功地引誘其他人與他們同走放蕩的路（彼後二 3、14、18），是惡人（彼後三 17），並且也有人因此跟隨了他們（彼後二 2；參三 17）。

作者稱這些人為「好譏誚者」（彼後三 3），反映出他們的態度傲慢。他們問題的根源，是受到自己的情慾所支配：過著不羈的性生活（上文第 4 點）、貪財（第 5 點），不接受權

Festschrift Is It Anyway? ed. Duncan Burns and John W. Rogerson (London: T&T Clark, 2007), 3。

柄（第 3 點）和主的教導（第 7 點），否定審判（第 1 點）。基督復臨的延遲，並不是他們主要的關注，他們可能根本不接受基督會復臨，施行審判這一回事，以致作者才解釋基督尚未復臨，並不代表祂將來不會臨到，而是給人機會悔改（彼後三 9）。這些好譏誚者是從教會而出的異端分子（第 2 點），勾引教中的其他人跟隨他們（第 8 點），他們是不虔不義的人，終要面對神毀滅的審判（第 6 點）。有別於猶大書，那裏並未有詳述那些敵對者的信念，彼得後書則指出這些人相信這世界是永久不變的（第 1 點），這成為他們否定審判，並且在世上可以為所欲為的指導思想。他們關鍵的錯誤是在道德上，而不是教義上，這也可能是他們偏差的開始，引發他們對權柄的抗拒。

晚近學者納利（Jerome H. Neyrey）認為是針對當時一種流行的哲學思想伊壁鳩魯派（Epicureanism）。[16] 不過，格蘭（Gene L. Green）正確地指出，納利並未有正確地闡釋伊壁鳩魯的哲學。格蘭指出伊壁鳩魯派雖然強調慾望得到滿足和自由，但卻並不是縱慾主義者。他們教導人過快樂的生活，然而是有禮貌、尊榮和公義的生活。因此，彼得後書所針對的高傲、性放縱，和狂歡作樂的生活方式，並非伊壁鳩魯派所推崇的。[17] 在彼得當代最接近彼得後書所針對的那些假教師的看法的，是格蘭所認為的詭辯主義（Sophism），他們沒有一個一致的思想系統，只是隨意地從不同的思想中選取有利

16 Jerome H. Neyrey, "The Form and Background of the Polemic in 2 Peter," *JBL* 99 (1980): 407–31; Neyrey, *2 Peter, Jude*, 122–28.

17 Gene L. Green, *Jude & 2 Peter*, BECNT (Grand Rapids: Baker Academic, 2008), 156–57, 327–28。並 Frey, *The Letter of Jude and the Second Letter of Peter*, 230–31；E. Adams, "Where Is the Promise of His Coming? The Complaint of the Scoffers in 2 Peter 3.4," *NTS* 51 (2005): 115–21。

於他們的看法，支持他們過著放縱情慾的生活方式。[18] 他們與犬儒主義有相似的地方，為爭辯而爭辯，事事質疑，冷嘲熱諷，專破不立。

4.2 體裁

有認為彼得後書在大公書信中的作用，就好像提摩太後書在保羅書信中的作用一樣，同是遺訓類的著作，同樣強調純正福音信仰傳承的重要。[19] 自從包衡(Richard Bauckham)在他所寫的彼得後書註釋認為彼得後書是屬遺訓類作品之後，不少學者都接受他的看法，成為現時一個廣被接受的理論。[20] 然而，有別於一般遺訓類的作品，彼得後書沒有了敍事的框架，其中包括那寫遺訓者在臨終病牀前一夕的話，這典型場景沒有在彼得後書出現，因為彼得不是因病離世的。並且，一般遺訓類作品都會記載留下遺訓者的身故及埋葬、後人的反應等，但這些

---

18 Green, *Jude & 2 Peter*, 157。並 David K. Burge, "A Sub-Christian Epistle? Appreciating 2 Peter as an Anti-Sophistic Polemic." *JSNT* 44 (2021): 310–32。彼得後書作者引用巴蘭先知，可能好像斐羅一樣，視巴蘭為詭辯主義者，見 George H. van Kooten, "Balaam as the Sophist *Par Excellence* in Philo of Alexandria: Philo's Projection of an Urgent Contemporary Debate onto Moses' Pentateuchal Narratives," in *The Prestige of the Pagan Prophet Balaam in Judaism, Early Christianity and Islam*, TBN 11, ed. George H. van Kooten and J. T. A. G. M. van Ruiten (Leiden: Brill, 2008), 131–61。

19 David Trobisch, *The First Edition of the New Testament* (Oxford: Oxford University Press, 2000), 86, 96.

20 Bauckham, *Jude, 2 Peter*。支持他看法的有如 Neyrey, *2 Peter, Jude*, 112；Terrance Callan, "Second Peter," in *First and Second Peter*, PCNT (Grand Rapids: Baker Academic, 2012), 131–32 等。Frey, *The Letter of Jude and the Second Letter of Peter*, 210, 215 稱它為「書信形態的遺訓」。岑紹麟：《居末卻不微末：希伯來書、大公書信及啟示錄導論》(香港：天道書樓，2020)，頁 187，認為是「告別演辭」(farewell address)。

都不見於彼得後書。[21] 至於彼得後書那段具指標性經文（彼後一 12～15），可視作屬於「離別言論」（farewell discourse）；有別於遺訓，這文學格式只局限為言論，可以加插於其他文獻之中，包括書信，好像詩歌或智慧之言可以在其他文獻中出現一樣。[22] 新約中約翰福音十三至十七章被公認為耶穌的離別言論，但約翰福音仍屬福音書，不是遺訓。另一例子是使徒行傳記載當保羅離開以弗所教會時，也有一段離別言論（徒二十 17～35），這也不會使使徒行傳變為遺訓。

有別於彼得前書較為一般性的教導，彼得後書屬於勸勉文體中的一種叫「規勸文體」（*protrepsis*）。根據奧恩（David E. Aune）的研究，大部分這類希臘的文體有三種主要的特徵：（1）負面段落：對有關的思想作批判；（2）正面的部分：表達、維護，和讚揚哲學真理的知識、或學說、或生活方式；（3）可以有的部分：向聽者作個人的呼籲，叫他們即時接受這教導。[23] 彼得後書清楚地反映出這種格式：（1）負面的一段見於二章 1 節至三章 7 節；（2）正面的部分見於一章 3 至 11 節和三章 11 至 16 節；（3）三章 17 至 18 節上半節則是作者向讀者再次作出個人的呼籲，要接受彼得後書的教導。

---

21 參 Green, *Jude & 2 Peter*, 166–67；Michael Green, *2 Peter and Jude: An Introduction and Commentary*, TNTC 18 (Grand Rapids: Eerdmans, 1989), 34–35；Charles, *Virtue Amidst Vice*, 50–57；Mark D. Mathews, "The Genre of 2 Peter: A Comparison with Jewish and Early Christian Testaments," *BBR* 21 (2011): 51–64。

22 E. Stauffer, *New Testament Theology*, trans. J. Marsh (London: SCM, 1955), 344～47, Appendix VI: "Valedictions and Farewell Speeches," 比較舊約與猶太傳統中「離別言論」與新約中離別的言論。離別言論不一定是出於遺訓類著作。

23 有關規勸文體的格式特質，見 David E. Aune, "Romans as a *Logos Protreptikos*," in *The Romans Debate*, ed. Karl P. Donfried (Peabody: Hendrickson, 1991), 282–83。

4.3 寫作目的及全書結構

彼得後書主要警告讀者要提防錯誤的教訓及行徑，作者意味到有背道的假教師出現，他們扭曲了純正的福音信仰。彼得後書三章17至18節上將這卷書的寫作目的，清楚地說明：「親愛的弟兄啊，你們既然預先知道這事，就當防備，恐怕被惡人的錯謬誘惑，就從自己堅固的地步上墜落。你們卻要在我們的主—救主耶穌基督的恩典和知識上有長進。」這與卷首語中指出他們是認識神和主耶穌的（彼後一2），發揮呼應的效果。作者先講述如何「在我們的主救主耶穌基督的恩典和知識上有長進」，那就是應有敬虔生活的表現，脫離罪惡，在生命中結出豐盛的果子（彼後一3～11）。書中三次勸勉讀者「要竭力」（彼後一10、15，三14；《和合本》翻譯為「殷勤」或「竭力」），充分反映出作者要鼓勵讀者的心；這書也是他竭盡所能、責無旁貸之作（彼後一13），在得悉自己將要離世時最後的勸勉話。

隨著作者講述如何「防備，恐怕被惡人的錯謬誘惑，就從自己堅固的地步上墜落」。他以自己的經歷及所領受的教導為依據：他親身經歷和見證耶穌的登山變像（彼後一16～18；參太十七1～5；可九2～7；路九28～35），並將要依著預言離世（彼後一14；極可能指約翰福音二十一18～19中所載有關彼得殉道的預言）。他跟隨著舊約的預言（彼後一19～21，三2）和教導（彼後三5～10）、使徒的教訓及耶穌的教導（彼後三2），指出那些假教師的理論（彼後三4）、罪狀（第二章），及他們最終的結局就是滅亡。作者以此鼓勵讀者作適當的抉擇，等候那公義世界的來臨（彼後三12～15）。

彼得後書的結構如下：

A. 卷首問安語（彼後一 1～2）〔書信開始〕

B. 信息總論（彼後一 3～11）〔書信本體開始〕

C. 離別言詞（彼後一 12～二 3）：盡責的提醒

C1. 作者將要離去的事實（彼後一 12～15）〔書信本體中段〕

C2. a 現今不是隨從「神話」，是本於使徒的見證（彼後一 16～18）

C3. b 舊約先知預言主的復臨（彼後一 19～21）

C4. b' 舊約時假先知的出現（彼後二 1 上）

C5. a' 將來有人被欺騙隨從肉慾，就是叫人滅亡的異端（彼後二 1 下～3）

D. 針對假教師的駁斥一：將來必臨的審判（彼後二 4～10 上）

D1. 神過往曾施行審判與拯救（彼後二 4～8）

（1）墮落的天使（彼後二 4）

（2）古時的世代與挪亞一家八口（彼後二 5）

（3）所多瑪、蛾摩拉與羅得（彼後二 6～8）

D2. 神現今也一樣施行拯救與審判（彼後二 9～10 上）

E. 這些假教師的真面目（彼後二 10 下～22）

E1. 這些假教師的敗德（彼後二 10 下～16）

E2. 這些假教師的誘惑（彼後二 17～22）

F. 提醒及預言好譏誚者的出現（彼後三 1～4）

F1. 提醒：作者的信、先知的話、使徒所傳主的命令（彼後三 1～2）

F2. 好譏誚者的出現所提出的質疑（彼後三 3～4）

G. 針對假教師的駁斥二（彼後三 5～13）

G1. 神話語的權柄（彼後三 5～7）

G2. 神的寬容（彼後三 8～10）

G3. 信徒面對末世應有的態度（彼後三 11～13）

H. 總結性的勸勉（彼後三 14～16）〔書信本體結束〕

J. 結語及榮耀頌（彼後三 17～18）〔書信結束〕

J1. 個人呼籲（彼後三 17～18 上）

J2. 榮耀頌（彼後三 18 下）

從以上結構，可見這裏有兩輪的爭辯，這兩輪的爭辯在鋪陳上有相似的地方：作者表明提要提醒讀者（彼後一 12～ 15 // 三 1～2）；說明權柄的來源（彼後一 16～ 二 3 // 三 1～ 2）；回應假教師/好譏誚者所提出的問題(彼後二 4～10 上 // 三 5～10）。因此，可將作者的離別言詞看為是第一論爭論的基礎。

4.4 彼得後書、大公書信與正典

與雅各書和彼得前書相似，彼得後書同樣將彼得後書的教導，與舊約先知的啟示和耶穌的教導連結起來。更進一步的，彼得後書將這些連於使徒的遺傳（彼後三 2）、他所得的啟示（彼後一 14～18）和保羅的教導（彼後三 15～16），對信徒應如何看待這些新約傳統和著作的權威，已有具體的雛形。

雖然從歷史研究的角度去看，彼得後書很可能是取材於猶大書，在神學上也最接近，[24] 此點我們會在闡釋猶大書的神學時，再詳細探討。然而，從正典的角度去看，彼得前書

24 Robert W. Wall, "The Canonical Function of 2 Peter," *BibInt* 9 (2001): 65 正確地指出過往學者往往將彼得後書視為「猶大二書」（2 Jude），並將彼得後書與彼得前書分割開來。

與彼得後書被視作使徒彼得的兩卷書信，且彼得後書稱自己為「第二封信」(彼後三 1)，顯示彼得後書視它是彼得前書的延續。值得注意的，是彼得前書和彼得後書的問安語非常相似；彼得前書是「願恩惠、平安多多地加給你們」(彼前一 2)，而彼得後書是「願恩惠、平安，因你們認識神和我們主耶穌，多多地加給你們」(彼後一 2)。雖然「願恩惠、平安歸與你們」這問安語在新約中多次的出現，是相當普遍的，[25] 但使用動詞「多多地加給」則只見於彼得前、後書。[26] 這相同的問安語將此兩書連在一起。[27]

從雅各書、彼得後書和猶大書的卷首語中，作者不約而同的自稱為「耶穌基督的僕人」，表明作者意識到他們好像舊約以摩西為首的先知一樣，都是守護神與人之約的「耶和華的僕人」(如摩三 7；亞一 6；瑪四 4)。[28] 於此，他們好像舊約的先知一樣，向神的子民宣告審判和救恩的應許，針對信徒羣體的內部問題。

彼得前書作者也自稱為「耶穌基督的使徒」，其內容缺乏先知神諭式的宣告，偏向於鼓勵和指導信徒羣體在社會中如何自處。[29] 然而，當彼得後書針對教會內所出現的異端時，作

---

25 羅一 7；林前一 3；林後一 2；加一 3；弗一 2；腓一 2；西一 2；帖前一 1；帖後一 2；門 3；啟一 5。

26 Bauckham, *Jude, 2 Peter*, 146 認為這並不是彼得後書抄襲彼得前書，因為若是抄襲，它們的作者自稱就更重要，但它們的自稱方式卻有別。

27 Darian R. Lockett, *Letters from the Pillar Apostles: The Formation of the Catholic Epistles as a Canonical Collection* (Cambridge: James Clarke & Co., 2017), 179.

28 Karen H. Jobes, "The Minor Prophets in James, 1 & 2 Peter and Jude," in *The Minor Prophets in the New Testament*, ed. Maarten J. J. Menken and Steve Moyise, LNTS 377 (London: T&T Clark, 2009), 135.

29 Jobes, "The Minor Prophets in James, 1 & 2 Peter and Jude," 136.

者強調他作為耶穌基督的門徒，曾見證耶穌的登山變像（彼後二 16～18），且有耶穌自己對他啟示的預言，也將要成就在他身上（參約二十一 18～19）。而在彼得前書，作者指他自己見證耶穌基督的受苦（彼前五 1），並在教會中作為長老，是那牧養羣羊的（彼前五 1～2），那正呼應耶穌所吩咐他的：「你牧養我的羊」（約二十一 16）。兩卷書的作者都意識到他們的權柄是來自耶穌基督，彼得後書作者更進一步視他的教導是與舊約先知預言、主的教導和使徒的教訓一脈相承的（彼後三 2，參一 15）。

4.4.1 彼得後書與彼得前書

彼得前書和彼得後書這兩卷書都聲稱作者是使徒彼得（彼前一 1；彼後一 1）。彼得後書三章 1 節指這是作者所寫給讀者的第二封信，顯示彼得前書是第一封信，它們的卷首問安語是完全一樣（彼前一 2；彼後一 2）。在主題上，兩卷書亦有不少重疊的地方，例如他們都強調舊約先知的靈感與基督來臨的關係（彼前一 10～12；彼後一 16～21），亦有類似的釋經神學（見下文【4.4.3.1】），它們都不約而同的強調神的靈透過先知作出宣講。[30] 然而，他們在引用舊約上有顯著的分別，彼得前書較多使用舊約中的言論和詩篇，彼得後書則較多旁索舊約中的典故。

---

30 Jeremy F. Hultin, "The Literary Relationships among 1 Peter, 2 Peter, and Jude," in *Reading 1-2 Peter and Jude*, ed. Eric F. Mason and Troy W. Martin (Atlanta: SBL, 2014), 42 認為這不大可能是偶然的，因為有關聖靈的默示在新約其他地方都未有談及。亦參 Wall, "The Canonical Function of 2 Peter"。

在思想方面，它們都指出基督的救恩是叫人得以脫離罪（彼前一2、18，二24，四1；彼後一4、10，二20），信徒都是蒙神所揀選和呼召、被分別出來的神的子民（彼前一2，二9；彼後一10），並且信徒要克制自己的慾望（彼前二11，四2；彼後二9～10、18～19）。它們都不約而同地熟悉以諾傳統中有關天使墮落的故事（彼前三19；彼後二4），也使用挪亞一家八口的事作為得拯救的例子（彼前三20；彼後二5）。兩卷書都強調人的忍耐和悔改的重要（彼前二20；彼後三9），及神對人的忍耐（彼前三20；彼後三15）。它們都強調基督的復臨帶來終末的審判，徹底將義人與罪人分開（彼前一17，四5、18，參二9；彼後二4～9），這是信徒的盼望（彼前一3～5、13，二12，五10；彼後三12、14）。信徒在今世要過著聖潔敬虔的生活（彼前一2、15～16，二1；彼後一4～8，三11、14）。在這兩書中，基督耶穌所完成的救恩，都是倫理教導的基礎。

然而，這兩卷書的關注迥異，彼得前書關注信徒今世的獨特身分，及他們與未信的人在社會上的關係，作者彼得是耶穌受苦的見證（彼前五1）；彼得後書則針對在信仰羣體中出現的假師傅，他們引誘信徒離棄義路，作者彼得是耶穌榮耀啟示的見證（彼後一16～18）。這兩卷彼得的著作，協合地表達了使徒彼得對耶穌基督福音的見證，堅固信徒對自身身分和責任的確認；彼得前書強調信徒應如何以這蒙神揀選的身分（彼前一1，五13），應對今世從教外社會而來的壓迫，彼得後書則強調信徒應如何以蒙神揀選的身分（彼後一3、10），面對教內異端的挑戰。這兩書展示了早期教會所面對的兩大挑戰：對外——從未信者而來的逼迫，對內——異端信仰的騷擾，這在使徒行傳中已可見。

這些不同的關注，也有共同對應的方法：要過聖潔敬虔的道德生活、不受情慾所操控，及警醒等候基督復臨帶來終極的審判和救贖恩典的完成。彼得前書認定信徒得拯救，是因著基督「無瑕疵、無玷污的羔羊之血」（彼前一 19）；彼得後書稱那些假教師是「已被玷污，又有瑕疵」（彼後二 13），然而信徒要使自己「沒有玷污」（三 14）的迎見主基督。

4.4.2 彼得後書與雅各書

若將彼得前、後書作為大公書信中一小單元去看，就不只是彼得前書與雅各書有關連，彼得後書也是。兩者在書卷開始時都不約而同地使用修辭格式中的梯層推進語（sorites），去展示信徒生命成長至成熟（雅一 3 ～ 4；彼後一 5 ～ 7）是一個過程，且將愛作為表達成熟或完全的重要指標。彼得後書與雅各書都關注到如何實踐的義，彼得後書認定信徒要按著「主救主的命令」行義路（彼後二 21，三 2），同樣雅各書則強調信徒要以耶穌所訂下愛的命令去實行律法，以實行神的義（雅一 20 ～ 22 等，見本書第二章【2.5.2.2.2〔1A〕】）。兩者都關注人的慾望需要受控制，不然便會蘊釀出犯罪的生活（雅一 14 ～ 15，四 1；彼後二 10、18），神會在試煉中賜恩拯救人（雅一 2 ～ 4、12、18；彼後二 9）。兩者都強調基督復臨帶來最終的審判（雅五 8；彼後二 3，三 7），並現在有悔改的機會（雅四 8 ～ 10，五 19；彼後三 9）。

4.4.3 舊約與猶太傳統

作者雖然所針對的是當代希羅文化和哲學，然而在處理有關世界終極命運時，他使用了猶太天啟傳統。

4.4.3.1 釋經神學

彼得指出信徒的信仰依據是來自那「更確的預言」（彼後一 19），[31] 這裏所指的「預言」（= 先知的話），不應只局限於對彌賽亞復臨有關的預言，而是指舊約整體的經文，因為根據猶太人的理解，所有舊約經文都是先知的話。[32] 彼得勸信徒要「留意」預言中的信息，「留意」在《七十士譯本》中經常用作注意神話語或律法（申三十二 46；箴四 20；耶六 19；《便西拉智訓》〔*The Wisdom of Sirach*〕16.24，35.1；《馬加比一書》〔*1 Maccabees*〕2.68），這注意不只是明白，而是謹守遵行當中的教導。先知的信息在這黑暗年代的作用，就好像點著的明燈，叫人得著盼望（參詩七十四 20，八十二 5，一一二 4；箴四 18～19；賽二 5，五 20）。彼得以過去權威的傳統，去了解他身處的環境，包括假教師的出現，並為現在的境況作出結論（彼後二 1、4～10、12～22）。[33]

彼得於一章 20 至 21 節，進一步解說釋經的原則。「經上

---

31 詳見張略：《彼得後書、猶大書》，頁 332–33。

32 Bauckham, *Jude, 2 Peter*, 224；Green, *Jude & 2 Peter*, 226；張略：《彼得後書、猶大書》，頁 333–34。

33 Nicholas R. Werse, "Second Temple Jewish Literary Traditions in 2 Peter," *CBQ* 78 (2016): 130.

所有的預言」中的「經」是單數字，指舊約經書（斐羅〔Philo〕：《論摩西生平》〔*On the Life of Moses*〕2.84；約十九37，二十9；加三22；提後三16；參彼後三16），被視作為神子民羣體的信仰權威，因為是出於神的啟示。「預言」（原文這字有別於彼後一19的）可能是指與彌賽亞相關的預言。[34] 也可以說，整個舊約的啟示都指向新約應許的實現，就是彌賽亞要成全舊約的預言，其中包括基督的復臨。

彼得不單指出經書的權威，也指出詮釋者在詮釋時要有適當的態度，他們不可「隨私意解說」（彼後一20）經書的預言，[35] 這裏「私意」不是指先知自己的見解，而是指假教師隨自己的私意去理解經上的預言，他們動機和目的不良，只會扭曲預言的意思（彼後三15～16），[36] 但彼得強調使徒們有其獨特的地位（參彼後三2），他們是耶穌登山變像的見證人，親身經歷先知預言如何實現，因此，基督再臨的事也必定會實現的。[37] 彼得進一步說明（彼後一21）為何預言是不可按人的私意作解釋的，因為預言的本源就不是出於人的意思，包括人的才能或幻想。先知所作的預言都是神藉著聖靈感動叫他們所說的，是從神而來的話。不過，這並不代表先知的預言是完全沒有先知的參與，因為預言到底都是從先知的口發

34 Charles A. Bigg, *A Critical and Exegetical Commentary on the Epistles of St. Peter and St. Jude*, ICC (2nd ed; Edinburgh: T&T Clark, 1902), 269；張略：《彼得後書、猶大書》，頁338。

35 B. P. Wolfe, "The Prophets' Understanding or Understanding the Prophets? 2 Peter 1:20 Reconsidered," *Baptist Review of Theology/La Revue Baptiste de Théologie* 8 (1998): 102–03；張略：《彼得後書、猶大書》，頁338。

36 這樣理解，見 Bauckham, *Jude, 2 Peter*, 229；J. T. Curran, "The Teaching of II Peter i.20," *TS* 4 (1943): 362。

37 有關這裏的解釋，詳見張略：《彼得後書、猶大書》，頁338–40。

出的，但明顯地作者強調的是預言是出自從神而來的靈感，這是預言權威的所在。基督的復臨不只有使徒們的見證（耶穌登山變像，彼後一 16 ～ 18），且有靈感的預言作證。從另一角度去看，耶穌的登山變像、天上來的啟示性神諭，也是預言的事件，說明基督將會復臨。[38]

根據三章 1 至 2 節，作者寫這信，是要他們記得信徒曾接受的基本教導；這來自兩方面：聖先知的預言和從使徒而來主救主的命令。這樣一來，便將兩者的權柄等同。[39] 聖先知所說的話，不應只局限於針對這些人的預言，一章 19 至 21 節所提的舊約整體也被視為聖先知的話，也當然包括終末審判的真實（見如賽二 4，四十一 1；耶二十五 3；珥三 2、12；彌四 3 等），及舊約先知對不德道生活的指斥，犯罪及推崇這種縱慾生活方式的人，必要面對神的審判和定罪。「主救主的命令，就是使徒所傳給你們的」（彼後三 2），即使徒命令，包括了彼得自己（彼後一 1；參一 15）和保羅所寫的（彼後三 15 ～ 16；見下文【4.4.5】），最終都是從主和救主耶穌基督（彼後一 11，二 20，三 18）而來的，主基督是這命令背後最終的權威。舊約的經文與新約耶穌和使徒的話語是一脈相承的，且要全盤地了解，不然便容易被那些「無學問、不堅固的人強解」（彼後三 16）。[40]

神話語的權柄是不容質疑的（參彼後三 4）！神的話語在

---

38 參如 Jerome H. Neyrey, "The Apologetic Use of the Transfiguration in 2 Peter 1:16–21," *CBQ* 42 (1980): 504–19。

39 在教父著作中，將舊約先知與新約使徒的權柄並列的，見《革利免二書》14.2、伊格那丟《致非拉鐵非書》5.1 ～ 2、坡旅甲《致腓立比書》6.3。

40 Bauckham, *Jude, 2 Peter*, 107.

創世之時，天地被造的時候已充滿權柄（參彼後三 5）。使用「天」和「地」的表達方式，反映創世記一章 1 節，指整個世界的創造。天地是藉著神的話語造成的，在創世的記述中不斷的提到「主說」（創一 3、6、9、11、14、20、24、26），事就成了。世界的存有是藉著神的道，同樣這世界的毀滅，不論是挪亞時期藉著洪水，還是終末的時候藉著火，都是按著神的道（彼後三 6～7）。神的道是創造和審判背後的力量。先知的預言是出於聖靈的感動，是神的話（彼後一 21），將來終末有火的審判，及新天新地應許的實現（彼後三 13；參一 4），也是來自先知、主自己及使徒而來的神的話（彼後三 2）。有關終末的審判和信徒應過道德的生活，都是他們所接受福音信息中重要的部分（彼後一 4、9，三 2；見如約壹一 1、7；帖前四 1～8）。

那普世洪水的審判是終末普世性火的審判的預表（彼後三 6～7）；但發揮預表作用的，並不只局限於洪水的審判，二章 4 至 10 節上所引用作為神必然審判的，特別是 5 節和 6 節所記的那些不敬虔的人，及挪亞傳義道和羅得為義受苦，也同樣是終末審判不義和義這兩種人的預表。[41]

於此，彼得後書的釋經神學展示以下幾點：

（1）舊約經文是神藉著聖靈感動先知所寫下的預言，帶有絕對的權威；

41 Richard Bauckham, "James, 1 and 2 Peter, Jude," in *It Is Written: Scripture Citing Scripture, Essays in Honour of Barnabas Lindars*, ed. D. A. Carson and H. G. M. Williamson (Cambridge: Cambridge University Press, 1988), 314–15.

（2）這絕對的權威代表神的話語必然成就，不論是過去天地的創造、洪水的審判，或將來天地面對火的審判和新天新地來臨的應許；
（3）舊約對將來哪些人要面對審判，哪些人可得著拯救，已有清晰的預表；
（4）舊約預言見證基督的來臨，包括基督的復臨。舊約經文確立基督的復臨和終末審判的真實，從另一角度去看，是透過基督的來臨和復臨，去理解舊約的預言；
（5）人不可憑自己的私意去理解舊約的經文；
（6）作者使徒彼得所寫的，是要信徒聽從舊約先知的預言和新約使徒（包括彼得和保羅）從主和救主而來的命令。
（7）使徒彼得作為耶穌所差派的僕人（彼後一 1），他對信徒在真道上作出提醒（彼後一 12～15），叫信徒記念這書上所載（彼後一 15），正如他們要記念聖先知的預言和主救主的命令一樣（彼後三 2）。作者將彼得後書所講述的，與以上所述聖靈感動的權威並列，同時作者將他的權柄，建基於他所見證從神而來有關耶穌基督的啟示（彼後一 16～18）。

先知和使徒所得的啟示，成為信徒在信仰和生活上的權威和指引。然而，有別於彼得前書，彼得後書甚少直接引用舊約經文，也沒有使用引用經文的公式（「經上說」）。

以下會以彼得後書中幾個重要主題，探討作者如何使用舊約經文，並這些詮釋與猶太傳統的關係。[42]

---

42 這裏不將二章 22 節看為是引自箴言二十六章 11 節，而是來自當時通俗的成語，見 Bauckham, *Jude, 2 Peter*, 278–79。

4.4.3.2 彌賽亞的臨到

(1)民數記二十四章17節：彼得後書一章19節指出信徒要留意經上的話，直至「天發亮，晨星在你們心裏出現的時候」。「晨星」是指金星，在黎明將近的時候，金星顯出它的光芒，意味著晨光將現；雖然金星出現時，黎明尚未來到，但從現象的關連上去說，金星將晨光帶來。「出現」一字在《七十士譯本》中常用作太陽的升起（士九33；撒下二十三4；傳一5；伯九7）或是在黑暗中出現的光（賽五十八10），這被引申象徵末世的來臨時，主的榮耀的出現（賽六十1），及彌賽亞的來臨好像出現公義的太陽（瑪四2〔《七十士譯本》為三20〕）。[43]

大部分的學者都指出，這裏是旁索民數記二十四章17節：「有星要出於雅各，有杖要興於以色列」。這是出於巴蘭所說的神諭（民二十四15～25），在《他爾根》（*Targum*）的翻譯中已將「星」轉為「王」，「杖」轉為「受膏者」（《盎克羅的他爾根》〔*Targum of Onqelos*〕），或救贖和管治者（《尼奧菲特的他爾根》〔*Targum Neofiti*〕）。約瑟夫（Josephus；《猶太戰記》〔*The Jewish War*〕6.312～13）就曾提及猶太人根據聖經的預言，相信有一位彌賽亞——即受膏的統治者的來臨，他所指的預言很可能就是這段經文。我們可以相當肯定，在公元一世紀的時候，這段經文被當代人解釋為彌賽亞要臨到的預言（1QM《戰卷》〔*War Scroll*〕11.4～7；4Q175《見證集》〔*Testimonia*〕9～13；《大馬士革文獻》〔*The Damascus*

43 Green, *Jude & 2 Peter*, 228–29.

Document〕7.18 ～ 20；《利未遺訓》〔*Testament of Levi*〕18.3；《猶大遺訓》〔*Testament of Judah*〕24.1～6）。[44] 然而，這些文本都沒有如彼得後書一章 19 節般用「早晨」形容這星。尤為值得注意的是將「星」與「公義的日頭」（瑪四 2）這兩個意象連在一起，這可能是為何這星被稱為「晨星」的原因（參啟二 28，二十二 16）。[45]

（2）詩篇二篇 6 至 7 節（創二十二 2、12、16；賽四十二 1）：對門徒來説，登山變像不只是基督復活升天得著王者權柄的先聲，亦是基督再臨的先聲，登山變像也是基督復臨施行審判這預言的明證（彼後一 19）。有學者認為彼得後書一章 17 節有關耶穌登山變像的記載，直接受詩篇二篇 7 節和以賽亞書四十二章 1 節的影響。[46] 根據彼得後書的記載，天上的聲音稱耶穌為「我的兒子」。「我的兒子」是取材於詩篇第二篇的君王登基詩的第 7 節，這詩原本是反映大衛王族傳統的詩歌，然而在猶太傳統的理解中，是一首預言彌賽亞來臨的詩篇（《所羅門詩歌》〔*Psalms of Solomon*〕17.23 ～ 24；《以斯拉四書》〔*4 Ezra*〕13；4QFlor 1.18～2.1）。其中描述神子是那受膏的，他要作王，擊敗悖逆的列邦。新約作者引用這

---

44 特別參 K. J. Cathcart, "Numbers 24:17 in Ancient Translations and Interpretations," in *The Interpretation of the Bible: The International Symposium in Slovenia*, ed. J. Krašovec, JSOTSup 289 (Sheffield: Sheffield Academic Press, 1998), 511–20。

45 Bauckham, *Jude, 2 Peter*, 226.

46 Bauckham, *Jude, 2 Peter*, 138；Duane F. Watson, "The Oral-Scribal and Cultural Intertexture of Apocalyptic Discourse in Jude and 2 Peter," in *The Intertexture of Apocalyptic Discourse in the New Testament*, ed. Duane F. Watson, SBLSym 14 (Atlanta: Society of Biblical Literature, 2002), 198–200。亦有學者認為彼得後書同時受符類福音登山變像的描述所影響，見 Werse, "Second Temple Jewish Literary Traditions in 2 Peter," 113–15。

段經文去講述基督的復活（徒十三33；羅一4；參來一5，五5，七28）。彼得後書一章十七節的「我所愛的兒子」（編按：*agapētos*；《和合本》譯作「愛子」）的確有可能是旁索創世記二十二章（參創二十二2、12、16），在那裏指以撒是亞伯拉罕惟一所愛的；[47] 彼得後書旁索的重點在於耶穌作為神子的神聖身分。這裏也有可能是旁索以賽亞書四十二章1節，表明耶和華的僕人是那蒙揀選的，強調耶穌被神揀選完成彌賽亞的使命（弗一6），這與下文較為銜接。「我所喜悅的」（彼後一17）同樣是引自以賽亞書四十二章1節，神揀選祂的僕人，是出於祂自己的喜悅。

彼得後書一章18節指這變像的地方是聖山，極可能是受上文所旁索詩篇第二篇的影響，根據詩篇二篇6節，聖山是指錫安山，以色列的王被立於山上。彼得後書的作者同樣受《七十士譯本》詩篇二篇6節（「我已立我的君在錫安—我的聖山上了」）的影響，以此表明登山變像與詩篇二章這彌賽亞詩章的關係。[48] 這聖山是神同在和啟示的地方。在這聖山上，當天上有聲音宣告基督的身分和角色時，彼得和兩位使徒正在那裏，是可靠的見證人。

使徒們在耶穌登山變像所見到的，是基督榮耀尊貴的彰顯（彼後一17），這並未有在基督復活的時候出現，要有待基

47 W. R. Stegner, "The Use of Scripture in Two Narratives of Early Jewish Christianity (Matthew 4.1–11; Mark 9.2–8)," in *Early Christian Interpretation of the Scriptures of Israel: Investigations and Proposals*, ed. C. A. Evans and J. A. Sanders (Sheffield: Sheffield Academic Press, 2007), 116.

48 Bauckham, *Jude, 2 Peter*, 221; Green, *Jude & 2 Peter*, 226–27; Callan, "Second Peter," 168.

督再次復臨時，所有人都會見證得到他的榮耀和尊貴。[49] 彼得以舊約經文去註釋耶穌的登山變像，顯示基督是神所立的、帶有神聖的王者（彼後一 16：「他的威榮」；一 17：「極大榮光」），並這是從上而來的啟示（彼後一 18：「從天上出來」）。

4.4.3.3 神的審判與拯救

神的審判是公義的，不敬虔和公義的（彼後二 4～9）會有不同的結局。這段經文的結構亦非常明顯：[50]

A　就是天使犯了罪，神也沒有寬容，曾把他們……（4 節）

A　神也沒有寬容上古的世代，曾叫洪水臨到那不敬虔的世代（5 節上）

　B　卻保護了傳義道的挪亞一家八口（5 節下）

A　又判定所多瑪、蛾摩拉，將二城傾覆，焚燒成灰，作為後世不敬虔人的鑑戒（6 節）

　B　只搭救了那常為惡人淫行憂傷的義人羅得……（7～8 節）

　B　主知道搭救敬虔的人脫離試探（9 節上）

A　把不義的人留在刑罰之下，等候審判的日子（9 節下）

傳義道的挪亞和公義的羅得（B）成了那些犯罪的天使、上古不敬虔的世代與所多瑪和蛾摩拉這犯罪之城（A）的強烈

---

49 N. Hillyer, *1 and 2 Peter, Jude*, NIBC (Peabody: Hendrickson, 1992), 175; Witherington, *A Socio-Rhetorical Commentary on 1-2 Peter*, 330.

50 Scott J. Hafemann, "'Noah, the Preacher of (God's) Righteousness': The Argument from Scripture in 2 Peter 2:5 and 9," *CBQ* 76 (2014): 306–07.

對比，並以相反於之前陳述的次序作結論：「（B）主知道搭救敬虔的人脫離試探，（A）把不義的人留在刑罰之下，等候審判的日子」（彼後二 9）。彼得後書強調挪亞和羅得在不敬虔的社羣中，如何活出公義的生命，藉此鼓勵讀者同樣不要受那些不虔敬的文化所同化。挪亞和羅得成了因著認識神而行在公義之中（參彼後二 21），最終得著拯救，活在那公義之地（彼後三 13）的人的預表。[51]

4.4.3.3.1 天使墮落、洪水與挪亞（彼後二 4～5，三 6）

作者以天使的墮落作為第一個神必然施行審判的例證（彼後二 4）。有關天使的墮落的傳統，是由創世記六章 1 至 4 節引申出來的。這裏並沒有反映出作者太多使用猶大書的文本，且沒有直接提及有關天使所犯的是甚麼罪，這只見於二章 10 節作者總結三個犯罪的例證，都涉及墮落的性關係（參本書第三章【3.4.7.2.1】）。根據猶太守望者天使的傳統，這不只是天使自己犯罪，還使整個世界被污染，並與人墮落而犯罪有關，最後帶來洪水的滅絕。作者在此節中聲言這些守望者天使和上古洪水的一代的人犯了罪，是不爭的事實，神也沒有袖手旁觀，坐視不理的縱容他們犯罪，神沒有寬容他們免受審判及懲罰。在此，作者將重點放在他們因犯罪而受審判。這裏反映出猶太人的一種釋經原則（*qal wahomer*）：「若 X 是正確的……，那麼 Y 就更加正確了。」若神在古時能這樣作，那麼在審判的大日子，神就更有能力如此行了。這些

---

51 Bauckham, "James, 1 and 2 Peter, Jude," 314–15.

過往所施行的審判，也預示地指向終末的審判，是將來那審判大日子的表象。

根據創世記六章的記載，神的兒子與人的女子交合，與挪亞時期洪水的毀滅，兩者是放在一起的。猶太的傳統更順理成章地將守望者天使的墮落與他們那些「巨人」的兒子的活動，與洪水的審判直接關聯（《禧年書》〔*Book of Jubilees*〕5.1 ～ 5；《以諾一書》6 ～ 16，106.13 ～ 16；《巴錄二書》〔*2 Barnch*〕56.10 ～ 16）。《馬加比三書》（*3 Maccabees*）2.4 就有這樣的說法：「你摧毀那些之前行惡的人，其中甚至有巨人，就是依仗他們的力氣和莽撞，你帶給他們無際的洪水將他們摧毀。」與彼得後書一樣，《馬加比三書》隨後便數落所多瑪的罪狀和審判（2.5）。《拿弗他利遺訓》（*Testament of Naphthali*）3.4 ～ 5 在講述所多瑪的罪狀之後，便說：「正如守望者離開了大自然的秩序，主在洪水中向他們宣佈了咒詛。」彼得後書說這些犯罪的天使（彼後二 4）和不義的人（彼後二 9）都在「等候審判」，即終末的審判。這亦見於猶太的傳統中，天使（《以諾一書》10.12 ～ 13，88.1，91.15）和那些行惡的人等候最終一起被毀滅（《以諾一書》10.12 ～ 14）。

對比於神沒有寬容洪水一代的人，他卻保護了挪亞一家八口，有關的記載見於創世記六章 5 節至八章 19 節。彼得後書二章 5 節下半節原文以「但是」（*alla*；編按：《和合本》譯作「卻」）作為連接詞，對比神對古時不敬虔的人及挪亞一家不一樣的對待。「保護」帶有守護和看守的意思，這字另一次出現見於三章 17 節，作者勸勉信徒要「防備」（保護自己）。這裏強調神有能力叫洪水毀壞全地，也有能力保護人，叫人得著拯救。在《所羅門智訓》（*Wisdom of Solomon*）10.4 也用同一個字描述智慧保護了挪亞。

彼得後書二章5節「挪亞一家八口」原文為「挪亞這第八位」(*ogdoon Nōe*)，是一種古典希臘文的習語，即挪亞與七位其他的人：他的妻子、三個兒子閃、含、雅弗和他們的妻子(創六9～10、18，八18)。創世記六章9節這樣稱許挪亞：「挪亞是個義人，在當時的世代是個完全人。挪亞與神同行。」以西結書十四章14節將挪亞與但以理及約伯並列，說他們以自己的義救了自己的生命。

根據斐羅，挪亞從出生以來，已是完全人，有各種的品德，並且從沒有故意犯罪(《寓意解經》〔*Allegorical Interpretation*〕3.77；《論亞伯拉罕》〔*On Abraham*〕34；《論摩西生平》2.59)。在猶太傳統中，他是一位英雄(《禧年書》10.13～14，21.10；《以諾一書》65～67，106～107；斐羅：《論初步學習》〔*On the Preliminary Studies*〕90；《創世記問答》〔*Questions and Answers on Genesis*〕2.33～34)。創世記六章9節稱挪亞是一個義人，正好成為現今生活在敗壞的世代中的信徒，要堅持過正義生活的典型。挪亞是那「報公義信息的」(*dikaiosynēs kēryka*；彼後二5；《和合本》譯「傳義道的」)，在舊約中並沒有記載他是那傳義道的，但在猶太的傳統中則有這樣的描述。如《西卜神諭篇》(*Sibylline Oracles*)記載神吩咐挪亞説(1.125)：「挪亞，要壯起膽來，向所有人傳講悔改的信息，叫所有人可以得救。」[52] 他的講道見於《西卜神諭

52 有關挪亞在猶太和基督教傳統中義人的角色，特別參 J. C. VanderKam, "The Righteousness of Noah," in *Ideal Figures in Ancient Judaism: Profiles and paradigms*, ed. G. W. E. Nickelsburg and J. J. Collins, SBLSCS 12 (Chico: Scholars Press, 1980), 13–22；D. Dimant, "Noah in Early Jewish Literature," in *Biblical*

篇》1.185～212（《創世記米大示》〔*Genesis Rabbah*〕30.7）。這傳義道的挪亞是在敗壞世代中，堅守自己崗位的義人的典範（參來十一7）。在挪亞造方舟那一百二十年間，堅持信念和立場；事實上，他所發出預言的警告，是真的實現了（創六3）。

洪水的一代因他們犯罪而帶來災難性的審判，這成了天啟終末審判預表的原型。約寫於公元前二世紀的《以諾一書》（93.3～10，91.11～17）將整個人類歷史分為十個天啟週歲，其中最重要的主題便是公義的伸張。天使的墮落和洪水的審判屬於第二個週歲，這被稱為「第一次完結」（93.4），對應於八至十週歲的公義的永恆的審判（91.12、15），最後人會仰望那永恆公義的路（91.14），然後新天要呈現（91.16），地亦得到更新（93.9～11，91.13），之後人要活在敬虔和公義之中（91.17）。於此，挪亞是公義的生還者，他是被揀選作為「公義審判的植物」，自他之後會出現「公義的植物，直到永永遠遠」（93.5）。他也是在終末時公義餘民的原型，這些餘民也是「永恆公義的植物」（93.10）。[53] 彼得後書的挪亞也是終末蒙揀選信徒的典範和表象，這樣的人會得著拯救，被帶到有公義居於其中的新天新地（彼後三13）。

4.4.3.3.2 所多瑪、蛾摩拉與羅得（彼後二6～8）

有關所多瑪和蛾摩拉的事迹記載於創世記十八至十九章。此二城在猶太傳統中為惡貫滿盈的罪惡之城，兩城被神

Figures outside the Bible, ed. M. E. Stone and T. A. Bergen (Harrisburg: Trinity Press International, 1998), 123–50。

53 參 Dimant, "Noah in Early Jewish Literature," 135–36。

徹底摧毀，是神公義審判的明證；在舊約和猶太典籍中，都以這事為神審判的典型例子。[54] 這亦成為神審判最深刻的典模，因為他們所經歷的審判是徹底的毀滅，不只是被移平，而是化作飛灰。在新約耶穌的言詞中亦同樣提及這兩城的傾覆（太十 15 // 可六 11 // 路十 12）。

彼得後書二章 6 節對所多瑪、蛾摩拉二城的審判與二章 7 節對羅得的拯救，成了強烈的對比，正如二章 5 節將洪水的一代與傳義道的挪亞作對比。根據舊約的記載，並沒有清楚提及羅得是一個義人（見創十九 30～38）。[55] 然而，亞伯拉罕曾為所多瑪等城向耶和華的使者求情，若有足夠的義人，所多瑪等城便可逃過大難；這求情也是為了羅得的（創十八 23～32），雖然最後這些城鎮都沒有足夠義人的數目，然而從神拯救了羅得，也可見他是個義人。在猶太教的傳統中，也有這樣的看法。《所羅門智訓》第十章一連用了四次「公義」這字，指出智慧在以色列的歷史中如何救拔義人出險境，其中十章 6 節就將這字用在羅得的身上：「智慧拯救了一個義人（*dikaion*；與這裏同一字），當不敬虔的人（*asebōn*；這字用

54 有關所多瑪和蛾摩拉，舊約涉及的經文有：創二十九 24，十三 10、12、13，十四章；申二十九 22～23，三十二 32、35；賽一 7、9、10，十三 19；耶二十三 14，四十九 18，五十 40；哀四 6；結十六 44～48；何十一 8；摩四 11；番二 9。猶太典外文獻有：《便西拉智訓》16.7～10；《所羅門智訓》10.6～9，19.13～17；《馬加比三書》2.5；《禧年書》16.5～9，20.5～6，22.22，36.10；《以諾二書》10.4～6；《以斯拉四書》2.19，7.12；《利未遺訓》14.6；《亞設遺訓》7.1；《拿弗他利遺訓》3.4，4.1；《便雅憫遺訓》9.1；斐羅的著作有：《創世記問答》4.51，《論亞伯拉罕》133～37；約瑟夫的著作有：《猶太戰記》4.483～85，5.566；《猶太古史》1.194。新約則見於太十 15 // 可六 11 // 路十 12；太十一 23、24；路九 51～56，十七 22～37；來十三 2；羅九 29；猶 7 節和彼後二 6。

55 有學者認為羅得是義人見於他為保護天使們，情願他的兒女被人侵犯，見 T. Desmond Alexander, "Lot's Hospitality: A Clue to His Righteousness," *JBL* 104 (1985): 289–300。

於彼後二 6）在滅亡時，他逃脫了降在五個城鎮的火焰。」（參《所羅門智訓》19.17；斐羅：《摩西生平》2.58）。同樣，彼得後書這裏的描述，也是神將羅得從這些惡人中間救拔出來；他是受苦義人的典範，好像雅各書五章 10 至 11 節所說的先知和約伯一樣，也是新約中存義心而受苦者的表象。[56]

4.4.3.3.3 末日的計算：詩篇九十篇 4 節、哈巴谷書二章 3 至 4 節

三章 8 節勉勵讀者要從聖經中了解神看事情的角度：「你們不可忘記，就是主看一日如千年，千年如一日。」這段經文是引自詩篇九十篇 4 節（LXX 詩八十九 4）：「在你看來，千年如已過的昨日，又如夜間的一更」。[57] 這首詩篇對比神的永恆與人生命的短暫，且人是在神的審判之下（詩九十 3、5～11）。這種對人生命時間短促的感慨，亦見於《巴錄二書》：「因我們在短時間內出生，亦在短時間內回去。但在你看來，幾個鐘點如幾個世代，幾天如千秋萬世」（48.12～13）。人生短暫與永恆的對比，同樣見於《便西拉智訓》：「我們一生的年日若可到一百歲，便算是長壽了。在永恆中，短短的數十載如已過的昨日，又如大海中的一滴水、如一粒沙」（18.9～10）。在託斐羅（Pseudo-Philo）的《聖經古史》（*The Biblical Antiquities of Philo*）則記載了神在摩西臨終時的話，說：「但這世代在我眼中就如浮雲迅速飛過，好像昨天一樣過去。」（19.13 上）[58] 這段說話中的「世代」是指由摩西臨終至

56 Bauckham, "James, 1 and 2 Peter, Jude," 315.

57 《禧年書》4.30 的說法也非常類似：「因為一千年在上天的見證裏只不過是一天。」

58 這翻譯是根據 *The Biblical Antiquities of Philo*, trans. M. R. James (New York: KTAV, 1971) 的英文翻譯，有別於 *OTP*, 2.328。

他在終末時復活的一段時間。[59] 以上這三段說話，明顯地是受詩篇九十篇4節的影響。值得注意的是最後一段帶有末世的色彩，且指出在人看為長久的，在神看來不然，與彼得後書這裏所表達的思想相似。從神永恆的角度去看，所謂時間的長或短都沒有分別，一切都在永恆的神主權的定奪之下。正如詩篇九十篇強調神忿怒的審判必然臨到（詩九十11），這正也是彼得後書所要讀者認定的。[60]

彼得後書三章9節原文直譯「不是躭延，上主」（*ou bradynei kyrios*），可能是引自哈巴谷書二章3節「不再遲延」，是先知由上文引申下來的結論。在舊約及猶太的傳統中，都曾反省為何神遲延了祂應許帶來的終局。[61] 耶和華作為守約施慈愛，必定施行公義審判的神，已見於申命記七章9至10節：耶和華「向恨他的人當面報應他們，將他們滅絕。凡恨他的人必報應他們，決不遲延。」立約的公義，要求審判的實現。《便西拉智訓》35.14～26（LXX）就力陳神在審判上的公正無私，絕不徇私偏袒，世人要為自己思想和言行面對審判和報應。神是公義和公平的，「行事絕不遲延」（《便西拉智訓》35.22）。好像哈巴谷書二章3節一樣，這裏作者並沒有全然否定有延遲的成分，卻是指出主將帶來審判的應許，是不會太遲實現的。[62]

---

59 Bauckham, *Jude, 2 Peter*, 308–09.

60 Scott J. Hafemann, "'One Day as a Thousand Years': Psalm 90, Humility and the Certainty of Eschatological Judgement in 2 Peter 3.8," in *One God, One People, One Future: Essays in Honor of N. T. Wright*, ed. John Anthony Dunne and Eric Lewellen (Minneapolis: Fortress, 2018), 538–42.

61 LXX 賽十三22，四十六13，五十一14；《便西拉智訓》35.19。還有1QpHab 7.5～12；《巴錄二書》20.6，48.39。有關舊約中向神祈求祂的拯救來到，不要遲延，見詩四十17，七十5；但九19。

62 Bauckham, *Jude, 2 Peter*, 311.

所謂「遲延」，成了信徒信心和忍耐的一種考驗。在猶太的傳統中，已將神的「寬容」這主題，連於哈巴谷書二章4節及《便西拉智訓》35.9。[63] 神的寬容亦成了猶太傳統中解釋為何神審判還未即時來臨、神的遲延的典型答辯(《以斯拉四書》3.30，7.33、74、134，9.21；《巴錄二書》11.3，12.4，21.20～21，24.2，48.29，59.6，85.8)。

4.4.3.3.4 主的日子來到：毀滅火的審判和新天新地的應許(彼後三7、10～13)

舊約「耶和華的日子」在《七十士譯本》中大部分都譯作「主的日子」。不少學者都同意在阿摩司先知的時候，以色列人相信耶和華的日子是指拯救的日子，耶和華會擊倒以色列的敵人。然而，阿摩司卻警告以色列人，耶和華的日子是審判他們的日子(摩五18、20)。在先知書中主要視這為審判的日子，萬邦要受到審判(見如賽二十四21；結三十2～5，珥三14；俄15～16)，耶和華會彰顯祂的榮耀(賽二11、17、19；結三十九13)，祂要臨到作王統管世界(賽二2～4；彌四1～3；俄21；亞二11，十四9)。

彼得後書承接了舊約這個用字和觀念，「主的日子」(彼後三10)即「神的日子」，指基督復臨之日(參雅五8)。[64] 這日既是審判的日子(彼後三10～12；見二4、9，三7)，也是應許得到完成之日，就是新天新地的來到(彼後三13)。

---

63 Bauckham, *Jude, 2 Peter*, 311.

64 在保羅書信中，除了稱那末後審判的日子為「主的日子」(帖前五2；帖後二2)外，還有其他不同的稱呼：「我們主耶穌基督的日子」(林前一8)；「主耶穌的日子」(林前五5；林後一14)，和「基督的日子」(腓一10，二16)，並「那日子」(帖前五4)。

正如彼得後書二章5至6節引述洪水之後有所多瑪和蛾摩拉火的毀滅，三章6至7節亦是洪水之後將有火的審判。[65] 神用火施行審判（彼後三7、10），[66] 在舊約和猶太的傳統中是相當普遍的説法（見下文【4.5.2】），火的毀滅亦成為審判的典模。三章10節也有可能反映瑪拉基書四章1節（LXX三19）。[67]

有關新天新地的應許（彼後三13），已見於以賽亞書六十五章17節上和六十六章22節；在不少猶太的天啟文獻中，都有這樣的描述，[68] 在新約中亦見這樣的應許（太十九28；羅八19～21；啟二十一1；參啟二十11），經過烈火熔化、歸於混沌的世界要重新被創造，這是毀滅後的更生。不只是物質的世界會重新被造，也是一個新道德秩序的開始。在先知的預言中，這新世代的開始，是一個公義的世界，一切的不公不義都會被徹底清除（賽九7，十一4～5，三十二16～19，六十21；參《以諾一書》91.17）。

4.4.3.4 巴蘭的故事：假先知的典型

根據民數記二十二章23、31和34節，巴蘭應西撥的兒子摩押王巴勒之邀，起程去咒詛以色列民，在這過程中遇到

---

65 特別參 Ryan P. Juza, "Echoes of Sodom and Gomorrah on the Day of the Lord: Intertextuality and Tradition in 2 Peter 3:7–13," *BBR* 24 (2014): 227–45。

66 P. W. van der Horst, "The Elements Will Be Dissolved with Fire," in *Hellenism-Judaism-Christianity: Essays on Their Interaction* (Kampen: Kok Pharos Publishing House, 1994), 234–35 認為在舊約，神往往是在火焰中顯現（見如創十五17；出三2起，十三21，十九18等），因此被擄前的先知記載神要藉著火施行審判，可追源於此；在被擄後這火的審判更不只是地區性的，而是宇宙性的。

67 Bauckham, *Jude, 2 Peter*, 138, 305; Watson, "The Oral-Scribal and Cultural Intertexture of Apocalyptic Discourse in Jude and 2 Peter," 198, 207–09.

68 《禧年書》1.29；《以諾一書》45.4～5，72.1，91.16；《西卜神諭篇》5.212；《巴錄二書》32.6，44.12，57.2；《以斯拉四書》7.75等。

下文彼得後書二章16節所述的事情，然而走這路亦反映出他在道德上的抉擇：一條偏離神的路（民二十二32），與神為敵！在《米示拿》〈先賢集〉(*m.* Abot）5.14這樣描述巴蘭的門生：「有邪眼、高傲的心，和自大的靈。」[69] 根據拉比的傳統，巴蘭的對比是亞伯拉罕。

這裏稱巴蘭為比珥的兒子（彼後二15），「比珥」在原文應是另一字「保瑣」，[70]「比珥」是《七十士譯本》中的串法的中文音譯（民二十二5，二十四3、15，三十一8；申二十三4；彌六5；見書十三22）。這裏的拼法不同，有可能作者將這字修改到與希伯來文「肉體」（*rsb*）的音譯相同。巴蘭因為敗德，因此被彼得後書的作者稱為「肉體之子」，這是非常恰當的。[71] 巴蘭的名字正好配合彼得後書指假教師是受到肉慾所支配（彼後二2、10、18，三3）。巴蘭這名字的意思是「毀壞那子民」，這正是這些假先知所作的。

在猶太人傳統中，巴蘭是取悅自我和貪財的典型，[72] 彼得後書指他所得的工錢是不義的（彼後二13、15），因為他不只是為財而咒詛以色列人，且在不得要領後，獻計予巴勒，

---

69 有關猶太及基督教傳統對巴蘭的不同演繹，詳見 G. Vermes, "The Story of Balaam: The Scriptural Origin of Haggadah," in *Scripture and Tradition in Judaism: Haggadic Studies*, StPB4 (Leiden: Brill, 1973), 127–77；M. S. Moore, *The Balaam Traditions: Their Character and Development*, SBLDS 113 (Atlanta: Scholars Press, 1990)；J. T. Greene, *Balaam and His Interpreters: A Hermeneutical History of the Balaam Tradition* (Atlanta: Scholars Press, 1992)；J. Daryl Charles, *Literary Strategy in the Epistle of Jude* (Scranton: University of Scranton Press, 1993), 120–24。可參張略：《彼得後書、猶大書》，頁133–35。

70 比珥 = *Beōr*，這裏是保瑣 = *Bosor*。

71 Bauckham, *Jude, 2 Peter*, 267–68; Witherington, *A Socio-Rhetorical Commentary on 1-2 Peter*, 359.

72 斐羅：《摩西生平》266～68，295～304、《亞伯拉罕之遷徙》（*On the Migration of Abraham*）114、約瑟夫：《猶太古史》4.126～40等。

叫摩押的女子引誘以色列人行淫，叫以色列人敬拜他們的神明，最後二萬四千以色列民因神的審判而沒命（民二十五9）。先知巴蘭為了錢財而獻計叫以色列人背道，同樣彼得後書指斥的假教師也是為個人利益引誘那些不堅固的信徒背道（彼後二 18）。行不義得不義的工價

「行的不義，就得了不義的工價」（彼後二 13），彼得後書可能是語帶相關的。根據猶太的傳統，民數記記載巴蘭與米甸的五王一起被殺（民三十一 8），是對他詭計得逞的報酬。《民數記釋義》（*Sipre Numb*）157 解釋民數記三十一章 8 節時說：以色列人「殺了用刀的比珥之子巴蘭，以色列人付了他所有的酬勞，沒有虧待了他。」這不義的酬金就是他的死亡（彼後二 15）。巴蘭在舊約和新約中都成了貪財的典型負面例子（申二十三 4～5；書十三 22，二十四 9～10；尼十三 1～2；彌六 5；猶 11 節；啟二 14），在彼得後書亦然（彼後二14）。啟示錄二章 14 節同樣指巴蘭教巴勒引誘以色列人吃祭偶像之物及犯姦淫的罪。

根據民數記二十二章 21 至 35 節所記載，巴蘭上路往咒詛以色列民時，耶和華的使者手拿著刀擋著他的去路，但巴蘭並沒有看見，只是他的驢子看見，驢子三次避開耶和華的使者而惹巴蘭責打。後來耶和華的使者叫驢子能說話，又叫巴蘭看見拿著刀的使者，巴蘭才知道驢子三次救了他脫離險境。巴蘭的驢子在牠的說話中，只是埋怨巴蘭為何這樣惡待牠，對牠不公平。耶和華的使者才是那譴責巴蘭的。這裏作者的演繹，明顯與希伯來聖經的記載有別。

彼得後書二章 16 節可能是根據《他爾根》的傳統作出的演繹，《尼奧菲特的他爾根》民數記二十二章 30 節就有這樣

的記載：「驢對巴蘭說：『邪惡的巴蘭！你要到那裏去？你缺乏悟性！甚麼！若你連我這頭不潔的動物也咒詛不了，並死在這世，不能進到將臨的世界，何況要去咒詛亞伯拉罕、以撒和雅各的子孫呢？』」同一段經文的開始，《託約拿單的他爾根》（*Targum Pseudo-Jonathan*）的記載驢的說話是：「你巴蘭有禍了，因你缺乏知識……。」《斷片他爾根》（*Fragment Targums*）：「邪惡和愚蠢的巴蘭，你有禍了，在你裏面沒有智慧……。」巴蘭是先知，在猶太傳統中對此沒有懷疑。彼得後書二章16節形容這先知是「狂妄」的，這字的串法相當獨特，在當代的文獻中沒有出現過，大概是作者自鑄的字詞。這描述雖不見於希伯來聖經，在《他爾根》的傳統中則一致地用來形容巴蘭，跟「缺乏理解」、「缺乏知識」和「愚蠢……沒有智慧」都是指同一方向；他的貪念叫他變得愚昧，明知是違反神的律法，也要走自己的路。[73] 動物不懂人言，反映他們的理性有限。彼得後書於此對巴蘭的描述，與這些猶太傳統相似。巴蘭狂妄到一個地步（彼後二16；參二10～11，三18），與「沒有靈性，生來就是畜類」無異（彼後二12），只有不能說話的驢子用人言，才可以攔阻他！他連這驢子也不如。正如斐羅以巴蘭作為詭辯主義者（見上文【4.1.2】參註18），若彼得後書的假教師是詭辯主義者，作者以他作為假教師的典型也最合適不過。

---

73 斐羅《論改名》（*On the Change of Names*）203對巴蘭也有類似的評論：「他被自己那狂妄的邪惡所傾覆，連番受傷，在層層的受傷中滅亡。」斐羅並且稱「巴蘭」這名字的意思即「愚昧之民」（《論基路伯》〔*On the Cherubim*〕32、《論變亂口音》〔*On the Confusion of Tongues*〕159、《論亞伯拉罕之遷徙》113、《壞與好為敵》〔*That the Worst Attacks the Better*〕71）。

4.4.3.5 彼得後書與何西阿書

「神/耶和華的知識」是舊約中一個不時出現的主題，是耶和華與以色列民立約關係的一種表達方式，[74] 反映律法書的語言(出十六12，二十九46等)。何西阿書二章19至23節講述將來神復興的拯救，在這幾節經文中，「公義」、「信實」、和「知識」，都是彼得後書一章1至2節中出現的關鍵字。「耶和華的知識」是何西阿書重要的主題(何四1、6，六3、6；參王上十八36；耶一5；摩三2)，可成為彼得後書「神和我們的主耶穌的知識」(彼後一2；《和合本》譯「認識神和我們主耶穌」)解釋上最佳的參照。根據近代學者卡盧(M. D. Carew)的研究，何西阿書當使用「神的知識」及「耶和華的知識」時，將三種元素合併在內：理念上的(明白和確認神為立約的主)、經驗上的(體會和經歷神的作為)，及道德/意志上的(生活行為上反映出對神的忠誠)。[75] 這是蒙揀選神的子民與揀選他們的神之間應有的特性。第一種元素是資訊性，第二和第三種是關係性的。

在何西阿書(LXX)中，名詞「知識」(*epignōsis*)一字出現了三次(何四1、6；六6)，是這字在《七十士譯本》中出現得最多的書卷；動詞(*epiginōskein*)也出現四次(何二22〔二

---

74 有關「神的知識」在舊約及何西阿書中的意義，特別參 G. J. Botterweck, *Theological Dictionary of the Old Testament*, ed. G. Johannes Botterweck and Helmer Ringgren, trans. David E. Green (Grand Rapids: Eerdmans, 1986), 5.468–79；J. L. McKenzie, "Knowledge of God in Hosea," *JBL* 74 (1955): 22–27；J. L. Mays, *Hosea*, OTL (London: SCM, 1969), 63–64。

75 M. D. Carew, "To Know or Not to Know: Hosea's Use of *yd'/d't*," in *The Old Testament in the Life of God's People: Essays in Honor of Elmer A. Martens*, ed. by Jon Isaak (Winona Lake, IN: Eisenbrauns, 2009), 73–85.

20〕、五4、七9、十四10〔十四9〕）。值得注意的是在何西阿書中，「認識神」就是承認耶和華是以色列的神，以他為惟一的救主（何十三4），這也是耶和華末世的作為，叫神的子民經過審判，帶領他們從罪孽中出來，進到新約（何二20；參耶三十一34）。[76] 根據何西阿書（何四1～3，六4～6）認識神與立約的忠誠有緊密的關係，可以說真正立約的忠誠，是建基於對神的認識。[77] 這立約忠誠應見於以色列民遵守立約的要求，這是作為神子民以色列特有的權利。[78]

這觀念與彼得後書的救恩觀非常接近。在彼得後書，認識神和主耶穌（彼後一2、3、8，二20、21；參三18），[79] 包括了在理念上的知道和明白神和基督是那位呼召和揀選的主，叫信徒得以進入那永遠的國度（彼後一3、11），同時經歷神在主耶穌基督所施行的救贖，叫人的罪得著赦免，得以潔淨（彼後一9，二20），也包括全心實行主耶穌基督神聖的命令（彼後二21，三2），行在公義的路上（彼後二21）。這說明了為何建基於「我們主耶穌基督的知識」，是可以成長結果子的（彼後一8，三18）。也惟有這樣，才可以對抗異端信仰的侵害。彼得寫這書信其中一個主要目的，就是警告讀者要防避道德上的放蕩，以致偏離耶穌基督的真知識（見上文

76 Mays, *Hosea*, 63–64.

77 Dwight R. Daniels, *Hosea and Salvation History: The Early Traditions of Israel in the Prophecy of Hosea*, BZAW 191 (Berlin: Walter de Gruyter, 1990), 112.

78 Francis I. Andersen and David N. Freedman, *Hosea: A New Translation with Introduction and Commentary* AB 24 (Garden City: Doubleday, 1980), 336, 430; Daniels, *Hosea and Salvation History*, 86, 91, 118.

79 彼得後書使用了不同串法的字詞作「知識／認識」，詳參 R. E. Picirelli, “The Meaning of ‘Epignosis’,” *EvQ* 47 (1975): 85–93；張略：《彼得後書、猶大書》，頁266–69。

【4.1.2】）。[80]

何西阿書	彼得後書
以色列的背道（七 12～13，九 15，十一 3、7，十四 4）	假教師的背道（二 1，二 20～21）
人因無知識而滅亡（四 6）	假教師因其知識而滅亡（二 1〔2x〕、3）
以色列人拒絕知識、不認識耶和華（四 1、6，五 4）	假教師背棄知識（二 21）
以色列的無知識，就好像動物一樣，同樣要面對滅亡的命運（四 3）	假教師們是沒有靈性，生來的畜類，等待宰殺（二 12）
整個世界其中的物要被消滅（四 3；參摩八 8，九 5）	天地要被火燒而銷化（三 10、12）
以色列忘記了神、祂的律法和知識（二 13，四 6，八 13，十三 4～6）	假教師故意忘記主的話（三 5）
以色列的祭司和以色列民的淫行和玷污（四 11～15、18，五 3～4，六 10），離棄神（九 1）	假教師及他的追隨者放縱肉身的情慾（二 2、10、18），背棄主的聖命（二 21）
背道者必自食其果（四 5，七 13，八 7，十 13）	異端不只毀滅人，且毀滅自己（二 2）行的不義，就得不義的工價（二 13）
神必定審判和懲罰（四 9，五 1～2，八 13，九 17，十 4 下、10、14～15）	神必定審判和懲罰墮落的天使、那些不義、不敬虔的人（二 5、9，三 7）

80 在昆蘭羣體的著作中，多次使用「那有知識的」作為他們成員的稱呼（1QH 6.15，19.14；4Q298 1.3，3.4）另參 J. Davila, *Liturgical Work* (Grand Rapids: Eerdmans, 2000), 58。他們且認為只有在他們立約羣體的成員，才有真正的知識，有這知識便知如何遵守神的律法，特別是那些與節令日期有關的條例（1QS 1.1 15；CD 3.12b ～ 16b）。這並不是説彼得後書中的假教師與昆蘭羣體有關，而是知道相關的人是否認識神，是否有從祂而來的知識，往往與他是否能正確地解釋和遵守律法有密切的關係。

認識神就是以祂為惟一的救主（十三 4～5）	救恩是認識神和主耶穌（一 1～2）
耶和華的路是正直和公義的路（LXX 十四 10：*eutheiai*〔正直〕*hai hodoi tou kyriou kai dikaioi*〔公義〕）	信徒要行義路（二 21：*tēn hodon tēs dikaiosynēs*），就是按主的聖命而行事
舌頭的狂傲（七 16） 起假誓、不踐前言（四 2，十 4 上）	假教師們說大話（二 18）
以色列不以耶和華為王（十 3）	假教師抗拒神所立的權柄（二 10～11）
「好譏誚者」的藐視（七 5）	好譏誚者的藐視（三 3～4）

何西阿書（LXX）和彼得後書都是針對在神子民羣體中所出現的不敬虔（何：*asebeia*；十 13，十二 1／彼後：*asebēs*；二 5、6，三 7）和不義（何：*adikia*；四 8，五 5，七 1，八 13，九 7、9，十 10、13，十二 8、9，十三 12，十四 2、3／彼後：*adikia*；二 13、15）。它們都是針對在神子民中間的背道者，在何西阿書，這些背道者是一些祭司叫以色列民偏離神的約，在彼得後書則是假教師叫信徒偏離真道。兩卷書之間一些共同的主題分列如上表。

有學者認為彼得後書一章 3 至 11 節反映出立約的結構，[81] 雖然這說法不能成立，然而「神和主耶穌基督的知識」確可用作表達神與祂子民的關係，強調人對神應有怎樣的回應。何西阿書將與神立約子民應有的「誠實」（*ĕmet*）、「良善」（*ḥesed*）、「認識神」三者平行（何四 1；參六 6 將「良善」平

81 Scott J. Hafemann, "Salvation in Jude 5 and the Argument of 2 Peter 1:3–11," in *The Catholic Epistles and Apostolic Tradition*, 341–42.

行於「認識神」），這些都是神子民在立約關係中應有的表現。從這角度去看，彼得後書亦反映出舊約立約關係中有關應許和咒詛的條款；對主的認識為信徒帶來應許（彼後一 4、11，三 13；參三 9），然而若信徒在生活行事上否認那為他們完成救恩、他們所認識的主救主耶穌基督（彼後二 1、20），便會自招滅亡的咒詛（彼後二 1、12、20）。何西阿書和彼得後書同樣針對在約中背道的神子民所要面對悲慘的審判，惟有回轉悔改，才有出路。

4.4.4 耶穌傳統

彼得後書所涉及的耶穌傳統，都與末世來臨相關，當然這是因為彼得後書所針對的異端，正是否定有最終審判的事，亦即否定基督的復臨。

4.4.4.1 耶穌登山變像

彼得後書的作者聲稱他是耶穌登山變像身歷其境的見證人（彼後一 16～18），他的見證是千真萬確的。耶穌的登山變像記載於三卷符類福音（太十七 1～8；可九 2～8；路九 28～36），彼得後書這記載與福音書的記錄，在細節上有一些顯著的分別，例如作者稱這事為耶穌「得尊貴榮耀的時候」（彼後一 17），這聲音是「從極大榮光之中」（彼後一 17）出來的；符類福音書都記載這聲音是從雲中出來的，但彼得後書則說這是「從天上出來的」（彼後一 18），顯示這是從神而來的啟示。彼得後書也沒有好像符類福音中提及摩西和以利亞的出現，也沒有記載彼得說要為他們分別蓋三個帳棚，也沒有提及天上有聲音說：「你們要聽他」。包衡認為彼得後書有關登山變像的記載，並非取材於符類福音書，而是來自獨立的傳統，且有可能是來自彼得自己的講道，或是在當時羅馬教會中流傳的口述傳統。[82] 然而，彼得後書也有可能是受馬太福音所影響，但這要假設彼得後書寫在馬太福音成書之後。[83]

4.4.4.2 耶穌警告在末世會有假先知出現

彼得後書二章1節說在信徒中間有假教師的出現，而耶穌也曾警告祂的門徒的，在末世的時候會有假先知出現（太七15，二十四11、24；可十三22；路六26）。新約其他地方也警告假先知或假教師的出現（徒十三6；約壹四1；啟十六13，十九20，二十10；參帖後二1～12；提後三13）。彼得透過耶穌話語的傳統，警告他當代的信徒。

4.4.4.3 耶穌對終末來臨的預言

主的日子「要像賊來到一樣」（彼後三10）這圖象，肯定是源於耶穌的教訓（太二十四43～44 // 路十二39～40）。這亦見於早期對教會的教導之中（帖前五2；啟三3，十六

---

82 詳見 Bauckham, *Jude, 2 Peter*, 205–10。同意他看法的，如 Peter H. Davids, *The Letters of 2 Peter and Jude*, PNTC (Grand Rapids: Eerdmans, 2006), 199。

83 Frey, *The Letter of Jude and the Second Letter of Peter*, 196–98; R. J. Miller, "Is There Independent Attestation for the Transfiguration in 2 Peter?" *NTS* 42 (1996): 620–25; Michael J. Gilmour, *The Significance of Parallels between 2 Peter and Other Early Christian Literature*, SBLAB 10 (Atlanta: Society of Biblical Literature, 2002), 99–100; Terrance Callan, "The Gospels of Matthew and John in the Second Letter of Peter," in *James, 1 & 2 Peter, and Early Jesus Traditions*, 168–71.

15）。彼得後書有別於福音書傳統中的記載，沒有提及「在夜裏」，卻與啟示錄（啟三3下）的表達相似，強調了基督來臨的時間，是人所不能預知，突然其來的，也不會作事前通告。當然，這也是耶穌的教訓，祂再來臨的時間，是沒有人知道的（太二十四36；可十三32～37；徒一7）。那日，「天必大有響聲廢去」（彼後三10），可能是受舊約以賽亞書三十四章4節的影響。[84]

4.4.4.4 針對彼得的預言

這裏「我們主耶穌基督所指示我的」（彼後一14），所指的應該是約翰福音二十一章18節（參約十三36），但彼得後書所使用的，可能是約翰福音書背後的傳統，而不是福音書本身。[85] 雖然有關他在年老時要被捉拿的預言，並未有確切地說明是殉道，也沒有清楚訂明時間，但若彼得年事已高，他可能意識到這預言將快應驗。若他在寫此段說話時是在羅馬的話，他也可能預感到在尼祿王的治下，他殉道的可能性很大。彼得提及這預言，是要讀者意識到他所講的話，是來自他與耶穌之間那種特別的關係，是他們必須慎而重之的。

4.4.5 使徒傳統

由於彼得後書一部分是取材於猶大書的，這部分我們會

---

84 Bauckham, *Jude, 2 Peter*, 315 認為作者取材於福音書的傳統（太五18，二十四35；可十三31；路十六17，二十一33），這便要假設彼得後書寫於福音書之後。

85 Bauckham, *Jude, 2 Peter*, 199–201。認為彼得後是直接引用約翰福音的，見 Callan, "The Gospels of Matthew and John in the Second Letter of Peter," 173–74。

在「猶大書的神學」那章中討論。在大公書信中，彼得後書是惟一一卷書提及保羅所寫的書信，雖然我們無從知道彼得所指的是哪些保羅所寫的信。

若我們視三章 1 至 13 節與三章 14 至 16 節為倒影結構，可得出以下對應：[86]

A 舊約先知、主耶穌和新約使徒的權柄（三 1 ~ 2）

B 主確實的來臨及祂看千年如一日，一日如千年，寬容人悔改（三 3 ~ 10）

C 要以聖潔敬虔的態度迎向主的日子（三 11 ~ 13）

C' 要竭力預備主日子的來臨（三 14）

B' 要以主的長久忍耐作為所有人得救的機會（三 15 上）

A' 保羅教訓的權威（三 15 下 ~ 16）

A 和 A' 分別指出作者認為信仰和生活的權威所在：聖先知預言和藉使徒所傳主救主的命令。彼得指出那些假教師強解保羅的書信，好像強解別的「經書」一樣（彼後三 16；參一 20），「經書」一字在彼得後書指舊約所記載的（彼後一 20），指某些書卷對一個信仰羣體的身分、信仰內涵、敬拜、使命，及生活，帶有神聖權柄，並且它們是從神而來的。[87] 彼得於此顯示，保羅的書信在早期的教會中，已有相當崇高的地位，對信徒在信仰和生活上有重要的指導性作用，帶有從

86 張略：《彼得後書、猶大書》，頁 438。

87 L. M. McDonald, *The Biblical Canon: Its Origin, Transmission, and Authority* (Peabody: Hendrickson, 2007), 54.

上頭而來的智慧（彼後三 15；參林前二 6～13）。保羅的著作同樣是從神而來的啟示（彼後一 21）。然而，彼得後書並未有說明他所指保羅所寫的信是指哪些。

4.5 彼得後書的神學主題

正如包衡指出，彼得後書主要的神學議題是關乎倫理和末世的關係。[88] 為要對應假教師們所提出兩種錯誤的教導：（1）他們否定有最後的審判（彼後三 3～9；參二 3～9）；因而（2）他們追逐和推崇一種「自由」的生活方式，實際是過著一種放蕩不羈的生活（彼後二 2、10～19）（見上文【4.1.2】），因而影響到教會中一些不堅固的信徒跟隨了他們。彼得要讀者記念「聖先知預先所說的話和主救主的命令，就是使徒所傳」（彼後三 2）的，也要記念彼得在這書信中所寫的（彼後一 15），因他的教導也是建基於救主的命令（見上文【4.4.4】），以致他們可以在救恩的經歷上不斷的成長（彼後一 5～11，三 18），扶正方可僻邪，神最終保守他們讓他們得進主救主耶穌基督永遠的國度（彼後一 11）。

4.5.1 公義關係的建立

公義指神與人、人與人之間應有的相處之道。公義（*dikaiosynē*）及其相關的字詞，在彼得後書中多次出現：作

88 Bauckham, *Jude, 2 Peter*, 51.

者認為他提醒讀者，是公義的行動，即是義不容辭的（彼後一 13：*dikaion*）；挪亞是傳「義道」（*dikaiosynēs kēryka*）的（彼後二 5）；羅得是義人（彼後二 7、8：*dikaion*），有公義的心（彼後二 8：*psychē dikaian*）；信徒應行公義的路（彼後二 21：*hē hodos tēs dikaiosynēs*）；將來的新天新地，有義居在其中（彼後三 13：*dikaiosynē*）。[89] 這裏不是指法庭上宣告為無罪的得稱為義，是指神將這救恩賜予人，是按照公義而行，因為祂是公義的。一章 1 節所言基督的義，正是信徒能行在公義的路上的開端，也是信徒得著救恩的基礎。那些假教師及追隨他們的人失去這信仰，是因為他們的放棄和背棄神公義的要求（彼後二 21）。

4.5.1.1 基督的義與救恩的成就

彼得後書一章 1 節指出公義是從「我們的神和救主耶穌基督」來的。這裏將神等同於救主，耶穌基督是「我們的神」，也是「我們的救主」（參彼後三 2）。[90] 在彼得後書中，也有將父神與基督清楚地分別出來的，當中指出祂是那創造（彼後三 5）、審判／拯救（彼後二 4～8，三 7～9、12）和啟示（彼後一 17、21）的神。另一方面「主」和「救主」也有一併用在基督身上（彼後一 11，二 20，三 2、18）。「救主」這稱號，在新約中出現了二十四次，用在基督身上的有十六次，在彼得後書共有五次全用在基督身上。「主」在彼得後書出現了十四次，有九次指基督（彼後一 1、8、11、14、16，二 20，三

---

89 公義的對比「不義」（*adikos*），見於二章 9、13 節。

90 詳細討論，參張略：《彼得後書、猶大書》，頁 264。

2、4、18），有五次指父神（二9、11，三8、9、10）。

根據舊約和猶太傳統的理解，當談到神的公義時，指在神人聖約中恰當的關係，這公義指神在聖約中的忠誠/忠義，且特定地透過祂拯救的作為，建立祂的管治，顯出祂自己為義。[91] 這裏指從基督而來的公義，可能反映出以賽亞書四十五章21節的宣告：「除了我以外，再沒有神；我是公義的神，又是救主；除了我以外，再沒有別神」。這位公義的神所立的僕人「看見自己勞苦的功效，便心滿意足，有許多人因認識我的義僕得稱為義；並且他要擔當他們的罪孽」（賽五十三11），耶穌正是這位義僕，祂也是救主，叫信靠祂的成為義人，過義的生活。若我們假設彼得後書的讀者曾聽過彼得前書（彼後三1），便會知道基督的受苦和受死，是義的代替不義（彼前三18）；基督是那救主，以他的義成就救恩的那位。

彼得後書一章3節基督「神聖的能力」（參《聖經新譯本》、《環球聖經譯本》），[92] 就是祂自己的「榮耀和美德」，彰顯於祂所成就的——祂成為肉身、地上的行事、死亡、復活，[93] 將恩惠帶給相信的人，叫人得脱離罪惡和敗壞（彼後一4、9；參二20），建立敬虔的生命。彼得曾在聖山上見證基督變像時顯出尊貴和榮耀（彼後一16～18），這指向終末時基督的

91 K. L. Onesti and M. T. Brauch, "Righteousness, Righteousness of God," in *Dictionary of Paul and His Letters*, ed. Gerald F. Hawthorne, Ralph P. Martin and Daniel G. Reid (Downers Grove: IVP, 1993), 828–29.

92 這裏原文是「他的神聖能力」，「他的」是指上文最接近的名詞，即彼後一2的主耶穌，而不是神。

93 Bauckham, *Jude, 2 Peter*, 54.

復臨，是祂「大能的臨在」(彼後一 16；參三 4、12)。[94]

藉著基督所成就那些偉大榮耀的作為，是要帶給信徒極珍貴的應許。這裏應許的內容就是他們將來所領受那最終救恩的實現，包括基督復臨的應許(彼後三 4)，及基督復臨所帶來的新天新地(彼後三 13)，並信徒得以豐富地進入的主救主耶穌基督永遠的國度(彼後一 11)。耶穌的神能和這極珍貴的應許，都是藉著基督而來的恩賜(彼後一 3、4)，是出於神豐厚的恩慈，這恩典足夠叫信徒過敬虔的生活。

從基督而來的應許賜給信徒最終的目的，是叫他們「得與神的性情有分」(彼後一 4)。在一章 1 至 4 節所描述的神／基督的特性，包括義(彼後一 1)、能力(彼後一 3)、榮耀(彼後一 3)、德行(彼後一 3)，並與「敗壞」的情況相反(彼後一 4)，神是永恆不朽的。信徒要進入有義居於其中的新天新地和基督的永恆的國度，這些都與德行有密切的關係，這裏所說信徒得以分享神的本性，也是如此。[95]

4.5.1.2 信徒認識那位呼召他們的主

基督以自己榮耀的美德，就是他所成就的救恩，呼召信徒(彼後一 3、10)，以致信徒得以認識神和主耶穌(彼後一 2)。上文已提及有關「神／耶和華知識」的舊約背景，

---

94 彼得指出這並非好像那些假教師所指，是捏造出來無稽的神話傳說(彼後一 16)；見張略：《彼得後書、猶大書》，頁 322–23。

95 J. M. Starr, *Sharers in the Divine Nature: 2 Peter 1:4 in Its Hellenistic Context*, CBNTS (Stockholm: Almquist & Wiksell, 2000), 167–225。J. M. Starr, "Does 2 Peter 1:4 Speak of Deification?" in *Partakers of the Divine Nature: The History and Development of Deification in the Christian Tradition*, ed. M. J. Christensen and J. A. Wittung (Grand Rapids: Baker Academic, 2007), 81–92。

「認識」強調在立約關係中，神子民對神應有的回應（見上文【4.4.3.5】）。人對基督的呼召和揀選，同樣以認識神和主耶穌作為適當的回應，這帶來生命的改變：「叫我們既脫離世上從情慾來的敗壞，就得與神的性情有分」（彼後一 4）。然而，信徒要繼續建基在這恩典和知識之上，不斷的長進（彼後一 8，三 18）。

這知識既可帶來祝福，也可帶來咒詛，與舊約時以色列在與神立約的關係相似，凡按這知識而行的，便能得著應許和祝福，凡不按這知識而行的，便要帶來審判和咒詛。而假教師們正是背道而馳，他們「連買他們的主」都否認（彼後二 1），這是自招滅亡的（彼後二 1），也叫那些追隨他們的走向滅亡（彼後二 12），「行的不義，就得了不義的工價」（彼後二 13）。他們曾「因認識主—救主耶穌基督，得以脫離世上的污穢」（彼後二 20）；他們原認識「義路」，卻逆其道而行，背棄所傳給信徒神聖的命令，其結局比他們未信之前更不堪設想（彼後二 21）。

4.5.1.3 追求公義敬虔的生命對比放縱情慾的「自由」不敬虔的生命

彼得後書一章 5 至 7 節勾劃了一章 3 節中所述敬虔生命所應有的形態，也是信徒得與神有分應有的表現（彼後一 4），作者於此強調建基於與耶穌關係的知識上，信徒在生命上要不斷地成長成熟，結果增長（彼後一 8），且要傾盡全力的（彼後一 5、10，三 14），這不只是負面地要擺脫情慾對人的操控，也要在德道品格的操練上下功夫，神已為信祂、認識基督的人，提供了一切所需的資源。

一章 5 節的主要動詞是「加上」（*epichorēgēsate*），指全力以赴的付出。[96] 在這裏作者使用了梯層式推進的文學手法。費施曹（H. A. Fischel）定義梯層式推進為「一組向前推進的句子，透過邏輯推動或靠賴一連串不可否認的事實，一步一步的邁向結論的高峯，每一句接續之前一句最後的體字（或體句）」；[97] 概略地可用以下方式表達：A……B，B……C，C……D 等。這裏列出八種德性，除了最先和最後的那兩種德性外，其餘的都出現了兩次，它們彼此息息相關，而不是可以獨立起來的。「信心」是所有基督徒倫理之始（彼後一 5），是一切品德之本，而最後一個「愛心」則是其總結或高峯（彼後一 7）。信徒在道德生命上努力成長，是最有效對抗假教師和他們那種縱慾異端的方法，便可持定方向，永不失腳（彼後一 10）。同時這「品德綱目」也可作為一張對信徒培育的清單，叫他們明白何謂神所要求的美德和榮譽（彼後一 3）、公義和敬虔。這些德行也叫他們與外族文化分別出來，特別是那些敗壞的文化。[98] 這些德性對那些假教師和他們的異端言論，也具有針對性的。[99] 重要的是，信徒所有的生活方式能提供實據，表明他們是蒙神所召的（彼後一 10）。

一章 11 節主要動詞是「供應」（《和合本》譯作「必叫」），這字在一章 5 節已被使用作「加上」，在那裏是主動語態，這裏則是被動語態（*epichorēgēthēsetai*），這被動語態所表達的

---

96 張略：《彼得後書、猶大書》，頁 289。

97 H. A. Fischel, "The Uses of Sorites (*Climax, Gradatio*) in the Tannaitic Period," *HUCA* 44 (1973): 119.

98 J. Daryl Charles, "The Language and Logic of Virtue in 2 Peter 1:5–7," *BBR* 8 (1998): 64–65

99 有關這八種德性的特質，並如何針對假教師，詳見張略：《彼得後書、猶大書》，頁 291–97。

供應者是神（divine passive）。這裏反映作者刻意使用同一個動詞，一方面是信徒要竭盡全力的「加上」，最終卻是神的供應，才能使他們得以豐豐富富的進入神國（彼後一 11）。信徒要選擇過聖潔和敬虔的生活（彼後三 11），要行在義路之中，服從遵行那傳給他們神聖的命令，就是舊約先知和新約使徒的教導（參彼後二 21，三 1～2），才得以在永恆裏，活在那有義居在其中的新天新地（彼後三 13）。他們要好像基督一樣「沒有玷污，無可指摘」（彼後三 14；參彼前一 19），對比於那些假教師和他們的追隨者，「已被玷污，又有瑕疵」（彼後二 13）。這些信徒和使徒們所有共同的信仰（彼後一 1），叫他們活出應有的道德生活，這生活見證要在他們所在的文化中發出光芒，不是受周圍惡劣文化的影響，而忘記了信徒應有的本分，見證了救恩將他們從罪中拯救出來對他們的重大意義。[100]

作者所針對的那些假教師，是與認識耶穌應有的生活方式背道而馳。他們好像瞎子一樣，沒有看到這救恩是叫他們得以潔淨，離開罪惡（彼後一 9）。他們正是舊約所預言和耶穌曾預告的那些假先知一樣（彼後二 1；見上文【4.4.4.2】）。作者以舊約的例子說明這些假教師的犯罪必定要面對從神而來的審判，這些例子包括犯罪的天使、洪水的一代（彼後二 4～5；見上文【4.4.3.3.1】）、所多瑪和蛾摩拉（彼後二 6；見上文【4.4.3.3.2】），他們也好像巴蘭先知一樣（彼後二 15～16；見上文【4.3.4】）。

---

100 Charles, *Virtue Amidst Vice*, 86.

這些假教師不是不認識主救主耶穌基督的（彼後二20），他們不只認識，且知道基督是那位買他們的主子（彼後二2），是要叫他們從罪的綑綁中得到自由，活在基督的主權之下，然而他們卻選擇背棄真道，推崇他們所認為的「自由」（彼後二19：「應許人得以自由」），[101] 不再活在任何道德的「枷鎖」之下，盡情滿足自己天然的慾望，放縱肉身的情慾（彼後二18；參二10，三3），其中包括性慾的放縱（彼後二2：「他們邪淫的行為」；彼後二18：「邪淫的事」；參二7、14）、專好狂歡逸樂（彼後二13）、貪得無饜（彼後二3、14：「習慣了貪婪」）、狂妄自大，包括藐視主的權威（彼後二10～11），說誇大虛妄的話（彼後二18）。他們這些不良的動機，叫他們的教導偏離了耶穌基督的福音，扭曲真理，完全沒有意識到他們這樣下去，是何等的危險（彼後二1），還引誘其他人誤入歧途（彼後二18）。這些假教師被定性為異端（彼後二1），不只是因為他們自己生活在敗壞之中，而是他們誘惑在教會中不堅定的人追隨他們（彼後二18；參三17），招致紛爭。這異端是叫人滅亡的（彼後二1），他們也是自招滅亡（*apōleia*；彼後二1），他們叫追隨他們的人腐敗（*en tē phthora*），自己也是自招腐敗（*phthoran*；彼後二12）。他們最後的命運，只會是玉石俱焚（*apōleia autōn*；彼後二3，另參三7）。

這些假教師是「好譏誚的人」（彼後三3），態度傲慢，只好挑釁生事，藐視從神而來的預言和命令，以自己為最終的

101 有關這裏對「自由」不同的理解，詳參張略：《彼得後書、猶大書》，頁422–23。

權柄。他們是不義的（彼後二 9；參二 5：「不敬虔的」）、是惡人（彼後三 17；參二 7）。他們所吹噓的「自由」，事實上只證明他們是被自己的情慾所控制，被神所憎惡的俗世污穢所困而被制伏（彼後二 20），過的是那滅亡者糜爛的生活，就成了腐敗的奴隸（彼後二 19：*douloi phthoras*；參二 2～3）。[102] 作者將他們比喻作沒有理性的牲畜（彼後二 12），他們如豬和狗一樣，本性沒有改變（彼後二 22），對本性的衝動毫無自制的能力，叫自己重新陷入污穢之中，[103] 這些背道者所主張的道德放任，叫人淪為只有動物性的衝動，失去道德的制約。

正如查里斯（J. Daryl Charles）正確地指出，背道的特性可能開始時只是一絲在道德判斷上的疑惑或譏誚，最終卻發展到憎厭先前所擁抱的信仰，反「貪愛不義之工價」（彼後二 15）。這種悲劇不只是可能會臨到個別人的身上，罪在人心中生根，叫人心昏昧眼瞎（參彼後一 9），愈為自己開脫，愈叫自己不能自拔，同時也危害身邊的人。然而，這只是或遲或早必招致神的審判。[104] 他們是在積存神的忿怒（羅二 5；參雅五 3），等待將來的烈火焚燒（彼後三 7；見三 10、12）。他們以為不需要為自己所作的不義、不虔敬、不道德的事負任何責任，但他們只是活在自己所騙造出來的夢幻之中，這才是他們自欺欺人的神話（參彼後一 16）。

102「人被誰制伏就是誰的奴僕」可能是當代的諺語，源於戰爭的場景，被制伏的一方要淪為奴隸。

103 彼得後書引用當時的俗語，首句「狗所吐的，牠轉過來又吃」雖可能受箴言二十六章 11 節的影響，但作者並非直接援引舊約，而是當時已流傳的通俗諺語。

104 Charles, *Virtue Amidst Vice*, 89–90.

對比這些面臨審判厄運的，正如當日傳義道的挪亞（彼後二5）和存義心的羅得（彼後二7），他倆在劣勢中仍行在神公義的路上（見上文【4.4.3.3.1】及【4.4.3.3.2】），成為那些認識主耶穌基督，追求在公義和敬虔裏成長的人的典範。

4.5.2 基督徒的盼望：終末的審判與新天新地

神懲罰性的審判，必然會臨到那些不敬虔和犯罪的惡人，正如他沒有寬容犯罪的天使、洪水的一代和所多瑪、蛾摩拉二城（彼後二4～6，三6）。不只是他們各自在他們的年代面對神的審判，還要等候終末審判的日子（彼後二9），這是主的日子（彼後三10），即神的日子（彼後三12），即舊約中所言「耶和華的日子」，火的毀滅是這終末審判經典的圖象（彼後三7；見上文【4.4.3.3.4】）。那些假教師對終末審判提出質疑，認為這應許是不會實現的（彼後三4），他們認為這世界自從被造以來，一直持續下去，沒有迹象證明神會施行毀滅性的審判；他們可能相信物質世界是永恆不變的。可惜，這只是活在自我否定之中，一廂情願的認為沒有終末審判這回事，因此他們便可為所欲為。

彼得的回覆一方面強調神話語的權柄：神藉著祂的話和水創造這世界（彼後三5）；神藉著祂的話和水曾毀滅那世界（彼後三6）；神要藉著祂的話和火毀滅將來的世界（彼後三7）。

神以祂的話語創造這個世界，也曾藉著祂的話語叫洪水毀滅這世界；是同一位神所說的話，是同樣的話，會帶來將來的審判。彼得後書強調神的道是創造和審判背後的力量。先知的預言是出於聖靈的感動，亦即是神的話（彼後一21）；

將來終末有火的審判，也是來自先知、主自己及使徒而來的神的話（彼後三 2）。

這裏作者將這世界的歷史分為三個階段：過去曾被洪水所毀滅的世界；現在這還存留的天地；將來所應許要出現的新天新地，這新世界是永恆的。[105]

對應假教師們認為根本就沒有上主再臨這回事（彼後三 4 上）。作者指出神對時間的看法，與人截然不同，他引用詩篇九十篇和哈巴谷書二章 3 至 4 節，說明神以永恆的角度看萬事，在祂沒有所謂的遲延（彼後三 8～9；見上文【4.4.3.3.3】）。審判未有即時臨到，是因祂恩慈的寬容，給人悔悟的機會，包括那些假教師和他的追隨者（彼後三 9）。這日子何時來臨，無人得知，「像賊來到一樣」（彼後三 10；見上文【4.4.4.3】），卻是必然會實現。

作者在三章 10 至 13 節描述主再臨時所會發生的景象。在主的日子來臨時，整個宇宙要面臨徹底的改變。這是神的應許（彼後三 13：*to epangelma*；參一 4：*ta epangelmata*），也是信徒所盼望實現的，是神的公義得到伸張和高舉的時候。這不只是關乎人類，也是關乎天地整個創造的。

神用火施行審判，在舊約和猶太的傳統中是相當普遍的說法，[106]「天必大有響聲廢去」（彼後三 10）指神在神顯中

---

105 Jörg Frey, "Judgment on the Ungodly and the *Parousia* of Christ: Eschatology in Jude and 2 Peter," in *Eschatology of the New Testament and Some Related Documents*, ed. Jan G. van der Watt, WUNT 315 (Tübingen: Mohr Siebeck, 2011), 507。正因如此，Frey 認為彼得後書的終末論比起猶大書來說更依賴希臘的宇宙論（其論文頁 512）。不過，筆者認為彼得後書反而是在防範這種宇宙論，見下註。

106 參 P. W. van der Horst, "The Elements Will Be Dissolved with Fire," 234–35 及上文註 66。以火的焚燒作為從神而來的審判之意象，是相當普遍的（申三十二 22；

如雷鳴的吼聲，宣告審判者的來臨，好像帶著震怒的戰士一樣，大自然在祂的面前震抖顫慄。[107] 這反映舊約以賽亞書三十四章4節形容天和萬象要被捲起來：「天上的萬象都要消沒；天被捲起，好像書卷。其上的萬象要殘敗……」(見可十三24～26；啟六12下～14)。這裏作者只形容説天要過去(對比啟二十一1)。「有形質的都要被烈火銷化，地和其上的物都要燒盡了」(彼後三10)，「形質」指與天相關的天上的天體，指太陽、月亮和眾星，[108] 要被火燒盡而消滅。「地和其上的物」，「物」(*ta erga*)指「工作」，即地上人的作為。「燒盡」(*heurethēsetai*)這字在經文考據和解釋上有不少困難，[109] 我們接受包衡的看法，認為這裏的意思應指「被揭露」、「顯露出來」、「暴露無遺」；[110] 在主的日子，當主顯現的時候，

賽二十九6，三十27、30、33，三十三14，六十六15～16、24；珥二30；彌一4；番一18，三8；瑪四1)。「火」作為將來末後審判的刑罰，多次見於耶穌的教導(太五22，十三40～42，十八8～9，二十五41；可九47～48；參太三10、12，七19；路三9、17)，新約其他地方也有使用這樣的意象描述將來的審判(林前三13～15；來十27；啟二十9、14～15)。經文主要都是指火的審判要臨到國家、城市及其中的人。在第二聖殿時期的猶太典籍，則有涉及天地被火毀滅這審判的景象(《西卜神諭篇》2.196～213，3.80～93，4.171～92，5.155～61；《以諾一書》1.6～7，83.3～5；約瑟夫：《猶太古史》1.2.3；斐羅：《摩西生平》2.63～65；1QH 11.19～36；《所羅門詩篇》15.4)。彼得後書這裏並不是受斯多亞派的世界間斷被火所滅後浴火重生的思想影響，見張略：《彼得後書、猶大書》，頁466–67。

107 Bauckham, *Jude, 2 Peter*, 315。參詩十八13～15，七十七18，一〇四7；摩一2；珥三16；參帖前四16。

108 詳見張略：《彼得後書、猶大書》，頁476–77。J. Richard Middleton, *A New Heaven and a New Earth: Reclaiming Biblical Eschatology* (Grand Rapids: Baker Academic, 2014), 198–99認為這裏是指異端的教導(西二20)，但異端的教導與天的過去又有何關係？且指異端被火燒盡而消滅是有點奇怪的。

109 詳見張略：《彼得後書、猶大書》，頁477–79。

110 Bauckham, *Jude, 2 Peter*, 318–20；支持這看法的有Green, *Jude & 2 Peter*, 330。也有認為這字在煉金學中用作「提煉」，Albert Wolters, "Worldview and Textual Criticism in 2 Peter 3:10," *WTJ* 49 (1987): 405–13，並Middleton, *A New Heaven and a New Earth*, 193–95；但這並不確定。

一切都要在祂的面前顯露出來，人在神的面前是完全赤露敞開的，沒有一點可向祂隱瞞（林前三 13 ～ 15；來四 13）。「燒盡」是用被動語氣，表示叫這一切顯露的是神，神要根據祂所顯露人的作為施行審判（見如出二十二 8；申二十二 22、28）。舊有的宇宙世界會經過火而過去，好像過去的世界曾經過洪水的一樣。這不一定就是說舊有的世界要經歷毀滅而全然消失，而是指經過這宇宙性的審判和改變，會迎來新的世界，就是有義居於其中的新天新地（彼後三 13）。[111]

基督復臨所帶來的，是不義的要被審判而毀滅，也帶來新的景象，就是蒙召屬神的義者要居於新天新地，這不只在舊約先知的預言、耶穌的教訓和使徒的教導中可見，彼得指出基督的登山變象（彼後一 16 ～ 18）這啟示性事件，已叫我們瞥見將來那榮耀的景象。信徒也要分享神的榮耀和美德（彼後一 3），這假設了死去的信徒會從死人中復活而改變，他們得以進到主耶穌基督永恆的國度中（彼後一 11），這國度是公義掌權的國度。這要成為現今信徒在地上追求公義、敬虔和聖潔的動力。從某個角度來說，信徒的悔改謹守是「催促」（彼後三 12）神日子的來到，神會因祂的子民速速的成就這事（賽六十 22 下）。

111 有關舊約中新天新地的應許，見以賽亞書六十五章 17 節及六十六章 22 節。在不少猶太的天啟文獻中，都有這樣的描述：《禧年書》1.29；《以諾一書》45.4 ～ 5，72.1，91.16；《巴錄二書》32.6，44.12，57.2；《西卜神諭篇》5.212；《以斯拉四書》7.75 等。在新約中亦見這樣的應許（太十九 28；羅八 19 ～ 21；啟二十一 1；參啟二十 11）。詳細討論，可參 Edward Adams, *The Stars Will Fall from Heaven: Cosmic Catastrophe in the New Testament and its World*, LNTS 347 (Edinburgh: T&T Clark International, 2007), 200–35。

4.6 彼得後書的敘事世界

這世界是藉著神的話語被造的，神是創造主，也是那守護這宇宙公義秩序的主宰，自古以來便是如此，不論是天使犯罪、上古洪水的年代、所多瑪和蛾摩拉，他們犯罪和不敬虔的表現（彼後二 4～9；參三 6），都招來神審判的懲治；然而他們在歷史中被懲治只是審判的初步，還等候最終的審判（彼後二 9）。反之，傳義道的挪亞及其一家八口（彼後二 5）和存義心的義人羅得（彼後二 7～8），卻蒙神的拯救。

若彼得後書真的取材於何西阿書，以色列人背道的歷史對新約的信徒來說，便成為重要的鑑戒。在舊約的教導和記載中，都提及有假先知的出現；他們被看為是假先知，正是因為他們是按著自己的慾望而行事，而且引誘以色列人犯罪。巴蘭先知便是典型的例子（彼後二 15～16），他為巴勒設計叫以色列人背道，他因貪婪錢財而離棄正路，即使不能說話的驢子發言，也不能叫這假先知醒悟過來。

神在古時屢次藉著聖靈感動先知們，將祂的話語向人啟示，人要留意神的話，直至這話得以成就（彼後一 19～20；參三 2）。這正是神的旨意和目的，如何透過祂的話，具體的表明和實現。基督的神能（彼後一 3）就是基督的成為肉身，在地上的行事、死亡和復活，成就了救恩，完成公義（彼後一 1）。且特別藉著彼得曾見證耶穌登山變像，表明神會成就基督復臨的應許（彼後一 16～18）。耶穌在世時，曾提及有關末後會有假教師的出現（彼後二 1，三 3），也提及祂復臨時，會好像賊一樣的隱祕（彼後三 10），彼得也體會有關耶穌對他要殉道的預言，即將成就一樣（彼後一 14）。

基督的神能，是要呼召信徒，叫信徒認識祂為神和救主（彼後一 2、8），他們得脫離從情慾而來的敗壞，得與神的性情有分（彼後一 4），最終是要他們能豐豐富富的進到主救主耶穌基督那公義的永恆的國度，就是整個世界被改換一新，新天新地出現（彼後一 11，三 11 ～ 13）。信徒在今世的生活，是在這終末的框架之下，特別要從將來最終的命運，包括終末的審判，去理解現今信徒應有的生活方式。他們所領受的，是眾使徒將有關主救主的命令傳遞開來的（彼後三 2）；使徒保羅從神得到智慧，在書信中也講論有關基督的救恩（彼後三 15 ～ 16）；使徒彼得在寫此信之前，也曾寫了第一封信提醒信徒要遵守有關舊約先知的話、主耶穌的命令和使徒的教導，叫他們今世知道如何活出神的心意，活出公義。

在教會中出現了異端的假教師，可以說是意料中事，因為有預言作了預告（彼後二 1，三 3），他們在教會中誤導信徒行不義，放縱情慾（彼後二 1 ～ 2、12、14），特別是那些初入教（彼後二 18），根基不穩固的，離開了那公義的路（彼後二 21），這就等於不承認那買他們的主（彼後二 1），對救恩的否定，成了背道者（彼後二 20 ～ 21），叫真理在社會中受毀謗（彼後二 2）。

主的日子，即基督復臨的應許必然會根據神的話語實現，這是不義的人面對公義審判而滅亡的日子（彼後三 7），同時整個宇宙將經歷翻天覆地的改變，所有事情都會被揭露出來，按公義受審判（彼後三 10、12）。最後神應許給信徒那公義的新天新地便會出現，那因著耶穌基督的義而成為義人的，要居於其中（彼後三 13）。

4.7 彼得後書對現今信徒和教會的意義

4.7.1 神學的處境化

彼得後書雖使用大量的舊約和猶太傳統（見上文【4.4.3】），然而作者卻同時使用了不少希臘文化中熟悉的字詞去解說他的信仰，例如二章4節的「丟在地獄」這分詞（*tartarōsas*），在新約中只在這裏出現，其同字根名詞（*tartaros*），在早期希臘《神統記》（*Theogonía*；編按：古希臘詩人赫西俄德〔Hesiod〕的長詩，另一譯名為《神譜》）的神話之中出現。根據希臘神話，「地獄」是冥府中的最底層，是泰坦族人（希臘神話中的巨人）被囚禁的地方。作者刻意透過這希臘人所熟悉的神話詞彙，去表達他要傳達的信息，企圖讓有不同世界觀的人理解他的神學，這努力是值得我們效法的。[112]

另一個例子是作者在使用「品德綱目」時（彼後一5～7）以梯層式推進的文學手法表述（見上文【4.5.1.3】），這也是斯多亞派（Stoics）學者所使用的。其中所列的德行、敬虔和忍耐經常出現於當時希臘哲學「品德綱目」中，這反映出基督徒的倫理，與非信徒的道德理想，不可能是全無關係的，也可以成為與未信世界對話的接觸點。[113]

---

112 參 Fornberg, *An Early Church in a Pluralistic Society*, 3, 88, 124；Bradly S. Billings, "'The Angels who Sinned...He Cast into Tartarus' (2 Peter 2:4): Its Ancient Meaning and Present Relevance," *ExpT* 119 (2008): 532–37。

113 參 Francois P. Viljoen, "Faithful Christian Living amidst Scoffers of the Judgment Day: Ethics and Ethos in Jude and 2 Peter," in *Identity, Ethics, and Ethos in the New*

4.7.2 針對後現代真理和道德上混亂的世界

二〇〇九年一月，有一羣無神論者先在英國倫敦的公交車車身上刊登了以下的廣告：「大概應是沒有神的，現在不用擔憂了，享受你的人生吧！」這廣告隨後在西方不同的國家刊發。姑勿論這些無神論者的目的是甚麼，這廣告正道出了為甚麼有些人不願相信有神的原因，因為若有神，而這神是公義的話，祂必會對不公義的人施行審判。沒有神，人便可以按自己的心意而行，為所欲為。

彼得後書所針對的異端，主要有三方面的特質：(1)抗拒，甚而藐視權柄(彼後二10～11；參三1～2)；(2)以要得享自由為根據(彼後二19)，放縱肉身的情慾，特別是性的慾望(彼後二2、14、18)，並且吹噓惟有這樣，人才可得享滿足(彼後二17)；(3)貪婪是他們背後的動機(彼後二3、14)。現今我們身處後現代的社會，同樣是一個抗拒權柄的年代，沒有真理的大敘事(grand narrative)，沒有絕對道德準繩可言，也沒有「大台」。不少人認為真理只是有權柄的人所操弄的把戲，而確實有掌權者試圖操控資訊和輿論，弄得黑白顛倒、真假難分；在這所謂「後真理」的世界，彼得後書提醒我們不可忘記神的話語是不會改變的(彼後二1、5、8；參一12、13)，祂的應許必然會實現，惟有活出神話語所要求的公義的人，才是真正屬於將來那新天新地的居民。

對外在權柄的抗拒，叫人對事對人表示極度的懷疑，並

Testament, 526–27。

傾向於絕對化自己的看法，而這些看法往往是受到自己的慾望和情緒所擺弄。諷刺的是，當人縱情於犯罪，得享罪中之樂時，卻是被這敗壞的力量所掛制，泥足深陷，不能自拔。每一次犯罪，就叫人向泥濘中踏深一步。性的濫交和沉溺，是特別嚴重的問題，因為性的活動是其中一種最能刺激人感觀和慾望的。這單純慾望上的滿足，只會帶來報酬遞減效應（rule of diminishing return），每次刺激的「劑量」要提升加重，才可以發揮原先有的效果，以致使人愈陷愈深，不只成癮，更是變本加厲，走向扭曲的刺激（參彼後二 6～7）。作者引用當時一句流行的成語說明他們的現實：「人被誰制伏就是誰的奴僕。」（彼後二 19）他們正是不能不犯罪，作了罪的奴隸，高舉自由，所得的是奴役和轄制。在二章 12 節，作者已指斥這些人好像沒有理性的動物；事實上主張道德放任的人，也是將自己淪為只有動物性的衝動，而沒有德道的制約。

貪婪是人類擁有的慾望的具體表現，這正是資本主義市場經濟所培育的，叫人為著個人利益，可以不擇手段，只求自己肚滿腸肥，不理他人死活。所有的詐騙，包括有害的食物、藥物，虛假的陳述等，都是為個人利益而殘害他人的表現。

彼得後書的作者知道讀者生活在當代的文化中，會受著當代文化的影響，甚而會失去了座標。他強調要在認識主救主耶穌上不斷的長進（彼後一 5～8，三 18），要扶正方可祛邪。亦惟有這樣，才可為真理站台作美好的見證（彼後二 2），存義心（彼後二 8）、行義路（彼後二 21）、傳義道（彼後二 5），活出耶穌基督的義（彼後一 1）。彼得後書於此成為生活在後現代的教會和信徒不斷的提醒（彼後一 15，三 1），好像彼得後書的讀者一樣，必須要清楚知道自己的立場，及假教師和他們的教導，與他們劃分清楚的界線，對基督復臨帶來審判的信念，有清晰的定位，絕對不能含糊。[114]

114 可參 James C. Miller, " The Sociological Category of ' Collective Identity ' and Its Implications for Understanding Second Peter, " in *Reading Second Peter with New Eyes: Methodological Reassessments of the Letter of Second Peter*, ed. Robert L. Webb and Duane F. Watson, LNTS 382 (London: T&T Clark, 2010), 147–77；Scott J. Hafemann, " Identity, Eschatology and Ethics in 2 Peter 2.17–22, " in *Muted Voices of the New Testament*, 55–69。

第五章

約翰書信的神學

仔細研讀約翰書信的讀者不難發現這三卷新約的書信，與約翰福音有不少共通的地方，它們被統稱為「約翰著作」。然而，它們之間也有差異的地方，在約翰書信中再沒有提及在福音書中經常出現的「猶太人」（71 次），亦沒有直接引用舊約經文。約翰福音中出現而書信中沒有的字彙也包括「聖經」、「榮耀」、「律法」，反之在書信中有而福音書中沒有的包括「敵基督」、「盼望」、「祭」、「團契」和「恩膏」。福音書的重點是與猶太人身分有關的各方面，包括聖殿與崇拜（約二13～22，四 20～24）、安息日及割禮（約五 1～18，七 19～24）、摩西及律法（約五 37～47，六 26～59），並猶太人的先祖亞伯拉罕（約八 31～39），這些在書信中完全欠奉。書信的重點是在其信仰羣體的生活，包括當中所出現分裂的問題，涉及彌賽亞運動在早期階段與猶太教之間關係的問題。福音書視愛的命令為耶穌所頒佈（約十三 34），約翰一書則向後看，視這命令為「舊命令」（約壹二 7，三 23），是信徒自信道時已曉得的。

5.1 歷史問題

沒有人會質疑約翰書信與約翰福音之間有密切的關係。然而，這關係是甚麼，卻是一個爭論不休的問題。究竟它們是否出自同一位作者？這作者又是誰？約翰一書根本沒有說明誰是作者，而約翰二書和三書則明言作者是一位稱為「長老」的，但他又究竟是誰？約翰福音及各約翰書信是否針對同一個信仰羣體的境況？若是同一羣體，那麼是否針對這個羣體某個發展時期所出現的問題？這也涉及如何理解它們之間的不同。

5.1.1 作者、寫作日期及地點

5.1.1.1 約翰書信的作者

教會傳統一直視西庇太的兒子約翰，是約翰福音及約翰書信的作者，然而不只有學者認為它們是出自不同的手筆，也有認為它們根本就不是使徒約翰的著作。與約翰福音一樣，這三卷約翰書信都是不具名的著作，不同學者對此有不同的理解。約翰一書一開始便引出作者和他相關的人，是那曾經「所聽見、所看見、親眼看過、親手摸過的」這「原有的生命之道」，即道成肉身的耶穌的人（約壹一 1）。這裏的「從起初」指耶穌與門徒在一起的時候，作者以此說明他及與他相關的門徒的身分，是耶穌的見證人，是那認識耶穌是神的兒子的。約翰二書和三書的作者雖不具名字，作者自稱是「作長老的」（約貳 1 節；約叁 1 節），這是一個帶有權柄的頭銜。在約翰三書更清楚提及作者所認識信仰羣體中一些領袖的名字：該猶（約叁 1 節）、丟特腓（約叁 9 節）和低米丟（約叁 12 節），似乎顯示收信人都認識這位長老是誰；最低限度那些站在長老立場的人知道這長老的見證是真的，對他有一定的認識和理解（約叁 12 節）。

不贊成約翰福音和約翰書信是同一位作者的主要原因，在於它們在用字和風格上雖然有很多相似的地方，但它們在強調上各有不同，神學思想亦有別。[1] 然而，這些差異不一定

1 見上文引言，認為它們是不同作者所寫的，見如 C. H. Dodd、R. Schnackenburg、C. K. Barrett、R. E. Brown、D. M. Smith、J. M. Lieu 等。有學者認為約翰福音和

就是因為出於不同作者，可能是因為它們針對不同對象，也可能是在同一羣體在發展中不同時期寫成。另一可能是因為約翰書信是較約翰較晚期的作品，可能他已須用代筆人，因此在一些風格上有了差別，然而也仍是約翰的講述。[2] 況且，我們現在仍未確實找到另一位作者的作品，好像新約約翰的著作（包括啟示錄），有這樣自成一格的字詞和神學。無論是哪種情況，福音書和書信是兩種不相同的體裁，也可以做成文筆風格有差異的原因。它們有不同的寫作目的，約翰福音是叫人相信耶穌是基督（約二十 30～31）。而約翰書信則是針對教會內部的團結和紛爭，因此有傾向使用與整體使徒傳統更接近的神學概念，例如有關基督死的代贖及將來基督復臨的意義。[3] 雖然它們的相似並不能證明它們是出自同一位作者，但更不能證明它們不是！於此，我們會假設它們是出於同一位作者。[4]

另一方面，這三卷稱為「約翰書信」的，也有認為不是出於同一作者。有認為約翰一書的作者，應有別於約翰二書和三書，因為一方面約翰一書不是書信體裁（見下文【5.2】），另一方面它也沒有說自己是「作長老的」（約貳 1 節；約叁

書信最少有三個不同的作者，見如 R. Bultmann、H. Conzelmann、G. Strecker 等。

2 例如 *oun*（「所以」）這連接詞在約翰福音裏出現了一百九十四次，卻從沒有在約翰一書中出現。

3 Jan G. van der Watt, *An Introduction to the Johannine Gospel and Letters* (London: T&T Clark, 2007), 24–25.

4 支持約翰福音和約翰書信是同一位作者的，有 A. E. Brooke、B. H. Streeter、W. G. Kümmel、吳道宗。晚近的支持者，見 Martin Hengel, *The Johannine Question*, trans. John Bowden (London: SCM, 1989), 47–51；Andreas J. Köstenberger, *A Theology of John's Gospel and Letters: The Word, the Christ, the Son of God* (Grand Rapids: Zondervan, 2009), 86–93。

1 節）。若它們不是出於同一作者所寫，便可能是刻意的模仿。然而，接受這假說的，難以提出確實的證據推翻傳統將它們看為同一作者的看法，縱然學者也不能提出足夠的理據說它們是出於同一手筆。[5] 歸根結柢，究竟是先接受傳統的看法——除非有足夠的證據說明它們不是出於同一位作者，還是先對傳統的看法表示懷疑——要有足夠的證據證明傳統的看法是正確的。於此，我們接受前者的進路。

至於這位稱為長老的，有認為並非指十二使徒之一，西庇太的兒子約翰，而是一位稱為「長老約翰」的；他也是耶穌的門徒，就是約翰福音中所載「耶穌所愛的那個門徒」。[6] 若約翰福音的作者是一位與使徒約翰有別的「長老約翰」，那麼除了約翰福音和書信外，其他新約著作對這人完全沒有記載。就算是公元二世紀的記載，這「長老約翰」也只是被提及，卻未有清楚講及他的事奉，這與約翰福音中所言的「耶穌所愛的那個門徒」和約翰書信中「作長老的」所享的獨特地位和權柄，未能完全吻合。要從不完整歷史資料的蛛絲馬迹中，去確證「長老約翰」的身分，涉及不少猜測的成分；這只

---

5 支持約翰書信是出於同一作者的，有 B. F. Westcott、R. Law、A. E. Brooke、R. E. Brown、R. Schnackenburg、J. Painter、R. Bauckham、A. J. Köstenberger、C. Kruse、R. W. Yarbrough、K. H. Jobes、U. C. von Wahlde、G. L. Parsenios、吳道宗等。

6 Hengel, *The Johannine Question*, 127–32。包衡接受韓高的建議，並嘗試更仔細地查證這假說的可靠性，見 Richard Bauckham, *The Testimony of the Beloved Disciple: Narrative, History, and Theology in the Gospel of John* (Grand Rapids: Eerdmans, 2007), 76–78。近代支持這看法的，有 John C. Thomas, *The Pentecostal Commentary on 1 John, 2 John, 3 John* (London: T&T Clark, 2004)；Urban C. von Wahlde, *The Gospel and Letters of John*, vol.3: *Commentary on the Three Johannine Letters*, ECC (Grand Rapids: Eerdmans, 2010), 416–22。一個對這假說全面的反駁，見 Köstenberger, *A Theology of John's Gospel and Letters*, 75–79。

可以說是一個值得繼續探索的假說，但未能成為定案。

寫成約翰福音的「耶穌所愛的那個門徒」，是耶穌在世和復活的見證人，對耶穌生平事蹟有詳細及深入的了解；在當代教會中可以與使徒彼得齊名，又為教會中眾人所熟悉的，西庇太的兒子約翰正符合以上所有的條件，因此他作為約翰福音及書信的作者，是大有可能的。

5.1.1.2 約翰書信的寫作日期和地點

就我們現存的所有資料，大概沒有可能完全確定這三卷書信寫成的先後次序。[7] 這三卷書在正典中的排次，並非是按成書次序，乃是與正典中書卷排序的原則一致：同一作者的作品，按其長短排序，而不是以書寫先後時序排列的：約翰一書（2137 字）、約翰二書（245 字）、約翰三書（185 字）。

從約翰三書的內容去看，有別於其他兩卷約翰書信，這信並非針對任何錯誤的教導。基於約翰二書和三書有相似的地方，例如有關於接待信徒的問題（約貳 10 節；約叁 9～10 節），似乎這兩封信寫成的年日相距不遠。然而，約翰三書又沒有一書和二書所關注錯誤教訓的問題，若是寫於它們之後，彼此之間時間距離也不應太久，那麼寫在它們之後的可能性便較低，因為有關錯誤教訓是重要的問題，若頭兩封信都有提及，沒有理由這封信就完全緘默。所以約翰三書可能是寫於一書和二書之前。若丟特腓是與錯誤的教訓無關，那他們之間的衝突，是他不接待從「長老約翰」而來的特使們（約

---

7 詳參 John C. Thomas, "The Order of the Composition of the Johannine Epistles," *NovT* 37 (1995): 68–70。

叁 9～10 節），不可能是因為約翰二書 10 節長老叫讀者不要接待那些傳錯誤教訓的人。[8] 因此，亦有學者都認為約翰三書是最早寫成的。[9] 這些歷史重構，都有它們的困難，並不容易確定。

若我們獨立地去看約翰二書，這書主要有兩個重點：（1）它警告讀者會有迷惑人的在他們中間出現，他們主要的偏差是甚麼（約貳 7 節）；（2）讀者不應接待這些迷惑人的（約貳 10～11 節）。而約翰一書所針對的情況，是這些迷惑人的已經離開了約翰所屬的教會社團，另立門戶（約壹二 18～19，參四 1～6）。按約翰一書對這些迷惑者錯誤教訓的反駁，遠比約翰二書 10 至 11 節詳細，可見問題已發展得更廣和更深，需要「長老約翰」作更詳細的教導和解說。另一可能是約翰二書簡述了約翰一書的主要內容，並加上應如何應付這些傳錯誤教訓的教師，[10] 亦有認為這書成了約翰一書的「封面信」。[11] 承接以上討論，我們會假設約翰三書是最早寫成的，

---

8 認為約翰二書和三書都寫於約翰一書之前，見 Georg Strecker, *The Johannine Letters: A Commentary of 1, 2, and 3 John,* Hermeneia (Minneapolis: Fortress, 1995), 3；I. H. Marshall, *Epistles of John*, NICNT (Grand Rapids: Eerdmans, 1978), 3–4。

9 C. H. Dodd, *The Johannine Epistles* (New York: Harper & Row, 1946), lxvii; Birger Olsson, "The History of the Johannine Movement," in *Aspects of the Johannine Literature*, ed. Lars Hartman and Birger Olsson (Uppsala: Almqvist & Wiksell, 1987), 34; Thomas, "The Order of the Composition of the Johannine Epistles," 70–75.

10 見如 Judith M. Lieu, *I, II, & III John*, NTL (Louisville: WJK, 2008), 7, 237–38。

11 見如 Karen H. Jobes, *1, 2, & 3 John*, ZECNT (Grand Rapids: Zondervan, 2013), 29。有認為這三卷書由同一位作者在同一時間一起發送，如 Luke T. Johnson, *The Writings of the New Testament*, (Minneapolis: Fortress, 2010), 497。這類假說的困難，是約翰一書比約翰二書或／和三書更早被初期教會肯定其價值，然而可能因其他兩卷比一書短很多，以致讀者在引用時只引用了這協合版約翰一書的部分，令後人誤以為二、三書比一書較遲得到肯定。愛任紐（《駁異端》〔*Adversus Haereses*〕3.16.8；約公元 180 年）在引用約翰二書 7 至 8 節時，確曾將它與約翰一書看為同一卷書。但若它們起初真的是放在一起流傳，又為何其後又會將它們分開呢？這些

約翰一書寫於約翰二書之前，或是差不多同時間寫成。

使徒約翰原駐於耶路撒冷，是耶路撒冷教會的柱石之一（加二 8～9）。根據傳統的說法，於猶太第一次叛變開始時（公元 66 年），約翰從猶大地移至小亞細亞，在晚年定居於以弗所（愛任紐〔Irenaeus〕《駁異端》（*Adversus Haereses*）3.1.2；優西比烏〔Eusebius〕《教會歷史》〔*Ecclesiastical History*〕3.20.8～9），享壽一百歲（公元 100 年，他雅努〔Trajan〕在位第三年，耶穌死後 68 年；根據優西比烏《編年史》192～93 的計算），埋葬於以弗所（優西比烏《教會歷史》3.31.3，他引自以弗所的主教坡律加得〔Polycrates〕）。若約翰書信是寫於約翰福音之後，約翰福音完成於公元八十五至九十年，又若約翰是死於公元一世紀末，則很可能這些書信是寫於公元九十年代初至中期。[12]

雖有學者認為這些書信是寫於敍利亞或亞歷山太，但現今大部分學者都認為這三封書信都是寫給以弗所附近地區的教會，不只是因為有很強的外證，同時，約翰的著作在小亞細亞這地區有很大的影響力，都成為有力的佐證。[13]

都是困難的歷史研究問題。

12 有關約翰福音與約翰書信的關係，歷來不同的看法，見 R. Alan Culpepper, "The Relationship between the Gospel of John and 1 John," in *Communities in Dispute: Current Scholarship on the Johannine Epistles*, ed. R. Alan Culpepper and Paul N. Anderson, SBLECL (Atlanta: Society of Biblical Literature, 2014), 95–119。

13 至於所謂「約翰羣體」的存在及約翰著作寫於這羣體不同階段，歷來有不少假說，晚近的討論見 Wally V. Cirafesi, "The Johannine Community Hypothesis (1968–Present): Past and Present Approaches and a New Way Forward," *CBR* 12 (2014): 173–81；Martinus C. de Boer, "The Story of the Johannine Community and Its Literature," in *The Oxford Handbook of Johannine Studies*, ed. Judith M. Lieu and Martinus C. de Boer (Oxford: Oxford University Press, 2018), chapter 5; access DOI: 10.1093/oxfordhb/9780198739982.013.4。

5.1.2 受書人及約翰書信所針對的教會情境

三卷約翰書信都不是針對教會一般的情況（如以弗所書），而是某地方教會的具體實況；這地方教會與作者寫作的地點一樣，都是在以弗所附近一帶的區域。約翰一書和二書大概是針對這區域之內的眾多教會，而約翰三書則可能是針對這地區的某家庭教會。

若約翰一書和二書都是針對那區域教會同一的情境，則顯示在教會當中出現了某種作者認為錯誤的教訓。然而，這異端教訓是甚麼，則眾說紛紜。[14] 過去不少學者曾一度認為約翰一書主要是針對某種靈智派（Gnosticism）的思想，[15] 然而不要說靈智派到公元二世紀才出現，且近代學者對甚麼是靈智派，那些人可以代表所謂靈智派，卻表示懷疑。有認為這兩卷書是針對幻影說（Docetism）的思想。[16]「幻影」一字源於希臘文 *dokein*，即「看上去像」；這種思想認為耶穌的受苦致死並非真實的，只是「看上去像」而已。針對這種思想的，最早見於敍利亞安提阿主教伊格那丟（Ignatius）的《致士每拿教會書信》（*The Epistle to the Smyrnaeans*；公元二世紀）。有認為約翰書信針對在他們教會羣體中間有人反對神的

---

14 有關過往學者在這方面所作不同的重構，見 Matthew D. Jensen, *Affirming the Resurrection of the Incarnate Christ: A Reading of 1 John*, SNTSMS 153 (Cambridge: Cambridge University Press, 2012), 10–22。

15 支持這看法的，有 C. H. Dodd、R. Law、W. G. Kümmel 等。晚近從這角度研究約翰一書的，見 Harry C. Swadling, "Sin and Sinlessness in 1 John," *SJT* 35 (198): 206–09，從靈智派的角度去理解約翰一書三章 6 節及 9 節。

16 持這看法的，有 J. B. Westcott、J. Stott 等。晚近從這角度研究約翰著作，見 Pamela E. Kinlaw, *The Christ Is Jesus: Metamorphosis, Possession, and Johannine Christology* (Atlanta: Society of Biblical Literature, 2005)。

兒子是真的道成肉身，認為耶穌的肉身只屬幻影（約壹四 2；約貳 7 節），不相信他的人性（參約壹二 1～2、22～23，四 2～3，五 6、9～11、20）。也有認為他們接納了克林薩斯（Cerinthus；約公元 100 年）的看法，認為基督或神的兒子這純靈體，在耶穌受洗的時候降在耶穌身上；這只是暫時的情況，耶穌死的時候，基督就離開了耶穌這身軀返回天界。然而，若作者真的是針對幻影說，似乎過分的隱晦了。因此晚近學者對此表示懷疑，認為這是一種自圓其說的讀法。[17]

學者較為一致地認為約翰一書中有關基督論的三段經文：二章 22 至 23 節、四章 2 至 3 節、五章 6 至 8 節，是針對那些從他們中間分離出去的人（約壹二 19）。且有學者指出四章 2 節所針對的重點，不是耶穌的人性；那些「謬妄的靈」（約壹四 6）不宣認的，不是耶穌「成了肉身」，而是不宣認「耶穌基督是成了肉身」（參約貳 7 節）。四章 3 節則將這簡化為「不認耶穌」，因此其重點並非「肉身」，而是耶穌作為整個彌賽亞運動宣講的重心：祂是基督、是神的兒子（約壹一 3，二 22～23，三 8，四 15，五 1、5、13；約貳 7、9 節）；「成了肉身」只是祂以甚麼方式完成這救贖的工作，同時祂也是真神（約壹五 20）。同時四章 2 節的「來」（*elēlythota*），也同樣不是單指來臨，而是完成救贖的任務。[18]

---

17 對將約翰一書的對頭看為靈智派或幻影說作出有力駁斥的，見 Daniel R. Streett, *They Went out from Us: The Identity of the Opponents in First John*, BZNW 177 (Berlin: Walter de Gruyter, 2011), 22–77, 133–37, 176–202, 279–84；Urban C. von Wahlde, *Gnosticism, Doceticism, and the Judaisms of the First Century: The Search for the Wider Context of the Johannine Literature and Why It Matters*, LNTS 517 (London: Bloomsbury T&T Clark, 2015), 61–101。

18 如 Raymond E. Brown, *The Epistles of John: A New Translation with Introduction*

約翰一書五章6至8節也不是針對基督是否有肉身的問題，而是這些分離分子似乎只是接受耶穌是藉著水而來，而不是藉著血（參下文【5.5.1.2】較詳細的討論），有否定祂以死救贖罪人的意味（參約壹二1～2，四10），這可能與他們對最終的救恩有錯誤的理解有關。[19] 於此，約翰書信確實沒有使用典型幻影說的字彙（如 *dokein*），「肉身」（*sarx*）一字在約翰著作中也只出現兩次，但作者確實注重耶穌是道成肉身的，是作者「所聽見、所看見、親眼看過、親手摸過的」（約壹一1），因此雖然針對幻影說的看法機會不大，然而卻反映出作者認為基督真正有肉身是重要的。[20] 這其中一個重大的意義，在於耶穌在肉身上受死和受苦，是看得見的、具體的，更且成為信徒的榜樣（約壹三16）。[21]

至於約翰一書和約翰二書有關道德生活和屬靈經歷上的教訓，是否針對這些分離分子，則可以有非常不同的解讀。有認為這些屬於分裂分子的言論，可見於所有「我們若

---

and Commentary, AB 30 (New York: Doubleday, 1982), 492–93；Raimo Hakola, "The Reception and Development of the Johannine Tradition in 1, 2 and 3 John," in *The Legacy of John: Second-Century Reception of the Fourth Gospel*, ed. Tuomas Rasimus, NovTSup 132 (Leiden: Brill, 2010), 37–39；von Wahlde, *Gnosticism, Doceticism, and the Judaisms of the First Century*, 81。

19 類似的看法，見上兩註，並 Judith M. Lieu, "'Authority to Become Children of God': A Study of I John," *NovT* 23 (1981): 210–28；Köstenberger, *A Theology of John's Gospel and Letters*, 96 等。

20 Maarten J. J. Menken, "The Secessionists of the Johannine Epistles and Docetism," in *Docetism in the Early Church: The Quest for an Elusive Phenomenon*, ed. Joseph Verheyden, et al, WUNT 402 (Tübingen: Mohr Siebeck, 2018), 125–41，他認為作者是針對一種認為救贖者必須是全然神性的看法（exclusively divine Christology），特別頁 135–41。

21 Martinus C. de Boer, "The Death of Jesus Christ and His Coming in the Flesh," *NovT* 33 (1991): 326–46.

說……」及「人若說……」的句子中（約壹一6、8、10，二4、6、9，四20）；以致我們可以理解他們的教訓包括：

（1）他們誇耀對神的知識（約壹二4，四8）、對神的愛（約壹四20），和與祂的相交（約壹一6，二9），並且在道德生活上的無罪完全（約壹一8、10）。約翰則說他們只是說謊話而已，他們實是行在黑暗之中，他們的行為是不守律法的，沒有彼此相愛的心，並以此為榮（約壹一6、8，二9～11，四20～21）。

（2）他們宣稱自己有特別的屬靈經歷（約壹四1～2），他們是高人一等的。這種自覺有超然的屬靈地位，亦是做成他們從認同於「長老約翰」的信徒羣體中分離出去的原因（約壹二19；約貳7、10節）。[22]

近代有學者對以上這兩方面是否針對那些分離分子表示懷疑。[23] 一方面是不能忽視約翰一書作者針對這些分離者所用

---

22 接受這傳統看法的，有 R. Law、J. Stott；晚近支持者，見如 Köstenberger, *A Theology of John's Gospel and Letters*, 95–97; Dirk G. van der Merwe, "The Identification and Examination of the Elements that Caused a Schism in the Johannine Community at the End of the First Century CE," *HTS* 63 (2007): 1149–69。據此而嘗試作出複雜重構，見 von Wahlde, *Commentary on the Three Johannine Letters*, Appendix 4 "The Crisis That Divided the Johannine Community at the Time of 1 John," 339–85。

23 見如 Judith M. Lieu, *The Theology of Johannine Epistles* (Cambridge: Cambridge University Press, 1991), 15–16；Ruth B. Edwards, *The Johannine Epistles*, NTG (Sheffield: Sheffield Academic Press, 1996), 64–67；Jensen, *Affirming the Resurrection of the Incarnate Christ*, 9–10；Terry Griffith, "A Non-polemical Reading of 1 John: Sin, Christology and the Limits of Johannine Community," *TynBul* 49 (1998): 255–60；Hansjörg Schmid, "How to Read the First Epistle of John Non-polemically," *Bib* 85 (2004): 24–41。

的是修辭用語，[24] 甚而只是一種標籤的手法，[25] 且約翰一書亦沒有直接轉引用這些分離分子教訓的內容。[26] 紀扶輝（Terry Griffith）從希臘的著作及哲學辯詞中找到相關的證據，指出「我們若說……」及「人若說……」的句子所宣稱的內容，都可以用「非爭辯的方式」去理解，不須要將這些看作是作者針對分離者的觀點，只是作者與讀者在共享的價值觀下作者所用的一種論理手法。[27] 這會影響我們如何理解作者的寫作目的（參下文【5.3】）。

約翰著作有很強的猶太背景，是學者已有的共識。肯定這些分離者曾是教會羣體的成員（約壹二 19），而不是非基督徒的猶太人。有學者認為這裏的分離者曾是在這羣體中猶太裔的領袖，他們否定耶穌是彌賽亞、是神的兒子。[28] 然而，我們難以確定這些人的族羣和身分。艾華絲（Ruth B. Edwards）坦言過去有人將這些對頭看為是靈恩感召者、猶太人、猶太基督徒、靈智派人士等，但沒有一個是有完全具說服力的。[29]

約翰書信所針對的那些分離分子，可能是在羣體中間，因著對約翰福音有不同的理解，[30] 而產生了分裂(約壹二 18～

24 Pheme Perkins, *The Johannine Epistles*, NTM 21 (Wilmington: Michael Glazier, 1979), xxi–xxiii.

25 Raimo Hakola, Nina Nikki and Ulla Tervahauta, "Introduction," in *Others and the Construction of Early Christian Identities*, ed. R. Hakola, N. Nikki and U. Tervahauta, PFES 106 (Helsinki: Finnish Exegetical Society, 2013), 12–13.

26 Gary M. Burge, *The Letters of John*, NIVAP (Grand Rapids: Zondervan, 1996), 27.

27 Terry Griffith, *Keep Yourselves from Idols: A New Look at 1 John*, JSNTSS 233 (Sheffield: Sheffield Academic Press, 2002), 122–24.

28 Griffith, *Keep Yourselves from Idols*, 175–79 認為是某些猶太人成為基督徒後，想復歸猶太教，因而否認耶穌是彌賽亞。

29 Edwards, *The Johannine Epistles*, 66.

30 支持這看法的，見如 Brown, *The Epistles of John*, 69–116；George L. Parsenios, *First, Second, and Third John*, PCNT (Grand Rapids: Baker Academic, 2014), 4；

23）。根據約翰一書和二書，這些爭論主要是關乎基督的身分和工作。作者視那些分裂離開他所認同的羣體的人，是絕對錯誤的；他們是「迷惑人」的（約貳 7 節；參約壹二 26），是說謊的（約壹二 22；參約壹二 4、四 20），是假先知（約壹四 1、4），而更甚者是「敵基督的」（約壹二 18 ～ 19；約貳 7 節）。作者描述這些人是屬世界，與世界為伍（約壹四 5 ～ 6）；因世界是服在那惡者手下（約壹五 19），因此他們也是屬於那惡者的（約壹三 12），是魔鬼的兒女（約壹三 10），並與那些屬神的人為敵（約壹四 6；參五 19）。這些分離分子不只是自己相信了錯誤的信仰，他們組織起來成為一羣巡迴的傳道者，在眾教會中傳播他們的信仰，旨在使更多人接受他們的看法，加入他們的行列（約壹二 26，四 1 ～ 3；約貳 7 節），這在信徒和教會中間製造了混亂和紛爭，動搖了部分信徒對約翰福音及其見證的理解，以致不肯定自己是否真正屬神、是祂的兒女。

5.2 體裁

約翰一書與二書、三書在格式上明顯有別，二書和三書無疑是書信，約翰一書的體裁則較具爭論。

Menken, "The Secessionists of the Johannine Epistles and Docetism," 133-35。愈來愈多學者認為約翰一書所使用的，是一個早期版本的約翰福音（C. G. Kruse、U. C. von Wahlde、P. N. Anderson），或是共有的約翰傳統（J. M. Lieu、R. B. Ruth、J. Painter、R. Hakola）。且有認為現在約翰福音十三至十七章可能是與約翰一書同一時間寫成的（F. F. Segovia、P. N. Anderson）。

5.2.1 約翰一書

約翰一書既沒有書信的卷首問安和感恩，又沒卷末的祝福語，因此有認為這原本是一篇或多篇講章；[31] 然而，約翰一書並沒有直接引用任何舊約經文，且內文屢次提及作者「寫」這著作的原因（約壹二1、7～8、12～14、21、26，五13）。有認為約翰一書是一篇專文旨在向那些有錯誤信仰的外邦信徒，解釋約翰所認為正統的信仰和觀念。[32] 有認為這是一本由教師寫給門徒的手冊（*Encheiridion*）。[33] 也有認為它好像昆蘭羣體所用的「羣體規章」。[34] 然而，手冊或規章極少以「我」（= 作者）和「你們」這種方式作表達。有認為是一卷巡迴書信，因此沒有使用卷首和卷末的書信格式。然而，這書的內容不是一般性的論述，而是有特定的針對性，應是針對當時在以弗所一帶區域的教會中所出現的問題。它的表達方式似書信，正如新約其他的著作，主要是在會眾中朗讀出來，而非作私人默讀。這書也顯出演說的方式，直接以「你們」和「親愛的弟兄們」等指向聽眾。[35]

---

31 Jobes, *1, 2, & 3 John*, 37.

32 Stephen S. Smalley, *1, 2, 3 John*, Rev. ed., WBC 51 (Nasville: Nelson, 2007), xxx.

33 伊比德圖（Epictetus；公元55～135年）就著有《手冊》（*Enchiridion*），綜合了他在《哲辯》（*Discourses*）中的道德教導。支持這看法的，有 Kenneth Grayston, *The Johannine Epistles,* NCBC (Grand Rapids: Eerdmans, 1984), 4；Edwards, *The Johannine Epistles*, 107。

34 Julian V. Hills, " A Genre for 1 John, " in *The Future of Early Christianity: Essays in Honor of Helmut Koester*, edited by Birger A. Pearson, et al (Minneapolis: Fortress, 1991), 367.

35 支持這書為書信的學者，有如 J. M. Lieu、R. W. Yarbrough。

5.2.2 約翰二書和三書

約翰二書和三書都帶有當代希臘信件的特性：作者寫給讀者、卷首問安語和卷末問安語。兩卷書信的卷首和結尾都是用作維繫或建立作者與讀者之間的感情。然而，有別於當代私人信函，寫信人以他的頭銜「長老」自稱，卻沒有透露他個人的名字。

5.2.2.1 約翰二書

有別於當代的希臘書信，約翰二書沒有了簡單的健康祝願，此書卷首的問安語也相當獨特：「恩惠、憐憫、平安從父神和他兒子耶穌基督在真理和愛心上必常與我們同在！」（約貳 3 節）這本身不像是問安，而屬陳述句。好像保羅書信一樣，其首末問安語帶有猶太色彩：「平安」；也好像其他新約書信一樣，以「恩惠」（*charis*）取代了希臘書信中的「問安」（*chairen*；雅一 1）。「憐憫」在新約書信中較為少用（提前一 2；提後一 2；猶 2 節），並具有獨特的基督教公式：「……從父神和他兒子耶穌基督」。注意「恩惠」、「憐憫」和「父神」在約翰其他兩卷書信中都未有出現，反映出這可能是當地教會中慣常使用的問安。在這之後，作者加上了一句「真理」和「愛心」這兩個約翰著作中經常出現的字彙。

約翰二書屬於勸導書信。

5.2.2.2 約翰三書

在新約的書信中，約翰三書最近似蒲草紙信件中的私人信函。它在新約書信中最短，只有一百八十五個字，正合乎一張蒲草紙的長度。約翰三書具有一般希臘書信的特質，有具體的收信人該猶，以健康祝願作開始，猶太人「平安」的問好作結束(參約二十 19、21)，但卻欠缺私人書信中應有的作者名字，只有他的頭銜「長老」。這信雖像是寫給個人，但卻是給該猶所在或支持約翰傳統的教會羣體(約叁 15 節：「眾位朋友」，約叁 3、5～8 節：「弟兄」)的公開聲明。約翰三書不只是為低米丟所寫的推薦信，[36] 同時更重要的是鼓勵該猶應按他曾有的表現(約叁 5～6 節)，繼續擇善固執(約叁 11 節)。[37]

5.3 寫作目的及內文結構

正如上文【5.1.2】已指出，約翰一書和二書不是寫給那些分離出教會的人，而是寫給留在羣體中的信徒，當中所提及的爭論都不是直接與這些分離者的對話，不應看為是針對那些離開他們的異端分子所作出的猛烈抨擊。[38] 約翰三書則是針對教會中有領袖過分專權，作為領袖的要擇善固執，堅守原則和本分。

36 Brown, *The Epistles of John*, 722–23; Robert W. Yarbrough, *1-3 John*, BECNT (Grand Rapids: Baker Academic, 2008), 329; Parsenios, *First, Second, and Third John*, 27.

37 參 Luca Marulli, "A Letter of Recommendation? A Closer Look at Third John's 'Rhetorical' Argumentation," *Bib* 90 (2009): 203–23；Matthew Brooke O'Donnell and Catherine Smith, "A Discourse Analysis of 3 John," in *The Linguist as Pedagogue: Trends in the Teaching and Linguistic Analysis of the Greek New Testament*, ed. Stanley E. Porter and Matthew B. O'Donnell, NTM 11 (Sheffield: Sheffield Phoenix Press, 2009), 127–45。

38 Johnson, *The Writings of the New Testament*, 566; Lieu, *The Theology of Johannine Epistles*, 16; Yarbrough, *1-3 John*, 21.

5.3.1 約翰一書

約翰一書與約翰福音在表達其寫作目的和全書結構上，都有相似的地方。又正如雅各書、彼得前書和後書一樣，約翰一書的前言和總結，都是我們理解約翰一書寫作目的之關鍵。約翰一書的開始和總結都強調生命之道的來到（約壹一1～2，五20），叫信徒與真神（約壹一3，五14～15、20）和彼此之間有團契（約壹一3，五16）。[39] 信徒要認清他們這些信奉神兒子之名的人（約壹五13；參五1），是從神而生、是屬神的（約壹五18；參三1～3），得享永生的生命（約壹五13）。

作者在約翰一書五章13節聲明他寫這信的目的，是要叫讀者知道自己有永生。[40] 約翰一書重複地引申這永生對信徒的重要：這永生的生命已經顯現（約壹一2，五11～12），信徒現在已得享這生命（約壹二24～25，五11～13、20～21）；並且這與神和人的團契（相交）生命，必然會有其表現（參約壹三21～24），包括愛神，離棄偶像（約壹五21）、不貪愛世界（約壹二12～17）、秉行公義（約壹二28～29，三7～9）、不願再犯罪（約壹五18；見一6～7，二3～6，三4～10上，五16～17、18）和彼此相愛（約壹二7～11，三10下～24，四7～21，五1～3）。於此，為要強化信徒羣體內部的團結，並建立合乎神心意的道德精神價值。書中所用

---

39 Lieu, *The Theology of Johannine Epistles*, 22.

40 然而約翰一書五章13節所提到的不是作者寫這書的惟一目的，見如 John Niemelä, "Finding True North in 1 John," *CTS* 6 (2000): 25–48。

的二元論：光與暗、真理與謊言、屬神與屬鬼魔、基督與敵基督等，都是用作強化信徒及其羣體自身的身分，叫他們與這不信的世界分別出來，特別是不要與那些從中間分離出去者為伍。約翰一書針對這些分離者有關基督的身分和工作的言論（約壹二22～23，四2～3，五6～8），這對信徒來説是重要的，因為永生的生命是基於耶穌的身分和工作的，叫人得與神及信徒彼此之間有團契。這正與約翰福音的目的非常吻合：「但記這些事要叫你們信耶穌是基督，是神的兒子，並且叫你們信了他，就可以因他的名得生命。」（約二十31）作者向留在羣體中的信徒提出正確的看法，以正視聽，貶低那些影響教會團結和穩定的叛離者，[41] 削弱他們對羣體的傷害和影響；同時從正面以使徒所傳講生命之道的見證為中心，鞏固信仰羣體的信念和團結。

有關約翰一書的結構，有認為其段落間欠缺邏輯的連貫性，因而有認為根本不可能找到一種既定的結構，也有認為作者是用了一種以幾個重要主題作循環論述的方式鋪排。[42] 約翰一書的序言（約壹一1～4）和總結（約壹五13、14～

41 有關此點，可參 B. Snodderly and Dirk G. van der Merwe, "Status Degradation in First John: Social Scientific and Literary Perspectives," *Acta Patristica et Byzantina* 18 (2007): 179–213.

42 Brown（*The Epistles of John*, 764）列了五十九個學者所建議的二十七個結構，有將全書分為兩段、或三段、或七段。有使用「論述分析」（discourse analysis），見 R. E. Longacre, "Towards an Exegesis of 1 John Based on the Discourse Analysis of the Greek Text," in *Linguistics and New Testament Interpretation: Essays on Discourse Analysis*, ed. David A. Black, et al (Dallas: Summer Institute of Linguistics, 1992), 271–86。有使用修辭分析，Duane F. Watson, "An Epideictic Strategy for Increasing Adherence to Community Values: 1 John 1:1–2:27," *Proceedings* 11 (1991): 144–52。吳道宗：《約翰壹貳叁書》卷上，天道聖經註釋（香港：天道書樓，2007），頁78–81則合併論述和修辭分析。還有認為約翰一書反映倒影結構，John C. Thomas, "The Literary Structure of 1 John," *NovT* 40 (1998): 369–81。

21），都與約翰福音相似（參約一1～18及約二十30～31，二十一章）。約翰一書的基本結構如下：

A. 序言（約壹一1～4）：生命之道顯現和宣講帶來團契
B. 認識神而行在光明中（約壹一5～二27）
 B1. 在光明中行（約壹一5～二6）
 B2. 守愛的命令（約壹二7～11）
 B3. 不貪愛世界（約壹二12～17）
 B4. 有主恩膏的教訓（約壹二18～27）
C. 屬神作為神兒女：要住在主裏、行公義、彼此相愛（約壹二28～四6）
 C1. 要住在主裏（約壹二28～三6）
 C2. 要行公義和彼此相愛（約壹三7～24）
 C3. 有出於真理的靈的宣認（約壹四1～6）
D. 因著神在耶穌基督裏對信徒的愛，信徒也要彼此相愛（約壹四7～五12）
 D1. 要過愛心的生活（約壹四7～21）
 D2. 要信神的兒子，領受祂的見證（約壹五1～12）
E. 總結（約壹五13～21）
 E1. 作者申明寫此書的目的（約壹五13）
 E2. 跋：有永生確據的意義（約壹五14～21）

5.3.2 約翰二書

本勸勉的信是作為長老的約翰，寫信給蒙揀選的「太太（*Kyria*）和她的兒女」（約貳1節）。大部分學者都接受「太太」

這稱呼象徵教會，「她的女兒」象徵那特定教會中的眾信徒或某地區教會下的會眾；約翰二書13節「你那蒙揀選之姊妹的兒女」象徵另一教會的信徒。[43] 約翰一書只提及有不認耶穌基督是成了肉身的人士，離開了他們的羣體（約壹二19），這裏進一步地說這些人將他們所信的傳揚開去，迷惑眾人（約貳7節）。當代有不少遊行的教師，作者指出這些人的教訓須要被驗證，且教會要格外提防敵基督者的教訓，要堅持真理（約貳1、2、3、9節），不要接待這些人（約貳10～11節）。另一方面，作者鼓勵讀者要維持彼此相愛的關係（約貳1～3、5～6節），保守他們羣體的團結合一，這樣提醒的其中一個原因是因為錯誤的教訓會帶來分裂，他們中間已有人沒有遵行真理（約貳4節）；[44] 同時亦表達作者希望能到他們那裏去（約貳12節）。此信極可能是寫於約翰一書之後。

A. 卷首語（約貳1～3節）〔書信開始〕

B. 鼓勵及警惕信徒（約貳4～9節）〔書信本體開始〕

　B1. 鼓勵信徒（約貳4～6節）：要行真理、彼此相愛

　B2. 警惕信徒（約貳7～9節）：要小心那迷惑人和敵基督的（B2是B1的原因）

C. 禁止信徒（約貳10～11節）：不要接待傳錯誤教訓者〔書信本體結束〕

---

43 對於 *kyria* 不同的理解，見 Brown, *The Epistles of John*, 652–53；Jan G. van der Watt, "The Situation in 2 John: A Worried Presbyter," *JECH* 5 (2015): 136–37。

44 原文可譯作「你的兒女中（*ek tōn teknōn sou*）有遵行真理的」。見 John Painter, *1, 2, and 3 John*, SP 18 (Collegeville: Liturgical Press, 2002), 347；van der Watt, "The Situation in 2 John," 138–40。

D. 結尾（約貳 12 ～ 13 節）

D1. 作者期望與讀者見面（約貳 12 節）

D2. 問安語（約貳 13 節）〔書信結束〕

5.3.3 約翰三書

這推薦信是作為長老的作者，寫給一位名叫該猶的（約叁 1 節）。[45] 這信不只是嘉許該猶接待長老所推薦的巡迴宣教士，並鼓勵他繼續這樣作（約叁 3 ～ 8 節），要擇善固執（約叁 11 節），同時也推薦那行善的低米丟（約叁 12 節）。[46] 對比於他們的，是那「好為首」（*philoprōteuōn*）的丟特腓（約叁 9 節）；他可能是一個在當地甚有影響力的恩惠主（patron），[47] 他不只拒絕那些得到長老支持、帶著他的推薦的宣道者，也禁止其他人接待他們（約叁 9 ～ 10 節）。[48]

---

45 有學者認為該猶並不知道丟特腓的表現，所以長老寫信告知；也有認為該猶是被丟特腓驅逐出教會的，見 Brown, *The Epistles of John*, 728–39。

46 歷來對低米丟的角色有不同的理解，有認為他是對比於丟特腓這壞榜樣的美好榜樣，如 A. E. Brooke, *A Critical and Exegetical Commentary on the The Johannine Epistles*, ICC (Edinburgh: T&T Clark, 1912), 192；Smalley, *1, 2, 3 John*, 360–62。有認為他是長老推薦給該猶，希望他接待的巡迴宣教士，如 Brown, *The Epistles of John*, 722。也有認為他是長老的特使，帶著約翰三書到該猶那裏，如 Smalley, *1, 2, 3 John*, 361。

47 參 Igor Lorencin, "Hospitality versus Patronage: An Investigation of Social Dynamics in the Third Epistle of John," *AUSS* 46 (2008): 165–74，他認為「恩主—蔭客」的關係是施予及受恩的關係，而接待客旅是一種互惠互助的關係，丟特腓利用接待客旅鞏固自己作為恩惠主的角色。

48 有關長老與丟特腓之間衝突的原因，歷來有不同的看法，有認為是神學的、道德的、及權力／榮譽上，然而甚難確定。可參 Margaret M. Mitchell, "'Diotrephes Does Not Receive Us': The Lexicographical and Social Context of 3 John 9–10," *JBL* 117 (1998): 299–320；Barth L. Campbell, "Honor, Hospitality and Haughtiness: The Contention for Leadership in 3 John," *EQ* 77 (2005): 323–25。

A. 卷首語（約叁 1～4 節）
  A1. 長老致該猶（約叁 1 節）
  A2. 祝願（約叁 2 節）
  A3. 作者表達他對該猶的喜悅（約叁 3～4 節）
B. 嘉許及鼓勵該猶（約叁 5～8 節）〔本體開始〕
C. 丟特腓的問題（約叁 9～11 節）
D. 推薦低米丟（約叁 12 節）〔本體結束〕
E. 結尾〔卷末〕（約叁 13～15 節）
  E1. 作者期望與讀者見面（約叁 13～14 節）
  E2. 問安語（約叁 15 節）〔書信結束〕

5.4 約翰書信、大公書信與正典

新約學者多將約翰書信與約翰福音和啟示錄看為一組約翰著作一起作研究，而甚少將它們與所歸屬的大公書信之間的關係作出闡述。[49] 約翰書信在大公書信中的排次，正如上文曾提及，是根據加拉太書二章 9 節：雅各、磯法和約翰的排名。這當然反映作者使徒約翰在初代教會中的地位崇高。根據符類福音，約翰是首批被耶穌呼召的門徒（太四 21～22 // 可一 19～20），在十二門徒的名單中位列第四（太十 2 // 可三 17 // 路六 14），且「彼得、雅各、約翰」往往被列為耶穌

49 有關的討論甚少，見 John Painter, "The Johannine Epistles as Catholic Epistles," in *The Catholic Epistles & Apostolic Tradition*, 239–305；Painter, *1, 2, and 3 John*, 33–37；David R. Nienhuis, " 'From the Beginning': The Formation of an Apostolic Christian Identity in 2 Peter and 1-3 John," in *Muted Voices of the New Testament*, 71–85；David R. Nienhuis, "2 Peter, the Johannine Epistles, and the Authority of 'Eyewitness' Apostolic Tradition," in *2 Peter and the Apocalypse of Peter*, 147–59。

內圈的三位門徒（可五 37，九 2，十四 33），是耶穌登山變像的見證人，與耶穌在客西馬利園，並見證祂被捕。若約翰福音中的耶穌所愛的門徒是指使徒約翰，他更是有關耶穌生平事蹟的重要見證人（約十三 21～23），與耶穌的關係密切，可能更甚於耶穌與彼得之關係(約二十 3～5，二十一 20～23)。

5.4.1 約翰書信與大公書信

如此前曾提及，約翰書信排於彼得前、後書之後，反映當代教會按使徒的領導地位所作的排名（參加二 9）；在符類福音和使徒行傳，當兩者一起出現時，都是彼得排名在先。

5.4.1.1 約翰書信之間的關係

雖然我們未能絕對確定約翰一書、二書和三書寫成的次序，它們三者在大公書信中按著字數多少排列，同時約翰一書排於首位，內容也比另外兩書豐富和詳細。約翰二書固然綜合了約翰一書的部分內容，例如在教會中出現了分裂（約貳 7 節與約壹四 2），卻突顯了其中一個未有在約翰一書中提及的情況，就是有關接待遊行教師的問題（約貳 10～11 節）。「彼此相愛」是否也代表要接待那些不傳基督教訓的人嗎？約翰堅決否定這做法，因為他們沒有真理（約貳 2～3 節），這會危害這信眾羣體的信仰和團結，可能會帶來更多更大的分裂（約貳 7 節）。愛的命令與不接待那些傳偏差信仰的人，並不自相矛盾，因為這才是愛他們羣體的表現，維護這信仰羣體不被分裂，不在這些人的惡行上有分（約貳 11 節）。約翰三書則仍環繞著接待這主題，一方面鼓勵該猶在真理中繼續接待那些巡迴的傳道者（約叁 3～8 節），這是在真理中彼此相愛的見證（約叁 6 節：「證明了你的愛」；參約叁 3 節）。然而，對比約翰二書教導要拒絕接待那些不傳真理的人，丟特腓是因為個人「好為首」（約叁 9 節）而濫用權力，拒絕接待那些傳講真實見證的人（參約叁 12 節），包括長老自己（約叁 9 節），這是不能接受的。

約翰一書開始便說要行真理（約壹一 6：*poioumen tēn alētheian*；參二 4、21），這是一章 5 至二章 6 節的主題。同時，信徒是「屬真理的」（約壹三 19：*ek tēs alētheias*），有真理的靈引導（約壹四 6，五 7）；在約翰一書結束時指出耶穌基督是真神（約壹五 20：*ho alēthinos theos*）。另一重要的主題是信徒要彼此相愛（約壹三 10～20，四 7～21）。約翰二書和約翰三書將約翰一書所展示的「真理」（*hē alētheia*）和「愛」這兩個主題，作出了具體的演繹和應用。信徒是認識真理（約貳 1 節），在真理裏面，應按真理（*en alētheia*）行事（約貳 2、3、4 節；約叁 1、3 節），同時愛是要在真理裏面的（約貳 1 節；約叁 1 節），信徒要彼此相愛（約貳 5 節）。

5.4.1.2 約翰書信與彼得前、後書

這裏不只將約翰一書與彼得後書作正典上的連繫，並且將彼得的著作作為一個單元與約翰書信作為一個單元關連起來，顯示大公書信這兩組書信的關係。在使徒行傳中，彼得與約翰多次一起出現（徒三 1、4，四 13、23），他們一起被囚（徒四 3），被初期教會看為他們的代表人物。約翰書信的作者正是這位對耶穌忠心，又為耶穌所信任的門徒約翰，也正如約翰一書開始時作者所說的，他是這生命之道的見證人

（參下文【5.4.3】）。彼得和約翰作為耶穌基督的門徒，是祂的見證人，一起作祂的使徒（彼前一 1；彼後一 1、16～18；約壹一 1～4）。他們同時是教會中的長老（彼前五 1；約貳 1 節；約叁 1 節），清楚自己對所牧養的羣體應有的責任（彼後一 13，三 1），他們鼓勵這信仰羣體，要繼續使徒的見證（彼前五 1；彼後三 2；約壹一 1～4，二 7、24，三 23～24，五 18～20 節；約貳 5、9 節）。他們對真理的見證，是建基於他們對耶穌基督親身的見證。

5.4.1.2.1 約翰書信與彼得前書

彼得前書與約翰書信有一個共通的關注，就是羣體的身分與團結。這關注也同樣是彼得前書的關注，將信徒的身分和內聚建基於耶穌的身分與工作（見本書第三章〈彼得前書的神學〉【3.5.2】及【3.5.3】）。彼得前書強調羣體身分和團結的部分原因，是要應對從未信世界而來的壓力（第三章【3.5.4.2.3】及【3.5.4.3】）；而約翰書信強調羣體身分和團結的部分原因，是因為在他們中間有人因對基督的身分和工作的看法有偏差，而從他們的羣體分裂了出去（約壹二 19；約貳 7 節；參約叁 9～10 節）。約翰書信為要應對內在糾紛，保護羣體不再被分裂。因此，無論是對外或對內，信仰羣體都要非常清晰地知道他們的身分，並要團結一致，才能應對內憂外患。

在身分的描述上，彼得前書與約翰書信都強調信徒有新的生命（彼前一 3、23；約壹五 11～12），這是透過真道／生命之道而來的（彼前一 23；約壹一 1～4），使他們成為神的兒女（彼前一 14；約壹三 1）。信徒是透過聖靈，叫他們認識耶穌是基督（彼前一 10～12；約壹四 2，五 1；參約貳 7

節）。基督是那位以自己的寶血叫人得贖（彼前一 19；約壹五 6～9），罪得著赦免（約壹二 1～2，12）。這救恩帶給信徒喜樂（彼前一 6、8；約壹一 4）。作為神兒女的表現，是要脫離情慾的綑綁（彼前一 14，二 11；約壹二 16），一心行善（彼前二 15，三 17，四 19 等）/行在光明中（約壹一 7、10，三 12 等 = 行公義：二 29，三 7），同時在信眾羣體中彼此相愛（彼前一 22，三 8，四 8；約壹四 11～12、19～21 等），其中包括樂意接待那些有需要的人（彼前四 9；約叁 5～8 節）。它們都以耶穌基督的受死作為信徒的榜樣，彼得前書強調基督的順服和為義受苦（彼前二 21～25，三 18），約翰一書則強調基督以犧牲的行動，顯出他對人的愛，成了信徒彼此相愛的榜樣（約壹二 10，三 16）。

5.4.1.2.2 約翰書信與彼得後書

約翰一書和彼得後書一樣，都強調作者自己是耶穌在生時的見證人（約壹一 1～4，參五 9；彼後一 15～18），他們所寫書信的權柄不只在於此，也在於他們傳遞了主耶穌的命令（約壹二 7；彼後三 2）。

它們針對所處羣體中出現的信仰偏差，雖然性質不盡相同，但都是與這些人對基督的救贖工作有不正確的理解。他們都是「假先知」（約壹四 1；彼後二 1。這字 *pseudoprophētai* 在新約只在這兩處出現），都曾是這羣體中的教師（約壹二 27；彼後二 1）。約翰一書指他們「不認」（*arnesthai*）耶穌是基督，他們是敵基督的（約壹二 18、22）；彼得後書指這些異端分子「不承認」（*arnesthai*）那買他們的主（彼後二 1）。他們以不同的方式否認那位拯救他們救主。然而，他們都同樣否定使徒對基督的見證，他們所相信的基督是違反使徒見證的。這些偏離真道的人（約壹二21；彼後二21），也誘惑其他信徒，[50] 叫信徒墮入他們的陷阱之中。約翰一書和二書的情況是這些人已離開了教會，作者恐怕信徒仍會受這些人所迷惑（約壹二26～28）。彼得後書的情況是這些異端分子仍在教會之中。因此，在約翰一書與彼得後書兩信總結的時候，都叮囑信徒要「小心防備」（同字根命令語；約壹五21：「保守」〔*phylaxate*〕；彼後三17：「就當提防」〔*phlassesthe*〕）。約翰和彼得作為使徒，守護著這羣體的使徒性，為信仰羣體訂下所須的界線。

彼得後書載有彼得的遺訓，其中提及耶穌所講及有關彼得將要受難殉道的預言（彼後一14），這事記載於約翰福音二十一章18至19節，是耶穌復活後對彼得所說的預言。約翰一書和二書有不少主題，與約翰福音所載的耶穌的遺訓有密切的關係，也可以說是對耶穌遺訓的演繹（約十三～十七章；見下文【5.4.3】）。可見彼得後書約翰一、二書都將權威根源於耶穌的教導。

約翰一書開宗明義說明信徒與父並祂兒子耶穌基督有團契（約壹一3：*koinōnia*），信徒是認識神和「那從起初原有的」（約壹二4、12～14，四7～8，五20～21；參三1），他們要行義（約壹三7～10），並要彼此相愛。當主再次顯現的時候，信徒便好像祂一樣（約壹三2）。同樣，彼得後書也是開宗明義指出信徒得以「認識神和我們主耶穌」（彼後一

50 與「迷惑」一字同字根 *plana-* 的動詞，在彼得後書見於二15、18，三17；約翰一書見於一8，二26，三7，四6；約翰二書見於7節（2x）。

2；參三 18），叫信徒得與神的性情有團契（彼後一 4：*theias koinōnoi physeōs*），這包括脫離世上的情慾（彼後一 4），活出公義（彼後二 21）和愛（彼後一 7）。這兩書卷對信徒與神應有的關係、信徒生活應有的表現，並對成長終極目標的理解，相當一致。

5.4.1.3 約翰書信與雅各書

若說在雅各書中，得以完全的途徑是透過愛神和愛鄰舍，愛鄰舍也是實踐那使人自由的律法（本書第二章【2.5.2.2.2（1A）】），那麼在約翰書信中，愛得以完全，也就是神的愛得以完全，這從神而來的愛，透過耶穌基督以行動表達出來，叫相信祂的成為蒙愛的人，並在信徒羣體中彼此相愛，整個過程便是愛得以完全，彼此相愛也就是遵行從神而來的誡命（參本書第二章【2.5.2.2】）。兩者都強調愛神與愛世界兩者不能並存，並當中人的慾望如何影響他們的選擇（約壹二 15～17；雅四 1～4），兩者都看到人的慾望驅使人去犯罪（參雅一 14～15）。它們都看到人容易被蒙騙（約壹一 6、8；雅一 16、22、26）；並魔鬼在其中的工作（約壹五 19；雅四 7，參三 15）。兩者都同樣強調信仰和愛心應付諸行動的重要（約壹二 4～9，三 16～19；雅一 22～23，二 14～17）。它們都強調挽回在羣體中犯罪的人，為他們禱告（約壹五 14～17；雅五 13～20）。也可以說，它們看神公義的彰顯，在於神與人和人與人之間有正當合宜的關係，這公義透過愛神（忠義）和愛人（仁義）得以達成，這兩者又是息息相關，不可分割的。

5.4.2 舊約與猶太傳統

過去不少學者認為約翰著作中的二元論（如光明與黑暗、真理的靈與謬妄的靈、神與世界、神的兒女與魔鬼的兒女）與昆蘭著作（特別是《團體規章》〔*The Community Rule*〕和《戰卷》〔*War Scroll*〕）有不少相似的地方，顯示約翰著作受愛色尼羣體的影響。[51] 然而，晚近學者亦指出它們之間有不少相異的地方，以致難以確定約翰著作是否受昆蘭著作的影響，更遑論取材於昆蘭文獻。約翰著作所受的影響可能是直接來自舊約，及昆蘭文獻出現之前的猶太著作（參《猶大遺訓》〔*Testament of Judah*〕20.1）。[52] 這也是筆者所接納的看法，認

---

51 如 James H. Charlesworth, "A Critical Comparison of the Dualism in 1 QS 3:13 ~ 4:26 and the 'Dualism' Contained in the Gospel of John," in *John and Qumran*, ed. James H. Charlesworth (London: Geoffrey Chapman, 1972), 76–106；他認為約翰借用了昆蘭團體規章（1QS 3.13 ~ 4.26）所載的二元字彙和神話。另參 John Ashton, *Understanding the Fourth Gospel* (Oxford: Clarendon, 1991), 232–37。認為約翰一書中的二元論明顯受昆蘭的神學影響，見 Marie-Emile Boismard, "The First Epistle of John and the Writings of Qumran," in *John and Qumran*, 156–65。認為這影響是間接的，見 Raymond E. Brown, "The Qumran Scrolls and the Johannine Gospel and Epistles," in *New Testament Essays* (New York: Paulist, 1965), 102–31。有關約翰著作與昆蘭著作之間，過去學者曾作的討論及相關的議題，特別參 Paul N. Anderson, "John and Qumran: Discovery and Interpretation over Sixty Years," in *John, Qumran, and the Dead Sea Scrolls: Sixty Years of Discovery and Debate*, ed. Mary L. Coloe and Tom Thatcher, EJL 32 (Atlanta: Society of Biblical Literature, 2001), 15–50。

52 Richard Bauckham, "Qumran and the Fourth Gospel: Is There a Connection?" in *The Scrolls and the Scriptures: Qumran Fifty Years After*, ed. Stanley E. Porter and Craig A. Evans, JSPS 26 (Sheffield: Sheffield Academic Press, 1997), 267–79；Richard Bauckham, "The Qumran Community and the Gospel of John," in *The Testimony of the Beloved Disciple: Narrative, History, and Theology in the Gospel of John* (Grand Rapids: Baker Academic, 2007), 125–36；David E. Aune, "Dualism in the Fourth Gospel and the Dead Sea Scrolls: A Reassessment of the Problem," in *Noetestamentica et Philonica: Studies in Honor of Peder Borgen*, ed. David E. Aune, Torrey Seland, and Jarl Henning Ulrichsen, NovTSup 106 (Leiden: Brill, 2003), 281–

為約翰書信中的二元論述，光明與黑暗，真理的靈和謬妄的靈（死海文庫中沒有「謬妄的靈」），並不是根源於昆蘭文獻，約翰書信和昆蘭文獻都不約而同受當代猶太傳統觀念的影響。

約翰書信中惟一清楚旁索舊約的，只有約翰一書三章12節該隱殺亞伯的典故（創四1～15）。這是為甚麼大部分討論新約如何使用舊約的專書，都沒有討論約翰書信。為何約翰書信沒有更多引用舊約，有認為這是因為它們所針對的異端是在基督論上出現問題，因此作者沒有使用舊約經文作論證的必要；[53] 然而，新約其他不少地方都有使用舊約去論證耶穌的身分和工作（見如彼前一10～12；徒二15～36等）。也有認為因為作者所針對的是某種外邦思想影響下的異端。[54] 若這書信部分是回應那些分離者對約翰福音的誤解，則約翰書信的焦點，是引申和解釋約翰福音，這可能是約翰書信甚少引用舊約的主要原因。

以下我們將追隨李紆（Judith M. Lieu）的看法，從三方面探索約翰一書與舊約和猶太傳統的關係，[55] 然後再探索約翰書信可能存在有關新約的觀念。

303；Jörg Frey, "Recent Perspectives on Johannine Dualism and Its Background," in *Qumran, Early Judaism and Testament Interpretation: Kleine Schriften III*, ed. Jacob N. Cerone, WUNT 424 (Tübingen: Mohr Siebeck, 2019), 763–90。晚近不同意他們觀點的研究，見 James H. Charlesworth, "The Fourth Evangelist and the Dead Sea Scrolls: Assessing Trends over Nearly Sixty Years," in *John, Qumran, and the Dead Sea Scrolls*, 170–72；Elizabeth W. Mburu, *Qumran and the Origins of Johannine Language and Symbolism*, JCTS (London: T&T Clark, 2010)。

53 如 Andreas J. Köstenberger, "The Use of Scripture in the Pastoral and General Epistles and the Book of Revelation," in *Hearing the Old Testament in the New Testament*, ed. Stanley E. Porter (Grand Rapids: Eerdmans, 2006), 249。

54 如 Smalley, *1, 2, 3 John*, 183–84。

55 Judith M. Lieu, "What Was from the Beginning: Scripture and Tradition in the Johannine Epistles," *NTS* 39 (1993): 458–77.

5.4.2.1 祭司傳統：舊約挽回祭與罪得赦免（約壹一9～二2）

正如學者李紆所言，約翰一書一章9節將神的赦罪建基於神信實和公義的本性，可追溯至出埃及記三十四章6至7節：「耶和華，耶和華，是有憐憫有恩典的神，不輕易發怒，並有豐盛的慈愛和誠實，為千萬人存留慈愛，赦免罪孽、過犯，和罪惡，萬不以有罪的為無罪，必追討他的罪，自父及子，直到三、四代。」「誠實」(*hṣd*)也可譯作「信實」，而《七十士譯本》在翻譯這希伯來經文成希臘文時，將「存留慈愛」的「慈愛」譯作「公義」。這希伯來經文開始了一個在舊約中神根據祂的本性饒恕罪人的傳統（民十四18～19；珥二13；拿四2；詩八十六15，一〇三8；尼九17；但九9）。《便西拉智訓》（*The Wisdom of Sirach*）2.11卻警告說，雖然神是有慈愛，會赦免罪孽，但卻不應輕忽犯罪，因為慈愛和忿怒都屬於祂的（5.5）。這種說法與約翰一書一章9節非常接近。[56]

與赦罪和潔淨相關的，有兩個主要字詞：挽回/贖罪祭（約壹二2，四10）和中保（約壹二1），耶穌作了挽回/贖罪祭，並是神與人之間的中保。這也涉及祂的血（約壹一7；參五6）和祂義人的身分（約壹二1）。約翰一書一章9節和10節提及一個赦罪的先決條件，是人要承認自己犯了罪，這與利未記記載獻祭「贖罪」的過程非常相似（利六1～7；民五5～8），人必須先意識到自己是犯了罪，作出補償（利六4；民五7），然後才獻祭。在認罪的條件之下，帶來兩方面的結果：赦罪和得潔淨。

56 Lieu, "What Was from the Beginning," 461–64.

約翰一書二章 2 節和四章 10 節視耶穌作為挽回祭（*hilasmos*），是信徒的罪得到赦免的基礎。希臘文名詞 *hilasmos* 在《七十士譯本》中只出現了七次（利二十五 9；民五 8；詩一二九 4〔編按：即《和合本》詩一三〇 4〕；摩八 14；結四十四 27；但九 9；《馬加比二書》〔*2 Maccabees*〕3.33），在新約中除了約翰一書，未有在其他地方出現過。這字可譯作「贖罪祭」，[57] 也有認為這祭應理解為「挽回祭」，旨在止息人犯罪所帶來神的忿怒（參羅五 8）。[58] 無論是哪種理解，都指向利未記十六章所載的贖罪日，祭司將血灑在至聖所的施恩座（利十六 11～14）及會幕和祭壇上（利十六 15～19）有關，是要為以色列民所犯的罪行贖罪的禮，叫聖所、會幕和祭壇得以潔淨。而祭司按手在公羊的頭上，並將羊送到曠野，這是為了叫以色列人所犯的罪，歸到祭牲身上（利十六 20～22），他們的罪便得著赦免（參利一 3～6，五 11～13）。[59] 基督作為這祭牲所流的血，在神的信實和公義的處理下，成為認罪的人罪得著赦免的途徑（參約一 29，六 51，十一 50～52）。基督「為」（*hyper*）其他人捨棄自己的生

57 如 C. H. Dodd, "Ἱλασκεσθαι, Its Cognates, Derivatives and Synonyms in the Septuagint," *JTS* 32 (1931): 352–60；Brown, *The Epistles of John*, 220–21。大部分學者都接受這裏是贖罪祭，如 D. K. Rensberger、J. Painter、U. C. von Wahlde、G. L. Parsenios 等。Bernhard W. Anderson, *Contours of Old Testament Theology* (Minneapolis: Fortress Press, 1999), 121 指出，在舊約有些時候「贖罪」（*kipper*）這動詞的主詞是神（代下三十 18），其意思即赦罪（結十六 63；申二十一 8；詩七十八 38；參賽六 7）。

58 Leon Morris, *The Apostolic Preaching of the Cross* (London: Tyndale Press, 1955), 147–78; Marshall, *Epistles of John*, 118.

59 James W. Watts, *Ritual and Rhetoric in Leviticus: From Sacrifice to Scripture* (Cambridge: Cambridge University Press, 2007), 138 就認為利未記四至五章的重點在如何透過贖罪祭可以得著赦免，而十二至十五章則強調它在潔淨上的角色。

命（約壹三 16）。

約翰一書二章 1 節稱耶穌基督為「中保」（*paraklētos*），也是「義者」。「中保」一字在新約另一卷書出現見於約翰福音（約十四 16、26，十五 26～27，十六 7），聖靈是另外一位「保惠師」。「中保」和「保惠師」原文實是同一字。蓋斯頓（Kenneth Grayston）指出，*paraklētos* 這字在古典和希臘時期的希臘文和拉比的文獻中，都與司法活動無關，因此不應看作為在法庭上的辯護者。[60] 這裏將耶穌基督是義人與作為「中保」關連起來，反映出在猶太背景中亞伯拉罕、摩西（出十九 9；參三十四 27）、以利亞、但以理這些義人都是偉大的代求者；耶穌獨特地作為挽回祭，為那些犯罪者帶來安慰（*paraklēsis*；與「中保」為同字根字），就是罪得著赦免。

5.4.2.2 以賽亞的傳統（賽六 9～10，四十二 6～7，四十三 8～10）

以賽亞書六章 9 至 10 節（「你們聽是要聽見，卻不明白；看是要看見，卻不曉得。要使這百姓心蒙脂油，耳朵發沉，眼睛昏迷；恐怕眼睛看見，耳朵聽見，心裏明白，回轉過來，便得醫治。」）在以賽亞書中以多種方式出現（賽四十二 19～20，四十三 8，五十九 9～10 等；參耶五 21；申二十九 4）。根據符類福音的記載，耶穌曾引用以賽亞書六章 9 至 10 節表明舊約已有預言，說明他所講的會被羣眾拒絕（太十三 14～15；可四 12；參徒二十八 26～27）。約翰福音也曾引

60 Kenneth Grayston, "The Meaning of PARADL Ē TOS," *JSNT* 13 (1981): 67–82.

用這段經文（約十二 40～41；參九 39，十二 35），那裏所強調的，是人不明白耶穌作為啟示者的身分。[61] 而當約翰一書旁索這經文時，則出現不同的重點。在約翰一書這瞎眼是關乎信徒的生活行事（約壹一 6～8），並且那些行在黑暗中的，是被黑暗所蒙蔽（約壹二 11：「黑暗叫他眼睛瞎了」）。[62]

光明與黑暗的對比，見於以賽亞書九章 2 節，應許那在黑暗裏生活的，將看見大光照耀他們，叫他們終能看見。根據以賽亞書四十二章 6 至 7 節，那作為耶和華僕人的是外邦人的光，他要開瞎子的眼睛，將他們從黑暗裏拯救出來。約翰福音中耶穌宣稱「我是世界的光。跟從我的，就不在黑暗裏走，必要得著生命的光」（約八 12）。約翰一書則將耶穌臨到帶來新的紀元，看為是「黑暗漸漸過去，真光已經照耀」（約壹二 8）。仍行在黑暗裏的，就與瞎子無異。

約翰一書雖不是直接引用以賽亞書，但當中的觀念很可能是取材於以上所提相關的經文。約翰一書與約翰福音雖然在使用以賽亞書相關的主題上有分別，然而也有很強的關聯性，可視作約翰一書將約翰福音中所使用的以賽亞傳統，再加上新的演繹。

李紓指出以賽亞書四十三章 8 至 10 節（LXX）與約翰一書在用字上有不少連繫：「你要將有眼而瞎（*typhloi*）、有耳而聾的民都帶出來！任憑萬國聚集；任憑眾民會合。其中誰能將此聲明（*anangelei* =「傳給」），並將先前的事（*ta ex*

---

61 詳見 Craig A. Evans, *'To See and Not Perceive': Isaiah 6.9-10 in Early Jewish and Christian Interpretation*, JSOTSS 64 (Sheffield: JSOT, 1989), 129–35。

62 Lieu, "What Was from the Beginning," 472–75; Judith M. Lieu, "Blindness in the Johannine Tradition," *NTS* 34 (1988): 90–92.

arches =「從起初」）說給我們聽呢？…… 耶和華說：你們是我的見證（*martyras*），我所揀選的僕人。既是這樣，便可以知道（*gnōte*），且信服（*pisteusēte*）我，又明白我就是耶和華……」不只是這些字彙見於約翰一書，且這裏所指作為見證人的最終目的，與約翰福音（約二十 31）和約翰一書（約壹五 13）相似，不過是以不同的方式表達和演繹。[63]

5.4.2.3 該隱的猶太傳統（創四 1～15；約壹二 28～三 18）

約翰一書二章 28 節至三章 18 節對比神的兒女及魔鬼的兒女。魔鬼的兒女是屬那惡者的（約壹三 10），是犯罪的（約壹三 8），不行公義，不愛弟兄（約壹三 10），更恨弟兄的（約壹三 15）。主的顯現正是要除掉魔鬼的作為（約壹三 8）。對比於那作為神兒女榜樣的主，魔鬼兒女的典模就是該隱（約壹三 12）。這裏對神兒女和魔鬼兒女的對比，也可能受猶太傳統中對該隱和亞伯之描述的影響。

有猶太傳統在詮釋創世記四章有關該隱的出生時，認定他並非亞當所生的，根據《他爾根》創世記五章 3 節，亞當活到一百三十歲生了一個兒子，形像樣式和自己相似，之後加了一段指夏娃生該隱，但該隱並非亞當所生的（《託約拿單的他爾根》（*Targum Pseudo-Jonathan*）創五 3），《他爾根》（*Targum*）創世記四章 1 節指夏娃是與主的使者撒母力（Sammael）生的，視該隱從一出生便是違反自然秩序（參創六 1～2），是全然邪惡的。他是魔鬼的兒女（參約壹三 10），

---

63 Lieu, "What Was from the Beginning," 475.

也按這身分行事。[64] 針對創世記四章 8 節希伯來經文沒有記載在田野間該隱與亞伯之間發生了甚麼事，有《他爾根》版本加入一段該隱與亞伯之間的爭辯，內容關乎神是否公平。該隱指出這世界不是藉著慈悲和按著善道而創造的，亞伯回應時，質疑該隱認為沒有公平審判的見解，指斥該隱是錯誤的；加上亞伯的行為是善的，該隱行為是惡的，因此神悅納了前者所獻的祭（如《託約拿單的他爾根》創四 8）。這爭論最終觸發該隱殺了亞伯。這顯示該隱在獻祭前的行為是惡的，他的惡亦呈現於他殺亞伯的罪行中。這種理解與斐羅（Philo）對此段經文的解釋相似，他認為該隱是邪惡（*kakia*）的代表（《論亞伯與該隱之獻祭》〔*On the Sacrifices of Abel and Cain*〕14；《壞與好為敵》〔*That the Worst Attack the Better*〕32），是個惡人。對比於該隱，亞伯是滿有德行，是聖潔的，且是愛神的代表（《論亞伯與該隱之獻祭》10，14；《壞與好為敵》32），是個義人（*ho dikaios*；《創世記問答》1.59）。愛神的人要好像亞伯一樣，是一位施予者（《創世記問答》〔*Questions and Answers on Genesis*〕1.62）。約瑟夫（Josephus；《猶太古史》1.53）指亞伯以公義（*dikaiosynē*）為念，而該隱是全然邪惡的（*ponērotatos*）。該隱也是一個只顧自己利益的人，這解釋與該隱名字的意思相關；這名字指「獲得」，引申作「擁有」。他的每一項行動都以他可為自己得到更多利益為前題（《壞與好為敵》32）。[65] 這與約翰一書三章 12 節的自問自答所

64 John Byron, *Cain and Abel in Text and Tradition: Jewish and Christian Interpretations of the First Sibling Rivalry*, (Leiden: Brill, 2011), 17, 25, 141.

65 見 Hindy Najman, "Cain and Abel as Character Traits: A Study in the Allegorical Typology of Philo of Alexandria," in *Eve's Children: The Biblical Stories Retold and*

提供的觀點，非常相似：「該隱……殺了他的兄弟。為甚麼殺了他呢？因自己的行為是惡的（*ponēra*），兄弟的行為是善的（*dikaia*）。」

根據約翰福音八章 44 節，魔鬼從起初便是殺人的（*anthrōpoktonos*），而該隱作為聖經所載第一位兇殺者，顯示他是所有殘害手足的代表，他也是屬魔鬼，從魔鬼而生的。在約翰一書家庭寫照的語境之下，那些恨羣體中弟兄姊妹的（約壹三 13），就好像該隱一樣，是手足相殘的人（約壹三 15：*anthrōpoktonos*），他也成了典型的罪人，其行為是惡的（約壹三 12），是只顧自己，不會照顧羣體中有需要的人（約壹三 17）。

對比以該隱為典型的屬魔鬼的人，那從神而生的，是神的兒女（約壹三 1），會潔淨自己（約壹三 3）、行公義（*dikaiosynē*；約壹二 29，三 7）、是公義的（約壹三 7：*dikaios*；參一 9，二 29）、不犯罪（約壹三 9）、愛弟兄（約壹三 14）。他們的典模是主耶穌，因為當主顯現時，神的兒女都要像他一樣潔淨（約壹三 2～3），耶穌是那義者（約壹二 1：*dikaios*）。同時，信徒要效法主的愛，為弟兄捨命（約壹三 16），具體的表現是照顧那些在世上窮乏的人（約壹三 17）。

約翰一書是象徵性地將「該隱」的意象應用在那些從羣體中分裂出來的人；他們可能因為要離開原來的信仰羣體而心生怨恨，並作出帶敵意的行動。[66]

Interpreted in Jewish and Christian Traditions, ed. G. P. Luttikhuizen (Leiden: Brill, 2003), 113, 115；Byron, *Cain and Abel in Text and Tradition*, 7。

66 Brown, *The Epistles of John*, 447.

5.4.2.4 神與人所立的新約

有學者認為在約翰書信中，若我們將一些相關的主題連貫，不難看到這是與耶利米書三十一章31至34節和以西結書三十六章24至29節所預言的新約之應驗，有很強的相關性。[67] 這包括以下四個主要的元素：

(1) 認識神（耶三十一34）：根據以西結書，神的審判和慈愛是要叫以色列民「你們就知道我是耶和華」（結七9，十三14等）。有關「耶和華的知識」這主題，亦見於耶利米書（耶二8，四22，九6，二十二16），這都可能是重新演繹何西阿先知的信息。[68] 這認識不只是在觀念上的認知，而是指人與神有密切的團契。當人完全生活在與神的密契中時，便能明白祂的心意，從心裏樂意行祂所喜悅的事。[69] 耶利米書三十一章34節所載新約的應許，包括「他們從最小的到至大的都必認識我」，與約翰一書對信徒的描述非常相似：「你們認識（*egnōkate*；完成式）那

---

67 Edward Malatesta, *Interiority and Covenant: A Study of* einai en *and* menein en *in the First Letter of Saint John*, AnBib 69 (Rome: Biblical Institute Press, 1978)；John Pryor, *John: Evangelist of the Covenant People* (Downers Grove: IVP, 1992), 157–80, 特別是頁 160；Birger Olsson, "Johannine Christians: Members of a Renewed Covenant? Jewish/Christian Identity According to the Johannine Letters," in *The Making of Christianity: Conflicts, Contacts, and Constructions: Essays in Honor of Bengt Holmberg*, ed. Magnus Zetterholm and Samuel Byrskog (Winona Lake: Eisenbrauns, 2012), 173–204；Jobe, *1, 2, & 3 John*, 107；卡森：〈約翰一、二、三書〉，鄭愛和譯，收於《新約引用舊約》，2.1584–85。不同意這裏是使用立約語言的，見 Lieu, *The Theology of Johannine Epistles*, 32–33。

68 Francis I. Andersen and David N. Freedman, *Hosea: A New Translation with Introduction and Commentary*, AB 24 (Garden City: Doubleday, 1980), 74。有關「認識神」在彼得後書與何西阿書的關係，見本書第四章【4.3.5】。

69 有關舊約在這方面的理解，見 Walter Brueggemann, *Theology of the Old Testament: Testimony, Dispute, Advocacy* (Minneapolis: Fortress, 1997), 480。

從起初原有的」(約壹二 13、14)，「你們認識(*egnōkate*)父」(約壹二 14；參二 3)，從神而生的是「認識(*ginōskei*)神」的(約壹四 7～8)。在約翰一書總結時，指信徒是「認識那位真實的」(約壹五 20)。認識神的人與神和人都有團契(約壹一 3、6)。在約翰書信中另一種的表達方式，是他們有神/父(約壹二 23；約貳 9 節)，這是透過宣認/有神的兒子而有的關係。

(2) 罪得赦免(耶三十一 34；結三十六 25)：約翰一書二章 12 節指信徒藉著主的名得著赦免。如何得以潔淨而不再犯罪，亦是這書的關注(約壹一 9，三 3～5)。

(3) 將神的律法/新靈放在人裏面，遵守神的律法(耶三十一 33；結三十六 27)：在約翰一書信徒因著認識神的緣故，有神的道/真理在他們裏面，叫他們能勝過那惡者(約壹二 13～14)，也會遵守神的誡命/真理/主的道(約壹二 3～4)。這是為何認識神的人不犯罪(約壹三 6)，因有神的種子在他裏面(約壹三 9)。因為他有主的恩膏，不用人教訓他們(約壹二 20、27)。彼此相愛這命令被稱為「新命令」(約壹二 7；約貳 5 節)，一方面是指耶穌帶來了新的年代，這是新時代下耶穌信徒應要遵守的(約十三 34)，這也是更新的約所帶給信徒的新的誡命(約壹三 23)。

(4) 立約公式：「你們要作我的子民，我要作你們的神」(結三十六 28；參耶三十一 33)：這公式雖然沒有在約翰書信中出現，然而信徒被看為是神的兒女(約壹三 1～2、10)，正如昔日以色列被看為是神的兒女般(如出四 22～23)。

約翰書信所描述擁有永生生命的信徒應有的表現，與舊約所應許的新約實現時神子民的生活形態極之接近。此外，約翰一書在總結時（約壹五21）提醒讀者「你們要自守，遠避偶像」，也是以西結書預言的新約所關注的，神的子民會「棄掉一切的偶像」（結三十六25）。

5.4.3 約翰福音與使徒傳統

約翰一書強調，「從起初」作者和與他相關的人親身經歷（「所聽見、所看見、親眼看過、親手摸過」）道成肉身的基督的顯現（約壹一1），這也是作者和與他相關的人所宣講的使徒傳統（約壹一3、5，二7、24，三11；參約貳5、9節）、約翰在信中的教導（約壹一1、7，二12～14、26，四13），並讀者該知道的事（約壹一3，二5、18、20、21、29，三2、19、24，四13、16、19，五18、19、20）；這些都是來自可靠的使徒見證（約壹一2、5，四14，五6～9、11），且有聖靈恩膏為他們確定（約壹二20、24～27；參約十四16～17、26）。約翰一書的作者從開始使用「我們」指使徒及與他相關的人（約壹一1～二29），一方面對比那些從這信仰羣體分離出去的「他們」（約壹二19），表明對這羣體（「你們」）而言，其權柄是根源於使徒們的見證。約翰福音也就是這使徒傳統的一部分。這「我們」亦見於約翰福音的敘述中，例如當耶穌與尼哥德慕談重生時，使用了「我們」講述所見證和所看過的（約三11），正如布朗（Raymond E. Brown）所言：「當約翰書信的作者在寫作時，約翰的耶穌也在說話」，[70] 當約

70 Brown, *The Epistles of John*, 24.

翰書信的作者在講述時，所聽到的是耶穌的信息。這作者從起初所認識的耶穌，也同樣是信徒從起初所認識的那位（約壹二 13 ～ 14）。

約翰一書在第三章之後，作者再使用「我們」時，已將讀者和他自己也包括於其中，表明這權柄也同時根植於他們這信仰羣體的信仰和生活之中。[71] 在約翰一書結束時，作者一連串使用了三個「我們知道」（約壹五 18 ～ 20），為要表明他們的共同信仰，作者與這信仰羣體都擁有共同的見證及與神的團契（約壹一 2 ～ 3、5，四 10），這也應是讀者所知道的（約壹二 3、4、5、13、14、18、29，三 5、19，五 2）。這「從起初」（約壹一 1）門徒的見證，這信徒所領受的生命之道，能針對他們的具體境況，繼續向信徒闡釋這見證的意義。

毫無疑問的，約翰福音與約翰書信之間有不少共通的主題。若我們假設約翰書信是寫於約翰福音之後，同時要引申和糾正一些人對約翰福音的錯誤解釋，約翰書信不單使用了約翰福音，當中一部分更是受其他使徒傳統的影響，而作出了轉變。值得注意的，是約翰一書有不少內容與約翰福音十三至十七章耶穌分離的言詞（遺訓）與禱告有關，它們的共通點在於關注當耶穌離開後信徒羣體的身分和應有的表現特性。[72]

以下表列臚列約翰福音與約翰一書相似的地方：[73]

---

71 Lieu, *The Theology of Johannine Epistles*, 25–26.

72 見如 Fernando F. Segovia, "The Structre, *Tendenz*, and *Sitz im Leben* of John 13:31–14:31," *JBL* 104 (1985): 492–93；John R. Yarid, "Reflections of the Upper Room Discourse in 1 John," *BibSac* 160 (2003): 65–76；David M. Reis, "Jesus' Farewell Discourse, 'Otherness,' and the Construction of a Johannine Identity," *Studies in Religion* 32 (2003): 39–58。

73 詳參 Brooke, *A Critical and Exegetical Commentary on the Johannine Epistles*, ii–

主題	約翰一書	約翰福音
寫作目的	五 13	二十 30～31
神對世人的愛	四 16	三 16，十四 21
沒有人見過神	四 12、20	一 18
有關基督（看見/見證）	一 2，五 9～10	三 11，五 34，二十一 24
起初（*archē*）	一 1～3，二 7、24 （參約貳 5～6 節）	一 1
神賜兒子	四 9，五 11	三 16～17，五 20
獨生（*monogenēs*）	四 9	一 14、18，三 16、18
道成肉身（*sarx*）	一 1～3，四 2	一 1、2、4、14
中保/保惠師（*paraklētos*）	二 1	十四 16
光照（*phainein*）	二 8	一 5
真光（*to phōs to alēthinon*）	二 8	一 9
水和血	五 5～8	十九 34
基督為人捨命	三 16	十五 13，十 18
基督的死除去人的罪	三 5	一 29
有關世人/世界		
屬於（*einai ek*）那惡者（*diabolos*）	三 8，五 19	八 44

xv，在索引 D（頁 229–35）臚列了在約翰書信中出現的一些字彙，它們在約翰福音及新約其他書卷中出現的次數，並索引 E（頁 235–42）臚列了在約翰福音中出現卻未有在書信中出現的希臘文字彙。有關約翰福音中有的字詞，而約翰書信中卻沒有的，及兩者都有而出現次數有別，分別見於 Lieu, *I, II, & III John*, 221 和 222。有關約翰福音與約翰一書相同和相異的比較，也見 Brown, *The Epistles of John*, 755–59；Hakola, "The Reception and Development of the Johannine Tradition in 1, 2 and 3 John," 19–35；吳道宗：《約翰壹貳叁書》卷上，頁 13–20。

從（*einai ek*）世界而來	二 16，四 5	八 23，十五 19，十七 14、16，十八 36
行在黑暗中（*en tē skotia*）	一 6～7，二 9～11	八 12，十一 10
「恨你們」（*misei hymas*）	三 13	十五 18、19
不認識基督／真理	三 1	十七 25

二元論（宇宙論及倫理觀）

光明（*phōs*）／黑暗（*skotia, skotos*）	一 5，二 9～11	一 5，三 19～21，八 12，十二 35
真理與欺詐／謊言	一 8、10，二 4，四 6	八 44
生命與死亡／滅亡	三 14	三 16，五 25，六 48～51，十二 25
愛／恨	三 11～16，四 20	三 19～21，十五 11～25
屬神／屬魔鬼＝神的兒女／魔鬼的兒女	三 10	八 33～47
真理的靈（*to penma tēs alētheias*）	四 6，五 7	十四 17，十五 26，十六 13
神賜聖靈	四 13	十四 16，十五 26，二十 22

有關神的兒女

相信耶穌是基督	五 1	二十 31
我們認識和相信（*egnōkamen kai pepisteukamen*）	四 16	六 69
由（*ek*）神而生，是神的兒女（*tekna theou*）	二 29，三 9，四 7，五 1～2、4、18；參三 1、2、10	一 13，三 3
稱讀者「小子們」（*teknia*）	二 1、12、18、28，三 7、18，四 4，五 21	十三 33，參二十一 5（*paidia*）

出死入生	三14	五24
有永生（*zōē aiōnios*）	二25，五11～13	三15、16、36，二十31，十七3
永遠常存（*menei eis ton aiōna*）	二17	八35，十二34
真理/神的話在他裏面	一8，二4（參約貳2）	五38，八44
求甚麼便得著	三22，五14～15	十四14，十五7，十六24
行在光明中	一7，二10～11	八12，十一10
屬於神/基督	三10，四1、2、3、4、6，五19	八47，十三1
認識基督	二20、21，五20	八32，六69
認識（*ginōskein / eidenai*）真理	二21（參約貳1）	八32
行真理	一6	三21
出於（*ek*）真理	二21，三19	十八37
愛神/基督就是守他的誡命	五2～3（參約貳6）	約十四15、21，十五10
神愛他們	四16	十四21
守（*tērein*）神/基督的誡命（眾數*entolai*）	二3、4，三22、24，五3	十四15、21，十五10
守（*tērein*）神/基督的說話（*logos*）	二5	八51、55，十五10、20，十七6
新的命令（*entolēn kainēn*）	二7、8（參約貳5）	十三34
效法基督捨命	三16	十11、15、17、18，十三14～15、37
彼此相愛的命令（*agapein allēlous*）	三11、18、23，四7、11（參約貳4～5）	十三34，十五12、17

約翰福音與約翰書信相通的地方，不只是在所使用的語言和風格，更重要的是它們的世界觀非常接近，特別顯注的是它們的二元論述，並對永生生命那種神人互為內在的表述，大部分有別於新約的其他地方。[74]

約翰福音強調末世已臨的實現，講説現今救贖所帶來的恩典；雖然也有將來的向度，但比例來説則較其他福音書為少（如約六 39 ～ 40，十四 3）。[75] 約翰一書的末世論更接近新約其他作者的看法，特別是其將臨的向度：基督復臨的緊迫及最後的審判（約壹二 8、28，三 2，四 17），並且警告會有敵基督的出現（約壹二 18、22，四 3；約貳 7 節）。約翰一書比約翰福音更清楚表述基督犧牲受死的救贖意義，他的血洗淨人的罪（約壹一 7），他為世人的罪作了贖罪祭（約壹二 2，四 10）。

然而，約翰書信與約翰福音在父和子的分工上，有不太相同的表述。約翰福音記載耶穌是世界的光（約八 12，九 5，十二 46；參一 5），而約翰一書則説「神就是光」（約壹一 5）；約翰福音記述耶穌住在信徒裏面或是信徒住在耶穌裏面（約六 56，十五 4 ～ 7），而約翰一書則是神住在信徒裏面（約壹三 24，四 15），也是住在父裏面和子裏面（約壹二 24）；約翰福音以耶穌的愛作為信徒效法的榜樣（約十三 34，十五 12），約翰一書不只以耶穌的愛是效法的榜樣（約壹三 16），神的愛也是信徒應當效法的（約壹四 7 ～ 11）。約翰福音中耶穌説愛

---

74 Hakola, "The Reception and Development of the Johannine Tradition in 1, 2 and 3 John," 22.

75 見如 David E. Aune, *The Cultic Setting of Realized Eschatology in Early Christianity*, NovTSup 28 (Leiden: Brill, 1972), 48–135；John T. Carroll, Alexandra R. Brown, Claudia J. Setzer, and Jeffrey S. Siker, *The Return of Jesus in Early Christianity* (Peabody: Hendrickson, 2000), 77–112 的討論。

祂的，便會遵守祂的誡命（約十四15、21，十五10），在約翰一書，則是愛神的會遵守他的誡命（約壹五2～3；參約貳6節）。[76] 這正反映出福音書這體裁的重點是有關耶穌基督這人物，而約翰書信則將一些在福音書中形容耶穌的，用在神的身上，顯示父與子在某方面的角色是可以互換的。另一方面，亦顯示約翰一書強調了信徒與父的關係，這關係是透過子而達成的，包括對父的認識。

有一些在約翰福音中用作形容耶穌的，在約翰一書中卻用作形容信仰羣體。約翰福音中耶穌說他已經勝過世界（約十六33），約翰一書則指信徒已經勝過世界（約壹五4～5）。約翰福音指耶穌作為神的兒子（約八35）或彌賽亞（約十二34）是永存的（*menei eis ton aiōna*），約翰一書則指那些行神旨意的信徒是永存的（約壹二17）。在約翰福音中所載「沒有人看見神」（約一18）和「那聽我話……是已經出死入生」（約五24）都是指向耶穌作為神兒子的獨特性，在約翰一書這兩者都指向信徒羣體彼此相愛的生活（約壹四12；三14）。一般而言，在約翰福音中不少強調基督神性的元素，在約翰書信中反而是減少了，雖然約翰書信不斷強調正確宣認耶穌的重要（約壹二22～23，四2～3、15；約貳7節）。[77] 這反映約翰書信的重點轉移到信眾羣體的身上，特別是他們作為愛的羣體的重要性。

約翰福音和約翰書信都以「我們」代表寫這作品並與他

---

76 Hakola, "The Reception and Development of the Johannine Tradition in 1, 2 and 3 John," 24–25.

77 Hakola, "The Reception and Development of the Johannine Tradition in 1, 2 and 3 John," 26–27.

相關的人，約翰福音三章 11 節說：「我們所見證的是我們見過的」（*ho hōrakamen martyroumen*），約翰一書一開始（約壹一 2）便說「我們也看見過，現在又作見證」（*hōrakamen kai martyroumen*）。這說明作者及與他相關的人都是帶有使徒的權柄，不只有權柄糾正和處理在他們中間引起分裂的人，他們的教導更是要鞏固信徒羣體，繼續見證耶穌基督和宣講生命之道。

5.5 約翰書信的神學主題

約翰一書以接受生命之道建立團契作為開始（約壹一 1～4），這團契有兩方面，一方面是信徒與父神和神兒子耶穌基督有的團契，信徒是在（*en*）神裏面，神也在他裏面（約壹四 15～16）；另一方面是作者並與他相關的見證人所代表的信仰羣體成員之間的團契（約壹一 3～4）。這就是現今信徒可以經歷到永生的生命（約壹五 13）。[78] 信徒得以認識父和子，並信徒之間得以彼此相愛，兩者是息息相關的，這些都是透過他們接受生命之道所宣講的「生命」，就是那成為肉身的耶穌基督而來的。約翰一書的神學是一種「關係」神學，在這團契關係中，信徒因認識父和子，而明白應如何在今世生活在主／真理裏面，並如何活在信仰羣體當中，這信仰羣體就是蒙揀選的教會（*ekklesia*；約貳 1 節；約叁 9、10 節）。這是承接舊約對「立約關係」的描述，包括了立約的雙方：神與人，也

78 *Zōē*（「生命」）在新約中出現了一百二十五次，其中六十六次出現於約翰的著作，約翰福音三十六次，約翰書信十三次，啟示錄十七次。

包括立約羣體成員相互的關係。信徒與神的團契建立了信徒羣體的團契，而信徒羣體的團契表現，反映出他們與神之間的團契。這是信徒在世上的喜樂可以得到滿足的根源，就是與父和子的團契，並在信眾羣體中所享受的團契生活（約壹一4；參約十七11～13）。

約翰書信使用了一個涵蓋性的圖象，就是家庭，說明這雙重的團契關係。那與父神有團契的，是透過信耶穌是神的兒子而來的（約壹五5；參三23）。愛父神的，也必會愛神在這家中的其他成員，即信仰羣體中的弟兄姊妹（約壹二10，三10、11、14、23，四7、11、12、21，五1～3；約叁5～6節）。[79] 真理和愛是維繫這家庭團契和團結的兩大要素（約壹一4，二21；約貳1～3節）。父神是這家庭的中心人物。

5.5.1 與神的團契：父與神兒女的關係

「團契」（*koinōnia*）指一種密切的關聯，包括有共同旨趣和相互分享、聯繫、共融的關係。[80] 這團契所帶來給信徒的關係，是信徒生命不斷受神所模造的基礎。[81] 約翰一書指信徒與

79 有關約翰書信所使用的家庭圖象，與當代家庭動力的相關，見 Jan G. van der Watt, "Ethics in First John: A Literary and Socioscientific Perspective," *CBQ* 61 (1999): 491–511；Dirk G. van der Merwe, "Family Metaphorics: A Rhetorical Tool in the Epistle of 1 John," *Acta Patristica et Byzantine* 20 (2009): 89–108；Jörg Frey, "'Ethical' Traditions, Family Ethos and Love in the Johannine Literature," in *Early Christian Ethics in Interaction with Jewish and Greco-Romans Contexts*, 167–203, 特別是頁 182, 189–203。

80 BDAG, *s.v.* "koinwnia."

81 至於為何作者使用了「團契」這不屬於約翰獨特風格的字詞，有認為因為這字是作者的對頭所用的字彙，如 Pheme Perkins, "*Koinōnia* in 1 John 1:3–7: The Social Context of Division in the Johannine Letters," *CBQ* 45 (1983): 633, 636–41。亦有

父神和祂兒子有團契（約壹一 3、6），這團契在約翰書信中以不同的方式表達：「在神裏面」（*einai en autō*；約壹二 5，參五 20）、「住在（*menein en autō*）神／主裏面」（約壹二 6、24、27、28，三 6、24，四 13、15、16），[82] 信徒知道自己是住在神裏面，是因為神將聖靈賜給他們（約壹三 24）。當使用「住在」時，有些時候會以「相互住在」的方式表達這關係（除了約壹二 6、24、27）。另一種表達這「團契」關係的方式，是信徒「認識父」（約壹二 3、13、14），「有父」（約壹二 23；約貳 9 節）。這也代表信徒是從神生的兒女（約壹二 29，三 1、9～10，四 7，五 1～2、18），是屬於神的（*ek tou theou*；約壹三 10，四 6）。這如當代家中作為父的，在家中與他們兒女的關係相似，父決定了家庭中成員的生活形態，同時也是兒女所效法的榜樣——父如何，子女也如何。父神的屬性，也應在信徒所享有永生的生命中反映出來。這就是已經出死入生、有永生生命的人應有的表現（約壹三 14～15；參約五 24）。信徒成了家中的「兒女」（*paidia*；約壹二 14、18），是「小子們」（*teknia* / *tekna*；約壹二 1、12、28，三 1、2、7、18，四 4，五 2、21；約貳 1、4、13 節，約叁 4 節）。

與信徒有團契的這位神是惟一真實的，其餘的都是偶像，信徒要在他們所敬拜的對象中作抉擇，要相信真神，遠離偶像（約壹五 21）。

認為這字詞為當代教會所用，作者可用作對抗他的對頭，見 Brown, *The Epistles of John*, 186–87，但這些看法很大程度受「對鏡反讀」的限制。

82 *Menein* 這動詞在約翰一書中出現了二十一次，其餘見於二 10、14、17、19、24（2x）、28，三 9、14、15、17，四 16。

5.5.1.1 父神主動差祂的兒子耶穌到世上來

是父神在愛中採取了主動（約壹四 16、19），「差」（*apestalken*；完成式）祂的獨生子到世間來（約壹四 9、10、11），「差」（*apestalken*；完成式）祂作為世人的救主（約壹四 14）。這裏的完成式代表神兒子已完成了使命，現今仍見其效，他就「是」（*estin*；現在式）那成就救贖的贖罪祭（約壹二 2，參四 10），叫人與父建立團契的關係。因此，相信耶穌基督成了與父建立團契的關鍵。

5.5.1.2 相信耶穌是成了肉身的基督、是神的兒子，並成就救贖

信徒得以與父神建立團契的關係，是基於那成為肉身的神的兒子耶穌基督達成的，因此「凡否認子的，就沒有父；凡宣認子的，便有父」（約壹二 23，按原文另譯）。

5.5.1.2.1 透過認識子（認識父為子所作的見證），才能認識父

信徒已「認識」（完成式）父（約壹二 14，四 6～8），承接舊約對「認識神」的理解，這認識不只是思維上的，更是對所認識的對象表達承認和服從（耶三十一 33～34；見上文【5.4.2.4】），這是舊約中有關新約應許的實現，這實現是透過神子耶穌而來的。約翰一書二章 13 至 14 節兩次提及信徒已認識「那從起初原有的」，這可能是指父神，也可能是指基督。雖然不少學者認為是指基督，[83] 然而難以確定究竟指誰，可能是作者故意含糊，或是根據約翰的神學，父神和基督兩

---

83 如 Daniel L. Akin, *1, 2, 3 John*, NAC (Nashville: Broadman & Holman, 2001), 105；吳道宗：《約翰壹貳叁書》卷上，頁 223–24。

者是不可分割的（參約十四7，十七7），[84] 因為對父神的認識是透過認識祂兒子而來的。這是為何「凡不認子的，就沒有父；認子的，連父也有了」（約壹二23）。不認識子便不認識父，子的顯現是要將父啟示出來（參約一18），因此認識子就是認識父。神兒子來到，是要叫人認識那位真實的父神，住在祂裏面的，也就是住在祂兒子耶穌基督裏面（約壹五20）。

神絕對不是說謊者（約壹五10～11），祂是那真實的（約壹五20），祂對子的見證也是絕對真實的；這與那些不認耶穌為基督的（約壹二22）成為相反的對比。信徒得以認識耶穌基督，是因為父神為祂兒子所作的見證；透過這見證，人得以認識父。

5.5.1.2.2 透過子才能處理世人有罪的困境：神兒女與魔鬼兒女的對比

這團契關係建立的難阻，在於人犯罪。而魔鬼是典型的犯罪者（約壹三8），他「從起初」（*hoti ap archēs*）便是犯罪。神兒子以肉身顯現，是要除掉人的罪（約壹三5），也就是要消滅魔鬼的工作（約壹三8）。神差祂的兒子耶穌來到世上（約壹四9、15），神的兒子耶穌是無罪的（約壹三5），卻是為世人的罪作了贖罪祭（約壹二2，四10；見上文【5.4.2.1】），叫人的罪能得著赦免（約壹一9，二12），潔淨人的罪（約壹一7、9），他的顯現是要除掉人的罪（約壹三5），叫人與罪斷絕關係，他確是世人的救主（約壹四14）。從這角度去

84 如 Brown, *The Epistles of John*, 303；Smalley, *1, 2, 3 John*, 74。

看，凡透過主耶穌認識父神的，不只得著潔淨，也會潔身自愛，不再犯罪（約壹三 3、6、9，五 18 上、20），並且切望自己可以在父神顯現時，能好像祂一樣潔淨（約壹三 3；參下文【5.5.3.4】），也正如神是公義的（*dikaios*；約壹一 9，二 29），神的兒子基督是義人（*dikaios*；約壹二 1，三 7），信徒也應樂意行義（*dikaiosynē*；約壹二 29，三 7）。

這裏作者使用了「屬」（*ek*；約壹三 10）神與「屬」（*ek*；約壹三 8）魔鬼的二元劃分。屬神的是從神而生的（約壹三 9），是神的兒女（約壹三 10），這身分帶來新生活的方式，他們是行義的，是不犯罪（約壹三 6、9 上），也是不能犯罪（約壹三 9 下）。那屬魔鬼的是追隨魔鬼而行事，是魔鬼的兒女（參約八 44、47），是不行公義的（約壹三 10；參五 17 上；如該隱，三 12；參約八 41：「你們是行你們父所行的事」），是犯罪的，就是違背律法的（約壹三 4）。同時，因為「神的種子」在信徒裏面（約壹三 9）——即作為神的兒女（參約一 12～13），具有神的形像——神賜生命的大能在他們裏面工作，叫他們不會也不能犯罪（約壹三 9），[85] 這種子所帶來的生命會結出品德的果子來。[86]

---

85 Lieu, *I, II, & III John*, 137–38。有關 *sperma* 這裏不同的解釋，見吳道宗：《約翰壹貳叁書》卷上，頁 383–87。

86 這種看法與斐羅於此的觀念有相似之處，有關他們看法的異同，見 Jonathan A. Draper, "Not by Human Seed but Born from Above to Become Children of God: Johannine Metaphor of the Family or Ancient Science?" *In die Skriflig/In Luce Verbi* 51 (2017): a2201 (https://doi.org/10.4102/ids.v51i3.2201)；Ismo Dunderberg, "Dissidents and God-Talk in the Johannine Epistles," in *Talking God in Society: Multidisciplinary (Re)constructions of Ancient (Con)texts, Festschrift for Peter Lampe*, vol.1: *Theories and Applications*, ed. Ute E. Eisen and Heidrun E. Mader, NTOA/SUNT 120 (Göttingen: Vandenhoeck & Ruprecht GmbH & Co., 2020), 460–65。

有關這裏作者指神的兒女是不犯罪和不會犯罪，可以有三種不同的理解：[87]

(1) 認為這裏所指的犯罪，因使用了現在式動詞(分詞)，因此是指持續不斷、慣性地犯罪。[88]
(2) 有透過對五章16節「至於死的罪」去理解這裏的犯罪，指是那種對抗神、違背律法的罪，好像魔鬼對抗神一樣。這種犯罪是從魔鬼而來的，離這信仰羣體而去的、那些作者的對頭所犯的罪也包括在內。[89]
(3) 認為這裏是邏輯性地指出，神與魔鬼是兩個完全對立的本源，正如光明與黑暗的二元對立(約壹一5～6，二9)；信徒惟有生活在光明中，惟有不犯罪，才是神的兒女，與神有團契。不然，便是生活在黑暗中，是犯罪的，是魔鬼的兒女。[90]

第一種理解雖有可能，但約翰一書二章1節也同樣使用現在式，若一致地理解，那持續犯罪的，不也一樣有基督作

---

87 有認為「不能犯罪」不是作者的看法，是那些分離者的觀點，見 H. C. Swadling, "Sin and Sinlessness in I John," *SJT* 35 (1982): 205–11 的主張。我們不贊成這見解；在約翰書信中，沒有任何迹象顯示作者與分離者對罪有不同的看法。有關這裏不同的解釋，詳參吳道宗：《約翰壹貳叁書》卷上，頁 360–68，他列出了十一種可能的理解。

88 如 Charles H. Talbert, *Reading John: A Literary and Theology Commentary on the Fourth Gospel and the Johannine Epistles*, rev. ed. (Macon: Smyth & Helwys, 2005), 31–32；Peter R. Jones, *1, 2 & 3 John*, SHBC (Macon: Smyth & Helwys, 2009), 126。

89 如 Jobes, *1, 2, & 3 John*, 147–48；Dirk G. van der Merwe, "Understanding 'Sin' in the Johannine Epistles," *Verbum et ecclesia* 26 (2005): 543–70。

90 Lieu, *I, II, & III John*, 131–32, 139–41; Rikard Roitto, "Identity in 1 John: Sinless Sinners who Remain in Him," in *T&T Clark Handbook to Social Identity in the New Testament*, ed. J. Brian Tucker and Coleman A. Baker (London: T&T Clark, 2014), 493–510.

為贖罪祭嗎？第二種理解的困難，在於為何作者不在這裏弄清楚，而要放到結語時才作出這分野？第三種理解的困難，在於如何與一章 8 至 9 節協調，那裏呼籲讀者要認自己的罪，與這裏的說法出現前後矛盾。因此若要接受第三種理解，便要視這裏是指一種原則性的情況，在終末耶穌基督顯現時（約壹三 2），才會完全地實現；而信徒在「黑暗漸漸過去，真光已經照耀」（約壹二 8）的「已然和未然」的處境中，原則上不會犯罪和不能犯罪，但在現世現實中卻仍會犯罪（約壹一 8～9）。約翰一書三章的文理主要處理的問題，是身分判別的問題，關鍵在身分與行為的一致性，[91] 因此這裏從原則性的角度去處理，這也是作者使用二元論述的原因（參約叁 11 節）。[92] 不只是信徒的罪得到赦免，魔鬼那行邪惡的權勢也徹底地被擊敗（約壹三 8），信徒因此已經勝過（*nenikēkate*；完成式；約壹二 13 下、14 下）魔鬼和他所掌權的世界（約壹五 19；參五 4）。作者於此的目的是要讀者留在與他相連的羣體之中，不要與那些分離者為伍。這彷似天啟觀念中義人和惡人的分野，義人是行義的，罪人是犯罪的，這兩類人會有兩種全然不同的結局。從此角度去看，「罪」成了這兩類人——「我們」和「你們」——之間的分界線，那些分離分子是罪人，而那些留在作者羣體之內的是義人。[93]

---

91 Paul N. Anderson, "Identity and Congruence: The Ethics of Integrity in the Johannine Epistles," in *Biblical Ethics and Application: Purview, Validity, and Relevance of Biblical Texts in Ethical Discourse*, ed. Ruben Zimmermann and Stephan Joubert, CNNTE 10 (Tübingen: Mohr Siebeck, 2017), 343–44.

92 參 Anderson, "Identity and Congruence," 340–41。

93 特別參 Ismo Dunderberg, "Sin, Sinlessness, and the Limits of a Therapeutic Community in 1 John," in *Erzählung und Briefe im johanneischen Kreis*, ed. Uta

在現實的情況下，雖然信徒是神兒女的身分，這不會因他們在相信後犯罪而改變（參約壹五12），然而神只會與那無罪的有團契。因此，信徒仍不斷需要倚靠耶穌作為贖罪祭，並祂作為義者，是神和人之間中保的代求（約壹二1；參羅八34），當信徒願意承認自己的罪，因父神信實和公義的屬性，會赦免人的罪（約壹一9）。這樣便叫信徒能恢復與神的團契，叫他們得著安慰和醫治（見上文【5.4.2.1】）。所以作者一方面高舉行在光明而不犯罪的理想，另一方面安慰那些未能達到這理想的信徒。[94]

5.5.1.2.3 聖靈的見證：耶穌是神兒子成了肉身——真理的靈與錯謬的靈之對比

耶穌基督「成了肉身」（約壹四2，參五5），為世人的罪獻上自己作為贖罪祭，是信徒得與神有團契的基礎真理。耶穌是神的兒子（約壹一3，四10、14，參二22下～23），祂就是耶穌基督（約壹一3，二1，三23），耶穌基督是神的兒子（約壹五5），祂不只是在靈界中勝過魔鬼的（約壹三8），且曾「來」（*elēlythota*；完成式；約壹四2；參約貳7節）到世間。祂是「藉著」（*dia*）水和血而「來」（*ho elthōn*；過去不定式；約壹五6）的那位，指祂曾一次來過的那位，聖靈為此作見證（約壹五7；參四14）。至於「藉著水和血」的解釋，爭

Poplutz and Jörg Frey, WUNT 2/420 (Tübingen: Mohr Siebeck, 2016), 227–39；以類似的角度，使用當代地中海文化家庭模型的動力作解說的，見 Jan G. van der Watt, "Ethics in First John," 496–97；van der Merwe, "Understanding 'Sin' in the Johannine Epistles," 551–52。

94 David K. Rensberger, *1 John, 2 John, 3 John*, ANTC (Nashville: Abingdon, 1997), 54.

論甚多，主要有四種看法：[95]

（1）禮儀的理解：「水」代表信徒的洗禮，「血」代表聖餐。這解釋的問題，指那些分離出教會的人士只接受信徒的洗禮，但否定聖餐，然而他們的理由是甚麼？較困難作解釋。

（2）「水」指耶穌自己的洗禮，「血」指祂的被釘受死。

（3）指耶穌成為肉身和死亡，「水」指祂為人所生，水是人得以成孕和出生的媒介，指向耶穌的道成肉身，「血」指祂的死帶來救贖。第二、第三個解釋雖不同，但同樣強調耶穌成為肉身而死，是人得蒙拯救的關鍵（參約三 4～5，十九 34）。

（4）約翰一書五章 6 節下（「不是單用〔*en*〕水，乃是用〔*en*〕水和用〔*en*〕血」），似乎指有某些人認為神的兒子只是藉著水而不是藉著血而來。因此晚近有另一種看法，認為「水」在約翰福音中代表聖靈（約七 37～39），而當時作者所面對的那些敵基督者，正是強調信徒透過聖靈而對「屬靈基督」（spiritual Christ）有的主觀經歷，而約翰則反過來強調聖靈固然是那作見證的（約壹五 7～8），但聖靈的見證也是建基於「血」，即耶穌成為肉身，以死成就救贖。[96] 這解釋的困難是我們並不能肯定約翰所針對

---

95 有關不同的看法及其支持者，參 Brown, *The Epistles of John*, 573–78；Lieu, *I, II, & III John*, 309–14；Donald A. Carson, "The Three Witnesses and the Eschatology of 1 John," in *To Tell the Mystery: Essays on New Testament Eschatology in Honor of Robert H. Gundry*, ed. Thomas E. Schmidt and Moisés Silva, LNTS 100 (Sheffield: JSOT, 1994), 219–25；Tom Thatcher, "'Water and Blood' in AntiChrist Christianity (1 John 5:6)," *Stone-Campbell Journal* 4 (2001): 237–38。

96 Thatcher, "'Water and Blood' in AntiChrist Christianity (1 John 5:6)," 240–48; Jobe, *1, 2, & 3 John*, 220–21.

的，是這種強調「屬靈基督」的信徒（參上文【5.1.2】），而且約翰一書五章8節說作見證原有三，就是靈、水與血，按第四種理解，靈與水便是不必要的重複了。「靈、水與血」是神為祂兒子所作的合一見證，這見證比人所作的見證更大（約壹五9～11；參約五36～37）。

我們於此只可以肯定，作者強調的「水和血」的見證，是指耶穌基督成為肉身，為人而死成就了救贖。聖靈為此作見證。

我們也可從此角度理解約翰一書四章1至6節中「真理的靈」和「謬妄的靈」（*to pneuma tēs planēs*）的對比；這裏強調分辨那些靈是出於神的。凡否認耶穌成為肉身完成救贖的，是那「敵基督」（*antichristos*）者的靈（約壹四3），講說這樣道理的人，都是「假先知」（*pseudoprophētai*），服從「謬妄的靈」說謊話（約壹四1、6；參一6、8），他們是撒謊者（*pseustēs*；約壹二22），是誘惑人的（*planōntes*；約壹二26；與「謬妄」為同字根動詞）。「真理的靈」所見證的正是基督成了肉身而來，完成神差遣基督所完成救贖的任務（約壹四2、6；見上文【5.5.1.1】）。聖靈於此擔當了作為教師（約壹二27）、宣認者（約壹四2）、見證者（約壹五7～8）的角色，在真理中引導信徒（約壹五7；參二20～27；約十四26，十六13～14）。

5.5.1.3 相信神兒子耶穌基督而得永生：與神有互為內在的關係

信徒是已經出死入生（約壹三14），他們藉著神的兒子得生的（約壹四9），因此人有了神的兒子就有生命，這便是永生（約壹五11～13；參約三15、16、36，五40，六47，十七

2～3），所傳給他們的，正是這生命之道（約壹一1～3）。

5.5.1.3.1 有永生的就是從神而生的，是神的兒女，是屬神的

永生指活在神的同在之中，在猶太傳統中往往是對將來的期待（但十二 2 ～ 3；《馬加比四書》〔4 *Maccabees*〕15.3），然而在約翰著作中，是指現今信徒已享有的，雖然也不失將來的向度（約三15，五40，十七2～3）。這原與父同在永遠的生命卻是向人啟示了出來（約壹一2；參約一1～18），正如在符類福音書中耶穌代表神國以祂自身的方式臨在（kingdom in his person），在約翰著作中，耶穌代表永生以祂自身的方式臨在，祂就是生命（約一4，十四6），惟有藉著相信祂，人才可以得到永遠的生命（約壹二25，三14、15，五11～13；參約三15～16，十二25等）。

屬神的是從神而生的（約壹三9；見二29，四7，五1、4、18），是神的兒女（約壹三1、2、10；參五2；約十一52），有永生生命的，就代表他們是已經從神而生的（約壹二29，三9，四7，五1、4、18），是屬於神的（約壹三10，四4、6、7，五19；約叁11節），是同屬於神家裏的成員（參約貳4節），是在主裏蒙愛的（約壹二7，三2、21，四1、7、11節）。一方面這是基於神慈愛的預備（約壹三1，四9），信徒認識這位愛和拯救他們的父（約壹四7；參四16）。另一方面是因相信耶穌是神的兒子，並祂為人成就救贖而來的（約壹五1、5、10、13；參三23）。這是真心相信耶穌為基督的人必定會有的確據。而凡認耶穌為神的兒子的，都與神建立互為內在的關係（約壹四15）。

5.5.1.3.2 有永生的生命，與神建立互為內在的關係

上文講述永生是甚麼及如何得到永生，信徒與神之間那種「互為內在」的關係，則是對永生生命的體認。根據馬愛德（Edward Malatesta）的研究，「在他裏面」（*einai en*）和「住在他裏面」（*menein en*）在約翰一書中的意義是相同的。[97]「住在子裏面」也就是「住在父裏面」（約壹二 24 下），因為信徒是與「父並他兒子」（約壹一 3 下）有團契。這是約翰獨特的字彙，已見於約翰福音（約六 56，十五 5～6）。

這種互為內在的關係，應先是父／神／主／子住在信徒裏面，帶來信徒住在神裏面。父／神／主／子如何是住在信徒裏面？約翰一書有多種演繹的方式：有真理在信徒裏面（約壹二 4）；神的道常存在信徒裏面（約壹二 14 下）；「從起初所聽見的」常存在信徒裏面（約壹二 24）；神的種子在信徒裏面（約壹三 9）；「從主所受的恩膏」[98] 常存在信徒裏面（約壹二 27；參二 20），這恩膏會在凡事上教訓他們。這五處經文都顯示與信徒所曾領受的「生命之道」相關（約壹一 1～3，二 7）。三章 24 節（參約壹四 13）則明言「我們所以知道神住在我們裏面是因他所賜給我們的聖靈」。人領受這生命之道，而聖靈透過這起初原有的生命之道，不斷地教導信徒，這便是父／神／主／子住在信徒裏面。父／神／主／子住在人裏面，帶來一種強大生命轉化的能力，叫人得以住在父／神／主／子裏面，活出永生的生命，脫離死亡和那惡者的轄制（約壹三 8、14）。[99] 他們便是有父和子（約壹二 23，五 12；

---

97 Malatesta, *Interiority and Covenant*, 27–32.

98 有關「恩膏」不同的理解，見吳道宗：《約翰壹貳叁書》卷上，頁 268–72。主要有認為是指聖靈，有認為是指神的道，或是作者故意含糊地指這兩者的混合。

99 Peter R. Jones, "A Presiding Metaphor of First John me,nein evn," *PRS* 37 (2010): 187.

約貳 9 節）。

住在父／神／主／子裏面有的表現，就是認耶穌是神的兒子（約壹四 15），遵守神的命令（約壹三 24 上；參約貳 9 節：「基督的教訓」），按照主所行的去行（約壹二 6），同時因遵守主的命令而不犯罪（約壹三 6），並信徒間彼此相愛（約壹四 16）。這些都是信徒住在父／神／主／子裏面的明證，亦反映出父／神／主／子是住在他們裏面。這生命之道／福音正是關乎耶穌是神的兒子，也包括了信徒應有的生活方式，要行義和彼此相愛。

住在父／神／主／子裏面是信徒應該選擇的（約壹二 28），不選擇住在父／神／主／子裏面會帶來嚴重的後果，即當信徒不認子／父（約壹二 23）、不遵守神的吩咐而行、不彼此相愛，就要面對從神而來的審判（約壹二 28；見下文【5.5.3.3】）。

5.5.1.3.3 禱告得蒙應允（約壹三 21～22，五 14～15）

信徒可以「坦然無懼」（*parrēsia*）的進到神面前（約壹三 21，五 14），即可以在神面前暢所欲言，並期待神的回應。這是信徒作為神的兒女所享獨特的權利（參來四 16，十 19、35；弗三 12），並且這種坦然無懼向神禱告的應許，叫信徒的禱告得蒙應允（約壹三 22，五 15），這亦見於耶穌對門徒的應許（約十四 13～14，十五 7、16，十六 23～24、26）。條件是信徒樂意遵守神的命令和行神所喜悅的事（約壹三 22），照祂的旨意而求（約壹五 14；參約十四 13～14，十五 7、16）。他們必須是坦蕩蕩的，問心無愧的，基於在神面前能心安理得，知道有神的支持和鼓勵（約壹三 20；參二

28）。[100] 禱告包括為犯了不至於死的罪的弟兄代求，叫他不至重墮死亡的領域（參三 14），可以得著神所應許賜予他永遠的生命（約壹五 16 上；參雅五 20）。至於那些屬世界的，不願意悔改的分離者，他們步入了死亡的領域，犯了至於死的罪，約翰不建議為他們代禱（約壹五 16 下）。[101]

5.5.1.4 認識神就是光

約翰一書一章 5 節宣稱「神就是光，在他毫無黑暗。這是我們從主所聽見、又報給你們的信息」（參約壹三 5）。在約翰著作中，光明與黑暗並非一種誓不兩立的正邪宇宙觀，而是神的光如何照耀世上的黑暗，帶來拯救（詩二十七 1）。這觀念見於舊約創世記中光照耀黑暗（約壹一 3～5）和以賽亞預言中有光照在黑暗世界（賽九 2，四十二 6～7，六十 1～3），以至約翰福音所載耶穌是世上的光（約八 12），祂叫人走出黑暗，進入光明（約一 5、9，三 19，十一 9～10，十二 35～36，46）。[102] 耶穌來就是要除滅魔鬼的作為，叫人不再犯罪（約壹三 8～9；參上文【5.5.1.2.2】）。

神就是光，因此與神有團契的人，是要行在光明之中，正如神自己是在光明中（約壹一 7）。在聖經中，「行走」代表人的生活方式。[103] 這與約翰一書二章 29 節稱神是公義的，這

100 Thomas F. Johnson, *1, 2, and 3 John*, NIBC (Peabody: Hendrickson, 1993), 88.

101 Brown, *The Epistles of John*, 618–19, 636–37。「至於死的罪」是指甚麼，學者有不同的理解，參吳道宗：《約翰壹貳叁書》卷下，天道聖經註釋（香港：天道書樓，2007），頁 206–11。

102 Richard Bauckham, *Gospel of Glory: Major Themes in Johannine Theology* (Grand Rapids: Baker Academic, 2015), 126–27.

103 見如詩一 1，十五 2；羅六 4，八 4，十四 14～15 等。

代表從祂而生的——祂的兒女也要秉行公義（參約壹二1：耶穌是義者；三7：他是公義的）。住在主裏面的，就該照（參約壹三2、3、7；四17）主所行的去行（約壹二6），信徒整體的生活方式，都應以神和耶穌作為最終的榜樣和標準。[104] 這顯示信徒是生活在光明的領域之中，正如神也是在其中。這救恩真光的照耀，顯示黑暗年代已在過去之中（約壹二8；見下文【5.5.3】）。

從約翰一書的結構鋪排去看，信徒認識神行在光明中，也同時包括了遵守愛的命令（約壹二7～8），為方便討論，我們將這部分置於下文【5.5.2】。

5.5.1.4.1 行在光明中與行在黑暗中的二元對比

行在光明中的表現，是與作者和他相關的人有團契（約壹一7；見下文【5.5.2】），並且在信眾羣體中彼此相愛（約壹二9～10）。恨弟兄的，是在黑暗中生活，「不知道往哪裏去」（約壹二11；亦見於約十二35；參十一9～10），「因為黑暗叫他眼睛瞎了」（約壹二11）。

5.5.1.4.2 愛父神與愛世界的二元對比

根據約翰福音，這世界（*kosmos*）拒絕光的來到（約三19～20，八12，九5；參十四17），是在黑暗和罪惡之中的（約一5，十二46）。根據約翰一書，「全世界都臥在那惡者

---

104 學者之間爭論有關約翰著作中效法神/基督這主題，其背景主要是取源於猶太傳統（包括舊約），還是取源於當代對家庭中為父者作為家庭成員的榜樣。認為最少部分是取源於猶太背景的，見 Mavis M. Leung, "Ethics and *Imitatio Christi* in 1 John," *TynBul* 69 (2018): 111–31。

手下」(約壹五 19；參約十四 30)。與雅各書(雅四 4)的「世界」的意思一樣，指一個與神敵對的體系。神的兒女對父神的愛和忠誠是絕對而排他的。「愛神」和「愛世界」便是互不相容、彼此排斥的。這裏可能反映出猶太教的基本信念：示瑪(申六 5)；[105] 專心一意地愛神表示要排除其他所愛。愛世界的人不可能宣稱自己也是愛神的。愛世界代表愛這世界上的事，屬於世界的事，包括「肉體的情慾、眼目的情慾，並今生的驕傲」(約壹二 16)，其重點指一切人慾望所渴求的，是在飲食、金錢、性、物質擁有上的滿足和驕傲，抗拒對神的倚靠及神所訂下來的旨意，不思與他人分享物質上的需用(約壹三 16～17)。約翰三書的丟特腓便是其中一個例子，他是一個「好為首」的人(約叁 9 節)，被權力慾望和驕傲所吞噬。愛世界的人會好像這世界及其中的情慾一樣，轉眼即逝；惟有愛神、行他旨意的人才是永存的(約壹二 17)。

在約翰一書結束時，作者警惕讀者們要保守自己，遠避偶像(約壹五 21)。偶像與黑暗、魔鬼和世界，是在同一個領域之內，屬魔鬼(約壹三 12)，也同樣是屬世界的(約壹四 5)，因為世界是屬魔鬼的(約壹五 19)，是在黑暗的領域中的(約壹二 11)，是與神對抗的。愛神的人絕對不許進入這領域之中。

---

105 Wendy E. S. North, " 'Handsome is...' : Profiling the Children of God in 1 John," in *Muted Voices of the New Testament*, 150–52.

5.5.1.4.3 有真理/神的道在屬神的人裏面，他會遵守祂的誡命，行善和實行公義

行在光明中的人便是行在真理中（約壹一6；參約貳4、6節；約叁3、4、8節），[106] 他是屬真理的（約壹三19），有真理在他裏面（約壹二4；約貳2節；約叁2節；參上文【5.5.1.3.2】），並遵行真理（約貳4節；約叁3節）。「真理」在約翰的著作中是指透過耶穌而來的啟示，也代表從祂而來的生命之道，並包含於其中的教訓（約壹一1～3；約貳9節）。這人有的表現就是遵守神的誡命（約壹二3、4，三24，約貳6節上），行祂所喜悅的事（約壹三22，參約八29），這是愛神的表現（約壹五2、3）。在約翰一書，「誡命」一字有以單數，也有以複數出現；以複數出現的（約壹二3、4，三22、24，五2、3），都是動詞遵守的受詞；以單數出現時，指他們從起初所聽見和領受的（約壹二7〔3x〕、8，三11；約貳4、5、6節）、是神所賜的（約壹三23）。單數的誡命是與他們從生命之道中所領受過來的息息相關，這包括信神兒子耶穌基督的名，並從神而來彼此相愛的命令（約壹三23）。複數的誡命，則是一切具體的合神心意的事（約壹二17），是行公義（約壹二29），負面來說是不犯罪（約壹三6、9，五18）。

行真理也不只是個人的事。長老指出要效法行善的（約叁11節），低米丟在教會中成了具體的榜樣，他的榜樣在教會的圈子中也是眾所周知的，因為他的行事是乎合真理的，因此真理也給他作見證（約叁12節）。

106 見《七十士譯本》代下三十一20；尼九33；《多比傳》4.6；《羣體規章》1.5, 5.3, 8.2。

5.5.2 信徒之間的團契：弟兄姊妹彼此相愛的羣體

因著領受了生命之道，人透過這些與父神和神兒子有團契的見證人，建立與神的團契，也因而彼此建立團契的關係（約壹一 3）。信徒不只是神的兒女，同時成為神家的成員，是弟兄姊妹。這信仰羣體中的關係，也好像家中成員之間應有的關係。

5.5.2.1 建基於真理的團契

這信仰羣體的關係，是因生命之道，就是真理之道而發生的，也是建基於其上。因此，真理成了這羣體的界線，凡超越了這界線的，背逆了這真理的信仰，便不應再看為是家中的成員。這是背逆真理的人，是生活在謊言之中，服在謊言的靈之下（約壹二 21，四 6）。這些否定基督成為肉身拯救罪人的人，他們雖然曾在這信仰羣體中，但他們離去了（約壹二 19），並仇視這信仰羣體的成員（約壹三 10～12）。作者認為必須與他們劃清界線，應以最嚴肅的方式處理，因為他們不只傷害了信仰羣體（參約壹三 15：「殺人的」），且引誘他人離開真道（約壹二 26，三 7），是迷惑人的（約貳 7 節），絕對不是善類，是屬魔鬼（約壹三 8、10）的假先知（約壹四 1）。這些人「越過基督的教訓不常守著的」（約貳 9 節），信徒不應接待這些人到他們家裏，恐怕不只他們自己會受影響，還會影響到這信仰家庭中的其他成員（約貳 10～11 節）。這就是為何約翰二書和三書不斷強調愛是在真理裏面（約貳 1 節；約叁 1 節，《和合本》譯作「誠心」）。他們要按真理而行事，愛是在真理的範圍之內實踐的（約貳 3、4、6 節；約叁 3～4 節）。

5.5.2.2 認識神就是愛

「神是光」和「神是愛」是兩個在約翰一書極重要的主題。在上文我們已提及神在愛中採取主動，差他的兒子到世上來為人捨命（見上文【5.5.1.1】）。這在歷史中愛的行動，引發一連串的效應，除了使人得與神建立團契的關係，也引發蒙愛的人對神的愛，及在這信仰羣體中彼此相愛。愛其中一方面的表現，就是接待客旅。

5.5.2.2.1 愛神，便愛神所愛

信徒對神的愛，是回應神對他們的愛：「不是我們愛神，乃是神愛我們，差他的兒子為我們的罪作了挽回祭，這就是愛了」（約壹四 10）；「我們愛，因為神先愛我們」（約壹四 19）。人要愛父神，不要愛世界（約壹二 15～17），這些都是理所當然的。然而，約翰書信所強調的，是愛神的必愛神所愛的：「人若說『我愛神』，卻恨他的弟兄，就是說謊話的，不愛他所看見的弟兄，就不能愛沒有看見的神。愛神的，也當愛弟兄……」（約壹四 20～21；參二 9～10，三 10、14、16、23，四 7、8、11）。

5.5.2.2.2 彼此相愛的命令：以神透過基督捨己的愛為榜樣和準繩

這彼此相愛的命令是在信徒領受生命之道時，同時領受的（約壹一 7，三 11、23），換句話說，是這生命之道的一部分。因此，從時間上來說，因讀者早已聽聞，故此是舊的命令（約壹二 7），這與約翰一書強調其所教導的，與讀者在相信時所接受的傳統教導是一致的，並沒有改變過，且帶有權

威的（參上文【5.4.3】）。[107] 然而，這命令是新的，是歷久常新的，是應用在神藉著耶穌所開展的新紀元（約壹二 8；約貳 5～6 節；約十三 34），是耶利米書（耶三十一 31）中所應許的新約的一部分（見上文【5.4.2.4】），[108] 是信徒應遵守的，是行在光明之中（約壹一 10）、屬於神（約壹三 10）、已經出死入生的人（約壹三 14）、從神而生和認識神的人（約壹四 7）應有的表現。

有別於符類福音所載耶穌吩咐門徒「要愛鄰舍如同自己」（路十 27；參太二十二 39；可十二 31），約翰福音和書信愛的命令是「要彼此相愛」（約十三 34～35，十五 12、17；約壹三 23，四 7、11～12）。根據約翰福音，是耶穌在臨離別時，向門徒所頒佈這新的命令，門徒若實行這命令，便顯示出他們是耶穌的門徒，是他們身分的一種表達（十三 34～35；參十四 15、21、23～24）。有別於約翰福音提及對未信者的愛（約三 16），約翰書信的焦點全在於信仰羣體當中的互愛，這是因為約翰書信針對那些從他們羣體中分離出去的異端（約壹二 19；約貳 7 節），他們對這信仰羣體做成不良的影響，甚而有極端仇恨的表現（約壹三 12～15）。這些人的典型就是該隱，與主耶穌成為相反的對比（參上文【5.4.2.3】）。然而，信仰的羣體不是完全向外封閉的，作者開始時便指出讀者能與神和他們有團契，是透過所宣講的生命之道，這種

107 支持這看法的，見如 Rudolf Schnackenburg, *The Johannine Epistles: Introduction and Commentary* (New York: Crossroad, 1992), 104；Painter, *1, 2, 3 John*, 178。並不是為了針對作者的對頭所強調他們自己有新的信息，這看法見如 von Wahlde, *Commentary on the Three Johannine Letters*, 68。要注意「新」和「舊」並非約翰著作所用二元對立的觀念。

108 Lieu, *I, II, & III John*, 78.

宣教的活動是將更多人帶入這愛的羣體當中，這本身也是一種愛的表現。[109]

彼此相愛的典範是神，具體的表現就是祂差基督到世上來為世人死，作了贖罪祭（約壹四10；見上文【5.5.1.1】）；「主為我們捨命，我們從此就知道何為愛；我們也當為弟兄捨命」（約壹三16；參二6，四11；約叁8節；參約十三14、34，十五12～13），[110] 對弟兄姊妹的愛要好像主基督一樣，到願意捨命的地步。主的捨命不只是典範和模版，也訂了最高的標準。在具體的行動上，包括照顧在他們中間貧窮的，真誠地實踐彼此相愛（約壹三18），這是信徒彼此團契的一部分（參林後八2）。另一方面，也要為犯罪的弟兄姊妹代禱（約壹五16），亦為自己的罪尋求神的饒恕（約壹一9）。正如家庭中的成員理應在生活上彼此照顧，信徒在這神家中也應如此。

彼此相愛的另一表現，包括接待那些從信仰羣體出去的宣教者。[111] 這些離開了自己家鄉的人，極需當地信徒的接待，供應他們居住和食用所需，及為他們預備前往其他地方繼續服侍所需的資源。[112] 該猶在這事上顯出他的愛心和忠誠，

---

109 Van der Watt, "Ethics in First John," 510–11.

110 有認為約翰取材於希臘傳統，認為為家人或朋友犧牲自己，是道德上崇高的理想，見 Frey, "'Ethical' Traditions, Family Ethos and Love in the Johannine Literature," 180–81。

111 有關當代接待客旅的背景，見 Abraham J. Malherbe, *Social Aspects of Early Christianity* (2nd ed.; Philadelphia: Fortress, 1983), 92–112；Wayne A. Meeks, *The First Urban Christians: The Social World of the Apostle Paul* (2nd ed.; New Haven: Yale University Press, 2003), 16–23。

112 參太十5～42；可六7～11；路九2～8，十1～16；徒十6、18、23、32，二十一16，二十八7；提前三2；多一8，三13～14；來十三2；彼前四9；坡里甲：《致腓立比人書》1.1；《黑馬牧人書》〈命令篇〉8.10，〈比喻篇〉9.27.2。

得長老極力稱讚（約叁 5～8 節），是在教會羣體中具體的榜樣。反之，丟特腓卻不只不接受長老及從他而來的人，且中傷他們，也影響其他人不接待他們，甚而將接待他們的人也逐出教會（約叁 9～10 節）；對作者來說，這是有違愛的命令。

然而，正如上文【5.5.2.1】所指出，愛是在真理的範圍之下實踐的。在面對著分裂信仰羣體的人（參約壹二 19；約貳 7 節：「迷惑人、敵基督的」），便不應接待，甚而接觸他們，不能支持、鼓勵及給這些人有任何影響信仰羣體的機會，因為這會危害信仰羣體的身分、團結和真理上的純正，不然便會「在他的惡行上有分」（約貳 10～11 節）。[113] 這些人也可能會因缺乏物質上的支持，而不能再傳他們的歪理。要防範愛心的服侍，例如接待客旅會被人濫用的可能。[114]

5.5.2.2.3 完全的愛

愛的「完全」在約翰一書中出現了四次（約壹二 5，四 12、17、18）。其中兩次「愛」這名詞是帶有屬格的：「神」（約壹二 5）和「他」（約壹四 12，指神）。希臘文「神的愛」（*hē agape tou theou*）可以有三種不同的理解，要視如何理解這片語中神的屬格：（1）神對人的愛（主詞屬格）；（2）人對神的愛（受詞屬格）；（3）神聖的愛（形容屬格）。《和合本》在翻譯二章 5 節和四章 12 節時都選取了第二種理解，即信徒對神的愛。這裏愛得以完全（約壹二 5，四 12、17），是指從

---

113 特別參 Jan G. van der Watt, "The Ethical Implications of 2 John 10–11," *Verbum et Ecclesia* 36 (1). Art. #1483 http://dx.doi.org/10.4102/ve.v36i1.1483。

114 見《十二使徒遺訓》11～12；伊格拿丟：《致士每拿人書》4.1，5.1，7.2；《致以弗所人書》8.1，9.1。

神而來的愛，透過耶穌以愛捨命的行動，所引發人對神愛的回應，願意去愛神，並且在神所建立的羣體中，成員之間彼此相愛，反映出神對人的愛，整個過程的實現，亦即神的愛達成了其終極目的。這樣的愛被形容為「完全的愛」（約壹四18：*hē teleia agapē*）。這愛最終得以完全，達成從神這源頭，透過祂的兒子耶穌的流血捨身，叫神的兒女能彼此相愛，成了這神聖的愛最終目的。因此信徒心中便可以安穩而不用懼怕，因有得蒙悅納、與神團契、已出死入生的確據（約壹四17～18；參下文【5.5.3】）。

作者指出他與讀者們有團契，是叫他們可以一起經歷完滿的喜樂（約壹一4；參約十五11，十六24）。對那經歷過分裂風暴的信徒羣體，仍能在團契中彼此分享，來得特別的可喜可貴。

5.5.3 終末的來臨

比較約翰福音對實然末世論的強調，約翰一書更接近新約其他書卷在實然和未來末世論上的平衡。上文【5.5.1】及【5.5.2】所言兩方面的團契，都是救恩臨到、已經實現的表現，屬於實然末世論，這包括基督已經來臨，信他的是已經出死入生（約壹三14），已經勝過那惡者和世界（約壹二13、14，五4）。然而，無論是約翰福音或約翰書信，救恩現在的實現是未來終極實現的先聲，即只有現今對救恩的體會與經歷，而沒有將來終末救恩的完全實現，這不是救恩！對救恩現今的體會，叫信徒更切望救恩將來的終極實現。信徒現今與父和子的團契及與信徒之間的團契，是預備他們進到那終極的救恩。正如約翰福音裏，耶穌在臨別的禱告中，祈求門徒得以與祂在榮耀中得著終極的團契（約十七 24），這是叫門徒可以在離別的哀痛之中，得著安慰和確據。約翰一書有更多提及將來所發生的事，包括將來還有更多敵基督的來到，並最終審判的來臨，信徒得以承受最終那永遠的生命。

5.5.3.1 黑暗漸漸過去，真光已現（約壹二 8 下）

固然神就是光（約壹一 5），信徒要活在光明中，這是從光明與黑暗兩個對立範圍而言。從救恩實現的歷史而言，這光將黑暗全然驅走，這是必然會發生，不過要在將來才完全實現。雖然在今世罪惡好像得勝，黑暗好像掌權，全世界都服在那惡者之下（約壹五 19），然而在神的主權下，黑暗從沒有全然失控，反而真光在今世正在「照耀」（約壹二 8；現在式），黑暗正在過去中。當屬神的兒女遵守愛的命令，行在光明中時，便意味著這光將會將黑暗全然驅逐，再沒有黑暗的日子（參啟二十一 23～26），已指日可待。「不再有黑夜，他們也不用燈光日光。因為主神要光照他們，他們要作王，直到永永遠遠」（啟二十二 5）。

5.5.3.2 末時與敵基督（約壹二 18～23，四 3；約貳 7 節）

在新約中，「末後的日子」（徒二 17；來一 2）可以指基督降臨所帶來那新的末世的年代，也有指那終末審判的日子（提後三 1；彼後三 3）；後者也是約翰福音的用法（約六 39、40、44，十二 48）。「時候」（*hōra*）一字在約翰福音中是指基督死和回到父那裏去的時候（約二 4，七 30，十二 23，十三 1 等）。約翰一書是惟一使用「末時」（*eschatē hōra*；約壹二

18）指耶穌來到帶來末世的時代（參但八19，十14，十一35、40，十二1），[115] 可能是要表達更強的迫切感（參可十三32；約十六32～33；啟三3）。

約翰一書（約壹二18）指出信徒現在是生活在「末時」，因為「敵基督」（*antichristos*；單數）來到（*erchetai*；現在式），且有好些（*antichristoi polloi*；複數）已出現（*gegonasin*；完成式）。「敵基督」在第二聖殿時期的猶太教典籍及後期拉比典籍中（《米示拿》〔*Mishnah*〕、《他勒目》〔*Talmud*〕）都沒有出現過。這字在約翰一書有單數和複數的方式出現。單數有冠詞的「敵基督」（約壹二22），極可能是指那領導其他人從信仰羣體中分裂出去的那些人（約壹二19）。他們是撒謊者（約壹二22），是迷惑人的（約壹二26；約貳7節），是假先知（約壹四1：*pseudopophētai*）。「敵」（*anti*）這前綴不只是指要偽裝為真正的基督（如太二十四24；可十三22：*pseudochristoi*「假基督」），更是對那些信仰真正基督的人懷有敵意（約壹二22；參帖後二4），也同時是與基督作對的。作者向讀者指出「敵基督」的出現是意料中事，在神整個救贖計劃中已預計了的。[116] 這表明現今是末時，亦表示信仰羣體要預備好面對從敵基督而來的挑戰。

「凡靈不認耶穌，就不是出於神，這是那敵基督者的靈。

115 有認為這反映但以理書的背景，Brown, *The Epistles of John*, 331；Stefanos Mihalios, *The Danielic Eschatological Hour in the Johannine Literature*, LNTS 436 (London: T&T Clark, 2011), 163–67。

116 Brown, *The Epistles of John*, 367; Ruben Zimmermann, "Remembering the Future: Eschatology in the Letters of John," in *Eschatology of the New Testament and Some Related Documents*, ed. Jan G. van der Watt, WUNT 2/315 (Tübingen: Mohr Siebeck, 2011), 528.

你們從前聽見他要來，現在已經在世上了。」(約壹四 3)這裏敵基督者雖然是使用了單數，但卻使用了「凡靈」，普遍地指任何的靈，因此不只是指單一的人物，而是一個帶有代表性或集體性的稱呼。[117] 讀者「從前聽見他要來」，可能是指這是出於耶穌傳統，耶穌曾警告門徒在末世時有假先知的出現(太二十四 15、24；可十三 21～22：*pseudopophētai*)。類似的說法，亦見於新約其他地方(帖後二 3～4；彼後二 1；啟十三 11～18，十六 13，十九 20，二十 9～10)。這些敵基督者不只是在作者當代出現，還會在以後的年代出現，他們的特性就是不認耶穌是基督、是那道成肉身完成神救贖工作的(約壹四 2、3；約貳 7 節)。

布朗指出在第二聖殿時期的天啟傳統中有四種與神為敵的物像：(1)海獸(參賽二十七 1，五十一 9～10；詩七十四 13～14)；(2)撒但或指控的天使(參亞三 1；《戰卷》1.1)；(3)地上邪惡化身的領袖；(4)假先知。[118] 在約翰一書，我們可以見到撒但魔鬼和假先知，他們都是敵對基督的，然而無論是那惡者(約壹二 14)或是那惡者所掌權的世界(約壹五 19)，還是敵基督，信徒都可以透過相信神的道而勝過他們(約壹四 4，五 4)，因基督已得勝，他來就是要除滅魔鬼的作為(約壹三 8)。到最後，「這世界和其上的情慾都要過去，惟獨遵行神旨意的，是永遠常存」(約壹二 17)。

---

117 Zimmermann, "Remembering the Future," 520.
118 Brown, *The Epistles of John*, 333ff.

5.5.3.3 終末的審判

約翰一書稱這終極日子為「審判的日子」(約壹四 17),即父神來臨的時候(約壹二 28)。祂來是作為那終極的審判者,若審判帶來是負面的結果——即刑罰,面對審判的人理應感到恐懼(約壹四 18),被判決者應為自己所作所為而感到羞愧(約壹二 28)。然而,正如現在神的兒女可以「坦然無懼」(*parrēsia*)的來到神面前祈求(約壹五 14;參三 19～22),因他們是按著神的旨意而行事;凡住在神裏面(約壹二 28),讓神的愛在祂兒女中得以完全(約壹四 17),以致在信仰羣體中彼此相愛的人,將來去到審判者的面前,也可以坦然無懼(約壹四 17～18)。雖然信徒已出死入生,已得到永生,然而仍要不斷地「保守」(現在式)自己,神的應許是「那惡者也就無法害他」(約壹五 18 下)。

5.5.3.4 神將來的顯現與神兒女的轉化(約壹二 28～29,三 2～3)

約翰一書提及兩回的顯現,第一回的顯現(見上文【5.5.1.2.2】)是已經發生了的,指神差耶穌基督到世間來(約壹四 9),成為肉身(約壹一 1～2,三 5、8:*ephanerōthē*「顯現」,不定時態;約貳 7 節),以無罪之身為人的罪而死,作了贖罪祭,除去人的罪,同時也除滅魔鬼的作為(約壹三 5、8、16,四 9、10、14)。[119] 這對人所帶來身分的改變,叫人

119 有關「顯現」這組字詞使用的背景,及在新約中提及基督的兩次顯現,見張略:《提多書:立於恩典的健全生命》,明道研經叢書 56(香港:明道社,2019),頁 116–17。

成為神的兒女，只是一個開始，指向終極的轉化。

第二回顯現是將來的，然而卻不像新約的其他地方，視這是基督的第二次顯現，約翰一書卻看為是父神的顯現（約壹二 28，三 2），是祂的臨到（約壹二 28：*parousia*）。[120] 父神在終末時的顯現，帶來是終末的審判及神兒女的轉化（約壹三 2）。正如舊約所載摩西因看見神而產生變化，臉面發光，眾人看見而懼怕（出三十四 29～30）。在新約這亦是作為神所拯救的子民所有終末的期盼（太五 8；林前十三 12；啟二十二 3～4），那時他們作為神的兒子（太五 9）這身分便會全然顯露（羅八 23），「變成主的形狀」（林後三 18），而所改變的形狀，與基督自己榮耀的身體相似（腓三 20～21）。約翰一書三章 2 節三次的使用將來式（*esometha*, *esometha*, *opsometha*）表示當父神顯現時，神的兒女將來的狀況會如何，他們會好像祂一樣，「因為」（*hoti*）他們會見到祂的「真身」（*opsometha auton kathōs estin*）。這終末的盼望，叫信徒在現今生活中潔身自愛，不願犯罪（約壹三 3～4、6；參上文【5.5.1.4.3】）。

這兩回的顯現，基督的成為肉身和父神的顯現，代表救恩的兩個階段，也是不可分割的。這終末的盼望要成為神兒女們的鼓勵，叫他們心裏得到確實的肯定，在現今的環境中縱然要面對不同的挑戰，那最終的戰爭已結束，信徒等候著的，是終末全然實現的來臨，將來要全然實現的，信徒現今已得初嘗。

120 *Parousia* 這字在新約中很多時候都是用在基督的復臨，見如可十三 24～27；林前十五 23；帖前四 16～17；帖後一 7～10，二 8；彼後三 4 等。

5.6 約翰書信的敍事世界

世人是神所創造，也是神所愛的對象（約壹二1）。然而，那叫人犯罪的魔鬼，他「從起初」便犯罪（約壹三8），並誘人犯罪，叫全世界都臥在他的手下（約壹五19），叫犯罪的人歸屬於他（約壹三8），這包括那殺了他兄弟亞伯的該隱：行惡的該隱恨行善的亞伯，並將他殺害（創四1～15）。耶和華與以色列民立約，透過舊約的獻祭，處理他們中間有人犯罪，需要贖罪的問題（利六1～7；民五5～8）。然而，以色列人雖是曾認識耶和華的，但卻墮入黑暗當中，對神視而不見、聽而不聞（賽六9～10，四十二6～9，四十三8～10），神惟有與以色列民另立的新約（耶三十一31～34；結三十六24～29）。

神因著他對世人的愛，差他的兒子耶穌成為肉身，受死，成了贖罪祭，叫人的罪能得著赦免（約壹一7、9，二2、12，三5，四10）。曾與耶穌一起生活的門徒，成了祂忠實的見證人，將關乎祂的生命之道傳講出去（約壹一1～3），建立信眾羣體。凡相信耶穌基督名的，都成為從神而生（約壹三23），屬於神的兒女，與天父和神的兒子有團契，以祂為真神（約壹五20），並成為彼此相愛的信仰羣體（約壹三23），成員之間彼此有團契（約壹一3～4）；更有聖靈在他們中間幫助他們分辨甚麼是真理和謊言（約壹二20～21）。信徒在這信仰羣體中，要具體地履行彼此相愛，好像耶穌捨命的愛一樣（約壹三16～18），這包括接待游行的傳道者，好像該猶所見證的（約叁5～8節）。然而，面對那些分裂教會（約壹二19），曾在他們中間傳講錯誤教訓的人，信徒不要讓他們影響教會的團結和合一（約貳 9～11 節），及要提防好像丟持腓這些好為首的人（約叁 9～10 節）。信徒正等候著神在審判之日的顯現（約壹三 2，四 17），屆時他們要改變，成為好像祂一樣（約壹三 3），並可以坦然無懼的來到祂的面前（約壹二 28）。

5.7 約翰書信對現今信徒和教會的意義

信仰的羣體要不斷延續從使徒而來的見證，這不只在宣講上，亦在實際的教會生活中顯出神透過耶穌基督而來救恩的見證。於此，信徒羣體是以與天父和神子的團契為基礎，這救贖的羣體要顯出獨一天父神的信實、慈愛和公義，及耶穌基督道成肉身成就救贖的功效。教會要在這真理的基礎上，在彼此互愛的團契中成長，以愛維繫教會，以真理維護教會。

5.7.1 建立一個以「愛的團契」為本的教會羣體

教會因著神的愛，透過耶穌基督的救贖而存在（約壹四 8～9），要常活在與神的團契之中。「愛」並不只是一種情緒的感覺，而是要以行動表現出來的，正如神差祂的兒子到世上來，解決人類犯罪的困境。同樣，在信徒羣體之中，正如家庭中的成員理應彼此照顧一樣，應主動向那些有需要的人伸出援手（約壹三 16～18）。正如約翰福音記載耶穌在分離的言論中所說：「你們若有彼此相愛的心，眾人因此就認出你們是我的門徒了」（約十三 35）。教會中間「愛的團契」，是叫別人看出教會是一個另類羣體，有神的愛在其中的有力見證。特別在面對著分裂的危機時，要不斷回到與神的團契及信徒團契之中，尋求彼此相愛而有的溝通，並聖靈在其中的引導。

這愛的行動包括接待客旅（約叁 5～8 節）。「樂意接待客旅」這主題，[121] 在不同課題的基督教書籍上出現，包括以此作為書名的崇拜學及佈道學（如：《款待客旅——崇拜及佈道的神學》[122]）、扶貧（如：《飢餓、飢渴、作客旅：在你門檻的客旅》[123]），更有倫理學學者以這主題作為涵蓋性的圖象，總括一切基督教倫理的要求。[124]「樂意接待客旅」包括三個重要的元素：

（1）接待：為客旅提供住宿和食物，以及安全的環境；樂意騰出空間，讓疲累的人有棲身歇息的機會。

（2）團契：彼此互相認識、分享，主人預備筵席招待客人。東道主與客人之間，在相互團契中彼此影響，旅客會將自己的故事與主人家分享，彼此是平等的。在亞伯拉罕接待客旅的例子中（創十八章），主人好像是施恩者，但在相互的交往中卻成為受惠者，獲得祝福。

（3）送行：送他們一程，讓他們在加添體力、心力後，能早日完成使命或旅程。

---

121 亦參 John Koenig, *New Testament Hospitality: Partnership with Strangers as Promise and Mission*, OBT (Philadelphia: Fortress, 1985)。

122 P. Kerfert, *Welcoming the Stranger: A Public Theology of Worship and Evangelism* (Minneapolis: Fortress, 1992).

123 R. S. Kreider and R. W. Goossen, *Hungry, Thirsty, a Stranger: Stranger Within Your Gates* (Scottsdale: Herald Press, 1988).

124 T. W. Ogletree, *Hospitality to the Stranger: Dimensions of Moral Understanding* (Philadelphia: Fortress, 1985).

初期教會視樂意接待客旅為高尚的品格，《革利免一書》（*The First Epistle of Clement*）1.2 這樣說：「曾到訪過你的人……有誰不讚揚你們異常熱情好客的美德？」另《黑馬牧人書》（*The Shepherd of Hermas*）104.2 ～ 3：「監督，熱情好客之人，就是那些向來歡喜，且毫無虛假地接待神僕人進入自己家中的人。監督們則向來在侍奉中庇護有需要的人及寡婦，從不止息」。可見樂意接待遠人，包括看顧那些有需要的人，如孤兒寡婦及窮人（參羅十二 13；提前五 16）。接待客旅也是一個使信徒的生命被觸動、蒙祝福的過程。這也可以說是在初期教會「凡物共用」的基本精神（徒四 32 ～ 35）。

5.7.2 以真理維護教會的羣體

然而，信仰羣體也不能只顧包容而沒有清楚的真理界線。當某些人危及教會的身分、團結和合一時，約翰也會毫不猶豫地指出，這樣的人不能接待（約貳 10 ～ 11 節），也要避免與他們交往而被利用，不叫愛心被濫用而忽視了真理的界線。然而，關乎甚麼樣的真理要如此嚴格的對待呢？對約翰來說，毫無疑問的，這是關乎作為神兒女身分的問題。

同時，在作判別時，要有行神旨意的決心，要能公平公正，因為這是神的本性（約壹二 29，三 10）。於此，信徒羣體不只有使徒的見證（約壹一 1 ～ 3），亦有歷代教會的見證作參考。並且，聖靈的恩膏仍在信徒羣體中引導他們，叫他們分辨出甚麼是真理。

教會作為真理的羣體不只在分辨出哪些是謊言（約壹二 21），教會的見證也在於她實行真理，按真理遵從神的誡命行事（約壹一 7，二 4）。行真理包括讓信徒知道自己犯罪而回轉、彼此相愛、互相代求（約壹一 9，五 16），也表示不容忍不公和罪惡，拒絕謊言的誘惑。

第六章

猶大書的神學

猶大書是七卷大公書信最後的一卷，卻不是最短的，有二十五節（457個字），比約翰三書（15節）和二書（13節）都長。早期教父俄利根（Origen；約公元185～254年）對這書曾有以下的評論：「一封只有寥寥數行的書信……，但卻充滿了有屬天恩典的剛勁言詞（*errōmenoi logoi*）」（《馬太福音註釋》10.17）。於二十世紀七十年代就有學者指出，猶大書是新約中最被忽略的書卷。[1] 它不被重視的原因，部分是因為猶大書和彼得後書兩者有部分內容是重疊的，在背景、特質和信息上相仿，猶大書往往只被看為是彼得後書的節錄（雖然應是彼得後書取材於猶大書），且不少學者認為猶大書是託名著作，寫於公元一世紀末，其神學價值比不上其他新約書卷。與彼得後書一樣，只被視作「早期大公信仰」（early Catholicism）的範例。兼且，猶大書毫不隱晦地使用次經書卷《以諾一書》（*1 Enoch*）和《摩西遺訓》（*The Testament of Moses*），也叫人懷疑它的權威性。

6.1 歷史問題

6.1.1 作者、寫作日期及地點

本書信卷首語（猶1節），作者表明自己的是猶大，同時他自稱是「耶穌基督的僕人，雅各的弟兄」。然而，有不少學者認為猶大書的作者不是耶穌的兄弟猶大，只是有人託猶

1 Douglas J. Rowston, "The Most Neglected Book in the New Testament," *NTS* (1974–75): 554–63.

大的名寫這書，主要基於以下幾個原因：[2]（1）書中所描述的境況，是較為後期的：作者呼籲讀者要記念主耶穌基督的使徒從前的教導（猶 17 節），同時這信仰是前人所交付下來的（猶 3、20 節），那個時候猶大應已離世；（2）作者用「信仰」（*pistis*；《和合本》作「真道」，猶 3、20 節）指一組已確定的信仰教條，早期基督教運動不是這樣描述他們所相信的，這種表達反映公元一世紀末大公教會的形態；（3）與反對彼得和雅各是新約書卷的作者一樣，有學者認為他們是加利利地區的村民，不可能如此善用希臘文，況且猶大書使用了希臘猶太人所用的字彙，且使用了不少修辭的技巧。

第 3 點可參考雅各書相關部分的討論（本書第二章【2.1.1】）。關於第 1 點，就算這裏真的是說第一代的使徒已經去世，雅各、保羅和彼得都於公元一世紀六十年代中期前殉道，亦可能那些曾將福音傳給猶大書讀者的使徒也已經去世，但不等於猶大書一定是寫於公元一世紀末。況且，針對第 2 點，使用「交付」和「信仰」等字眼為後使徒時期的說法，並沒有確實的證據（參加一 23；來四 14；徒十三 8；林前十一 23；林後十三 5）；對作者來說，他使用「信仰」一字，可能相等於保羅所使用的「福音」（加一 6 ～ 7；腓一 5、12），或是約翰一書的「生命之道」（約壹一 1），並無證據顯示這種用法一定是在公元一世紀末才出現。這裏也不是指一

2 Earl J. Richard, *Reading 1 Peter, Jude, and 2 Peter: A Literary and Theological Commentary*, (Macon: Smyth & Helwys, 2013), 236–38; Lewis R. Donelson, *I & II Peter and Jude: A Commentary*, NTL (Louisville: WJK, 2010), 162–63; Jörg Frey, *The Letter of Jude and the Second Letter of Peter: A Theological Commentary*, trans. Kathleen Ess (Waco: Baylor University Press, 2018),, 25–30.

套既定的信仰規模（rule of faith）。如保羅一樣，作者呼籲讀者要忠於所傳給他們的福音（加一 6～9；羅十六 17），況且作者與那些假教師的爭論點，並非正統與異端的教義差別，而是福音與道德責任之間的關係。[3]

「猶大」（*Ioudas*）是當代其中一個相當普遍的名字，在新約中記載了有幾位叫猶大的。作者稱自己為「雅各的兄弟」，這雅各肯定是當時顯赫的教會領袖，因此，傳統一直接受這書的作者是福音書中所載耶穌的兄弟猶大，即寫雅各書的雅各的兄弟。[4] 根據馬可福音（可六 3）和馬太福音（太十三 55）記載，耶穌在拿撒勒的會堂中教訓人，會堂中的人認出他的身分，並他有兄弟雅各、約西、西門和猶大。[5] 他們雖然同樣可以稱耶穌為他們的兄弟，但都選擇以「耶穌基督的僕人」去表達他們與耶穌的關係。亞歷山太的革利免（Clement of Alexandria）認為猶大刻意迴避稱自己為主的兄弟，而使用了另一個與他的職事有更直接關聯的稱謂，他是以這身分向讀者說話。對猶大來說，耶穌是「那獨一的主宰」（猶 4 節），也可能叫他自覺不配稱自己為耶穌的兄弟，或他意識到這肉身的關係並不重要（參可三 31～35）。

作者使用舊約經文時（猶 11 節引民二十六 9～10；猶 12 節引箴二十五 14 及結三十四 2；猶 13 節引賽五十七 20；猶 23 節引摩四 11 和亞三 3），都是根據希伯來文版本翻成希臘文。同時猶大書 14 節所引《以諾一書》1.9，肯定是取材於亞蘭文版本（現昆蘭文庫中有亞蘭文《以諾一書》的斷片（參下

---

3 Richard Bauckham, *Jude, 2 Peter*, WBC (Waco: Word, 1983), 9.

4 詳可參張略：《彼得後書、猶大書》，天道聖經註釋（香港：天道書樓，2015），頁 7–11。

5 有關耶穌近親的家庭圖，見張略：《雅各書註釋》（香港：基道，2006），頁 337–38。

文【6.4.4.2.2】)。猶大書的作者極可能取材於這些以閃族語言所寫的猶太文獻，包括《以諾一書》和《摩西遺訓》，這些文獻都只在以色列地一帶流傳，因此我們可以相當準確地推測猶大寫書的地方是在以色列地，或是猶大兄弟一家長大的地方加利利，而不是在散居地。

若彼得後書引用猶大書，猶大書必是寫於彼得後書之前，若彼得後書是彼得所寫的，使徒彼得在羅馬君王尼祿的時期殉道的，約為公元六十八年，那麼猶大書必定成書於此之前，可能在公元五十至六十年代中期。

6.1.2 受書人及猶大書所針對的異端

作者兩次以第一身單數的身分説話，一次在第 3 節，縷述他寫此書的目的，並寫這信的迫切性，為要針對讀者身處羣體的特別需要；第二次在第 5 節，強調作者作為教師的權柄，要指導讀者回到這信仰羣體所領受的傳統教導當中，他的責任是要提醒他們這信仰的傳統。猶大書針對一個面臨道德危機的教會，有從外來的人滲透到他們中間(猶 4 節)，他們可能得到教會人士的接納，參與教會的愛筵(猶 12 節)，亦可能得到當中一些有力人士的支持(猶 16 節)。他們在羣體中發揮的影響力，及猶大使用「牧人」(猶 12 節)的意象形容他們，反映出他們中間有些人可能已站在教師的領導地位。猶大書未有系統地陳述這些假教師的教導，因此要確定這「異端教訓」是甚麼，並不容易。[6]

6 過去對猶大書所指的異端不同的看法，見 Frey, *The Letter of Jude and the Second*

我們大致上可從猶大書中歸納出作者針對的假教師所擁有的特質：

(1) 他們是不虔敬的（猶 4 節），行不敬虔的事（猶 15 節），是沒有聖靈的人（猶 19 節）；
(2) 他們以神的恩典為藉口，一味放縱自己的情慾，不服在主耶穌基督的主權之下（猶 4 節），隨從自己的私慾行事（猶 16、18 節）；他們好像所多瑪、蛾摩拉這些城的人行淫縱慾（猶 7 節），又如沒有靈性的牲畜（猶 10 節），是屬乎血氣的（*pschikos*；猶 19 節下）；
(3) 他們是為了一己的私利而行事，就好像先知巴蘭一樣（猶 11 節），他們是只知餵養自己的牧人，全無畏懼羞恥之心（猶 12 節），並且為自己的好處而諂媚人（猶 16 節），並不真心；
(4) 他們帶來污穢：他們沾污自己的身體（猶 8 節），他們如海的狂浪，不自控地湧出可恥污穢的沫子（猶 13 節）；
(5) 他們不服權柄，好像那些不守本位的天使一樣（猶 6 節）。他們輕視權柄，毀謗有權柄的天使（猶 8 節）。對於他們所毀謗卻不認識的東西（猶 10 節），如同可拉一黨那樣的悖逆（猶 11 節）。他們只懂埋怨、挑剔，自我誇炫（猶 16 節），亦因這原故被稱為「好譏誚的人」（猶 18 節）。這可能表示他們以神的恩典為藉口，否定將來終極的審判，就是主復臨與千萬天使一起審判這世界（猶

Letter of Peter, 35–44。

6、14～15 節；《以諾一書》10.6，1.9）。

（6）他們生活在信徒的羣體中間，參與他們的愛筵（猶 12 節），卻有不軌的企圖；他們在羣體中間引來紛爭（猶 19 節；參猶 11 節可拉的背叛），暗示他們對抗教會原有的權柄體制。

（7）他們以自己有的異夢作為權柄的來源（猶 8 節；參猶 19 節），他們擁有聖靈的證據。此點是最具爭議性的，因為只以一節經文作「對鏡反讀」的推論。

綜合以上的特性，第 1 點是一般性的描述；第 2 和 3 點指他們以神的恩典為藉口，放縱私慾，自私自利；他們否定權威，和終極的審判（第 5 點）；他們在羣體中做成結黨（第 6 點），不服原有教會的權柄制度。他們是污穢的（第 4 點），並且會使別人污穢。他們可能宣稱有從聖靈直接得來異夢的啟示（第 7 點），但這並不能確定。猶大書短短的二十五節之內，作者向他的對頭提出了超過二十多種的指控，在新約中實屬罕見；可以與之相比的，就只有馬太福音二十三章耶穌對法利賽人的指控。[7] 這些指控都並未有直接關涉到教義的問題，而是他們以得著拯救的恩典為藉口，焦點在於他們的道德操守。沒有證據顯示這些人是曲解了保羅那從律法中得自由的福音，更可能的是他們受到當時希羅道德敗壞的文化所影響。與彼得後書比較，更難確定猶大書所針對的異端是甚麼。

---

7 威廉．F．布羅森特二世（W. F. Brosend II）：《〈雅各書〉〈猶大書〉釋義》，敬華譯（上海：華東師範大學出版社，2009），頁 293–94。

6.2 體裁

有認為猶大書雖然有書信的格式，但可能是一份勸勉的單張，以書信的形式寫成，本身並非一封真正寄出的書信，[8]然而並沒有任何確實證據證明是如此。無論如何，它的作用與普通的一封書信沒有分別，是要勸勉讀者（猶 3 節），因此猶如「勸勉的話」（參來十三 22）。[9]

6.3 寫作目的及全書結構

此書雖然大部分的篇幅都是爭論，提醒那些蒙愛的信徒（猶 1、17、20 節）不要被錯誤教訓所矇騙，叫他們與這些不虔敬者劃清界線，保持最遠的距離，不要同流合污。在猶大書本體的起首語中，已清楚說明本書信的寫作目的（猶 3 ～ 4 節）。

第 1 至 4 節中出現的鑰字及觀念，在猶大書總結性的呼籲和全書的結語（猶 17 ～ 25 節）中重新出現，清楚可見這兩段是對應的：

---

8 如 Richard, *Reading 1 Peter, Jude, and 2 Peter*, 240。
9 Bauckham, *Jude, 2 Peter*, 3.

鑰字及觀念	猶 1～4 節	猶 17～25 節
愛	「蒙愛」、「慈愛」（猶 1～2 節） 「在父神裏蒙愛」（猶 1 節）	蒙愛（猶 17、20 節） 「神的愛」（猶 21 節）
憐憫	「憐恤」（猶 2 節）	「主耶穌基督的憐憫」（猶 21 節） 「你們要憐憫他們」（猶 22 節）
保守	「耶穌基督保守的人」（猶 2 節）	「保守自己」（猶 21 節）
使徒傳統	「為從前一次交付聖徒的真道竭力地爭辯」（猶 3 節） 「真道」（信仰；猶 3 節）	記念我們主耶穌基督之使徒從前所說的話（猶 17 節） 真道（信仰，猶 20 節）
爭辯	「為從前一次交付聖徒的真道竭力地爭辯」（猶 3 節）	爭辯的方式（猶 22～23 節）
異端的出現	「有些人偷著進來」（猶 4 節）	「末世必有好譏誚的人……」（猶 18～19 節）
異端的特質	「不虔誠」（猶 4 節） 「放縱情慾」（猶 4 節）[10]	「不敬虔的私慾」（猶 18 節） 「被情慾所沾染」（猶 22 節）
主神	「父神……耶穌基督」（猶 1 節） 獨一的主宰－我們主耶穌基督（猶 4 節）	「我們主耶穌基督」（猶 17、21、〔25 節〕） 「我們的救主－獨一的神……我們的主耶穌基督」（猶 24～25 節）

在猶大書總結的時候（猶 17～25 節），作者強調讀者的信仰是建基於使徒的教訓，巧妙地重提猶大書開始時所言。

10 原文第 4 和第 23 節所用「情慾」的字彙並不相同，但意思則一樣。

讀者應採取的應對，首先積極地要「保守自己常在神的愛中」（猶 21 節）。「保守」和「愛」在猶大書開始的 1 和 2 節中出現過。作者強調讀者獨特的身分，他們是蒙愛的（猶 1、17、20 節）及蒙神所保守的（猶 1、24 節），並鼓勵他們將這身分活出來。對應神和耶穌基督的愛和保守，信徒要保守自己與神之間這種愛的關係。[11] 20 至 21 節的主要動詞，是命令語「你要保守」，修飾這命令不定語態動詞的，有三個現在時態分詞片語：「要在至聖的真道上造就自己」，「在聖靈裏禱告」和「仰望我們主耶穌基督的憐憫」。在信仰的真道上一起成長、在禱告中尋求實行神的旨意、在期待基督復臨中警醒謹守。主耶穌基督的憐憫是信徒惟一可依靠的，祂是那位能叫人進入將來永遠生命的，信徒也正是等待著基督復臨這日子的來到。[12]

猶大書透過舊約和猶太傳統中的典故和預表，揭示那些假教師的真面目（猶 4 ～ 16 節）。他們正是使徒所預言末世要來的假教師（猶 17 節），這是終末審判之前有的境況，是基督徒羣體所要謹記的。這些假教師和追隨他們的人在終末審判時的命運就是滅亡（猶 14 ～ 15 節）。

猶大書不是單為對抗異端，作者雖然極度關注讀者不要被這些假教師的錯誤教訓所迷惑，但卻未有提出讀者要將那些假教師從他們中間趕出去，反而要他們憐憫這些人，盡力地將他們挽回過來，充分反映出猶大作為一位牧者的情懷與

---

11 S. T. Joubert, "Persuasion in the Letter of Jude," *JSNT* 58 (1995), 85–86; Richard, *Reading 1 Peter, Jude, and 2 Peter*, 238.

12 K. R. Lyle, *Ethical Admonition in the Epistle of Jude*, SBL 4 (New York: Peter Lang, 1998), 84–86.

胸襟，這也是教會作為一個救贖羣體所應有的態度。[13]

以下為猶大書的結構：[14]

A. 卷首問安語（猶 1～2 節）〔書信開始〕

B. 書信本體（猶 3～23 節）

B1. 寫這信的目的（猶 3～4 節）：「親愛的……真道……」〔書信本體開始〕

B2. 作者對讀者的提醒：針對假教師的言詞（猶 5～16 節）〔書信本體中段〕

B2.1. 這些不敬虔者的特質（一）：在猶太傳統中三個不敬虔的鑑戒（猶 5～8 節）

(i) 出埃及的百姓（猶 5 節）

(ii) 不守本位的天使（猶 6 節）

(iii) 所多瑪、蛾摩拉和週圍城鎮的人（猶 7 節）

解釋：「這些人……」（猶 8 節）

B2.2. 這些不敬虔者的特質（二）：天使米迦勒與魔鬼爭辯（猶 9～10 節）

解釋：「但這些人……」（猶 10 節）

B2.3. 這些不敬虔者的特質（三）：類同聖經中三個不敬虔的鑑戒（猶 11～13 節）

(i) 該隱（猶 11 節）

---

13 R. A. Reese, "Holiness and Ecclesiology in Jude and 2 Peter," in *Holiness and Ecclesiology in the New Testament*, ed. Kent E. Brower and Andy Johnson (Grand Rapids: Eerdmans, 2007), 327–34.

14 參 Bauckham, *Jude & 2 Peter*, 4–6。鮑維均：《顛覆群體認知的福音——再思大公書信》，聖研導讀叢書（香港：天道書樓，2019），頁 106–07 認為猶大書反映出倒影結構，也有非常值得參考的價值。

（ii） 巴蘭（猶 11 節）

（iii）可拉（猶 11 節）

解釋：「這樣的人……」（猶 12～13 節）

B2.4. 這些不敬虔者的特質（四）：先知以諾預言早已說明（猶 14～16 節）

以諾的預言（猶 14～15 節）

解釋：「這些人……」（猶 16 節）

B3. 總結性的呼籲：堅守信仰（猶 17～23 節）〔書信本體結束〕

「親愛的……你們要記念」：使徒的預言（猶 17～19 節）

「親愛的……你們……保守」（猶 20 節）：憐憫、搭救、憐憫（猶 21～23 節）

C. 祝福語（猶 24～25 節）〔書信結束〕

留意 B2 這一大段關於作者針對那些不虔敬者的言詞共有四個分段，每一分段都以猶太人傳統中的鑑戒、典故和預表，引申到當代那些不虔敬者的實質情況，每一段都有「這些人……」的說法，針對那些不虔敬的壞分子。B2.1 和 B2.3 取材於舊約正典，B2.2 和 B2.4 取材於現在稱為「舊約偽經」的：《摩西升天記》（*Assumption of Moses*）及《以諾一書》。猶大書主要論理的部分（猶 5～16 節），作者以米大示的方式詮釋舊約及猶太傳統，將之應用到他所要針對的讀者現實情況（參下文【6.4.4.1】）。[15] 全書至第 17 節才使用命令語態動

15 特別參 E. E. Ellis, *Prophecy and Hermeneutics in Early Christianity*, WUNT 18 (Tübingen: Mohr Siebeck, 1978), 220–26；Bauckham, *Jude, 2 Peter*, 4–5。

詞，B3 總結的雙重呼籲回應寫這信的目的（B1），在用字上有不少對應的地方，B1 和 B3 都以「親愛的……」作開始。有別於一般的書信，猶大書以「榮耀頌」作結，反映出作者期待這信會在教會崇拜中誦讀。

6.4 猶大書、大公書信與正典

6.4.1 猶大書與雅各書

七卷大公書信以雅各書排首，猶大書則是最後一卷，他們的作者都是耶穌在世為人時的兄弟。在雅各書中，雅各稱自己是主耶穌基督的僕人；猶大在猶大書中除了稱自己為耶穌基督的僕人之外，還稱自己是雅各的兄弟；他們在彌賽亞運動早期，在猶太裔信徒羣體中均為顯赫的領袖。猶大書的總結（猶 24～25 節）:「那能保守你們不失腳、叫你們無瑕無疵、歡歡喜喜站在他榮耀之前的我們的救主—獨一的神，願榮耀、威嚴、能力、權柄，因我們的主耶穌基督歸與他，從萬古以前並現今，直到永永遠遠。阿們！」是這組書信極之恰當的結語，不只是內裏蘊含著對神與基督的頌讚（參猶 4 節），並且強調要保守自己不陷入錯誤教訓及不道德生活的危險，正是大公書信在教會中所要發揮非常重要的效用。

查里斯（J. Daryl Charles）是第一位學者全面比較猶大書與雅各書，[16] 他指出它們之間有三個範圍類同的地方：首兩個

---

16 J. Daryl Charles, *Literary Strategy in the Epistle of Jude*, (Scranton: University of Scranton Press, 1993), 71–81.

是文學上的，包括文筆風格和詞藻上的平行，另一方面是神學上的。查氏所指相似之處，不少是因為它們同是書信（引言勾劃所處理的主題），然而確實有些地方是值得注意的。

在文學上，除了上文所指因體裁使其相似之外，還有以下特色：

（1）使用聖經的例證（雅二 21～26，五 11、17；猶 5～7、11 節）。雅各書的演繹多是屬於「哈拉加」（*Halachah*）的，特別是利未記十九章律法的應用；而猶大書的演繹，則大部分是屬於「哈加達」（*Haggadah*）的，從故事引申出教訓。

（2）使用相關語將整卷書連結起來，例如雅各書使用「完全」的同字根字（雅一 4、17、25，二 8、22），猶大書則使用「不敬虔」（猶 4、15、18 節）。

（3）它們都運用極佳的希臘文，表達流暢；雖然它們都是出於猶太人的手筆，但反映受閃族語言影響有限。[17]

（4）它們都使用很多大自然的比喻，如雅各書使用婦女懷胎比喻私慾的作用及所帶來的後果（雅一 15），大量的比喻講及舌頭的功用、毀壞力及兩面性（雅三 3～12），農夫的等候（雅五 7）。猶大書描述那些假教師時，用了一連四個大自然的比方（猶 12～13 節）。

（5）它們都關注挽回那些落在罪中的信徒，且置於全書最後作總結性的呼籲：雅各書五章 11 至 12 節，猶大書 22 至 23 節。

（6）猶大書 19 節「屬乎血氣」（*psychikoi*）亦見於雅各書三章

---

17 Charles, *Literary Strategy in the Epistle of Jude*, 76.

15 節指有「屬情慾」(*psychikē*)的智慧。

神學方面，也有不少相似點是新約作者所共有的，例如基督復臨帶來終末的審判，然而這兩卷書之間在相似上似乎有特殊的連繫：

(1) 當它們強調基督是主這身分時，其重點都放在祂是審判的主，信徒是期待著那審判日子的來臨(雅五 7、8、11；猶 6、14、21 節)。
(2) 它們都將道德的勸勉，建基於信仰的基礎(雅二 1、8，19；猶 3、17～18 節)。
(3) 它們都指出歸根結柢，人的問題是來自自己的私慾(雅一 14～15，四 1；猶 4、7、16、18、23 節)，貪財是其中一個問題(雅四 13～五 6；猶 11 節)。
(4) 處理的辦法是要服在神的主權之下。對雅各來說是要顯出自己是愛神的(雅一 12，二 5)，服在那使人自由的律法之下(雅二 8～12，四 11～12)；對猶大來說，是要保守自己在神的愛中(猶 21 節)。
(5) 神是那位拯救和審判的主，審判的權不在人的手中(雅四 11～12；猶 9、24 節)，信徒是因神的憐憫而得到拯救(雅二 13；猶 21 節)。在雅各書，信徒要向人顯出憐憫，以證明他們是蒙憐憫的；在猶大書，信徒要向那些在信仰邊緣掙扎的人顯出憐憫，因為他們也是蒙憐憫的(猶 2、21、22～23 節)。
(6) 它們都關注整個信徒羣體如何面對末世的衝擊，強調羣體彼此建立的重要(雅五 13～16；猶 20 節)。

從神論、基督論、人論、救贖論、教會論和末世論，它們之間反映出不只是兩兄弟所寫的，還好像兄弟之作！

6.4.2 猶大書與彼得後書

猶大書 4 至 13、16 至 18 節和彼得後書二章 1 至 18 節和三 1 至 3 節，有很多相似的地方，另外兩書的總結（猶 25 節；彼後三 18 下）也有相似之處（以下經文取自《和合本 2010》）：

猶大書	彼得後書
4 節： 因為有些人偷偷地進來，就是早就被判定受懲罰的不虔誠的人，他們把我們神的恩典變為放縱情慾的機會，並且不認獨一的主宰—我們的主耶穌基督。	二 1 下～2： 同樣，將來在你們中間也會有假教師，偷偷地引進使人滅亡的異端。他們甚至不認買他們的主人……。許多人會隨從他們淫蕩的行為……。
6～8 節上： 至於那些不守本位、離開自己住處的天使，主用鎖鏈把他們永遠拘留在黑暗裏，等候大日子的審判。同樣，所多瑪、蛾摩拉和周圍城鎮的人也跟著他們一樣犯淫亂，隨從逆性的情慾，以致遭受永不熄滅之火的懲罰，作為眾人的鑑戒。 照樣，這些做夢的人也污穢身體，輕慢掌權者……	二 4、6、10 上： 既然神沒有寬容犯了罪的天使，反而把他們丟在地獄裏，囚禁在幽暗中等候審判……既然神判決了所多瑪和蛾摩拉，將二城傾覆，焚燒成灰，作為後世不敬虔人的鑑戒……。 尤其那些隨從肉體、放縱污穢的情慾、藐視主的權威的人更是如此。
8 下～9 節： 毀謗眾尊榮者。天使長米迦勒為摩西的屍首與魔鬼爭辯的時候，尚且不敢用毀謗的話譴責他，只說：「主責備你吧！」	二 10 下～11： 他們膽大任性，無懼地毀謗眾尊榮者；就是天使，雖然力量權能更大，在對他們宣告從主來的審判的時候還不用毀謗的話。

猶大書	彼得後書
10 節： 但這些人毀謗他們所不知道的。他們與那些沒有理性的牲畜一樣，只做本性所知道的事，敗壞了自己。 12 節： 這樣的人是你們愛筵上的污點；他們無所懼怕地同你們宴樂，彷彿牧人只顧餵飽自己。他們是無雨的浮雲，被風飄蕩；是秋天沒有果子的樹，死而又死，連根被拔出來；	二 12～13： 但這些人好像沒有理性的牲畜，生來就是要被捉拿宰殺的。他們毀謗自己所不知道的事，正在敗壞人的時候，自己也遭遇敗壞，為所行的不義受不義的工錢。他們喜愛白晝狂歡，他們已被玷污，又有瑕疵，正與你們一同歡宴，以自己的詭詐為樂。
11 節： 他們有禍了！因為他們走該隱的道路，又為財利往巴蘭的錯謬裏直奔，並在可拉的背叛中滅亡了。	二 15： 他們離棄了正路，走入歧途，隨從比珥的兒子巴蘭的路；巴蘭就是那貪愛不義的工錢的人⋯⋯。
17～18 節： 親愛的，至於你們，要記得我們主耶穌基督的使徒從前所說的話。他們曾對你們說過，末世必有好嘲弄的人隨從自己不敬虔的私慾而行。	三 1～3： 親愛的，我現在寫給你們的是第二封信。在這兩封信裏，我都提醒你們，激發你們真誠的心，要你們記得聖先知預先所說的話和主—救主的命令，就是使徒所傳給你們的。第一要緊的，你們要知道，在末世必有好譏誚的人隨從自己的私慾出來譏誚⋯⋯。
25 節： 我們的救主獨一的神，藉著我們的主耶穌基督，得享榮耀、威嚴、能力、權柄，從萬古以前，到現今，直到永永遠遠。阿們！	三 18 下： 願榮耀歸給他，從今直到永遠之日。阿們！

歷來對兩者的關係，主要有三種不同的看法：[18] (1) 有認為

18 有關這三種看法不同的理據及強弱，特別參 Jeremy F Hultin, "The Literary Relationships among 1 Peter, 2 Peter, and Jude," in *Reading 1-2 Peter and Jude*, ed. Eric F. Mason and Troy W. Martin, (Atlanta: SBL, 2014), 27–40。

猶大書是取材於彼得後書，[19] 但若然猶大書使用了彼得後書，為何大部分所引用的，都是在第二章？且有部分猶大書與彼得後書平行的經文，看作彼得後書參照猶大書而作修改，是比較容易理解（猶 9 節 // 彼後二 11；猶 10 節 // 彼後二 12；猶 13 節 // 彼後二 17）。（2）有認為它們取材於一些共有的資料，這並非不可能的，只是我們現在並沒有發現任何這些傳統的資料，在這情況下，我們便難以確定其真確性，只能停留於有此可能。[20]（3）有認為彼得後書是取材於猶大書，這看法的困難最少，較具說服力。[21] 彼得後書使用了猶大書中那些較為一般性的材料，加以引申到另一個不同的情境之中。包衡（Richard Bauckham）正確地指出，猶大書的結構及用字都是非常緊密的，而相對來說彼得後書與猶大書相似的部分，卻顯得較為鬆散，這也顯示彼得後書的作者使用猶大書，將它改寫為自己所用。[22] 一般來說，作者都會將手上已有的資料作擴充而非濃縮，彼得後書明顯地擴充了從猶大書中所引用的資料，[23] 並將

---

19 見如 Charles A. Bigg, *A Critical and Exegetical Commentary on the Epistles of St. Peter and St. Jude*, ICC (2nd ed; Edinburgh: T&T Clark, 1902), 216–24；Donald Guthrie, *New Testament Introduction* (Downers Grove: IVP, 1990), 924–25；Douglas J. Moo, *2 Peter, Jude*, NIVAC (Grand Rapids: Zondervan 1996), 18。

20 見如 E. M. B. Green, *2 Peter Reconsidered* (London: Tyndale, 1960), 58–64；A. E. Harvey, "The Testament of Simeon Peter," in *A Tribute to Geza Vermes: Essays on Jewish and Christian Literature and History*, ed. Philip R. Davies and Richard T. White, JSOTSS 100. (Sheffield: JSOT, 1990), 343–44。

21 見如 T. Fornberg, *An Early Church in a Pluralistic Society: A Study of 2 Peter*, CBNT 9 (Lund: CWK Gleerup, 1977), 31–59；Bauckham, *Jude, 2 Peter*, 135、141–43；Gene L. Green, *Jude & 2 Peter*, BECNT (Grand Rapids: Baker Academic, 2008), 159–62；L. Thurén, "The Relationship between 2 Peter and Jude: A Classical Problem Resolved?" in *The Catholic Epistles and the Tradition*, ed. J. Schlosser, BETL 176 (Leuven: Peeters, 2004), 451–60。

22 Bauckham, *Jude, 2 Peter*, 142.

23 有關彼得後書使用猶大書的方式，晚近的討論特別參張略：《彼得後書、猶大書》，

原屬於猶太教但不被納入教會正典的故事剔除，因此，彼得後書就沒有了猶大書所引《摩西遺訓》和以諾傳統的資料。[24]

彼得後書並不是搬字過紙地將猶大書的內容轉載過來，而是精心挑選其中的主題和字詞，予以重寫，以符合他所針對的假教師，及他自己獨特的論理方式。並且就猶大書一些字詞作了解釋，例如彼得後書二章 1 節，當用主宰（*despotēs*）這字稱基督時，指那些假教師「連買他們的主他們也不承認」；這是彼得後書在引用猶大書 4 節時附加的解釋，信徒是基督用重價買回來的。彼得後書又將猶大書中不屬於教會正典的三個典故省卻了，也沒有使用猶大書本體結束的部分，因為彼得後書針對的假教師否定基督的復臨，而猶大書則沒有針對這方面的問題。就算是它們都引用相同的例子，在組織上也有分別，彼得後書是按照時序，而猶大書則偏向以主題將它們連結。猶大書使用這些舊約典故時，以他們為將來審判的預表，彼得後書則視他們為神必定審判這原則的例證。彼得後書提及挪亞和羅得為得救的例證，猶大書則沒有。彼得後書雖使用了猶大書，但它同時取材自傳統的資料，針對所面對情況，將資料重塑。[25] 它們之間的不同是因為

頁 33–37；G. L. Green, "Second Peter's Use of Jude: *Imitatio* and the Sociology of Early Christianity," in *Reading Second Peter with New Eyes: Methodological Reassessments of the Letter of Second Peter*, ed. Robert L. Webb and Duane F. Watson, LNTS 382 (London: T&T Clark, 2010), 1–25；Frey, *The Letter of Jude and the Second Letter of Peter*, 182–92。

24 Green, *Jude & 2 Peter*, 161。

25 Bauckham, *Jude, 2 Peter*, 247; Peter H. Davids, *The Letters of 2 Peter and Jude*, PNTC (Grand Rapids: Eerdmans, 2006), 142; Darian R. Lockett, *Letters from the Pillar Apostles: The Formation of the Catholic Epistles as a Canonical Collection* (Cambridge: James Clarke & Co., 2017), 166–67.

它們針對不同的教會景況。彼得後書對假教師的描述更加具體，他們不相信基督復臨最後審判這回事，這是因為他們不接受舊約和使徒在神話語上的權柄。彼得後書提醒信徒有關神信實的應許、對義者終局（接近《以諾一書》）。猶大書強調末世來臨的緊迫性，及信徒對那些失迷者的責任。

猶大書與彼得後書相似的地方還包括信徒是活在最後審判之前的末世的天啟觀；假教師／好譏誚者的出現是末世的現象；異端分子存在於教會羣體當中；終末審判必然臨到；不虔敬者終極的結局；引用舊約事件作證明及預表；假教師及其追隨者受著自己慾望所支配，包括驕傲和貪婪；天使的活動及其意義；並且都以榮耀頌作結。[26] 至於那些異端分子及受他們所影響的人，兩書都表示神還是會給他們悔悟的機會（彼後三 9；猶 22～23 節）。

也值得注意的是，有別於其他保羅書信的卷首問安語都沒有使用任何動詞，彼得前書、彼得後書和猶大書的卷首問安語，都使用了祈願語「多多地加給」（*plēthyntheiē*）；這格式上的分別，可能反映猶大書與彼得傳統較為接近。

6.4.3 猶大書與約翰書信

有別於彼得前書針對信徒與教外人的關係，彼得後書、

26 有關彼得後書與猶大書在終末論上的異同，特別參 Jörg Frey, "Judgment on the Ungodly and the *Parousia* of Christ: Eschatology in Jude and 2 Peter," in *Eschatology of the New Testament and Some Related Documents*, ed. Jan G. van der Watt, WUNT 315 (Tübingen: Mohr Siebeck, 2011),493–513；他認為猶大書終末論是依照猶太天啟思想的形態，而彼得後書則兼受希臘思想的影響。然而，見本書第四章【4.5.2】。

約翰書信和猶大書都是處理教會內部出現的問題，其中彼得後書、約翰一書和猶大書更是針對教會內部的假先知/假教師，顯示彌賽亞運動早期要處理不同地方所出現的不同異端，彼得後書和猶大書所關注的焦點在終末審判和信徒的道德生活上，兩者關係密切，而約翰書信則強調基督論和羣體關係的重要。

猶大書其中一個重要鑰字是「保守/遵守」(*tērein*)，這字在約翰一書也多次出現(約壹二3、4、5，三22、24，五2、3)，雖然它們對此字的用法不一樣。猶大書是讓自己保留在一種狀態之下，不致受損或失去，特別指在神的保守之下(猶1節；參24節)要保守自己(猶21節)；而約翰一書則用作遵守誡命。這兩書在使用這字的概念上能有互補的作用，一方面是來自神的保守，另一方面信徒要遵守誡命去保守自己。猶大書「保守自己常在神的愛中」(猶21節)在觀念上與約翰書信有相似的地方，「神的愛」於此可以指信徒對神的愛，也可以指神對信徒的愛，正如信徒都是蒙愛的(猶3、20節；約壹二7，三2、21，四1、7、11)，猶大書於此極可能是指神與信徒之間愛的關係，這種對「神的愛」的理解亦見於約翰書信中。

6.4.4 舊約與猶太傳統

猶大書5至16節可分為兩大段，每段都分為兩個部分，[27]

27 這裏出現了三個一組，和三個加一個(即四個一組)的格式，這兩種格式都存在於猶大書，見張略：《彼得後書、猶大書》，頁31–32。

有三個舊約預表和一個猶太傳統，每部分都以「這些人」作為開始，以指涉假教師：

經文	舊約／猶太傳統	應用
第一段： 猶 5～10 節	猶 5～7 節： 出埃及的一代 離本位的天使 所多瑪、蛾摩拉和週圍城邑的人	猶 8 節： 「這些」
	猶 9 節： 天使長米迦勒與魔鬼爭辯	猶 10 節： 「這些人」
第二段： 猶 11～16 節	猶 11 節： 該隱、巴蘭、可拉	猶 12～13 節： 「這樣的人」
	猶 14～15 節： 以諾的預言	猶 16 節： 「這些人」

我們會先討論猶大的釋經神學，以了解作者的釋經前設及如何使用預表釋經及米大示別沙，將經文和猶太傳統故事，看為是假教師的預表，並應用在「這些人」身上。此外，猶大書 23 節很可能旁索撒迦利亞書三章 1 至 4 節。

6.4.4.1 釋經神學

猶大書雖然沒有直接引用過舊約任何一段經文，但此書卻是充滿著舊約的典故：以色列、墮落的天使、所多瑪和蛾摩拉、天使長米迦勒、魔鬼、摩西的死、該隱、巴蘭、可拉和以諾。作者使用了預表的方式，將以上的故事和人物看為是假教師的預表，這些假教師呈現了這些預表所有的特質，他們就是預表所指向的實體。猶大書使用預表去警惕讀者，不只不要好像過去這些惡人預像般行事的，更要慎防免得落入好像這些預像所陷的審判，叫讀者意識到未來終極審判。[28]

6.4.4.1.1 釋經的前設

當代猶太天啟主義者、昆蘭羣體和新約的作者，他們都認為舊約經文對末世有重大的意義，這末世即神達成祂對人類歷史最終的目標，那忠於神的義人會得著最終的釋放和拯救，而那些不信的惡人要面對終極的審判而受罰；同時，他們就是生活在末時，這些舊約經所指向的，都會在他們中間發生。他們從舊約的經文去了解他們如何正在經歷這拯救和審判的過程。[29] 猶大書亦清楚顯示信徒是活在基督復臨的前夕（猶 21 節），5 至 16 節所列的舊約人物和典故，都在今時這些假教師身上得到實現，他們就是末世所出現的惡者，將要面對神終極的審判，猶大書以此警告讀者不要隨從他們的教導，以免遭受即臨的審判；也要保守自己與那些同得信仰的人，一起為信仰奮鬥到底（猶 3 節），仰望主耶穌基督的憐憫（猶 21 節）。

作者同時將這些舊約和猶太傳統所有的預表，與新約使徒的教導，特別是有關末世有好譏誚的人出現，連在一起（猶 17 ～ 19 節），表明這些傳統和使徒教訓有同等的權威。作者看自己為那原本真實和神聖信仰的守護者（猶 3 節）。

---

28 特別參 J. Daryl Charles, "Polemic and Persuasion: Typological and Rhetorical Perspectives on the Letter of Jude," in *Reading Jude with New Eyes: Methodological Reassessments of the Letter of Jude*, ed. Robert L. Webb and Peter H. Davids, LNTS 383 (London: T&T Clark, 2009), 86–87。

29 Richard Bauckham, *Jude and the Relatives of Jesus in the Early Church*, (Edinburgh: T&T Clark, 1990), 216–17.

至於猶大書引用《摩西遺訓》(或稱《摩西升天記》)及《以諾一書》，這表明這些書卷在作者當代受到猶太人的重視，並且看為有先知的靈感，但並不代表它們被視作正典(若當時已完全定形)的一部分。這些啟示類的文獻，在猶太基督徒中間流行並不稀奇。教父著作如《革利免一書》(*The First Epistle of Clement*)和《巴拿巴書信》(*Epistle of Barnabas*)都明顯使用了《以諾一書》，並稱這書所載為先知的預言。[30]

猶大對權威的假定，是要對應猶大書要針對的那些假教師。猶大書 8 節，作者指斥這些假教師是「作夢的人」，可能是他們宣稱他們的教訓是來自先知式的啟示，有異夢作為憑證，因此是高人一等。正如《以諾一書》99.8 描述在末後的時候，那些罪人「⋯⋯因為心中的懼怕和夢中的異象而成為瞎眼的。」這些假教師宣稱他們的教導和行事，是建基於異夢的啟示。在猶大書 9 節使用「屬血氣」，與猶大書 10 節的副詞「本性」所發揮的作用類同，對比「沒有靈性的」。19 節稱他們為「屬乎血氣、沒有聖靈的人」，「屬乎血氣」就是「沒有聖靈」，這些假教師根本就沒有聖靈在他們裏面，只是順著自己本能行事罷了。他們可能宣稱自己有先知的靈的啟迪，可以從道德的轄制中得到釋放，不再受任何道德的限制和判定。猶大於此指出這些假教師是完全沒有資格作為教導者的，他們根本就沒有聖靈，他們有的靈感並非出於聖靈，而是出於本能的血氣，就正如作者之前稱他們：「沒有靈性的畜類」(猶 10 節)。

---

30 Bauckham, *Jude and the Relatives of Jesus in the Early Church*, 225–27, 231–33.

6.4.4.1.2 表象釋經（Typology）

預表不只是關乎一件聖經所載的事件或人物，用作另一事件或人物的例子或楷模，這些對應是有歷史性的，指過往的預表在末世的實現。例如我們在彼得前書的神學中所談到的新出埃及，都已在舊約中存在，以作者之前曾出現過的人物、歷史事件和典故為原型（prototype），作為以後會出現的人物和事件的楷模。[31] 在新約中，往往是透過彌賽亞這預表和基督來臨完成救贖這歷史的事件的實現，去重新理解舊約已有的其他預表，因此都是帶有末世性的。在彼得前書我們已見到作者以挪亞的洪水作為水禮的預表（彼前三 21）。彼得後書二章 4 至 10 節上所引用作為神必然審判的，特別是二章 5 節和 6 節那不敬虔的人，及挪亞傳義道和羅得為義受苦，也同樣是終末審判不義和義的兩種人的預表；同時，那普世洪水的審判是終末普世性火的審判的預表（彼後三 6～7）。

猶大書作者使用預表釋經，可見於第 5 節。《和合本》中的「主」在原稿中極可能應是「耶穌」，而不是「主」。[32] 雖然按舊約的記載，拯救者是指耶和華，但也有說是主差祂的使者將以色列人帶出埃及（LXX民二十 16），或是主面前的使

---

31 詳見 Michael Fishbane, *Biblical Interpretation in Ancient Israel* (Oxford: Clarendon, 1985), 350–79。預表釋經亦見於約瑟夫，見如 David Daube, "Typology in Josephus," *JJS* 31 (1980): 18–36。參 Bruce D. Chilton, "Commenting on the Old Testatment," in *It is Written: Scripture Citing Scripture, Essays in Honour of Barnabas Lindars*, ed. D. A. Carson and H. G. M. Williamson (Cambridge: Cambridge University Press, 1988), 125–26 比較昆蘭的別沙與預表釋經的異同。Bauckham, *Jude and the Relatives of Jesus in the Early Church*, 219 認為雖然末世預表論並不常見於昆蘭的別沙釋經，但如《戰卷》（*War Scroll*）就以出埃及作為終末實現的預表。

32 詳細討論，見張略：《彼得後書、猶大書》，頁 102–03。

者拯救了他們(賽六十三 9)，[33] 不過，猶大書指那拯救者是耶穌。從猶大書來說，這不足為奇，因為「主」(*kyrios*)即耶穌，這亦是「主」一字在猶大書大部分的用法(猶 4、17、21、25 節)，另兩次的出現(猶 9、14 節)可作為父神，但同樣可引申指基督。從新約的角度去看，這拯救和審判的權柄，是神的主權，並且已由耶穌去執行。[34] 舊約主對以色列的拯救，正是新約耶穌帶來拯救的預表，從新約末世實現的角度，將預表以實體去稱呼，也是恰當的。這也開出以下的舊約的人物和事件作為預表的理解。[35]

6.4.4.1.3 類米大示別沙釋經(Midrash Pesharim)

在彼得前書二章 4 至 10 節(參本書第三章【3.4.3.3(1)】)，我們已指出彼得使用了昆蘭文獻註釋中所用的主題別沙。有別於典型的主題別沙，猶大書作者並未有引用任何舊約經文。於此，可視它們為類似於主題別沙。[36] 這裏所關注的主題，都見於猶大書 4 節：「審判」、「不敬虔」、「情慾」，和「否定主宰」。這四個重複的主題，將整大段串連起來。

---

33 Jarl Fossum, "*Kyrios* Jesus as the Angel of the Lord in Jude 5–7," *NTS* 33 (1987): 226–43 認為這裏將耶穌與舊約「耶和華的使者」等同。

34 Bauckham, *Jude and the Relatives of Jesus in the Early Church*, 312.

35 同意包衡的看法，認為這裏是使用預表釋經的，有如 J. Daryl Charles, "The Use of Tradition-Material in the Epistle of Jude," *BBR* 4 (1994): 6–13；Charles, "Polemic and Persuasion, 84–90；Jonathan Knight, *2 Peter and Jude*, NTG (Sheffield: Sheffield Academic Press, 1995), 85–86。

36 Ellis, *Prophecy and Hermeneutic in Early Christianity*, 220 和 Bauckham, *Jude and the Relatives of Jesus in the Early Church*, 186–210 認為猶大書是使用了米大示別沙；質疑他們看法的，見 Frey, *The Letter of Jude and the Second Letter of Peter*, 14–15；Blake A. Jurgens, "Is it Pesher? Readdressing the Relationship between the Epistle of Jude and the Qumran Pesharim," *JBL* 136 (2017): 491–510。

「審判」、「情慾」和「否定主宰」這三個主題，在猶大書5至10節這一段中，見於5節對不信者的毀滅，6節不守本位的天使等候大審判，7節所多瑪等人的逆性情慾，他們是為受永火刑罰者的鑑戒；在8節的應用中稱假教師是「污穢身體」的。8節將與不服權柄表現的「毀謗」這主題帶出，9節天使米迦勒不用毀謗的話，正是服於主的表現，10節是9節的應用，指假教師毀謗他們所不知的，是不服權的表現，否定主神的權柄。

第二段的11節帶出了「審判」、「慾望」、「否定主宰」和「不敬虔」這四個主題。該隱的路、巴蘭的欺騙，和可拉的背叛，都是他們「不敬虔」的表現；12節指向假教師們是為了自己的「慾望」而不怕神（猶12節），因而面對著自食其果的「審判」（猶13節）。在15節以諾的預言，「不敬虔」同字根的字詞出現了三次（*asebeias*, *ēsebēsan*, *asebeis*），審判必要臨到眾人身上。在16節，將上述的論述應用在假教師身上時，指他們是隨從自己的情慾而行事，同時是為自己謀利的。事實上，「否定主宰」這主題，也蘊含在對這些假教師的描述中，他們的埋怨是不服於上主的表現，在言語上顯得驕橫跋扈，對神不恭不敬。

6.4.4.2 猶太典外文獻：《摩西升天記》和《以諾一書》

猶大使用了一些沒有記載在舊約聖經之中的事迹及預言，這包括墮落的天使被囚禁（猶6節），天使長米迦勒為摩西屍首與魔鬼爭辯（猶9節），和亞當的七世孫以諾的預言（猶14節），這些都是來自猶太天啟傳統，大概是當時在巴勒斯坦的猶太讀者所熟悉的，這或許是猶大書亦引用這些故事作為例證的原因。[37]

6.4.4.2.1《摩西遺訓》/《摩西升天記》

一些早期教父解釋猶大書 9 節，有關天使為摩西的屍首爭辯，都提到這裏是取材自一份稱為《摩西升天記》的文獻，[38] 有認為這文獻與另一稱為《摩西遺訓》的是一樣的，只是書名不同，我們現在已沒有這兩份文獻的全稿，只有《摩西遺訓》拉丁版的斷片（公元六世紀抄本），相信原稿應是用希臘文寫成的。[39] 包衡認為《摩西升天記》和《摩西遺訓》可能是兩份文獻，不過取材自同一個傳統，[40]

根據包衡對《摩西遺訓》和《摩西升天記》這兩份文獻的重構，[41]《摩西遺訓》以魔鬼與天使長米迦勒為摩西的屍體爭辯作結束，魔鬼宣稱它擁有摩西的身體，因為摩西曾謀殺那位埃及的工頭（出二 12），負上兇殺的罪名，因此不配被安葬。天使長米迦勒好像作了摩西的辯護律師一樣，反指稱魔

37 見如 Bauckham, *Jude and the Relatives of Jesus in the Early Church*, 231–33。

38 這些教父包括革利免、游士丁、愛任紐、俄利根和亞他拿修。優西比烏：《年歷》（*Chronicon*）一書的附錄中，指稱《摩西升天記》有 1400 節（*ANF* 4.329 n.2524）。關於《摩西遺訓》是在安提阿古（Antiochus IV Epiphanes）時期還是希律時期寫成，可參 G. W. E. Nickelsburg, "An Antiochian Date for the Testament of Moses," in *Studies on the Testament of Moses*, ed. by G. W. E. Nickelsburg, SCS 4 (Cambridge: SBL, 1973), 33–37；K. Atkinson, "Taxo's Martyrdom and the Role of the *Nuntius* in the *Testament of Moses*: Implications for Understanding the Role of Other Intermediary Figures," *JBL* 125 (2006): 457–67，Atkinson 認為是寫於公元前四年至公元六年左右的希律時期。這書寫於希律時期後期漸成了近代學者的共識，見如 Bauckham, *Jude, 2 Peter*, 275–78；J. Tromp, *The Assumption of Moses: A Critical Edition with Commentary* (Leiden: E. J. Brill, 1992), 116–17。

39 詳細的論證，見 Tromp, *Assumption of Moses*, 27–86。

40 Bauckham, *Jude, 2 Peter*, 65–76 及 *Jude and the Relatives of Jesus in the Early Church*, 235–45。

41 Bauckham, *Jude and the Relatives of Jesus in the Early Church*, 238–39.

鬼這些指控是惡意的毀謗。當米迦勒為此事與魔鬼爭辯時，他並沒有用自己的權柄為摩西求脫罪，只是以神的審判為最終的判決，訴諸於惟有神才是最終的審判者。最後撒但只得離去，米迦勒將摩西的屍首安放在一個指定的隱密處（參申三十四6）。在《摩西升天記》，魔鬼稱自己得以擁有摩西的身體，因為他是所有物質的主；後來摩西的身體被埋葬了，他的靈魂則飛升天界。[42] 拉丁版《摩西遺訓》內容包括了魔鬼指控摩西曾謀殺埃及人的罪和天使米迦勒的回應：「願主斥責你」，這回應正是猶大書9節中所引用的。

天使長米迦勒不以自己的權柄去判定魔鬼的指控實屬毀謗。[43] 於此，米迦勒因謹守自己的崗位和角色，而拒絕判定魔鬼的指控是毀謗；那些假教師不只好像魔鬼一樣毀謗不應毀謗的，且說明他們並不尊重天使作為宇宙秩序的守護者（猶8節），也是未能守著他們自己的身分，踐越了神在創造中所訂下的界線。

6.4.4.2.2《以諾一書》

有關天使的墮落被囚禁的猶太傳統，已於本書第三章【3.4.7.2.1】和第四章【4.4.3.3.1】」中討論過。學者查里斯正確地指出，猶大書與《以諾一書》有以下共通的主題：神顯、

42 另一個有別於包衡在此處的重構及理解，見 John Muddiman, "The Assumption of Moses and the Epistle of Jude," in *Moses in Biblical and Extra-Biblical Traditions*, ed. Axel Graupner and Michael Wolter, BZAW 372 (Berlin: Walter de Gryuter, 2007), 169–80。並參 Ryan E. Stokes, "Not over Moses' Dead Body: Jude 9, 22–24 and the *Assumption of Moses* in Their Early Jewish Context," *JSNT* 40 (2017): 192–213。

43 Bauckham, *Jude, 2 Peter*, 60–62; Davids, *The Letters of 2 Peter and Jude*, 61–62.

被剝奪權力的天使、義人與不敬虔者的對比、宇宙混亂的屬靈原因，及終極審判必然臨到。[44] 有別於其他新約書卷，猶大書訴諸以諾所説的預言，並直接引用《以諾一書》1.9。

猶大書 14 至 15 節記載有關亞當七世孫以諾説預言是引自《以諾一書》1.9（1～36〈守望者篇〉= 4Q204 1 16～18；寫於公元前三至二世紀），晚近的研究指出作者並非引自當代流傳的希臘文版的《守望者篇》，而所引的可能是亞蘭文原稿，作者自己將之翻成希臘文。[45] 包衡更指出作者不只是引用了《以諾一書》中的一節經文作為鑰節，同時猶大書 14 至 19 節的論證，是建基於《以諾一書》1～5，透過相同字彙的連結（一種稱為「同等律」〔*gězērâ šawâ*〕的猶太釋經），[46] 可以看到兩段文本的相關性。[47]

猶大書 14 節稱以諾為亞當的七世孫，這是介紹以諾的一種傳統方式，[48] 根據創世記五章 3 至 20 節的記載，從亞當開

---

44 Charles, *Literary Strategy in the Epistle of Jude*, 153, 165。亦參 George W. E. Nickelsburg, *1 Enoch 1*, Hermeneia (Minneapolis: Fortress, 2001), 100–01。

45 Bauckham, *Jude, 2 Peter*, 93–96。包衡認為作者可能知道有希臘版的《以諾一書》，但卻用了亞蘭文版，並自行翻譯為希臘文，見同上書，頁 7, 96。認同他的看法的，見 Anders Gerdmar, *Rethinking the Judaism-Hellenism Dichotomy: A Historiographical Case Study of Second Peter and Jude*, CBNT 36 (Stockholm: Almqvist & Wiksell International, 2001), 301–02。並 Carroll D. Osburn, "The Christological Use of *1 Enoch* 1:9 in Jude 14, 15," *NTS* 23 (1977): 335–38；Bauckham, *Jude, 2 Peter*, 94–6；E. Mazich, "'The Lord Will Come with His Holy Myriads': An Investigation of the Linguistic Source of the Citation of 1 Enoch 1,9 in Jude 14b-15," *ZNW* 94 (2003): 276–81。最近出土的一份死海文獻中，有《以諾一書》的亞蘭文斷片：4QEn（4Q201–07、212），就更加強了這可能性。

46 參張略：〈新約中的釋經〉，《中國神學研究院期刊》24（1998）：頁 224。

47 Bauckham, *Jude and the Relatives of Jesus in the Early Church*, 211–16。包衡對猶大就《以諾一書》1～5 的詮釋，作了一個複雜的重構，他自己也承認這重構不可能完全代表猶大的詮釋過程，只是作為一個例子說明猶大可以如何使用另一文本。

48 見《以諾一書》60.8，93.3；《禧年書》7.39。

始：塞特、以挪士、該南、瑪勒列、雅列，然後到以諾，算為第七代，將首尾都計算在內是閃族文化的做法，與中國文化相似。「七」是完全的數字，在猶太傳統中，以諾是一位完全的義人。這裏提及以諾是亞當的七世孫，可能是要強調他的權柄，特別是他所說預言的權威。[49] 猶大於此引用以諾的預言，好像主耶穌也曾預言一樣（見可八38，十三24，十四62），主要來審判那些不敬虔的人，這預言要實現在這些人身上。

猶大在這裏引用《以諾一書》1.9：「看啊，祂帶著祂的千萬聖者降臨，要在眾人身上施行審判，祂要按他們所行的一切惡事，並那些惡毒罪人針對祂的驕傲和頑梗〔原文作：「硬」〕的說話，毀滅所有惡人。」「看啊」見於埃塞俄比亞文和拉丁文版《以諾一書》1.9，這字可能是猶大翻譯自亞蘭文版本。[50] 但「主」（*kyrios*）這字是猶大所作的改動，在《以諾一書》中那要來臨的是那「偉大聖潔的」、是「永恆的神」（1.4），《以諾一書》在開始的部分（1.2～9），將舊約中有關耶和華臨到的經文串連起來，特別是有關耶和華以神性戰士的身分來臨的經文。[51]「主的降臨」在舊約中指耶和華的日子臨到，[52] 新約的作者則用作表達基督的復臨。在新約，保羅書信中就

49 Bauckham, *Jude, 2 Peter*, 96; Davids, *2 Peter and Jude*, 77.

50 J. vander Kam, "The Theophany of Enoch 1 3b–7, 9," *VT* 23 (1973): 135–36; Osburn, "The Christological Use of *1 Enoch* I.9 in Jude 14, 15," 335–36; Bauckham, *Jude, 2 Peter*, 94.

51 見 vander Kam, "The Theophany of Enoch 1 3b–7, 9," 138–39; Bauckham, *Jude, 2 Peter*, 94。

52 申三十三2；賽四十10，六十六15～16；彌一3～4；亞十四5下。在新約，保羅書信中就稱這終末審判的日子為「主的日子」（帖前五2；帖後二2），這日是基督復臨的時候。

稱這終末審判的日子為「主的日子」(帖前五 2；帖後二 2)，這日是基督復臨的時候。正如不少新約作者一樣，猶大將原本有關耶和華顯現的經文，應用到主基督這末世的救贖主的身上。[53]

與主一起來臨的，是那些「千萬聖者」，按猶大書這裏可直譯為「在神聖的千萬」。「聖者」是指那些忠於神的天使(但四 17、23；伯五 1，十五 15)。這裏描述耶和華來臨時，有千萬的聖者(天使)陪同，是取材於申命記三十三章 2 節。撒迦利亞書十四章 5 節(第 3 句)這樣描述耶和華的來臨：「耶和華我的神必降臨，有一切聖者同來。」[54] 在新約中耶穌亦提及他會與眾天使一起回來(太十六 27，二十五 31；可八 38，十三 27；路九 26)，保羅在帖撒羅尼迦書信中有同樣的描述(帖前三 13；帖後一 7)。

在 15 節，猶大將所引《以諾一書》的讀文簡化了，使用了「不敬虔」這字，這字同字根的字在本節中出現了三次，因為猶大書正是要針對那些假教師的不敬虔(猶 4、16 節)。這節主要由兩句平行的不定語組成，帶出主降臨的目的：去「審判」和去「證實」。「證實」這不定語由兩句「關於」(*peri*)的介詞片語所修飾，每句介詞片語都有一關係代名詞解釋它的內容，第一方面是行為，第二方面是言語。按原文可排列如下：

53 特別參 Osburn, "The Christological Use of *1 Enoch* 1:9 in Jude 14, 15," 334–41。
54 參詩六十八 17，八十九 5、7；但七 10；《巴錄二書》48.10；《以斯拉四書》8.21。

審判			〔針對〕(*kata*)眾人
證實	那一切不敬虔的人	「關於」(*peri*)〔他們〕行一切不敬虔的事	
	不敬虔之罪人	「關於」(*peri*)〔他們〕所説〔一切〕剛愎話	〔針對〕(*kata*)他

這些不敬虔的罪人所針對主的一切言行，將要面對主針對這一切人的審判。一切都要在神的面前陳明，沒有一人可以逃避神公義的審判；沒有一種他們的表現，包括行為和言語，可以不受到神的審斷及制裁。

此外，猶大書12至13節，作者使用了一連串大自然中的意象：「沒有雨的雲彩，被風飄蕩；是秋天沒有果子的樹……是海裏的狂浪，湧出自己可恥的沫子來；是流蕩的星，有墨黑的幽暗為他們永遠存留」，去比喻這些假教師；這也可能受《以諾一書》的影響。猶大所用的次序：雲雨、樹木和星宿，正與《以諾一書》80.2～4，6這些意象出現的次序一樣。有學者說猶大只採用了這裏幾方面大自然失衡的現象，而不是直接引用，反之，猶大是很有彈性地使用有關材料，用作針對那些背逆的假教師及他們的命運。[55] 從另一角度去看，這些假教師，亦好像是在末世時大自然秩序的失衡一樣。[56] 包衡更指出猶大書在14至15節所引的《以諾一書》1.9，隨後的《以諾一書》2.1～5.4，其內容正是從這四個大自

55 Bauckham, *Jude, 2 Peter*, 89–91; Carroll D. Osburn, "*1 Enoch* 80:2–8 (67:5–7) and Jude 12–13," *CBQ* 47 (1985): 296–303.

56 George J. Brooke, "Torah, Rewritten Torah and the Letter of Jude," in *Torah in the New Testament*, ed. Michael Tait and Peter Oakes, LNTS 401 (London: T & T Clark, 2009), 185–86.

然的範疇：雲雨（2.3）、樹木（5.1）、海河（5.4）、星宿（2.1）中，展示大自然服膺於神的管治，以對比人的悖逆。[57] 亦即是說，猶大並非隨意的選擇這些大自然的現象，很可能是受《以諾一書》的影響。

6.4.4.3 猶大書第一組三個例證和預表（猶 5～7 節）

第一組這三個例證和預表，並非按事情發生的時序排列，可能作者是依審判的嚴重性，由輕至重作排序：肉身死亡（猶 5 節）、被囚禁在黑暗裏（猶 6 節），到最後是永火的刑罰（猶 7 節），這最後的毀滅性審判的警告，對讀者來說是最強烈的警惕。[58] 包衡則認為是因為所多瑪這城的人所犯的罪，與作者所針對的假教師最為接近，因此置於最後。[59] 這三個例證都與他們僭越神在祂所創造的世界中所制訂的界線有關。

（1）出埃及的以色列人：這裏第一個例證和預表，是關乎以色列人出埃及時曠野一代的遭遇。神曾拯救以色列民出埃及（出六～十四章），這件事確認以色列作為神所救贖的子民，然而這出埃及的一代並未有進到神應許給他們的地方。「後來」（猶 5 節）原文為「第二次」（*to deuteron*），指那位拯救的主曾屢次對埃及施行審判，將以色列民拯救出來，離開埃及（出一～十六章）。「後來」應指民數記十四章的事件，以色列人聽過往迦南地探子的匯報後發出怨言，以致神的審

57 Bauckham, *Jude, 2 Peter*, 90–91.

58 Duane F. Watson, *Invention, Arrangement, and Style: Rhetorical Criticism of Jude and 2 Peter*, SBLDS 104 (Atlanta: Scholars Press, 1988), 53–54; Thomas R. Schreiner, *1, 2 Peter, Jude: An Exegetical and Theological Exposition of Holy Scripture*, NAC 37 (Nashville: Broadman & Holman, 2003), 442.

59 Bauckham, *Jude, 2 Peter*, 55; Moo, *2 Peter, Jude*, 243.

判臨到這些不信的人，其中除了約書亞和迦勒之外，凡二十歲以上的都死在曠野（見民十四 33～38，二十六 64～65）。不信那曾拯救他們的主，違背耶和華的命令，悖逆耶和華（見如申九 23～24），這正是他們踐踏了神為他們所制訂的界線，最後會帶來主的審判。從猶大書的角度去看，「那些不信的」不只預表那些假教師，也包括那些受他們影響而追隨他們的人；他們可能曾經歷拯救，好像那些以色列民一樣，那就更要提高警覺，不然便會好像那些不信的以色列人一樣，被神審判。[60]

（2）墮落的天使：第二個例證和預表（猶 6 節），引用當代在猶太人中間流傳對創世記六章 1 至 6 節所載事件的理解，我們已在本書第三章〈彼得前書的神學〉（見【3.4.7.2.1】）和第四章〈彼得後書的神學〉（見【4.4.3.3.1】）提及這哈拉達的背景，於此不再重複。「不守」和「離開」描述這些天使的特質，此兩分詞片語實為同義平行體，強調這些天使的背逆；猶大正是要指出假教師們就好像這些天使一樣。「守」這字與下句「拘留」是同一字（猶 13 節「存留」也是同一字）；他們因不謹守自己的崗位而被看守，明顯是語帶相關。「守」（*tetērēken*）這動詞在 21 節再出現，猶大勸勉讀者要「保守」自己常在神的愛中。「本位」這裏可作有權柄的地位，[61] 天使是服侍的靈（參來一 14），[62] 神委派他們管理某些特定的領域。這裏指他們不服於神所安排他們的位置，抗拒神的主權。他

---

60 Bauckham, *Jude, 2 Peter*, 50.

61 BDAG, *s.v.* “*archē*” (7).

62 有關第二聖殿時期在猶太傳統中天使的角色，見黃錫木、孫寶玲及張略：《新約歷史與宗教文化導論》，聖經導論叢書（香港：基道，2002），頁 235–38。

們擅自離開了原應處於天上的居所。

結果是他們被「拘留」起來，「拘留」（*tērēsantas*）與上句的「守」在原文中為同一字，這裏使用完成式，指一直被拘留。他們既不守本分，主便守著他們，表明他們所受的刑罰與他們所犯的罪，是彼此對應的。猶大書所用的「鎖鍊」，相當普遍地出現在有關「守望者天使」的傳統中，[63] 當然這是象徵性的説法，指他們被囚禁著，直等到最後的審判。「永恆的鎖鍊」也不代表永遠的捆綁，只是指長久的時候，直至終末的審判。《以諾一書》10.4～6有這樣的描述：「把亞撒勒的手腳捆綁起來，把他丟進黑暗裏：在杜達勒的曠野挖一個洞，把他丟在裏面，用粗糙和尖鋭的石頭堆他上面，用黑暗遮蓋他的臉，使他看不見光，要在此長久居住。並在審判的大日，他要被丟到火中。」（編按：筆者自譯）這裏指一個暫時拘禁那些犯罪天使的地方。在猶大書13節講及假教師時，就指出他們永遠被「拘留」或「守」在「墨黑的幽暗」之中。「大日的審判」（猶6節）與《以諾一書》10.6「審判的大日」都是指同一個時候，就是這些墮落的天使最終受審判，被丟到火的深淵之中，永遠地被囚禁（10.13，54.4～5）。這裏反映舊約先知書中「耶和華日子」的來臨（賽二12；摩五18；珥二31；瑪三2），這是神至終施行審判的日子，邪惡將被徹底剷除。

（3）所多瑪和蛾摩拉：作者所用第三個類似的預表和例證（猶7節），是有關所多瑪和蛾摩拉二城被神摧毀（創十九24～25）。在舊約及猶太著作中，多處引用這事件作為神審

---

63 《以諾一書》14.5，54.3～5，56.1～5，69.28，88.1，103.8；《巴錄二書》56.13；《禧年書》5.6；《流便遺訓》（*Testament of Reuben*）5.6～7。

判臨到的典型例子（參本書第四章【4.4.3.3.2】）。在這些傳統中，所多瑪等城的人不只是犯罪，且將他們的罪行合法化，同時輸出他們的看法。[64] 根據申命記二十九章 23 節的記載，當時被硫磺火摧毀的城市，除了所多瑪和蛾摩拉城之外，還有兩個城市：押瑪和洗扁（參何十一 8），因此這裏指還包括周圍的城邑。作者將這些人與上文墮落的天使所犯的罪連繫起來（「又如」，或譯「一樣」），稱他們是犯淫亂和隨從逆性的情慾。「行淫」指「放縱於不正當的性關係」、「行淫蕩」。[65] 作者進一步解釋他們是「隨從逆性的情慾」，這片語可直譯為「另類的肉體」，[66] 這究竟指甚麼極具爭議，可以肯定的，這裏是關乎對神所建立創造次序的扭曲（《拿弗他利遺訓》〔*Testament of Naphthali*〕3.4；參《禧年書》〔*Book of Jubilees*〕16.5～6）。創世記十九章 4 至 11 節記載，所多瑪城的男人企圖強行與羅得所接待的天使發生性關係。有不少學者認為「另類的肉體」指「不是女性的肉體」，即同性的性行為；亦有認為這裏是指與天使交合。然而，所多瑪人根本不知道羅得所接待的這兩位客人是天使，而且「肉體」是不適用於天使身上的。[67] 另一問題是在猶太傳統中，也沒有清楚說明所多瑪所犯的罪是以天使作為「另類的肉體」，與他們發生性的關係；反而有認為這裏所針對的是同性的性行為（參斐羅：《論亞伯拉

---

64 W. J. Lyons, *Canon and Exegesis: Canonical Praxis and the Sodom Narrative*, JSOTSS 352 (Sheffield: Sheffield Academic Press, 2002), 237–78.

65 BDAG, *s.v.* "*ekporneuō*"；這裏作形容式分詞。

66 原文 *sarkos heteras* 在不同的中文譯本中的翻譯：《新漢語譯本．新約全書》作「另類的肉慾」，《現代中文譯本》作「反自然的性慾」，《新譯本》作「逆性的情慾」，《中文標準譯本》作「變態的肉欲」。

67 Moo, *2 Peter, Jude*, 242.

罕》〔*On Abraham*〕26, 134～136）。[68]

或許關鍵在於「也照他們一味地」是指甚麼？若將這裏看為人（男子）要與天使發生性的關係，正好對應猶大書6節所載的，就是不守本分的守望者天使與人的女子結合。那麼這兩個例子，都是針對違背神所定在性關係上人與天使之間的界限。因此從文理上去看，這裏「另類」所指的是天使較為合理。「肉體」雖然好像不適用於天使，然而創世記六章所載墮落的天使與人的女子交合，且所多瑪和蛾摩拉人將天使看為具有肉體的性交對象。這種淫亂或不忠，與他們鍾情的性行為有關，守望者天使是與人的女子結合，所多瑪和蛾摩拉的人則是要與天使交合。

無論是守望者天使，還是所多瑪和蛾摩拉等城鎮的人，都是違反了神所訂創造的秩序，就是要各從其類。舊約律法嚴禁不同的動物之間的雜交（申二十二9～11），人不可與動物，男人不可與男人交合（利十八22，二十13），人與天使交合就明顯是嚴重的扭曲，這樣他們便成為極端污染的例子了。[69] 這污染是會蔓延的，必須及時阻止。

最後這些城被火焚毀，亦成為將來審判犯罪者要承受永遠的地獄之火的寫照。「作為鑑戒」原文直譯作「展示作為鑑

---

68 Jerome H. Neyrey, *2 Peter, Jude: A New Translation with Introduction and Commentary*, AB 37C (New York: Doubleday, 1993), 61; Schreiner, *1, 2 Peter, Jude*, 452–53。J. N. D. Kelly, *A Commentary on the Epistles of Peter and Jude*, BNTC (London: A&C Black, 1969), 258–59 認為除了與天使性交外，可引申作同性戀，亦見 Davids, *2 Peter and Jude*, 53。有關這段舊約經文的爭論甚多，詳可參 R. A. J. Gagnon, *The Bible and Homosexual Practice: Texts and Hermeneutics* (Nashville: Abington, 2001), 71–91。

69 Neyrey, *2 Peter, Jude*, 61; D. Lockett, "Purity and Polemic: A Reassessment of Jude's Theological World," in *Reading Jude with New Eyes*, 16.

戒」(*prokeintai deigma*)。這些城鎮被毀，成為神審判罪人的明證，足引以為鑑。這節的主要動詞「展示」是現在式的，反映出當代一些作者如約瑟夫(Josephus)和斐羅(Philo)描述所多瑪和蛾摩拉城被天火所焚的遺蹟仍在，從地裏仍可見冒出的煙霧，有可能是指死海一帶溫泉及硫化區冒煙的情境。[70] 這種展示是人所共知的事實，這些假教師卻偏偏視若無睹，沒有引以為鑑。讀者則不能忽視這事實。

作者在第 8 節對那些假教師提出三方面的指控，這裏對假教師的描述，就好像以上三節那些人一樣：背道的以色列人(猶 5 節)、墮落的天使們(猶 6 節)和所多瑪和蛾摩拉等城的人(猶 7 節)，雖然這裏所臚列的三方面指控，與以上三者不是完全一對一的對應：三者都是「輕慢主治的」(背叛上主)、天使們和所多瑪都是「污穢身體」，只有所多瑪是「毀謗/褻瀆在尊位的」(在尊位的 = 天使)，亦即是説所多瑪集合了所有三種特性。[71] 最後的這種特質，與下文所引天使米迦勒為摩西的屍體與魔鬼爭辯連繫起來。米迦勒雖有權柄，但仍尊重神所訂下的界線，絕不逾越(參上文【6.4.4.2.1】)。

6.4.4.4 猶大書第二組三個例證和預表(猶 11 節)

這一組三個例證和預表，有別於猶大書 5 至 10 節的三個鑑戒，不只説明這些假教師是罪人，要面對嚴厲的審判，且所引的三位人物，都是引導人走入歧途的，突顯了他們作為

---

70 Bauckham, *Jude, 2 Peter*, 55.

71 Bauckham, *Jude, 2 Peter*, 55.

教師的角色。[72] 華生（Duane F. Watson）認為猶大沒有根據這三個例子在聖經中出現的次序排列，其原因有二：[73]（1）在舊約和猶太傳統中，可拉所承受的懲罰是最令人觸目的，他和同伴們是活生生的被陰間所吞噬，並且在終末的日子要被滅盡（託斐羅：《聖經古史》〔*The Biblical Antiquities of Philo*〕16.3）。（2）可拉的例子與那些墮落的守望者（猶 6 節）和下文所説「流蕩的星」（猶 13 節）看齊，他們同是被拘禁直到最終審判的日子。根據《米示拿》（*Mishnah*）的記載，該隱、巴蘭和可拉都無緣分享將來的世界（〈論議會〉〔*m.* Abot〕10.2；〈先賢集〉5.19）。

（1）該隱：「走了該隱的道路」即追隨他那種生活方式。在猶太人的傳統中，該隱不只是第一個殺人兇手（創四 8；參約壹三 12），不只是典型的罪人，也是那教唆別人犯罪的人。根據約瑟夫（《猶太古史》〔*Antiquities of the Jews*〕1.52 ~ 66），該隱是貪婪、暴虐，及縱慾的，也同時誘使其他人過奢侈的生活，搜刮他人的財物，成為行邪惡事的導師（1.61 ~ 62）；他的後代亦陷入邪惡的深淵，一代更甚於一代（1.66），帶來更多邪惡。斐羅視該隱是無神論者（《壞與好為敵》〔*That the Worst Attacks the Better*〕103，119；《論該隱的後裔和被逐》〔*On the Posterity and Exile of Cain*〕42），是不敬虔的人（《壞與好為敵》50，103；《論該隱的後裔和被逐》12，38）。他指該隱是自我中心的典型（《論亞伯與該隱之獻祭》〔*On the Sacrifices of Abel and Cain*〕3，52，《壞與好為敵》

72 Bauckham, *Jude, 2 Peter*, 79.

73 Watson, *Invention, Arrangement, and Style*, 60.

32，68，《論該隱的後裔和被逐》21），也是誘人犯罪者的領袖。他殺害亞伯是他得勝的表現，證明了他的想法是正確的（《論該隱的後裔和被逐》38～39）。該隱的教導叫他成為第一個質疑神創造秩序的人，也成了所有錯誤教導的先師。[74] 猶大視這些假教師是從該隱以來一連串異端的承繼者。[75]

這些假教師與該隱有以下五方面相似的地方：

（1）他們是不敬虔的（猶 4、16 節）；
（2）他們為貪圖個人的利益而行事，受著自己的慾望所支配（猶 12、16、18 節）；
（3）他們否認主的權柄，也否定有公義的管治和審判，對神的恩典有錯誤的理解（猶 4 節）；
（4）他們散播自己那一套錯誤的教訓，引人走入迷途（猶 4 節）；
（5）他們是受咒詛的（猶 4、13、15 節，11 節：「他們有禍了」）

（2）巴蘭：有關巴蘭的事蹟，記載於民數記二十二至二十五章。有關他的猶太傳統，見本書第四章「彼得後書的神學」中的「舊約及猶太傳統」（見【4.4.3.4】）。猶大所針對的這些假教師也是為了個人利益而誘惑信眾墮入錯謬之中，叫人縱情色慾（見猶 4、8、16、18、23 節），偏離對神的愛

---

74 John Byron, *Cain and Abel in Text and Tradition: Jewish and Christian Interpretations of the First Sibling Rivalry* (Leiden: Brill, 2011), 226.

75 Frederick Wisse, "The Epistle of Jude in the History of Heresiology," in *Essays on the Nag Hammadi Texts in Honour of Alexander Bohling*, ed. Martin Krause (Leiden: Brill, 1972), 143.

（參猶 21 節），若這些假教師將他們的教導建基於他們所有異夢（猶 8 節），他們便是以先知得到啟示自居，而巴蘭也是先知，這是為何作者於此引用巴蘭作為例子，這種對比是極之恰當的。[76]

這些假教師有三方面與巴蘭先知是類似的：

（1）他們為利是圖（猶 16 節）；
（2）他們誤導別人（猶 4 節）；
（3）他們叫人走向滅亡（猶 15 節）。

（3）可拉：有關可拉的事件，記載於民數記十六章 1 至 35 節（民二十六 9～10；參詩一〇六 16～18）。利未曾孫可拉，與大坍、亞比蘭、比珥的兒子安和二百五十名以色列民的領袖，公開與摩西和亞倫對抗，質疑他們的權柄，最後可拉等人來到會幕的門口，地就裂開將他們活生生的吞噬了！

在猶太的傳統中（託斐羅的《聖經古史》16.1；《託約拿單的他爾根》〔*Targum Pseudo-Jonathan*〕民十六 2），可拉的背叛不只是因為他質疑摩西和亞倫的權柄，他們將之前民數記十五章 37 至 41 節所載有關繸子的律例與此事件連上關係；可拉及他的追隨者認為這是難以容忍的律例，並將全部衣裳繸子都用了紫色，而不是如耶和華所吩咐的，只在繸子上釘上一根紫色的細帶子，並且認為這原先的條例是摩西私

76 根據《米示拿》〈論議會〉10.2，巴蘭是四位不能承受將來世界的入中之一個。〈先賢集〉5.19 將巴蘭的追隨者與亞伯拉罕的追隨者作對比，追隨亞伯拉罕的會得享今世和承受來世，但巴蘭的追隨者要下到地獄及滅亡的深淵之中。

自引進到妥拉之內。可拉與他的黨羽大坍、亞比蘭和安同時被看為是挑動其他人發動對摩西攻擊的人，帶來分裂(《尼奧菲特的他爾根》〔*Targum Neofiti*〕民二十六9)，《革利免一書》(51.1～4)更稱他們是「叛逆和分化的領袖」。《他爾根》(*Targum*)中也記載大坍與亞比蘭以毀謗的言語咒罵摩西(《託約拿單的他爾根》民十六27)。因此可拉被看為是違背律法，挑啟爭端的典型。猶大將假教師看為好像可拉一樣是適切的，他一方面是違背律法的教導，另一方面，亦在信眾羣體中挑啟爭端。「背叛」(*antilogia*)一字原文可作「爭議」、「爭執」，[77] 這字進而引申為背逆的行動(參來十二3)。[78] 作者指出他們的結局就是滅亡，作者將「滅亡」一字置於句子的最後，說明這個例子是這一組例子的高潮，這是他們所命定的命運，這字亦叫讀者回溯第5節以色列人的滅亡。

這些假教師與可拉有三方面相似的地方：

(1) 他們否定神的權柄，特別是在律法上的權柄，及與神所立的權威對抗(猶8節)；
(2) 他們在信仰羣體中製造分裂(猶19節)
(3) 他們終極的命運，就是滅亡(猶13、15節)

6.4.4.5 撒迦利亞書三章1至4節(猶23節)

猶大書22至23節現流傳下來有眾多不同的異文及修改，被看為在新約文獻中其中一段最難找出原來讀文的經

77 BDAG, *s.v. antilogia* (1).
78 BDAG, *s.v. antilogia* (2).

文，甚而有學者懷疑已放棄確定哪個才是原稿的讀文。[79] 不過，我們於此不會詳細交代有關經文鑑別的問題。[80]

這三句按其原文可看視作 A B A' 的倒影結構：[81]

A　22 節：有些人你們要憐憫他們　存心爭辯

B　23 節上：有些人你們要搭救他們　從火中搶出來

A'　23 節下：有些人你們要憐憫他們　存懼怕的心⋯⋯情慾污沾染的衣服，也當厭惡⋯⋯

23 節取材於撒迦利亞書三章 1 至 4 節。猶大書在這裏使用了「從火中抽出來」和「污穢的衣服」這兩個意象，所有學者一致認為，最合理的解釋是他取材於撒迦利亞書的這段經文。23 節上所描述的，顯示所指的這些人比之前那一類（猶 22 節）的問題更嚴峻，需要即時採取適當的行動，把握最後的機會，將這些人從毀滅的邊緣搶救過來。他們可能已是屬於假教師陣營的人。「從火中搶出來」這意象，在舊約中出現了兩次，第一處是在阿摩司書四章 11 節：「我傾覆你們中間的城邑，如同我從前傾覆所多瑪、蛾摩拉一樣，使你們好像從火中抽出來的一根柴；你們仍不歸向我。這是耶和華說的。」這段經文雖然都可能是猶大書這節的背景，因為猶大也同樣提及所多瑪和蛾摩拉烈火焚城的事（猶 7 節），然而更可能的，是作者引自撒迦利亞書三章 2 節，一方面因為在

79 Carroll. D. Osburn, "The Text of Jude 22–23," *ZNW* 63 (1972): 139.

80 詳細可參張略：《彼得後書、猶大書》，頁 184–86。

81 P. Spitaler, "Doubt or Dispute (Jude 9 and 22–23): Rereading a Special New Testament Meaning Through the Lens of Internal Evidence," *Bib* 87 (2006): 216.

猶大書9節，作者引用《摩西遺訓》中天使米迦勒對魔鬼的話「主責備你吧！」原本是出於撒迦利亞書三章2節，且這裏的下半節「情慾沾染的衣服」是出於撒迦利亞書三章3至4節。[82]

在撒迦利亞書，祭司約書亞被主形容為「從火中抽出來的一根柴」，指約書亞（代表整個以色列民）就好像「柴」一樣，本來就是要被燒掉的，約書亞在被擄巴比倫的事情中正面對毀滅性的危機，這火本來是來自神對以色列民的審判，最後是神將他從火中搶了出來，叫他能避過了滅亡的厄運。[83]「抽出來」這字是「有力地拿出來」的意思。[84]「憐憫」與「搭救」在舊約中往往是平行出現的，都是指幫助那些在身體上或靈性上有需要的人（詩六3～5，八十六2～3、16；賽五十九1～2；何一6～8）。[85] 猶大並不是說這一類的人現在已經歷末日的審判，而是警告這些人他們是身陷險境，他們所招致的是從神而來那終極的審判。

「情慾沾染的衣服也當厭惡」可直譯為「就算從肉體而來污穢的衣服也要厭惡」。這裏的意象是取材於撒迦利亞書三章3至4節。在撒迦利亞先知的異象中，祭司約書亞穿著「污穢的衣服」，這代表著約書亞的不潔或有罪，而約書亞則是象徵著以色列民的不潔。神命令約書亞脱去污穢的衣服，穿上

82 撒迦利亞書三章2節可能是參照了阿摩司書四章11節。

83 這裏猶大書的用字有別於《七十士譯本》的撒迦利亞書引文，相信猶大是引自希伯來文聖經，然後自行翻譯為希臘文，這是他在猶大書中一貫的做法。

84 BDAG, *s.v. harpazō* (2a).

85 H.W. Hollander, "The Attitude towards Christians who are Doubting: Jude 22–3 and the Text of Zechariah 3," in *The Book of Zechariah and its Influence*, ed. C. Tuckett (Aldershot: Ashgate, 2003), 126–27.

華美的衣服，代表神對以色列民的寬恕，叫他們得到潔淨和榮譽。

與之前一樣，猶大這裏的表達有別於《七十士譯本》，作者很可能是從希伯來聖經自行翻譯過來。包衡指出在撒迦利亞書所用作污穢的希伯來文字，在舊約中經常用於人的排泄物，[86] 這字也可象徵性地表達邪惡(賽四 4)。[87] 猶大所用的「衣服」一字，有別於《七十士譯本》的譯法，可以指緊貼皮膚的衣服，即內衣。這裏所展現的圖畫，好像人的內衣被自己身體出來的污穢物所弄髒(參啟三 4)，「從肉體」在這圖畫之中指身體。[88] 這幅令人噁心的圖畫，充分地將觸碰也會被污穢的感覺帶了出來。這裏並不代表猶大認為身體是邪惡的，而是要象徵這些假教師在身體上所犯的罪，特別指在性方面的罪行(猶 8、10、16、18 節；參林前六 18)。在此之前，猶大已指出這些假教師在他們信仰羣體中是「污點」(猶 12 節；《和合本》譯作「礁石」)，對他們要慎加提防。「連」(*kai*；《和合本》作「也」)這副詞有強調的作用，猶大提醒讀者在憐憫這些正在罪中的人的同時，要自己非常的審慎，不要輕忽被這些罪牽連而墮入同樣沉淪之境的可能，提防不要被這些敗壞所影響(林前五 11；帖後三 14；約貳 10～11 節)。對那些叫人墮陷的罪惡，要有憎恨的態度(參羅七 15；來一 9；啟二 6；箴八 13：「敬畏耶和華在乎恨惡邪惡」，

86 申二十三 14；王下十八 27；箴三十 12；賽三十六 12；結四 12；另賽二十八 8：醉酒後所吐的。

87 Bauckham, *Jude, 2 Peter*, 116.

88 Bauckham, *Jude, 2 Peter*, 116; Hollander, "The Attitude towards Christians who are Doubting," 130.

十三 5；摩五 15），因為神也是憎恨邪惡的（申十二 31；亞八 17）。這是作者所使用最強烈的字眼，叫讀者警惕要遠離這些罪惡。

6.5 猶大書的神學主題

我們可以相當肯定，猶大書的作者深受猶太文化和傳統的影響。然而，猶大書與當代猶太教的思想截然不同，清楚反映出彌賽亞運動早期階段的特性：基督有獨特的神性，及基督將復臨審判這世界。猶大書的神學雖是以神為中心，卻視基督有極崇高的地位；猶大書也有提及聖靈的工作，不過是與神和主耶穌基督連在一起講論（猶 20～21 節），與馬太福音二十八章 19 節、約翰福音十六章 13 至 15 節和彼得前書一章 2 節相似。

6.5.1 神愛的保守與信徒保守自己在神的愛中

作者開宗明義（猶 1 節）指出信徒是「被召」、「蒙愛」（參猶 17、20 節）及「被保守的」（*tetērēmenoi*），他們是聖徒（猶 3 節）。「被召」、「蒙愛」和「聖徒」在新約中都是用作表達作為神子民的身分；猶大書獨持的地方，是使用了「被保守的」去表達獨一的神與信徒之間的關係。

在這短短的書信中，作者用了五次「保守」（*tērein*）這字，其中三次以完成式被動語出現，第一次是 1 節信徒在耶穌基督的保守之下，第二次和第三次分別出現於 6 和 13 節，指那些不守本位的天使，「主用鎖鏈把他們永遠拘留（*tērein*）

在黑暗裏」，和那些假教師會「有墨黑的幽暗為他們永遠存留（*tērein*）」。這三次蘊含的主詞都是神／主。神和主基督都是那位有足夠大能將救恩帶給那些相信的人，也有足夠能力審判和懲罰那些不敬虔的人。在猶大書總結的時候，作者用了另一個比 *tērein* 更強烈，同譯作「保守」的字彙 *phylaxai*，表達祂是那位有能力叫信徒永不失腳，並且無瑕無疵地站在祂面前，祂有能力成全祂所成就的救恩，最終當主耶穌復臨的時候，信徒必能得著所應許永遠的生命（猶 21 節）。「保守」（*tērein*）這字的另兩次出現，都是主動語氣，在 6 節這字以分詞出現，形容那些不守本位的天使。第二次也是最後一次出現在 21 節，是命令語態，作者勸勉信徒要「保守自己常在神的愛中」。墮落天使的不守本分，背叛神，與信徒要守著自己的本位，活在與神愛的關係中，成了強烈的對比。神的保守是肯定的，信徒自我的保守是必須的。

信徒要保守自己在與神愛的關係當中，一方面是信徒是蒙神所愛的（猶 1、17、20 節），另一方面是信徒要愛神。保守自己在這關係中的途徑，消極方面，是不要好像那些假教師一樣，踐踏神在創造中立下的界線，以不信的以色列、不守本位的天使和所多瑪、蛾摩拉為鑑戒（猶 5～7 節；見上文【6.4.4.3】）；要好像天使長米迦勒一樣知道自己的權限（猶 9 節，見上文【6.4.4.2.1】）；也不要被誤導入了假教師的歧途（猶 11 節，見上文【6.4.4.4】），這些假教師及其追隨者所走的是滅亡之路；要拒絕不敬虔（猶 4、16 節）和不要貪圖個人利益（猶 12、16、18 節）。

積極方面，要：

（1）在至聖的信仰（*pistis*）上建立自己（猶 20 節）。這信仰——是「從前一次交付」下來的使徒傳統（猶 3 節；參 17 節）——不只是理念上的，也是叫信徒活出作為聖徒（猶 1 節）的身分，過著敬虔的生活，且要為這信仰竭力奮鬥（猶 3 節）。

（2）藉著聖靈禱告（*en pneumati hagiō proseuchomenoi*），明白及得到加力去實行祂的旨意，正如以弗所書六章 18 節所言：「要靠著聖靈，隨時多方禱告祈求（*proseuchomenoi... en pneumati*），並要為此警醒不倦，為眾聖徒祈求。」阿諾德（C. E. Arnold）認為以弗所書這裏應理解為「不斷尋求聖靈在祈禱上的指引、方向，及幫助……聖靈在信徒的旁邊提示他們禱告、引導他們為誰禱告，和怎樣禱告，並且加力給他們叫他們為自己和其他人禱告。」[89] 阿諾德這解釋也適用於對猶大書對禱告上的教導，期待基督復臨中警醒謹守。

（3）要仰望主耶穌基督向信徒施予憐憫（猶 2、21 節），祂的憐憫是惟一信徒可依靠的，到終極審判時更是如此。

6.5.2 基督的身分和工作

猶大書 4 節指那些危害教會的人士，他們否認「獨一的主宰（*despotēs*）—我們主（*kyrios*）耶穌基督」。基督是將神子民買贖回來的那位主宰，正如彼得後書二章 1 節同樣使用這

89 C. E. Arnold, *Ephesians*, ZECNT (Grand Rapids: Zondervan, 2010), 464.

字稱呼基督時，指那些假教師「不認買他們的主人」(參約壹二22)；這是彼得後書在引用猶大書時附加的解釋：信徒是基督用重價買回來的。「主宰」這字在新約中只在猶大書及彼得後書出現；若然彼得後書是引用了猶大書，很可能反映出作者使用了在猶太盛行雙語(亞蘭文及希臘文)的獨特背景下的猶太信徒對耶穌的稱謂，[90] 神藉著耶穌基督施行救贖(見猶24節；徒二十28；彼前一18～19；參羅六17～18；啟五9)。基督也是「我們主」，在猶大書中，這稱謂肯定是指耶穌(見猶4、17、21和25節)。在新約談及「主的日子」的來臨時，都使用這稱謂(帖前三13；帖後一12；林後一2；參林前一8；林後一14)。猶大書另兩次出現「主」一字(猶9、14節)是指神，但也可引申為耶穌。「主」與審判往往同時出現(猶5～6，14～15節)，對那些假教師來說，基督是那位審判及定他們罪的主；對信徒來說，祂是那位有憐憫的拯救者(猶21節)，祂能保守(猶1節)那些保守自己在神愛中(猶21節)的信徒。

猶大書4節在原文中「主宰」和「主」這兩個名詞是以連接詞相連，然而只使用了一個定冠詞，可見耶穌基督同被看為是主宰，也是萬有的主。在《七十士譯本》，雖然大部分的情況之下，都是使用「主」(*kyrios*)，但也有使用「主宰」(如創十五2；書五14)。這兩個字都同樣用作翻譯「耶和華」。在《七十士譯本》，亦多次一併使用這兩個字指耶和華神(*Ádny yhwh*；創十五8；賽一24，三1，十33；耶一6，四10)。

90 Bauckham, *Jude, 2 Peter*, 283–84.

這是另一個例子說明新約將原來用於神身上的尊稱，也用到耶穌身上。

4 節形容那主宰是「獨一」(*monos*)的，這形容詞第二次出現，見猶大書的卷末的榮耀頌(猶 24 節)——「獨一的神」(*monos theos*)，這和保羅在哥林多前書八章 6 節的說法非常相似：「然而我們只有一位神，就是父—萬物都本於他；我們也歸於他—並有一位主，就是耶穌基督—萬物都是藉著他有的；我們也是藉著他有的。」那裏，保羅是在詮釋猶太信仰的核心宣認「示瑪」，即申命記六章 4 節：「你們要聽啊，以色列！耶和華我們的神，主是獨一的」(按原文另譯)。神和基督都是獨一配受敬拜和尊崇的(參太四 10)。

猶大書 5 節的「主」，更可靠的讀文應是「耶穌」。[91] 這反映猶大書「高等基督論」的論點(強調基督的神性)。這裏可能不是表達「耶穌」的先存性，按舊約的記載，那拯救以色列民出埃及的是指耶和華(耶和華的使者)，猶大將這看為是新約耶穌的預表，耶穌是那實體的拯救和審判者。猶大書 14 節引用《以諾一書》91.7 的預言，那裏「主的降臨」原本是指主耶和華，但猶大將之理解為基督的復臨，審判那些不敬虔的。以上兩節都反映猶大認定基督地位的崇高：祂是救贖主，是萬有的主宰，也是審判的主。

猶大書所針對的異端教導，雖然主要不是教義性的，而

91 NA28, GNT5 所選的讀文；T. Flink, "Reconsidering the Text of Jude 5, 13, 15 and 18." *FilNeot* 20 (2007) : 95–125；P. F. Bartholomä, "Did Jesus Save the People out of Egypt? A Re-examination of a Textual Problem in Jude 5." *NovT* 50 (2008) : 143–58。認為 *kyrios* 才是原本的讀文，見 Bauckham, *Jude, 2 Peter*, 43；Frey, *The Letter of Jude and the Second Letter of Peter*, 79–82。

是導致人被情慾所困，墮入道德敗壞當中，然而這亦反映出他們在教義上的偏差。他們這樣生活是否定耶穌作為主宰和主（猶 4 節），並輕慢掌權的（*kyriotēs*；猶 8 節），他們否定上主道德的主權。這掌管道德主權的主，也是維護這道德次序的主，也是將臨審判萬人的主，叫那些違反神所訂道德律則的人面對應得公義的審判（猶 14 節），卻會以憐憫和拯救對待那些行在神真道之中的人（猶 21 節）。

6.5.3 天使的權柄和意義

雖然彼得前書（彼前一 12，三 19～20、22；參五 8）和彼得後書（彼後二 4、10、11）都有提及天使，然而在猶大書中這主題特別明顯，且是啟示錄以外（啟十二 7），惟一提及天使長米迦勒的新約書卷。彼得後書二章 10 節與猶大書 8 至 10 節都強調天使是神所立的權柄，是不可藐視的；因為這樣同樣是對主的藐視（猶 8 節）。

在第二聖殿時期，天使是神與人之間重要的中保，主要的天使有加百列（但八 16，九 21；路一 19、26）、米迦勒（但十 13、21，十二 1）、拉斐爾（《多比傳》〔*Book of Tobias*〕12.15）和烏利爾（Uriel；《以斯拉四書》〔*4 Ezra*〕5.20，10.28）。他們是神的特使，在神吩咐之下負責獨特的任務，以神的權柄說話，帶著神的名執行戰爭和審判，宣告神的信息和解釋異象。[92] 天使長米迦勒往往與以色列國連在一起（但

---

92 Kevin P. Sullivan, "Mediator Figures," in *T&T Clark Encyclopedia of Second Temple Judaism*, ed. Loren T. Stuckenbruck and Daniel M. Gurtner (London: T&T

十二 1），為以色列爭戰（但十 13、21）。有學者認為他等同於死海古卷所載的「光明的君」（1QM 16 6～8）和麥基洗德（公義的王；4Q544 2.11～16，3.1～3）。[93]

在後期猶太的傳統中，米迦勒和加百列往往是以色列的保衛者。[94] 在《亞當與夏娃生平》（*Life of Adam and Eve*），米迦勒是那引導亡靈的，[95] 他接去亞當的屍體，並守護著他，直至審判報仇的日子（第 47 章），他也教導亞當的兒子塞特如何預備安葬夏娃（第 48 章）。猶大書 9 節裏，米迦勒與魔鬼為摩西的屍體爭辯，可能與這兩個傳統有關。撒但是指控者，而米迦勒則是辯護者和守護者。米迦勒清楚他自己有的權限，一方面執行神所授予他的權力，另一方面不會越權「用毀謗的話」斥責魔鬼。這代表神在這宇宙所訂的秩序，誰都不能違反，都必須要遵守和尊重，即使位高權重的米迦勒也是如此。

6.5.4 活在末世的教會

神子民的羣體是被召作聖徒的（猶 1、3 節）。然而，教會處於這末世的年代，難免被這不信的世界那些錯謬的思想所影響和滲透（猶 4 節）。在上文【6.5.1】我們已看到作者如何強調信徒要保守自己在神的愛中；同時教會要極度關注假

Clark, 2020), 2.476.

93 D. D. Hannah, *Michael and Christ: Michael Traditions and Angel Christology in Early Christianity*, WUNT 2/109 (Tübingen: Mohr Siebeck, 1999), 64–74.

94 *b. Sanh.* 26ab; *Gen. R.* 44.13; *Cant. R.* 1.12; *Exod. R.* 18.5; *Deut. R.* 11.10.

95 Hannah, *Michael and Christ*, 46–47.

教師，連同他們所推崇的錯誤的教導，絕對不能掉以輕心，以致他們在教會中有機可乘。他們有些人成了教會中的教師（猶 12 節：「作牧人」），並藉著教會的聚會，去宣揚及推動他們的歪理。12 節指這些人參與教會的愛筵，肆無忌憚，毫無敬畏的心，也不怕人的指摘，毫無廉恥可言的與信徒同吃。他們不以主餐為記念主的筵席，及與信徒共享團契的機會，以神的恩典為藉口（猶 4 節），將主餐變成滿足自己慾望的機會。[96] 這可能是受當代荒筵文化所影響，在筵席間有各種荒淫無道的行為。教會絕對不能容忍這樣的情況發生在他們中間，因為這些假教師會叫教會被罪沾染（猶 8、10、23 節），帶給信徒和教會極大的傷害（參多一 11）。

然而，本於主耶穌基督的憐憫（猶 21 節），對那些被誘惑而身陷罪惡的信徒來說，信徒羣體應帶有憐憫的心（猶 23 節），要盡一切的努力將他們挽回過來，正如他們自身曾經歷憐憫一樣。[97] 然而憐憫並不止於態度，也應有實質的行動。這是新約一貫的教導，要盡力將那些犯罪的人挽回，不輕言放棄（太十八 15～17；加六 1；帖後三 15；提前五 20；多三 10～11；雅五 19～20），也不要自視過高，要懂慎而行，潔身自愛，自強不息，意識到自己也有脆弱的一面，同樣可以被誘惑而失足跌倒。面對在末世的年代以假亂真的道理橫行，教會和信徒有兩方面的任務：第一方面，是為一次交付給聖徒的真道竭力奮鬥（猶 3 節），活出那承認獨一的主宰我

---

96 Bauckham, *Jude, 2 Peter*, 86.

97 Lyle, *Ethical Admonition in the Epistle of Jude*, 84–86; Reese, “Holiness and Ecclesiology in Jude and 2 Peter,” 330.

們主耶穌基督「獨一的主宰我們主耶穌基督」的生命（參猶 4 節）。教會在這世界中的見證，也見於她如何牧養當中的羣羊。另一方面，教會的挽回與紀律，是教會生活中一個不可缺少的部分。在今世，神沒有叫信徒及教會參與審判，這是神的工作，卻是邀請教會及信徒參與那透過耶穌基督而有憐憫的行動。[98]

6.5.5 終末的審判

猶大書反映出當代天啟末世論的思想架構。神曾經施行審判，在以色列的歷史例證中已清楚說明，那些不敬虔的、不信的、拒絕神權柄的，都承受了從神而來的刑罰（猶 5～15 節）。猶大書不斷出現與審判和定罪有關的字彙：「審判」（*krisis*；猶 6、9〔《和合本》譯作「罪責」〕、15 節）、「刑罰」（*krima*；猶 4 節）和「刑罰」（*dikē*；猶 7 節）。正如當代天啟文獻中所描述的，不義和不敬虔的要面對終末的審判而定罪受懲，惟有敬虔的義者才能得享救恩。同樣猶大亦以此勸勉信徒，要拒絕那些「偷著進來」的假教師和好譏誚者（猶 4、18 節）。這些人的整個信仰生活形態都是不敬虔的表現（見上文【6.1.2】），他們若不悔改（猶 13 節），便無可避免的，將要面對主終極的審判（猶 4、6、13、14～15 節）。信徒要以此為警誡，以古鑑今。拒絕神的權柄，也就是拒絕從神而來的恩典。

這些假教師的出現，無疑是說明信徒是活在末世之中

98 Lyle, *Ethical Admonition in the Epistle of Jude*, 83, 89.

（猶 17～18 節），神對世人的審判現在已經開始了。眾使徒已曾預言，在舊約和猶太傳統中已有眾多的預表（猶 5～16 節）：他們就是那些不信的、不守本位的、背逆的、隨從逆性情慾的、沒有靈性的、誘人犯罪的、背叛的、發怨言的、隨從自己情慾的、說誇大的話的。在那終極審判的大日子（猶 6 節），就是主要帶祂的「千萬聖者」來臨的時候（猶 15 節），這些假教師就要面臨終極的滅絕。這審判會是全面的，這是神對全部不敬虔者所作全部的惡事全面的反應（原文不斷重複「全」〔*pan*〕）。讀者若不謹慎墮入這些錯誤教導的網羅之中，便會被沾染（猶 23 節），面對與這些假教師有同樣命運，因此他們必須努力保守自己（猶 21 節）。與彼得後書比較，猶大書的末世論較偏重於講述神對那些偏離真道者的審判，過於對信道者的拯救。[99]

6.6 猶大書的敍事世界

神是那守護這宇宙公義秩序的主宰，自古以來便是如此。該隱是人類中犯罪的典型，他不只自己犯罪，還教唆別人犯罪，貪婪縱慾（猶 11 節）。那些不守本位的天使，不能逃避神的審判（猶 6 節）。在上古之年，亞當的七世孫以諾早已預言有關不敬虔的，必要因為他們的言行而面對審判的厄運（猶 14～16 節）。那隨從逆性情慾的所多瑪和蛾摩拉等城鎮的人被天火焚城，正是神公義審判臨到世人最典型的例子

99 Frey, "Judgment on the Ungodly and the *Parousia* of Christ," 498–99.

（猶 7 節）。神和主耶穌是那位拯救的主（猶 5 節上），是祂將以色列民拯救出埃及，也是祂叫那些不信的死在曠野（猶 5 節下）。摩西還是在以色列民中當領袖的時候，可拉一黨曾結黨背叛摩西的帶領而遭受神的懲罰（猶 11 節）；到摩西死後，天使長米迦勒為摩西的屍首與魔鬼爭辯，都顯明服從權柄的重要。後來巴蘭應西撥的兒子摩押王巴勒的邀請，使計叫摩押的女子引誘以色列人行淫，以致以色列人敬拜他們的神明，令以色列民走上歪路，最後二萬四千以色列民因神的審判而沒命（民二十五 9）。以上這些典故都是末世時假教師的預言和預表。

基督已來，末世臨到，信仰已傳開，信徒及教會被召成為聖徒（猶 1、3 節），他們領受了從使徒而來的真道（猶 3、18 節）。然而，正如使徒曾預言的（猶 18 節），教會中卻來了一些假教師，滲透到教會中間（猶 4 節），他們不只是在他們中間聚會，也參與他們的愛筵，有些可能也成了領袖（猶 12 節），將神恩典的教訓扭曲為放縱情慾的機會（猶 4 節）。在教會中間，可能有人被他們誘惑而對信仰起了疑惑，甚而參與了他們一伙的（猶 22～23 節）。

將來在終末審判的日子，主基督必定與千萬的天使降臨（猶 15 節），那些不敬虔的人會好像那些上古所預表的一樣，面對神終極的審判和懲罰（猶 6、8、13 節）。惟有那些在神保守之下，保守自己在神的愛裏的，能歡然的站在神的面前，得著永生（猶 21、24 節），向神獻上頌讚（猶 24 節）。

6.7 猶大書對現今信徒和教會的意義

猶大勸勉讀者要「與從前一次交付給聖徒的信仰竭力奮鬥」（按原文另譯），這信仰就是那使他們被召成為聖徒的福音，叫他們得以分別為聖，過敬虔的生活。猶大書多次使用與聖潔有關的字彙和觀念，表明信徒是聖徒這身分應有的特質；那些忠於神的是聖者，是透過聖道而被建立起來的（猶20節）。這福音信仰是一次過的，透過使徒的宣講，交付給了信徒，是不可、不能、也不必修改或取代的，因為是從神而來的，要修改的只有是人的想法。人也不可從這福音信仰之中選擇其中自己同意、或是挑合乎自己喜好的部分去接受，好像在超級市場買東西一樣。這福音信仰是一個整體，要完整全面地接受、傳授及維護。這信仰已一次的交付，信徒卻要一生的忠於這信仰，歷世歷代的教會也是這樣持守這信仰，信徒所需的不是另一個新的福音，甚而不是任何新的思維，而是堅持發揚這歷久常新的福音。這信仰是聖徒得以活出聖潔生活的動力，信徒要肩並肩與真道一起竭力奮鬥。這裏所說的奮鬥不只是防範信仰被扭曲，且要正面地宣講，真理自然有其自辯性。信徒絕對不需慌張，因為不只是他們站在真理那邊，而是真理也是站在他們那邊。在這進取的過程中，要防範那些侵蝕福音信仰的錯誤教導，因此必須要對抗那些假教師及他們那些叫人沉淪的教訓。這種竭力的奮鬥，與作者在此節開始時所宣稱自己的盡力（猶3節），互相呼應。猶大書20至23節，說明了這種竭力奮鬥具體地是怎樣進行的，叫他們能履行及達成這書信勉勵他們去作的。

使徒所留存下來的話，不只是給當代猶大的讀者，也是給所有以後要來的聖徒，包括現今的讀者。對當代的讀者來說，他們從第一代的使徒親自領受過他們的教訓，可以說是記憶猶新，就算他們對以上所說的猶太傳統不太熟悉，也不能說對使徒的教訓一無所知，這些傳統教導該是他們常常溫習熟練的，因這是直接與那一次交付給他們的真道息息相關的（猶 3 節），是他們信仰傳統的一部分。猶大所引用的，大概是早期將福音傳給他們的使徒，講及有關末世必有假先知出來妖言惑眾，這亦可能是使徒從主耶穌口中得悉的（太二十四 11、23～24；可十三 5～6、21～22）。末世的時期是一個充滿考驗的時期，這些混亂信徒的假教師是必定會出現的，在預言中已有清楚的說明。信徒不應為有假教師在他們教會羣體中出現而感到稀奇，使徒們一早預言，這應是意料中事。這些人鄙視基督徒為古板、老套和落後，跟不上潮流，有認為這些好嘲弄者，是「藐視道德和宗教，是高傲和無神的自由派人士。」[100] 只空談愛心和喜樂，漠視神在道德生活上對信徒的要求。他們的出現正顯示出現在是末世的時期。

猶大對這些假教師，再加上三方面的描述（猶 19 節）：好結黨分派、屬乎血氣和沒有聖靈，這三者是息息相關的。第一項的好結黨分派。為了提高他們的影響力，和在信仰羣體中的地位，他們便要積極爭取羣體成員對他們的支持，強調自己有從神而來異夢的啟示，對比那些傳講道德教理的教師，他們才是屬靈的人；他們藐視權柄（猶 4、8 節），這樣

100 Kelly, *A Commentary on the Epistles of Peter and Jude*, 283.

在信仰羣體中間便做成分化、散播紛爭，就好像可拉拉攏其他人與摩西、亞倫對抗一樣（猶 11 節）；近代某些運動的領袖，確實可能帶來這樣的危機。

教會面對分裂的危機，確是早期教會所面對的難題。在保羅書信中屢次提醒信徒要慎防被分化（羅十六 17；林前一 10，十一 18；加五 20；多三 9 ～ 10），異端是可以做成教會分裂的重要原因（提前四 1；約壹二 18 ～ 19）。在教會生活的經歷中，有不少人就是為了達到個人的目的，建立個人的聲望、威權及為了個人在物質上的利益，以屬靈權柄為藉口，做成教會多方的傷害，甚而分裂，包括以別人是異端為藉口去分裂教會。猶大稱他們為屬血氣的，是憑著個人的血氣行事，是為了自己的慾望，不只是不成熟，甚而好像是沒有屬性的動物一樣（猶 10 節），絕對不是屬靈的人應有的表現。這些假教師既是沒有聖靈的，根本就沒有那真正的生命！

第七章

大公書信的綜合神學

Catholic Epistles

有晚近正典研究學者以「信仰規模」(Rule of Faith)的方式，作為分析各卷大公書信的神學及作為大公書信整體的綜合。[1] 然而，不同的「信仰規模」反映出不同的詮釋——不同的神學和教會傳統，便會有不同的「信仰規模」。[2] 可以肯定的是，各卷大公書信都強調他們的教導是有所依據的，這依據包括了舊約的經書(彼前一 10～12；彼後一 19～二 1，三 2)。對雅各書來說，是根源於「真道」(雅一 18，五 19)，亦即那「栽種的道」和能救人生命的道(雅一 21)。對彼得前書來說，是那「活潑常存的道」(彼前一 23)，是信徒曾領受的福音真道(彼前一 12，25)。對彼得後書來說，是使徒與信徒共享的信仰(彼後一 1)，是他們從使徒那裏所傳承的真道(彼後一 12，三 2～3、15～16)。對約翰書信來說是「生命之道」(約壹一 1)，是信徒從起初所領受的道(約壹二 7～8、24)，是真理(約壹二 4、8、21，三 19，約貳 2、3、4 節；約叁 3、4、8 節)，是主的道(約壹二 5)，是從神而來的道(約壹二 14)，是基督的教訓(約貳 9～10 節)，是從神而來的見證(約壹四 14，五 8)，內中包括耶穌是基督、是神的兒子，且是由肉身而來(約壹一 2，四 2、15，五 1、5；約貳 7 節)，這是有公認性的(約壹五 20)；這位耶穌是買贖的主(彼

---

1 David R. Nienhuis and Robert W. Wall, *Reading the Epistles of James, Peter, John & Jude as Scripture: The Shaping and Shape of a Canonical Collection* (Grand Rapids: Eerdmans, 2013), 71–272。他們所用的「信仰規模」有五方面：(1)創造的神；(2)基督耶穌；(3)聖靈的羣體；(4)作基督的門徒；及(5)救恩的圓滿實現。與系統神學的神觀、基督論、教會論、倫理和末世論十分相似。

2 對這方法詳細的批評，見 John C. Peckham, *Canonical Theology: The Biblical Canon, Sola Scriptura, and Theological Method* (Grand Rapids: Eerdmans, 2016), 119–30。

後二 1），這宣認是不容否定的。對猶大書來說，是那「從前一次交付聖徒的真道」（猶 3 節），是「主耶穌基督之使徒從前所說的話」（猶 17 節），是「至聖的真道」（猶 20 節）。[3] 這些都有聖靈的確認（彼前一 11；彼後一 21；約壹四 2、6，五 7、8；參猶 20 節）。更重要的是這道創造了世界，並且世界憑著它得以存留，亦是藉著它受審判（彼後三 5～7）。

大公書信的作者是耶穌基督的使徒（雅一 1 節；彼前一 1，五 1；彼後一 1、14；約壹一 1～3；猶 1 節），不只是傳承了從神而來福音真理的道，且他們的著作本身也就是使徒的見證和教導，同樣是從神而來的道。與使徒所領受的真道一樣，不只叫人認識福音，且是叫信徒和神子民羣體得以建立及得以完全的道（雅一 21；彼前二 2；彼後三 2、18；約壹一 3，二 5、7、24；約貳 4 節；約叁 8 節；猶 20 節），並且保守信徒不受異端所迷惑(約壹四 6；彼後三 2～3；猶 3 節)。

我們會透過大公書信整體所呈現的基本敍事，綜合它們的見證和教導，即它們的神學表述。整本基督教正典，從舊約到新約，從創世記至啟示錄，反映出一個宏大的、一致的故事（a grand coherent story），是神對這世界的旨意得以實現的故事。[4] 大公書信與新約其他著作一樣，雖然都是個別地針對不同讀者羣的需要，反映作者的教牧關懷，然而同時亦都展現神對世界的旨意，並且都是以耶穌基督福音的故事為核心，這是使徒們對這福音所作的見證。

---

3 參 Carey C. Newman, "Jude 22, Apostolic Theology, and the Canonical Role of the Catholic Epistles," *PRS* 41 (2014): 369–74。

4 Richard Bauckham, "Reading Scripture as a Coherent Story." in *The Art of Reading Scripture*, ed. Ellen E. Davies and Richard R. Hays (Grand Rapids: Eerdmans, 2003).

這耶穌基督福音的敘事，源於神對人的愛和憐憫（彼前一3；約壹一9；參彼後三9），因此也是神的故事：祂差祂的獨生子耶穌基督以肉身來到世上（彼前一19；約壹一1～2、5，二7），受苦受死（彼前一2、3、19，二21～24，三18；彼後二1；約壹二1～2，三8、16，四2，五5～6、20）、復活（彼前一3、21，三18；參雅二1）、升天（彼前三19、22；參雅二1；猶4節），和再來（雅五7～8，彼前一13，五1、4；彼後一15，二1，三14；約壹三2；猶14節）為核心的拯救事件。然而，這敘事也包括了早期耶穌傳統中有關耶穌在世時的生平事蹟和教導，正如「福音書」並不只是講述基督的死和復活這核心事件一樣。耶穌生於公元一世紀羅馬統治之下的猶大地，在約瑟和馬利亞的家，雅各和猶大便是他的兄弟（太十三55 // 可六3）；當耶穌進入公開事奉時，他選召了彼得和約翰，作為他的門徒跟隨他，接受他的教導（太四18～22 // 可一16～20；路五1～11；約一35～51）。[5] 上述四人正是以後個別大公書信的作者。他們都是耶穌基督的使徒，曾見證復活的主。彼得就曾提及他見證耶穌的登山變像（彼後一16～18），並耶穌曾預言有關彼得會為基督殉道這事（彼後一14；約二十一18～19）。他們成了祂的僕人，奉差遣傳揚教導這福音（參太二十八19～20；可十三10；路二十四47～49；約二十21～23）。初期教會信徒聚在一起時，就是要學習這使徒的教導（徒二42），他們「放膽傳講神的國，並教導主耶穌基督的事……。」（徒二十八31〔《和合

---

5 見個別大公書信引用耶穌傳統：參本書第二章【2.4.2】、第三章【3.4.4】、第四章【4.4.4】、第五章【5.4.3】。

本 2010》〕)。

這基督的故事，不只是講述基督來到之後的故事，而是由創世之先一直引向未來的故事。這故事始於創世之先，是這宇宙的創造者(彼前四 19)預先所定下的旨意(彼前一 20)，並將這世界(及當中的人類)，特別是神子民的故事，都包括在其中。主神這位創造者是那位克勝混沌的主宰，人類是祂所創造的(雅三 9；彼前二 13 上)，他們是活在一個被那惡者所統管的世界中，這世界被人的情慾和驕傲所沾污(約壹二 15 ~ 16；雅一 27；彼前一 14；彼後一 4)，該隱便是被魔鬼和罪惡所困的典型例子(約壹三 12；猶 11 節)。基督來就是將他們從這罪惡的世界和人的情慾中拯救出來(約壹五 19；彼後一 4)。自古以來，神並沒有顧惜罪惡，祂的審判一直臨到那些犯罪的天使和人類，包括那些離開本位與人的女子結合的天使(創六 1 ~ 4)，他們被神囚禁起來，等候最終的審判(彼後二 4；猶 6 節；彼前三 19)；還有神命洪水臨到那不敬虔的世代(彼後二 5，三 6；參創六 5 ~ 八 19)，以天火焚燒所多瑪、蛾摩拉諸城(彼後二 6；猶 7 節；參創十九 24 ~ 28)，這些審判都只不過是基督復臨時終極審判的先聲和預表(彼後三 7、10)。無論是挪亞傳義道(彼後二 5)、羅得存義心(彼後二 8)、亞伯拉罕(雅二 21 ~ 24)和喇哈(雅二 25)對獨一神的忠誠、約伯的忍耐(雅五 11)、以利亞的忠心(雅五 17)，他們都歷經各種不同試煉的考驗，顯出他們對神的忠義，成了蒙拯救者的典範和預像。亞當七世孫以諾(創五 21 ~ 22；猶 14 節)更是這上古年代與神同行，是義人的佼佼者，他行在神的旨意之中。這些事件都顯示神會審判那些驕傲和縱慾犯罪的，卻要拯救那些以信心和順服回應祂旨意的人。

以色列的故事同樣被包括在耶穌的故事之內。是「耶穌」帶領以色列民出埃及的（猶 5 節），祂是那被殺的無瑕疵、無玷污的逾越節的羔羊（彼前一 19；參出十三 12～15），叫以色列得到救贖的自由。主耶和華揀選以色列民作為祂立約的子民（彼前二 9～10，引自出十九 5～6；《七十士譯本》賽四十三 20），要他們成為聖潔（彼前一 16，引自利十九 2），要專心一意地愛神和遵守神所訂的律法（申六 5～6；參雅二 8、19～20）。以色列曾有王管治他們，也有聖殿作為敬拜神和獻祭的地方，有祭司在當中服侍（參彼前二 5）。然而，以色列的十二支派流散於各地，正是因為他們犯罪，違背了神的律法。以色列被誘惑背道，早見於他們受巴蘭先知的誘惑，與摩押女子行淫，並拜他們神明（彼後二 15～16；猶 11 節，旁索民二十二～二十五章），及可拉公開與摩西和亞倫對抗，違背律法（猶 11 節，旁索民十六 1～35）。以色列最後亡國，他們流散於以色列地之外，是謂散居地（雅一 1；彼前一 1），他們並未完成作為耶和華僕人所應作的，成為外邦人的光（賽四十三 21）。以色列的先知們以新的創造、新出埃及（如賽四十～五十五章）和新約（如耶三十一 27～34；結十一 19～20），[6] 去描繪以色列從流散之地被召聚歸回，並且得到復興；不過，他們要等候彌賽亞的來到，成就這一切。耶穌就是那神所差，來到世上復興以色列的彌賽亞（彼前一 10～12；彼後一 19～21），[7] 祂是耶和華的僕人，叫以色列的

---

6 參本書第二章【2.4.3.2.1】及【2.4.3.2.2】、第三章【3.4.3】、第五章【5.4.2.4】。

7 參本書第二章【2.4.3.2.2】及【2.5.2.2.1】、第三章【3.4.3.2】及【3.4.3.3】、第五章【5.5.1.2.1】。

盼望成就在祂身上，並且完成了以色列未有完成的任務，叫外邦人歸向神。

新約神子民（教會）的故事，同樣被納入基督的故事之內，並且使新約神子民故事承接以色列的故事，部分昔日舊約用於以色列民的描述，亦透過基督而應用在新約神子民的身上。透過使徒們的見證、宣講和教導，並聖靈的啟廸（彼前一12；彼後三2；約壹一1～4；猶3節），人得以認識神和主耶穌（彼後一2，二20，三18；約壹四7～9），並經歷祂所帶來的救贖，藉著主的名罪得著赦免（約壹二12；參彼前一2、22），主救他們脫離罪惡和敗壞（雅一21；彼前一14、18，四3；彼後一4；約壹一6，三7～10），並從世界分別出來，成為聖潔（彼前一2、15～16），不分種族的（有猶太裔也有非猶太裔，雅各書和彼得前書分別的主要讀者），經過水禮（彼前三21），被納入成為神子民的羣體（彼前二9～10），即教會之中（雅五14；約叁6、9、10），能共享基督的愛筵（猶12節）。基督是神的兒子（約壹一3，三8，五10～11），是蒙揀選的活石（彼前二4），同樣相信基督的人是新的創造，經歷新的出埃及，得與神重建關係，得到新的生命（彼前一3），從神而生（約壹三9，四7，五1、4、18），已經出死入生（約壹三14），有永生的生命（約壹五11～13、20），並稱神為父（雅一17；彼前一2、3、17；約壹一3，二15），作神的兒女（彼前一14；約壹三1～2），是屬於神的（約壹三10，四6，五19），與神建立團契（約壹一3），認識祂（約壹二13～14，三1，四7），與神有立約的關係（彼前一2）。同時信徒也是活石，被建為一個屬靈的聖殿（彼前二5），有神的同在。雖然雅各書甚少提及基督，然而無論是作者雅各自稱自己為「主耶穌基督的僕人」(雅一 1)，或是他稱讀者為「信奉……榮耀的主耶穌基督」的 (雅二 1)，都顯示耶穌基督對作者和讀者在身分和行事上的重要性。信徒被人稱為「基督徒」(彼前四 16)，是在神的兒子耶穌基督裏面 (約壹五 20)，住在主／神裏面 (約壹二 5～6，三 6、24，四 13)，在基督裏的 (彼前三 16，五 10、14)。

信徒在聖靈的帶領下，聚集一起敬拜禱告那位獨一的真神和主耶穌基督 (猶 4、20、24～25 節；彼前二 9)，他們因愛神 (雅一 12，二 5；約壹二 15) 而過敬虔的生活。他們是被揀選蒙愛的一羣，被稱為親愛的 (雅一 16、19，二 5；彼前二 11，四 12；彼後三 1、8、14、15、17；約壹二 7，三 2、21，四 1、7、11；約叁 1、2、5、11 節；猶 3、17、20 節)。在這信徒羣體中，每一個人都好像家庭中的成員——弟兄姊妹——一樣 (如雅一 16，四 11；彼前五 12；彼後一 10，三 15；約壹三 16、17；約叁 3、10 節)，學習彼此相愛 (雅二 8；彼前一 22，三 8，四 8；約壹三 13～18，四 7～五 3；約貳 5～6 節；約叁 5 節)。這是建基於耶穌所吩咐愛的命令 (約壹三 22～23；約貳 5 節)，並耶穌基督自己捨命的榜樣 (約壹三 16)。信徒互相守望服侍、和睦共處、彼此接待和代求 (如雅三 17，五 13～20；彼前三 8，四 7～11；約壹二 3～5，五 16；約叁 5 節)，在信仰上不斷成長 (彼前二 2；彼後一 5～ 11，三 18)。這些都是初代教會信徒所體驗的羣體生活，他們中間有好像該猶 (約叁 1、5～6 節) 和低米丟 (約叁 11～12 節) 這些美好的見證；而好為首的丟特腓卻是反面的例子 (約叁 9～10 節)。這羣體是以愛為標誌，以基督為中心。

不只是以上神子民的羣體生活，信徒在地上的道德生活，亦是以基督為依歸。信徒所應有的信心生活，不只是相信耶穌是神的兒子（約壹三 23），且要聽從基督的命令和教導（彼後二 21，三 2；約壹二 7，三 23，五 2；約貳 5～6、9 節；參雅二 12），過著順服基督的生活（彼前一 2），同時要好像基督一樣的聖潔（約壹三 3），即好像神一樣聖潔（彼前一 15～16），能與祂的性情有分（彼後一 4），聽從祂的命令（約壹四 21），成了服從神的兒女（彼前一 14）。這代表要控制自己的慾望（雅一 14～15；彼前一 14，二 11～12；彼後二 2、10、18；猶 4 節），拒絕作惡犯罪（約壹三 8～10；參約叁 8 節下），並脫離從這世界和那惡者而來的誘惑（約壹二 16～17；參雅一 27），按神的旨意而行義（約壹二 16～17，三 7），不斷改過遷善（雅四 8～10，五 19～20；約壹一 9～二 2）。敬畏神，作敬虔的人，努力行善，對神顯出忠義，專一地愛神，對人活出仁義的生活，要愛鄰舍，在言行上顯出是信奉耶穌基督為主的信徒，這是他們應作的惟一選擇（如雅一 26～27；彼前二 12、17、20，三 15～16，四 19；約叁 8 節）。

這神子民羣體的身分與他們將來的命運是不可分割的，這命運也與基督不可相分。耶穌基督不只現在是他們與神之間的中保，信徒靠著祂，罪可以得著赦免（約壹一 8～二 2），祂同時是信徒生命的牧人（彼前二 25）。在末日，就是主的日子來到（雅五 8；彼後三 10），祂要大有榮耀，帶著千萬聖者降臨（猶 14 節），祂是那審判的主（雅五 9），要帶來終極的審判。這是信徒的盼望，就是基督的顯現帶來救恩圓滿的全然實現（彼前一 12），叫他們得以完全（雅一 4）。主的顯現叫信徒得以像祂（約壹三 2），能得著天上的基業（彼前一 3 ～ 5），並生命的冠冕（雅一 12），得享神永遠的榮耀（彼前五 10；參彼前一 7）。信徒最終能得著這榮耀，也與基督不可相分的，是分享於基督永遠的榮耀（彼前五 1、10）。當舊有的天地被火燒盡後，有新天新地這新創造的出現，是一個圓滿公義的社會，叫義人居於其中（彼後三 13）。當代被召的神國子民，是初熟之果（雅一 18），這新的創造，正是朝向萬物得以全面的更新，就是基督復臨的日子。

信徒現今生活在基督已臨及將臨這兩個事件之間。面對著兩方面的挑戰，一方面在教內有異端的出現（彼後二 1 ～ 2；約壹二 19；猶 4 節），在大公書信寫成的年代已有，且在這末世時期，仍會不斷的出現。當代的異端，他們受到當代惡劣潮流文化的影響，有的不承認耶穌是那成為肉身的基督（約壹四 1 ～ 6），也有因個人私慾而誘惑其他信徒，過縱慾的生活（彼後二 1 ～ 2、18 ～ 19；猶 18 ～ 19 節），將神拯救的恩典看作放縱情慾的機會（猶 4 節），否定這世界將要面對終極的審判（彼後三 3 ～ 5）；有是教義上的，也有是道德上偏離真道的，這兩者往往是彼此關連的。對這些異端，教會一方面要防範它們，不要讓它們將錯誤的道理教導信徒。面對異端信仰者，要有不同的策略，有的要堅決地拒絕與他們往來，有的則要小心地將他們挽回過來（猶 22 ～ 23 節；參雅五 19 ～ 20）。

另一方面教會要面對從教外而來兩方面的挑戰，一方面是要面對從世界和魔鬼而來的誘惑，這在上文已討論過。第二方面是從未信者而來的逼迫。信徒作為寄居者活在今世，要以善行為其信仰作成美好的見證，盡可能避免這信仰受到毀謗（彼前二 13 ～ 16，四 15；參彼後二 2），這包括順服作為神創造的人（彼前二13），這是理所當然的。然而，當面對不合理的對待時，不論是來自社會人士還是政權的壓力，信徒要堅持以敬畏神的心而行善，就算這會為他們帶來逼害，包括不參與對羅馬帝皇的敬拜因而受刑。他們要情願因行善受苦而不報復還擊，因耶穌自己也是因著人的罪而經歷苦待，最後被釘於十架，信徒也要追隨他的腳蹤行（彼前二21～24），不要因為基督所受的苦楚而引之為恥，這反而說明他們是屬神的子民，是奉基督的名行事，要因此歡喜快樂，因為他們與基督一同受苦，也必與基督一同得榮耀（彼前四13～19；參雅一2、12）。這是耶穌死而復活，並且向那被囚的墮落的靈宣告祂的得勝，所作出的保證（彼前三18～20）。此外，信徒在世上，是要叫世人得到祝福（彼前三9～12），好像基督一樣，神子民同樣要成為外邦人的光（彼前二9），因這救恩是給萬民的（約壹二2；彼後三9），他們正是這福音在地上的見證。在人生所經歷眾多的試驗中，他們要存著信心和忍耐，倚靠神（雅一3～4，五7～11；彼前四19下，五10），顯出他們信心的真實，是經得起考驗的（彼前一7，四12），他們常有神榮耀的靈住在他們裏面（彼前四14）。最終是神叫他們得著保守，能有充足的信心，承受祂所應許的最終的救恩，叫他們能豐豐富富的進入主救主耶穌基督永遠的國度（彼前一5，四10；彼後一11；猶2、24節）。

那些不虔敬和犯罪的人（彼前四18；彼後二1、3、12，[illegible]7；猶15節）、那些無憐憫抵擋神的欺壓者（雅五1～6）、[illegible]不信從神福音的人（彼前四17），他們所要面對的，是終[illegible]所帶來毀滅的懲罰。

[illegible]書信作為新約正典中的一組經書，它的敍事的「暗

指作者」(implied author)是神，是祂藉著大公書信說明祂對這世界的旨意，透過基督的靈，就是啟示的靈(彼前一 11；彼後一 21)，向眾先知、使徒和信徒，說明基督福音如何闡述祂對世界的旨意。而這敘事的設定或「暗指讀者」(implied reader)，是曾經接受福音的真道，得到聖靈啟廸，生命因這福音而改變，並且參與於神子民羣體的信徒(彼前一 12)。這些信仰羣體都曾接受使徒的教導(約壹一 1～4，二 21)，並且聖靈恩膏的教訓(約壹二 20～27)，他們是一羣樂意認識並實踐真道的基督的門徒，[8] 他們也是理想的讀者，不只是經書的作者所期望的讀者，也是神所期望的讀者。

8 參 Markus Bockmuehl, *Seeing the Word: Refocusing New Testament Study* (Grand Rapids: Baker Academic, 2006), 68–74。